física y química

W0471515

ESO 2

Con Savia nueva generación
puedes disfrutar de recursos digitales
y de un entorno donde estarás en contacto
con tu profesor y con tus compañeros de clase.

Entrar en smsaviang.com es fácil

Escribe en internet la siguiente dirección:
smsaviang.com

Regístrate e introduce el **número de licencia**
que aparece en la página de la izquierda.
Solo debes registrarte una vez.

Anota tu identificador y contraseña para que
puedas entrar después de haberte registrado.

www.grupo-sm.com/es

Savia nueva generación

sm

Así es tu libro

Bloques de contenidos

Las unidades de tu libro están agrupadas por bloques de contenidos. Cada bloque dispone de una doble página de **apertura** con un índice visual de su contenido y un listado de actividades que te permitirán practicar y aplicar las destrezas básicas de la metodología científica.

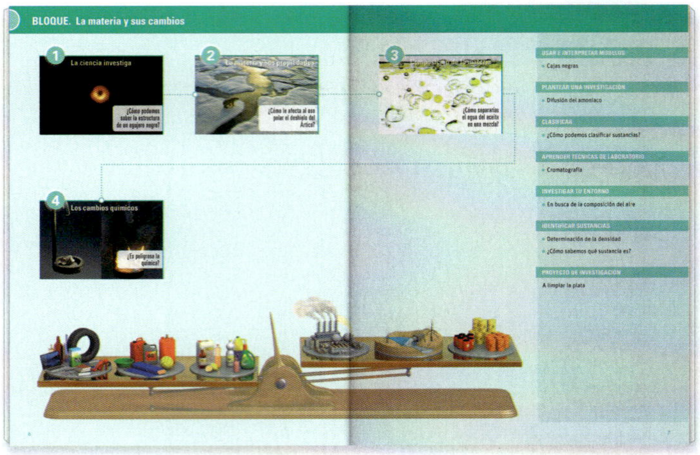

El bloque finaliza con un **cierre** que contiene propuestas concretas para que experimentes, analices, investigues... y finalmente actúes abordando la realización de un proyecto o diseñando tu propio trabajo de investigación.

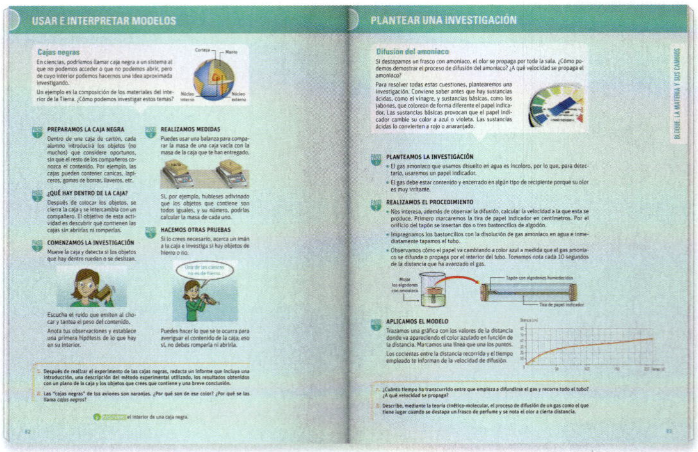

Presentación de la unidad

Averigua qué vas a aprender y empieza a pensar sobre lo que sabes sobre el tema.

En esta unidad aprenderás...
Para conocer los núcleos de aprendizaje de la unidad.

Gran pregunta
Para relacionar la imagen con el contenido y empezar a aportar ideas sobre lo que te sugiere esta cuestión.

Texto y Actividades
Para descubrir lo que ya conoces sobre este tema.

Contenidos

Vas a encontrar **desarrollos** muy claros, visuales y atractivos. Con muchas imágenes y ejemplos que te ayudarán a conocer y entender los contenidos.

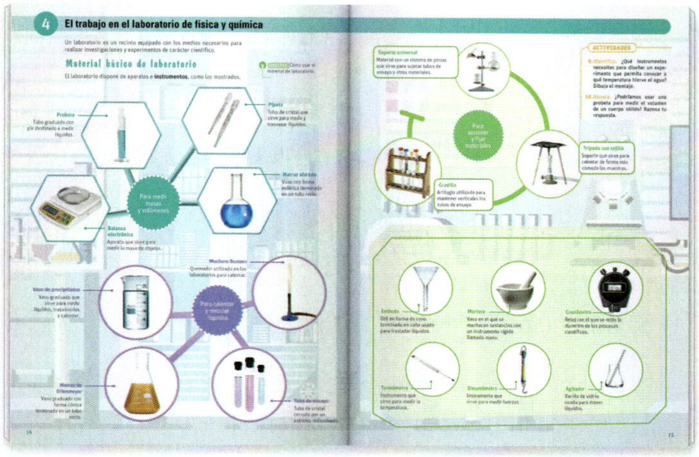

Y **actividades** que te señalan el proceso mental que tendrás que llevar a cabo para poder realizarlas. Estas actividades te ayudarán a comprender y afianzar los contenidos.

Llamada de página

En tu libro aparecen llamadas que te llevan al entorno digital smsaviang.com, en el que podrás encontrar recursos para aprender, ampliar o repasar los contenidos.

Cierre de la unidad

En la sección **Lo esencial** encontrarás resumidas las ideas principales de la unidad y una propuesta para que organices tus ideas y completes con textos e imágenes tu propio esquema-resumen de la unidad.

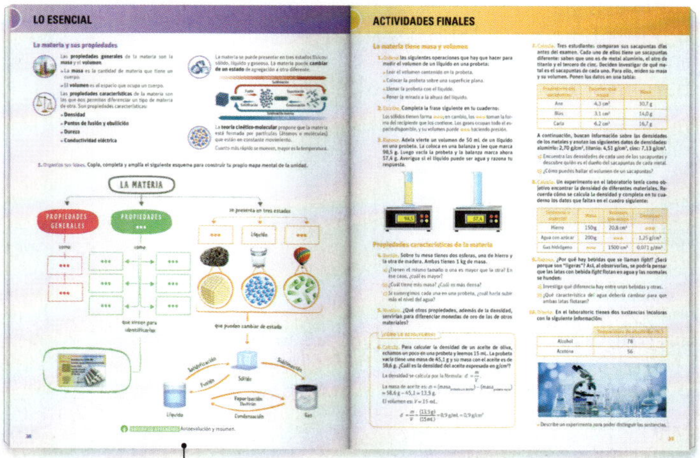

Física y química en tu vida

Una sección para que reconozcas e interpretes la Ciencia que te rodea.

Soy competente

Actividades para entrenar tu competencia en aplicar los conocimientos adquiridos.

Autoevaluación

Un resumen y una autoevaluación digital en smsaviang.com para que compruebes lo que has aprendido.

BLOQUE. La materia y sus cambios......... 4

1 La ciencia investiga

1. El método científico 10
2. Estimaciones en ciencia..................... 11
3. El sistema internacional..................... 12
4. El trabajo en el laboratorio.................. 14
5. Cómo mostrar el resultado de una investigación... 17

2 La materia y sus propiedades

1. La materia tiene masa y volumen 26
2. Propiedades características de la materia 28
3. Materiales: propiedades y usos 30
4. Los estados de la materia y la teoría cinético-molecular 32
5. Cambios de estado 34
6. La teoría cinético-molecular explica los cambios físicos 36
7. Leyes de los gases.......................... 38

3 Composición de la materia

1. Mezclas homogéneas y heterogéneas 48
2. Técnicas de separación de mezclas............ 50
3. Disoluciones y sustancias puras 52
4. Sustancias puras: simples o compuestas 54

4 Los cambios químicos

1. Cambios físicos y químicos 64
2. La reacción química 66
3. Obtención de nuevas sustancias 68
4. La cara y la cruz de la química............... 70
5. Los grandes problemas ambientales 72
Cierre de bloque.......................... 80

BLOQUE. Fuerzas y movimiento 88

5 Los movimientos

1. El movimiento 92
2. La trayectoria y el desplazamiento 94
3. El tiempo 95
4. La velocidad............................ 96
5. La aceleración 98
6. Gráficas del movimiento.................... 100

6 Las fuerzas

1. ¿Qué son las fuerzas? 110
2. Las máquinas I. La palanca 112
3. Las máquinas II: el plano inclinado y las poleas 114
4. Transmisión y transformación del movimiento 116
5. La fuerza de la gravedad.................... 118
6. Fuerza gravitatoria terrestre 119
7. El sistema solar y la gravedad 120
8. La velocidad de la luz y el universo............ 122

Cierre de bloque............................ 130

BLOQUE. La energía...................... 136

7 ¿Qué es la energía?

1. Si algo cambia, hay energía 140
2. La energía mecánica........................ 142
3. ¿La energía se conserva o se pierde? 144
4. Las fuentes de energía 146
5. Las fuentes renovables en Andalucía 148
6. La cara y la cruz del uso de la energía 150

8 Energía térmica

1. La temperatura 160
2. ¿Qué es el calor? 162
3. Convección, conducción y radiación........... 164
4. Efectos del calor I: variación de temperatura y dilatación............................ 166
5. Efectos del calor II: cambios de estado......... 168
6. Efecto invernadero y calentamiento global...... 169

9 Luz y sonido

1. El sonido 178
2. Fenómenos sonoros 180
3. La luz 182
4. Reflexión y refracción de la luz 184
5. Cómo captamos las ondas sonoras y luminosas. . 186
6. Las contaminaciones acústica y lumínica....... 188

Cierre de bloque............................ 196

Locos por la Ciencia 204

Soluciones de las actividades.................. 214

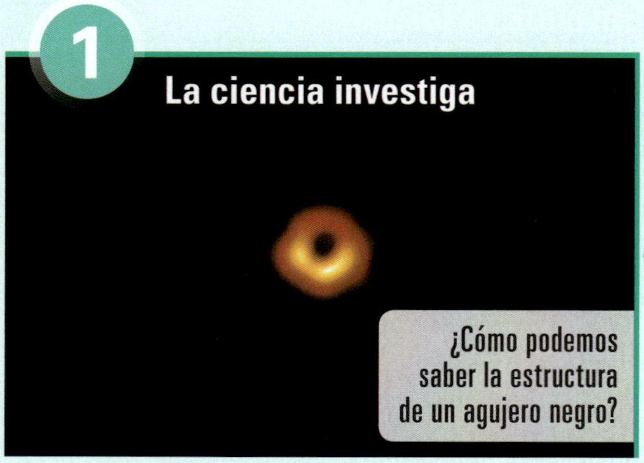
1
La ciencia investiga
¿Cómo podemos saber la estructura de un agujero negro?

2
La materia y sus propiedades
¿Cómo le afecta al oso polar el deshielo del Ártico?

4
Los cambios químicos
¿Es peligrosa la química?

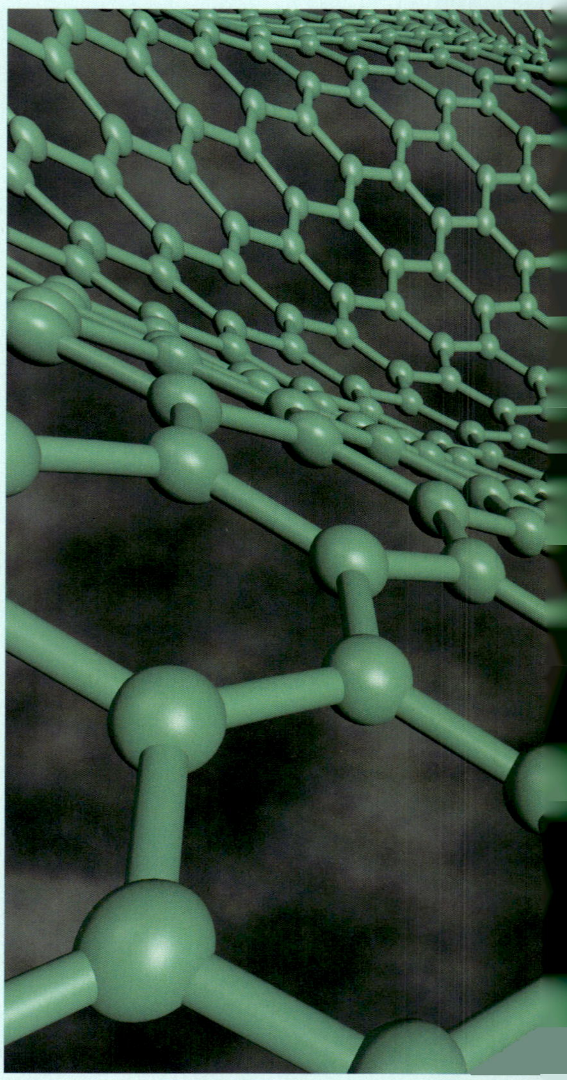

USAR E INTERPRETAR MODELOS

- Cajas negras

PLANTEAR UNA INVESTIGACIÓN

- Difusión del amoniaco

PREPARAR UNA MEZCLA

- Hazte un gazpacho blanco

APRENDER TÉCNICAS DE LABORATORIO

- Cromatografía

INVESTIGAR TU ENTORNO

- En busca de la composición del aire

IDENTIFICAR SUSTANCIAS

- ¿Cómo sabemos qué sustancia es?
- Determinación del punto de fusión

PROYECTO DE INVESTIGACIÓN

A limpiar la plata

1 LA CIENCIA INVESTIGA

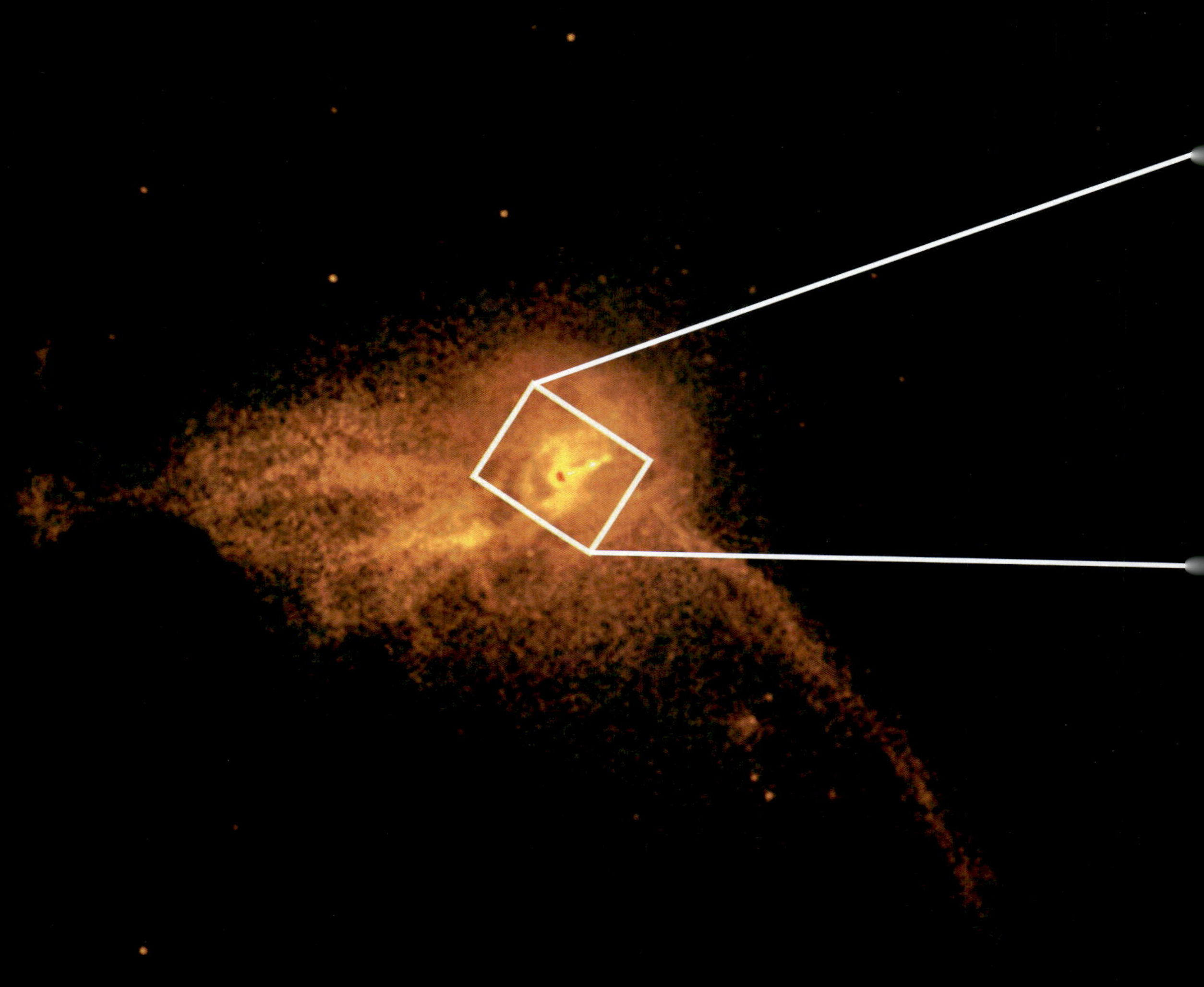

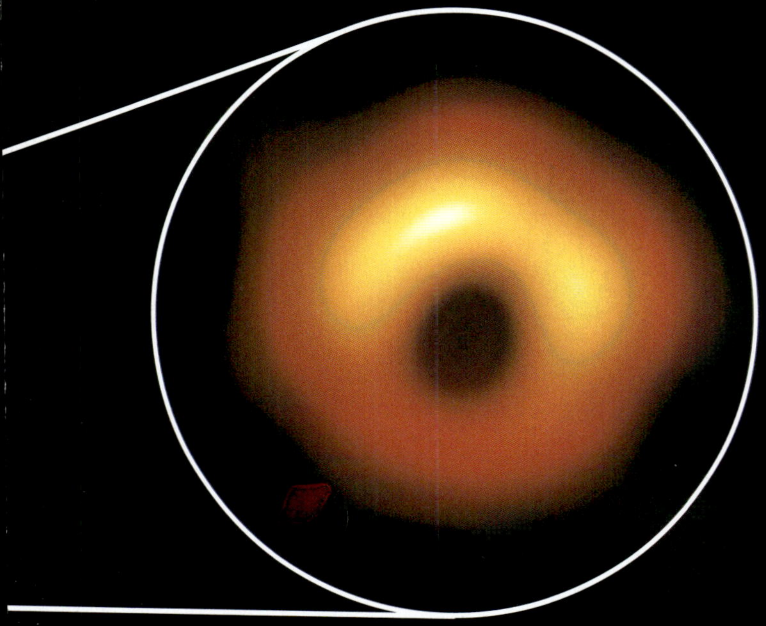

En esta unidad aprenderás...

- A desarrollar una investigación científica mediante el método científico.
- Que los cálculos y las aproximaciones son muy importantes para la ciencia.
- A expresar las medidas experimentales de forma correcta utilizando el sistema internacional (SI).
- Cómo se trabaja en un laboratorio de física y de química utilizando las normas de seguridad.

¿Cómo podemos saber la estructura de un agujero negro?

La primera fotografía de un agujero negro fue captada en abril de 2019 por una red de telescopios que conforman el Telescopio de Horizonte de Eventos (EHT) ubicado en la galaxia Messier 87 (M87). Este "monstruo", como lo llamaron los científicos, es 3 millones de veces más grande que el tamaño de la Tierra.

- Investiga los trabajos sobre los agujeros negros que ha llevado a cabo Andrea Ghez, por los que se la ha reconocido con el Premio Nobel de Física 2020.

1 El método científico

Los científicos siguen un método ordenado hasta obtener respuestas que expliquen un fenómeno natural. Este método científico se articula en varias fases:

1. Formular preguntas

Los científicos se plantean preguntas y recogen información en distintos medios (internet, libros especializados o consultando a otros científicos) para formarse una idea de lo que puede suceder en el caso que los ocupa.

2. Emitir hipótesis

Con los conocimientos que han obtenido, los científicos ya están en disposición de emitir una hipótesis.

Una **hipótesis** es una suposición que se establece provisionalmente como base de una investigación.

Observas y te formulas preguntas.

Un amigo llena un vaso de agua hasta el mismo borde y coloca encima un papel. Da la vuelta al vaso, sujetando el papel con la mano como indica la figura.

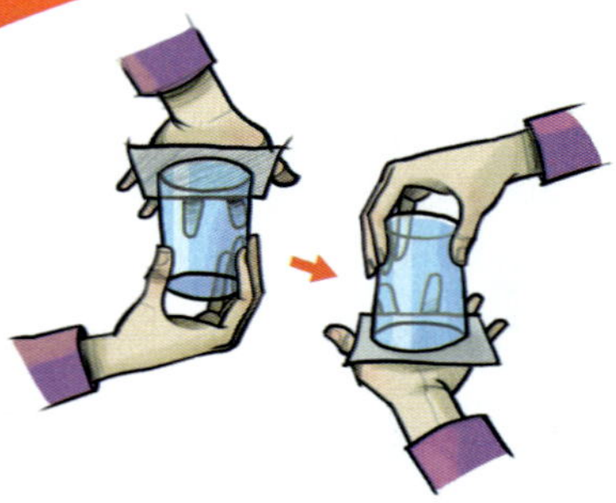

Emites una hipótesis.

La experiencia en situaciones similares y la idea que tenemos de la fuerza de la gravedad nos podrían llevar a formular la siguiente hipótesis:

"Al girar el vaso y retirar la mano, creo que el papel caerá y el agua se derramará".

Experimenta.

Ahora te toca a ti: llena un vaso de agua hasta su borde y repite lo que hizo tu amigo. Una vez que el vaso está boca abajo, retira la mano. El papel quedará "pegado" a la boca del vaso y el agua no se caerá.

Analiza.

Es evidente que la hipótesis era falsa, con lo cual deberías emitir una nueva hipótesis. ¿Se te ocurre alguna?

Formular una nueva hipótesis

4. Analizar

Una vez terminados los experimentos y analizados los datos, toca determinar si la hipótesis de partida es verdadera o falsa: si es falsa, hay que seguir investigando y formular una nueva.

3. Experimentar

Ahora hay que comprobar si la hipótesis se confirma o si, por el contrario, es falsa. Para ello, hay que ponerla a prueba con un experimento que debe repetirse varias veces bajo diversas circunstancias, tomando nota de las condiciones y los resultados.

ACTIVIDADES

1. Establece. Sigue el método científico para comprobar si un huevo flota en agua. Escribe las preguntas que harías y plantea alguna hipótesis. ¿Qué ocurriría si se añade sal al agua?

2. Diseña el experimento de la actividad anterior y, antes de llevarlo a cabo, busca información en internet sobre lo que sucederá.

2 Estimaciones en ciencia

Carlos necesita estimar la cantidad de arroz que tiene que utilizar para invitar a sus amigos. Estimar no es adivinar, sino realizar cálculos para aproximarse a lo que necesita y no quedarse corto, pero tampoco para pasarse y elevar, así, los costes.

Estimar es hacer una predicción aproximada para intentar determinar el valor de algo.

Aproximaciones por exceso y por defecto

Cuando se enfrentan a un problema, los científicos utilizan la estimación para reducir la posibilidad de cometer errores en su resolución.

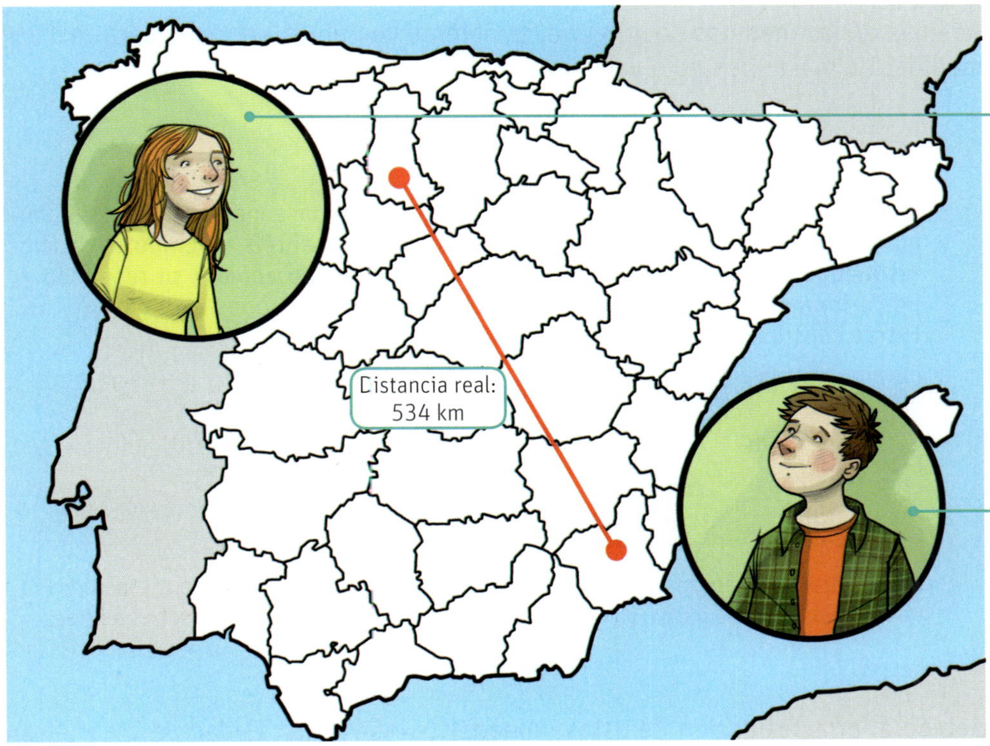

Begoña asegura que la distancia en línea recta entre Palencia y Murcia es de 450 km.

Como la distancia real es de 534 km, Begoña ha hecho una **aproximación por defecto** de 84 km, es decir, ha quedado por debajo del valor verdadero.

Joaquín asegura que la distancia en línea recta entre Palencia y Murcia es de 600 km.

Como la distancia real es de 534 km, Joaquín ha hecho una **aproximación por exceso** de 66 km, es decir, ha quedado por encima del valor verdadero.

Una aproximación es un resultado cercano al valor exacto. Puede ser por exceso, cuando la estimación supera el valor real, o por defecto, cuando es inferior a él.

El error es la diferencia entre el valor real y el aproximado.

PRACTICA Estima la altura de los rascacielos.

ACTIVIDADES

3. Encuentra. ¿Qué error ha cometido Begoña en su estimación en la distancia entre Palencia y Murcia? ¿Y el error de Joaquín? ¿Quién se ha equivocado más?

4. Realiza una estimación de la longitud de tu bolígrafo. Después, mídelo con una regla. ¿Cuál ha sido tu error? ¿Es por defecto o por exceso?

5. Decide. Se cuenta que Enrico Fermi, galardonado con el Premio Nobel, consideraba que un gran físico era aquella persona capaz de estimar el número de barberos que había en Chicago. ¿Sabrías estimar tú el número de peluquerías para hombres que hay en Sevilla?

3 El sistema internacional

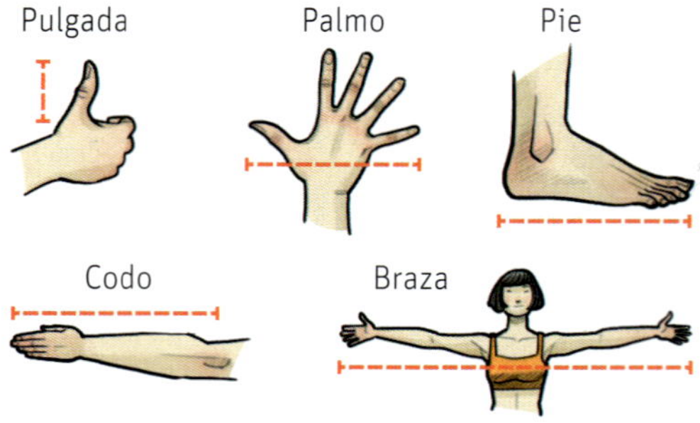

Desde muy antiguo, la humanidad ha sentido la necesidad de realizar medidas mediante el uso de unidades.

Al principio eran muy rudimentarias; por ejemplo, para medir longitudes, se comparaban las distancias con partes del cuerpo como el palmo o el pie.

Medir es comparar una cantidad con su respectiva unidad para determinar cuántas veces se repite la unidad en dicha cantidad.

Además de las medidas de longitud, también inventamos patrones para realizar medidas de masa, tiempo o volumen.

¿CÓMO LO RESOLVEMOS?

6. Calcula. **Utiliza el pie para medir. Cada alumno de la clase medirá la longitud del aula usando el pie como unidad. ¿Crees que todos habréis obtenido el mismo resultado? Una vez realizada la medición, cada alumno anotará su resultado y posteriormente se compararán los datos obtenidos por todos los compañeros. Extrae conclusiones y razónalas.**

Los resultados serán similares, pero lo más probable es que no todos hayáis medido los mismos números de pasos, ya que la longitud del pie varía de unas personas a otras.

Debido a la imperfección de estas unidades, surgió la necesidad de crear otras más estables, que no dependiesen del individuo que hiciese la medición.

Magnitudes

El metro

Para la creación de la nueva unidad de longitud, los científicos llevaron a cabo distintas expediciones y, con la ayuda de observaciones astronómicas, calcularon la distancia del polo norte al ecuador a lo largo de un meridiano.

Dividieron esta cantidad entre diez millones y la distancia resultante recibió el nombre de **metro**.

Una vez definido el metro de esa manera, se construyeron varias barras de platino e iridio de dicha longitud.

Hoy día, el metro ya no se define así sino que está relacionado con la velocidad de la luz en el vacío.

El kilogramo

Para determinar la unidad de masa, se construyó un recipiente cúbico de un decímetro (la décima parte del metro) de arista y se llenó de agua. A la masa de esa cantidad de agua, medida a determinada temperatura, se la llamó **kilogramo**.

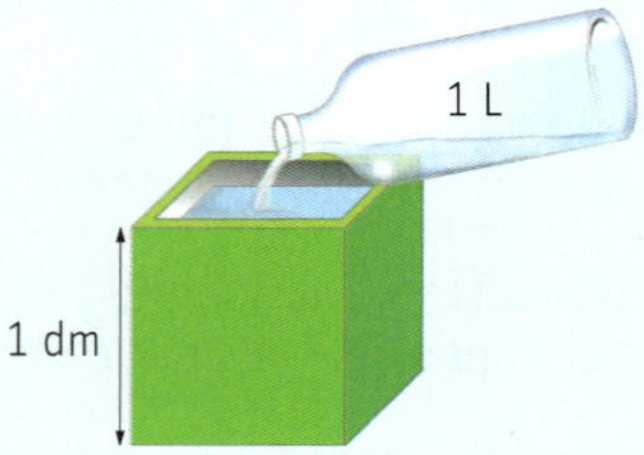

La nueva definición de kilogramo, vigente desde 2019, se relaciona con una constante física, la constante de Planck.

El sistema internacional de unidades

A las dos unidades anteriores se fueron sumando otras nuevas hasta completar siete unidades básicas (o elementales) que constituyen el sistema internacional (SI) y que se muestran en el cuadro.

Con estas unidades básicas se pueden deducir otras. Por ejemplo, la velocidad se mide en metros por segundo (m/s), una combinación de dos unidades básicas.

Magnitud	Unidad	Símbolo
longitud	metro	m
masa	kilogramo	kg
tiempo	segundo	s
corriente eléctrica	amperio	A
temperatura	kelvin	K
cantidad de materia	mol	mol
intensidad luminosa	candela	cd

Notación científica

Para representar cantidades muy grandes o muy pequeñas es más cómodo utilizar potencias de 10. Es la **notación científica**:

Coeficiente. Número distinto de cero que puede llevar decimales.

Potencia de base diez.

$$149\,600\,000\,000 \text{ m} = 1{,}496 \cdot 10^{11} \text{ m}$$

Contamos el número de cifras que hay después de la primera cifra. En este caso, 11.

Si el número es menor que 1, la potencia tendrá exponente negativo:

Contamos el número de cifras que hay después del decimal a la primera cifra distinta de cero. En este caso, 3.

$$0{,}0034 \text{ g} = 3{,}4 \cdot 10^{-3} \text{ g}$$

Múltiplos y submúltiplos

En el SI utilizamos prefijos, que se añaden a las unidades básicas, para indicar cantidades mayores o menores. Los sistemas que obtenemos son **decimales** porque sus unidades se relacionan entre sí mediante potencias de 10.

PRACTICA Juega y comprueba cuántas medidas puedes convertir al SI en un minuto.

Para convertir una cantidad en el orden inmediatamente inferior se multiplica por 10.

× 10 × 10 × 10 × 10 × 10 × 10

	Múltiplos				Submúltiplos		
Prefijo	kilo-	hecto-	deca-	Unidad básica	deci-	centi-	mili-
Símbolo	k	h	da		d	c	m

: 10 : 10 : 10 : 10 : 10 : 10

Para convertir una cantidad en el orden inmediatamente superior se divide por 10.

Prefijo	Equivalencia
kilo-	10^3
hecto-	10^2
deca-	10^1
Unidad básica	
deci-	10^{-1}
centi-	10^{-2}
mili-	10^{-3}

¿CÓMO LO RESOLVEMOS?

7. Expresa en las unidades básicas correspondientes las siguientes cantidades. Luego, escríbelas en notación científica.

a) 150 hg b) 0,124 km c) 46 mm

a) (150 hg) · 100 = 15 000 g. En notación científica es: $1{,}5 \cdot 10^4$ g.

b) (0,124 km) · 1000 = 124 m. En notación científica es: $1{,}24 \cdot 10^2$ m.

c) (46 mm) : 1000 = 0,046 m. En notación científica es: $4{,}6 \cdot 10^{-2}$ m.

ACTIVIDADES

8. Expresa en su unidad básica y en notación científica las siguientes cantidades:

a) 143 000 km
b) 12 daL
c) 0,0003 g
d) 0,2 mg

4 El trabajo en el laboratorio de física y química

Un laboratorio es un recinto equipado con los medios necesarios para realizar investigaciones y experimentos de carácter científico.

Material básico de laboratorio

El laboratorio dispone de aparatos e **instrumentos**, como los mostrados.

OBSERVA Cómo usar el material de laboratorio.

Para medir masas y volúmenes

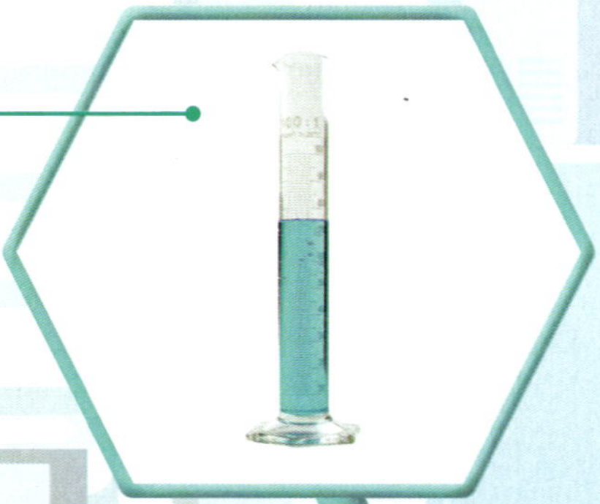

Probeta
Tubo graduado con pie destinado a medir líquidos.

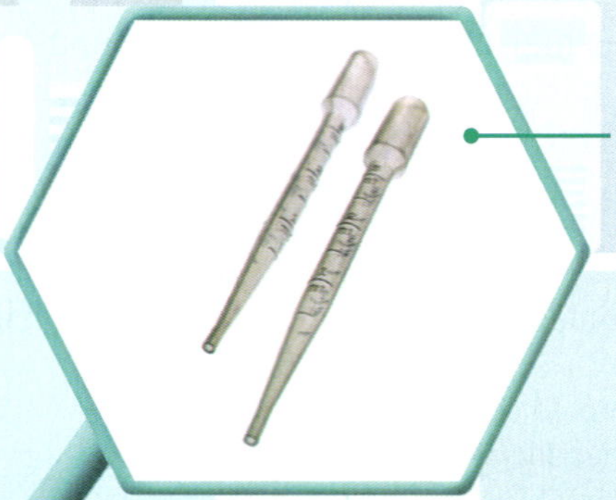

Pipeta
Tubo de cristal que sirve para medir y trasvasar líquidos.

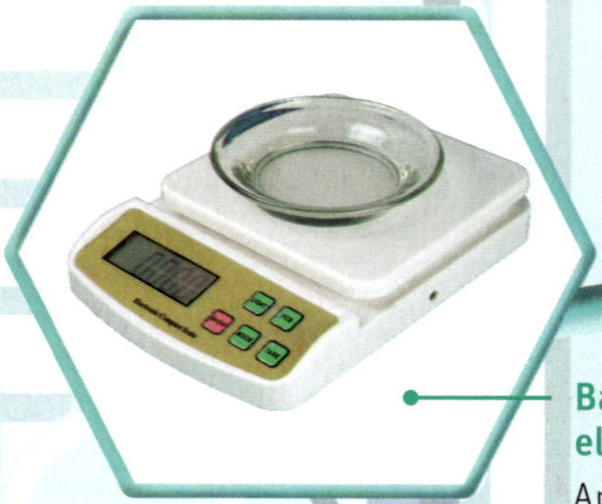

Balanza electrónica
Aparato que sirve para medir la masa de objetos.

Matraz aforado
Vaso con forma esférica terminado en un tubo recto.

Para calentar y mezclar líquidos

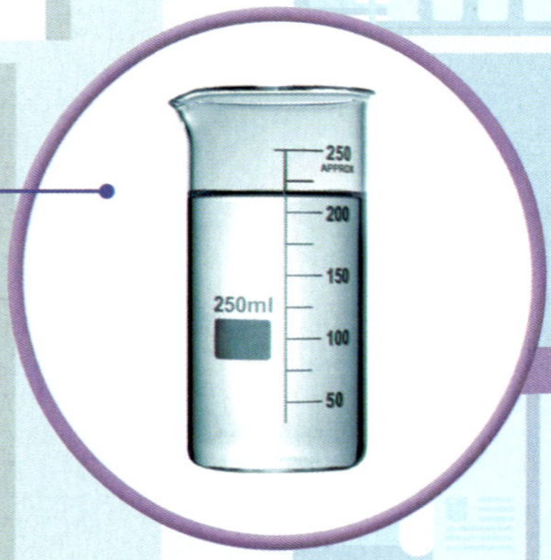

Vaso de precipitados
Vaso graduado que sirve para medir líquidos, trasvasarlos y calentar.

Mechero Bunsen
Quemador utilizado en los laboratorios para calentar.

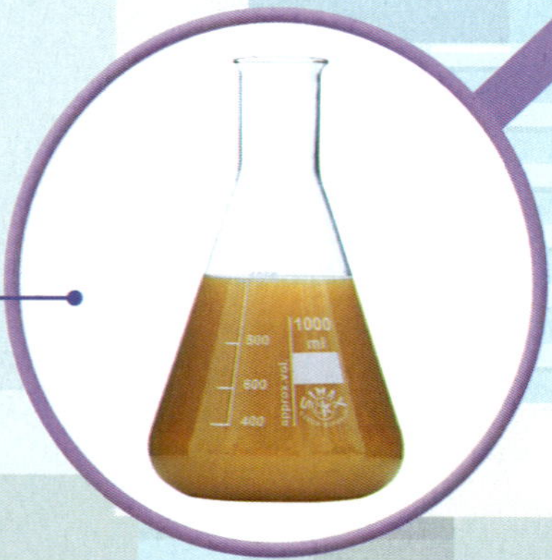

Matraz de Erlenmeyer
Vaso graduado con forma cónica terminado en un tubo recto.

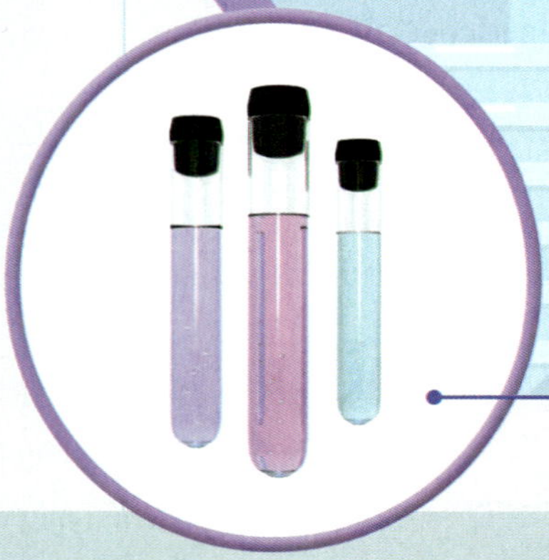

Tubo de ensayo
Tubo de cristal cerrado por un extremo redondeado

Soporte universal

Material con un sistema de pinzas que sirve para sujetar tubos de ensayo y otros materiales.

Para sostener y fijar materiales

Gradilla

Artilugio utilizado para mantener verticales los tubos de ensayo.

Trípode con rejilla

Soporte que sirve para calentar de forma más cómoda las muestras.

ACTIVIDADES

9. Identifica. ¿Qué instrumentos necesitas para diseñar un experimento que permita conocer a qué temperatura hierve el agua? Dibuja el montaje.

10. Razona. ¿Podríamos usar una probeta para medir el volumen de un cuerpo sólido? Razona tu respuesta.

OTROS MATERIALES

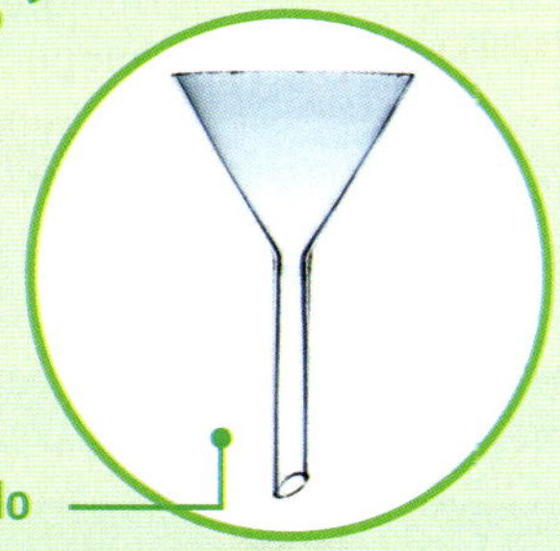

Embudo

Útil en forma de cono terminado en caña usado para trasladar líquidos.

Mortero

Vaso en el que se machacan sustancias con un instrumento rígido llamado mano.

Cronómetro

Reloj con el que se mide la duración de los procesos científicos.

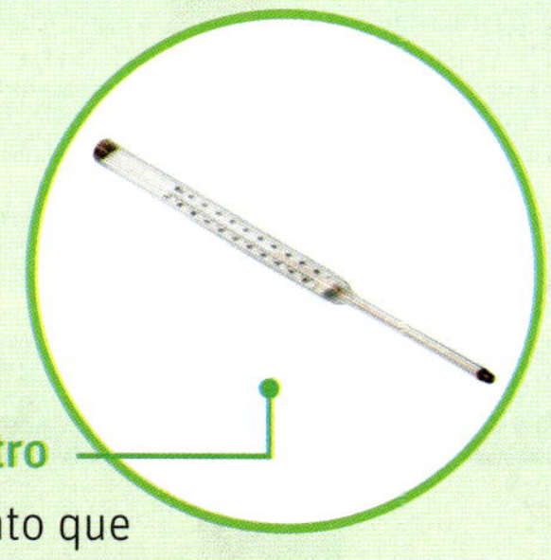

Termómetro

Instrumento que sirve para medir la temperatura.

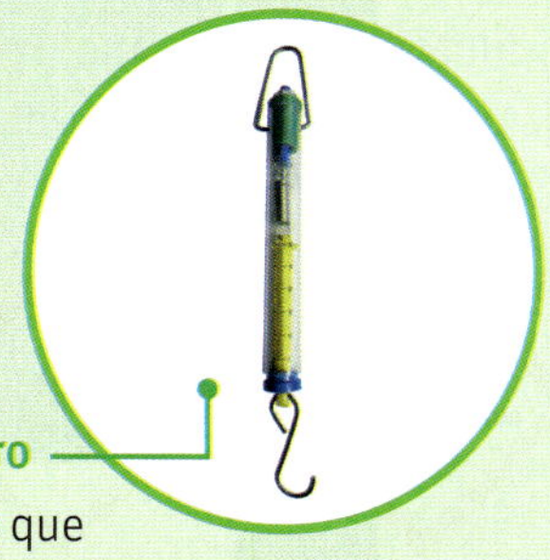

Dinamómetro

Instrumento que sirve para medir fuerzas.

Agitador

Varilla de vidrio usada para mover líquidos.

Normas de seguridad en el laboratorio

Al trabajar en el laboratorio debemos observar una serie de **medidas de seguridad** destinadas a prevenir accidentes.

Indumentaria en el trabajo

- Usar una bata para evitar las salpicaduras de productos químicos sobre la piel o la ropa y vestir pantalones largos y zapatos cerrados.
- Utilizar gafas de seguridad en experimentos donde las sustancias puedan dañar los ojos.
- Si se tiene el pelo largo, hay que recogérselo en una coleta.
- Utilizar guantes al trabajar con sustancias corrosivas o tóxicas.

Orden y limpieza

- No comer ni beber en el laboratorio.
- Lavarse las manos antes de salir del laboratorio.
- Ordenar el área de trabajo y limpiar el material después de usarlo.
- No jugar ni hacer bromas.

Precauciones con el vidrio

- No forzar los tubos de vidrio, sobre todo al quitar o poner tapones, ya que se pueden agrietar y romper.
- Si se ha calentado un objeto de vidrio, dejar que se enfríe antes de manipularlo.

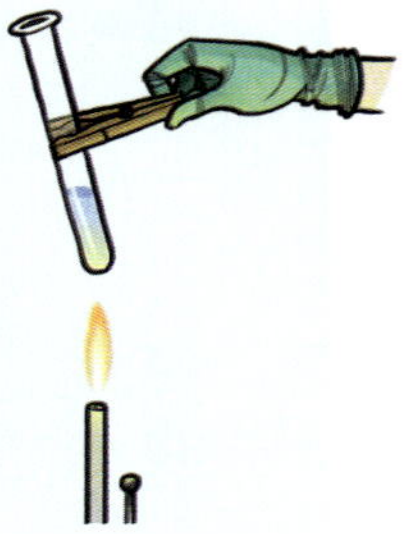

Eliminación de residuos

- Depositar los papeles en la papelera y el cristal roto en los recipientes destinados a este fin.
- No tirar al fregadero los compuestos químicos que puedan reaccionar con el agua o los que sean dañinos para el medioambiente.

Los productos químicos

- No acercar directamente la nariz ni los ojos a la boca del tubo de ensayo.
- Leer la etiqueta de seguridad donde se indican la peligrosidad y los consejos de seguridad.

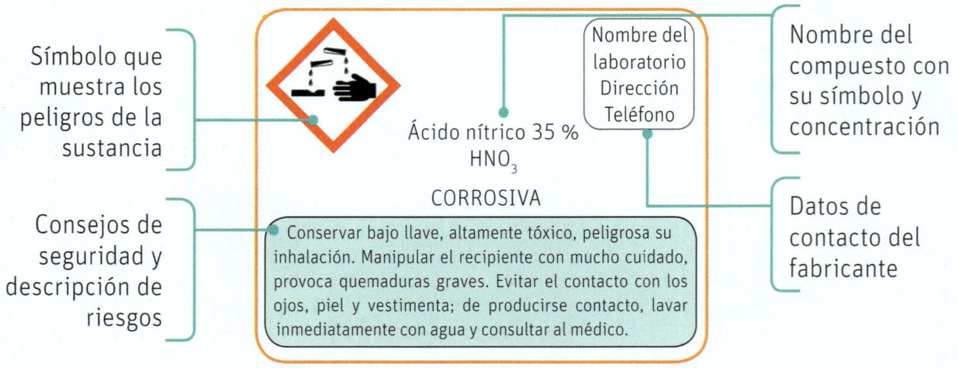

PRACTICA Precaución en el laboratorio.

Los productos químicos incluyen pictogramas que advierten de sus propiedades tóxicas, corrosivas, inflamables o explosivas.

Sustancias explosivas (EX) · Sustancias inflamables (IN) · Sustancias combustibles (CB) · Sustancias corrosivas (CR) · Toxicidad aguda (TO) · Toxicidad aguda (Peligro al inhalar) (DA) · Cancerígeno, mutágeno (MU) · Dañino para el medio ambiente acuático (EN)

5 Cómo mostrar el resultado de una investigación

Los científicos comunican los resultados de sus experimentos en congresos, conferencias o publicaciones especializadas. La redacción de estos **informes científicos** incluye los siguientes pasos:

INTRODUCCIÓN

Ley de Boyle

Mediante un sencillo experimento comprobamos la ley de Boyle aplicando el método científico y sacando resultados y conclusiones.

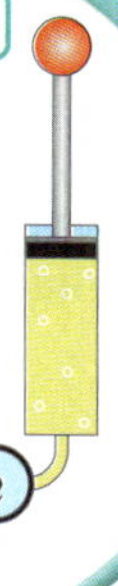

Presión

Presentación atractiva de la investigación, donde se muestran su importancia y el objetivo del estudio.

MÉTODO

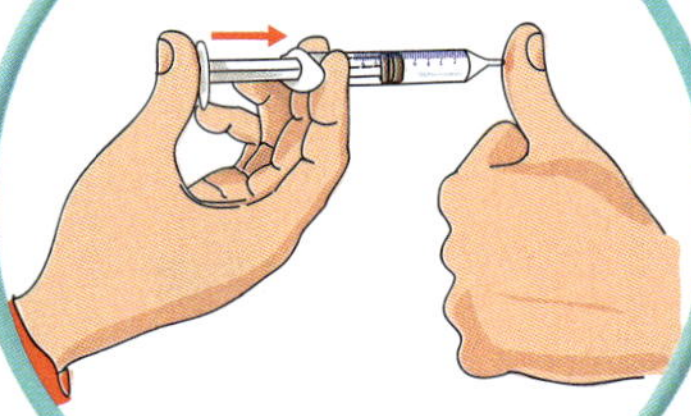

Se describe el experimento y se muestran las variables analizadas y cómo se manipularon.

RESULTADO

El producto de la presión por el volumen es constante.

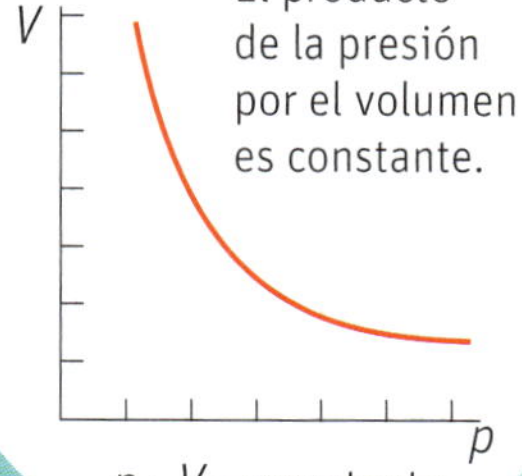

$p \cdot V = \text{constante}$

Los datos más significativos de la investigación se presentan en tablas, gráficas y fórmulas, estableciendo las relaciones entre las variables.

Tablas

Las tablas son un sistema de recogida de datos donde figuran las variables que queremos relacionar.

Con los instrumentos adecuados, se pueden recoger datos de presión y volumen de un experimento como el de compresión de una jeringa.

Presión (atm)	Volumen (mL)
1	12
2	6
4	3
6	2
12	1

Gráficas

La representación de datos en forma de gráficas permite una mejor interpretación de los fenómenos naturales.

En los ejes se colocan las dos variables con su unidad.

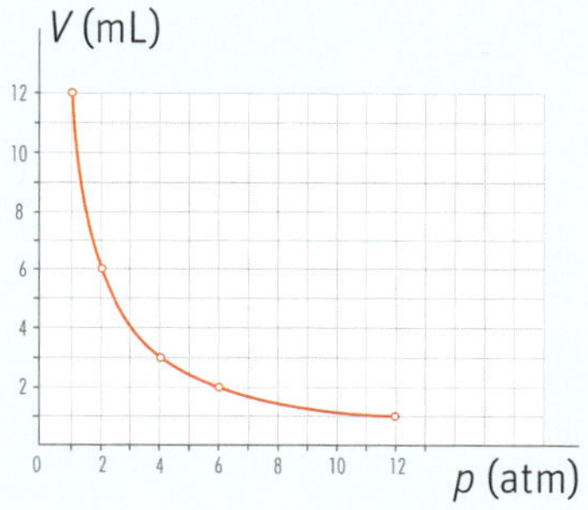

Fórmulas

Para finalizar, los científicos intentan reflejar los resultados mediante relaciones matemáticas que permitan enunciar leyes que expliquen situaciones similares.

Si observas la tabla, verás que el producto de la presión (p) por el volumen (V) siempre da el mismo número, 12. Esta situación se podría resumir en la siguiente fórmula:

$$p \cdot V = 12$$

CONCLUSIÓN

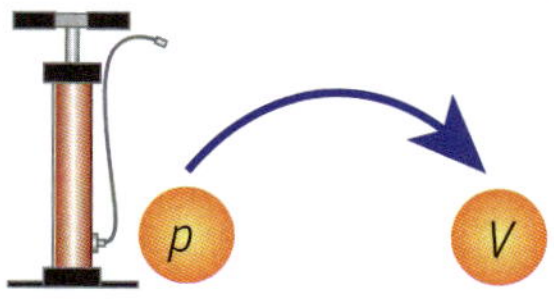

Ley de Boyle

$p \cdot V = \text{cte}$

Se muestran los elementos más destacables de los resultados.

Se puede determinar la ley de Boyle en todas las situaciones, como el producto de la presión por el volumen es constante.

ACTIVIDADES

11. Produce. Por parejas, cronometrad el tiempo que tarda uno de vosotros en recorrer 20 m. Repetid la medida con otras distancias: 40 m, 60 m, 80 m, etc. Recoged los datos en una tabla, representadlos en una gráfica e idead una fórmula que relacione el espacio recorrido y el tiempo empleado. Redactad un informe con los resultados obtenidos.

LO ESENCIAL

La ciencia investiga

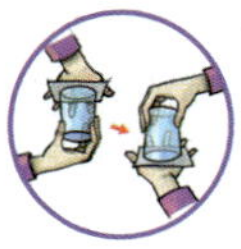

Para investigar los fenómenos de la naturaleza se utiliza el **método científico**, que tiene varias fases:

- Formularse preguntas.
- Emitir hipótesis.
- Experimentar.
- Analizar.

El **sistema internacional** (SI) tiene siete unidades fundamentales cuyos símbolos son: m, kg, s, A, K, mol y cd.

En el **laboratorio** debemos trabajar teniendo en cuenta **medidas de seguridad**, como:

- Usar batas, gafas y guantes.
- No jugar, ni comer ni beber.
- Lavarse las manos al acabar.
- Leer las etiquetas y conocer los pictogramas de peligrosidad.

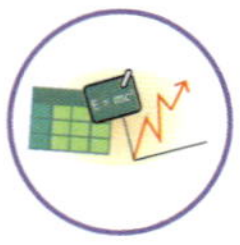

Para comunicar los resultados de una investigación se usan **tablas**, **gráficas** y **fórmulas**.

1. Organiza tus ideas. Copia, completa y amplía el siguiente esquema para construir tu propio mapa mental de la unidad.

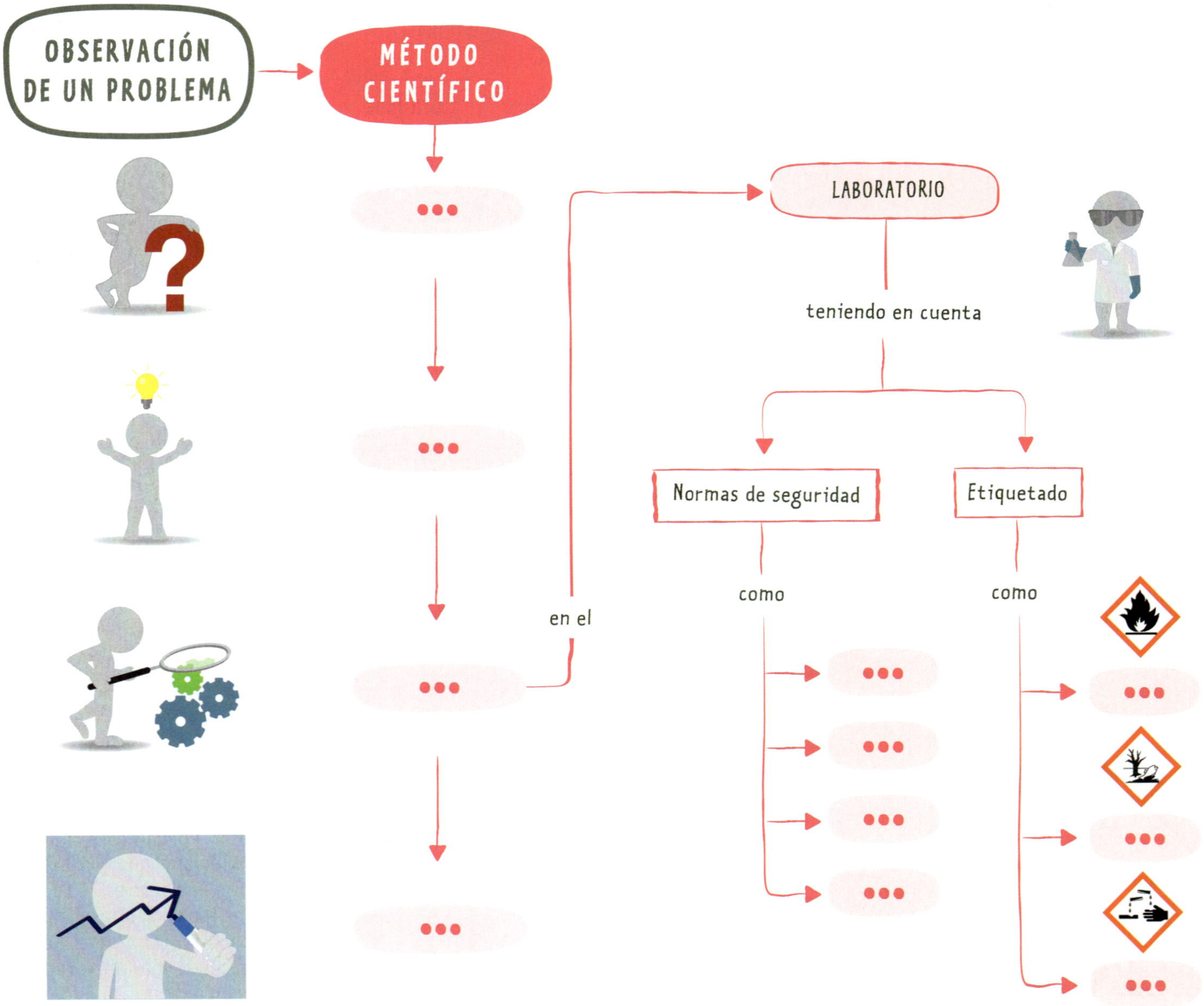

VALORA LO APRENDIDO Autoevalución y resumen.

Método científico

1. Elige. ¿Cuál de estas afirmaciones sobre las hipótesis es cierta?

   A. Las hipótesis son siempre válidas. Si un experimento muestra lo contrario, hay que cambiar el experimento.

   B. Las hipótesis son siempre falsas, pero se utilizan para empezar a trabajar.

   C. Si un experimento muestra que una hipótesis es falsa, hay que cambiar la hipótesis.

   D. Las hipótesis no deben comprobarse.

2. Decide. ¿Qué ocurre si mezclas aceite con alcohol? Emite una hipótesis y después comprueba su veracidad mediante un experimento.

¿CÓMO LO RESOLVEMOS?

3. Calcula. Inés, Sonia y Ángel van a comprar una sandía. Entran en un supermercado y cogen la primera que encuentran. Inés dice que su masa es de 4,5 kg, Sonia cree que es de 4200 g y Ángel piensa que es de 5 kg. Colocan la sandía sobre la balanza y esta marca 4720 g. ¿Quién se ha quedado más cerca del valor real? ¿Qué error ha cometido cada uno? Indica si sus aproximaciones han sido por exceso o por defecto.

	Masa estimada	Error	Por exceso o por defecto
Inés	4500 g	(4720 – 4500) g = 220 g	Por defecto
Sonia	4200 g	(4720 – 4200) g = 520 g	Por defecto
Ángel	5000 g	(4720 – 5000) g = –280 g	Por exceso

4. En grupos, conseguid un lapicero, una regla, un móvil, una manzana y una zapatilla. Cada miembro del grupo debe estimar las masas de esos objetos y anotarlas en la casilla correspondiente en una tabla. Después, medid las masas con la balanza y calculad el error cometido en cada caso.

Objeto	Masa estimada	Masa con la balanza	Error
	●●●	●●●	●●●
	●●●	●●●	●●●
	●●●	●●●	●●●
	●●●	●●●	●●●

5. Produce. En 1972, una revista sobre ecosistemas acuáticos publicó un artículo que predecía el número de monstruos que hay en el lago Ness. El artículo comenzaba con esta frase: "Es bien sabido que existen monstruos en el lago Ness". ¿Crees que es un buen comienzo para un artículo científico?

Después de una serie de cálculos que incluían las dimensiones del lago, el peso que tendría que tener un animal para ser considerado monstruo o los ejemplares que debería haber para asegurar su continuidad, concluyeron que en el lago tendría que vivir una población de monstruos de entre 10 y 20 individuos.

Redacta un artículo donde se haga una estimación del número de yetis que hay en el Himalaya. La redacción debe empezar con la frase: "Es bien sabido que existen yetis en el Himalaya".

La medida y el sistema internacional

6. Identifica. Une con flechas las unidades más adecuadas para medir las longitudes propuestas.

Longitud	Unidad
Distancia entre Madrid y Barcelona ●	● Milímetro
Distancia de portería a portería en un campo de futbol ●	● Metro
Altura de la estatua de la Libertad ●	● Kilómetro
Tamaño de una mosca ●	● Hectómetro
Altura de un jugador de baloncesto ●	● Decámetro

7. Decide. ¿Qué es un kilogramo?

   A. La masa de un decímetro cúbico de agua.

   B. La masa de un metro cúbico de agua.

   C. La diezmillonésima parte de la masa de la Tierra.

   D. La masa de un decímetro cúbico de cualquier líquido.

   E. La masa de un milímetro cúbico de agua.

8. Razona. ¿Qué largo tiene tu mesa? Expresa esta longitud en notación científica y la unidad en el sistema internacional. ¿Con qué instrumento has realizado la medida?

9. Calcula. **En el sistema internacional 5 cm equivalen a...**

A. 500 m B. 0,05 m C. 0,05 g D. 0,5 m

¿CÓMO LO RESOLVEMOS?

10. Expresa **en unidades del sistema internacional las siguientes medidas:**

a) **80 hm**
b) **5 horas**
c) **24 g**
d) **3 mA**

a) Para pasar de hectómetros (hm) a metros (m), hay que multiplicar por 100:

$$80 \text{ hm} = 80 \cdot 100 = 8000 \text{ m}$$

b) Convertimos las horas (h) en minutos (min) multiplicando por 60; para convertir los minutos en segundos (s), multiplicamos por 60:

$$5 \text{ horas} = 5 \cdot 60 \cdot 60 = 18\,000 \text{ s}$$

c) Para convertir gramos (g) en kilogramos (kg) tenemos que dividir entre 1000:

$$24 \text{ g} = \frac{24}{1000} = 0{,}024 \text{ kg}$$

d) Para pasar miliamperios (mA) a amperios (A), dividimos entre 1000:

$$3 \text{ mA} = \frac{3}{1000} = 0{,}003 \text{ A}$$

11. Calcula. **Sabiendo que el amperio (A) es la unidad de medida de la intensidad de la corriente eléctrica y teniendo en cuenta los prefijos usados en el sistema internacional, completa en tu cuaderno las siguientes igualdades:**

a) 1000 A = ●●● dA
b) 0,02 hA = ●●● A
c) 30 mA = ●●● kA
d) 0,4 dA = ●●● mA

¿CÓMO LO RESOLVEMOS?

12. Expresa **en notación científica las siguientes cantidades:**

a) **0,0025 m**
b) **30 000 g**

a) Para expresar las cantidades en notación científica, si el número es menor que 1, contamos el número de cifras que hay después del decimal a la primera cifra distinta de cero, en este caso hay 3. Como el número es menor que 1 tendrá exponente negativo: $2{,}5 \cdot 10^{-3}$.

b) En este caso, como el número es mayor que 1, contamos el número de cifras que hay después de la primera cifra y tendrá exponente positivo: $3 \cdot 10^4$.

13. Expresa **las siguientes medidas en el sistema internacional de medidas y en notación científica.**

a) 3,4 h
b) 0,37 mm
c) 42 500 g
d) 0,000 12 dg

14. Soy competente

En el año 2002, el petrolero *Prestige* se accidentó en una tormenta cuando navegaba a 27 millas de la costa gallega. El barco era monocasco y transportaba $7{,}7 \cdot 10^6$ kilogramos de fuel pesado que, al derramarse, provocaron una enorme marea negra con consecuencias gravísimas para el medioambiente.

El petróleo flota en el agua e impide que el océano se oxigene; además, es tóxico para los organismos marinos, y en el caso de las aves, al impregnarse las plumas, hace que estas pierdan su poder aislante.

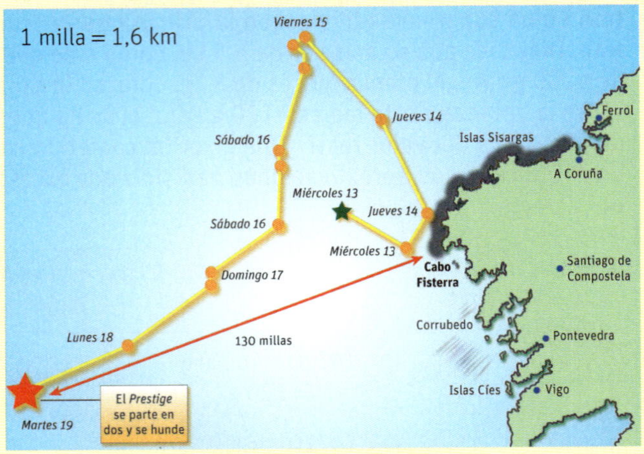

a) ¿Qué unidades del SI se utilizan en el texto? ¿A qué distancia de la costa en kilómetros se produjo el accidente?

b) ¿Por qué crees que el buque navegaba tan cerca de la costa?

A. Para aprovechar la ruta y ver el hermoso paisaje gallego.

B. Para resguardarse en un puerto en caso de que hubiera mal tiempo.

C. Para ahorrar tiempo y dinero al utilizar la ruta más corta.

d) Hoy día, se obliga a los petroleros a tener doble casco y a navegar a más de 200 millas de la costa. ¿Qué ventajas suponen esas dos medidas? Busca información sobre ello.

e) Si el fuel era pesado, ¿por qué no se hundía?

15. Observa **las unidades de las magnitudes físicas que te mostramos a continuación, y averigua qué magnitudes básicas se necesitan para deducirlas. Te damos un ejemplo.**

Magnitud	Unidad	Magnitudes básicas de las que depende
Velocidad	m/s	Longitud y tiempo
Fuerza	$kg \cdot m/s^2$	●●●
Densidad	kg/m^3	●●●

16. Soy competente

A lo largo de la historia se han creado numerosas unidades de medida que han evolucionado con el paso del tiempo. En esta actividad vamos a desarrollar una nueva unidad a la que llamaremos *líber* ('libro' en latín).

Un *líber* será el equivalente a la longitud del lado más largo del libro de Física y Química de 2.º ESO.

Líber

a) Crea una regla que mida 1 *líber*. Sigue este procedimiento:

Dibuja en una hoja de papel un rectángulo estrecho cuyo lado más largo sea 1 *líber*.

Recorta el rectángulo.

Divídelo en 10 partes iguales (9 marcas).

Subdivide la regla haciendo marcas en cada *decilíber*.

b) Selecciona cinco objetos y utiliza esta regla para medir sus longitudes en esta nueva unidad.

c) Redacta una definición de esta nueva unidad para dar a conocer, a las personas que no dispongan de este libro, qué es un *líber*.

d) ¿Qué magnitud podemos medir con la unidad *líber*?

e) ¿Cuántos *líberes* mide 1 metro?

f) Calcula la distancia que separa la Tierra de la luna en *kilolíberes*.

17. Razona. En 1628 el *Vasa*, que iba a ser el buque de guerra más poderoso del mundo, volcó y se hundió a un par de kilómetros de la costa el día de su botadura.

En 1961 se recuperó el barco y los científicos encontraron que era más grueso a babor que a estribor. Probablemente el error tuvo lugar porque los ingenieros usaron unas reglas graduadas en pies suecos (12 pulgadas) y otras en pies de Ámsterdam (11 pulgadas).

¿Cómo crees que puede afectar este error a la estabilidad del barco?

Trabajo en el laboratorio

18. Nombra dos instrumentos de laboratorio que sirven para medir volúmenes, otros dos para calentar líquidos y otros dos para sostener materiales. ¿Cómo se llama el instrumento que sirve para medir fuerzas?

19. Escribe el nombre de los siguientes materiales.

a)

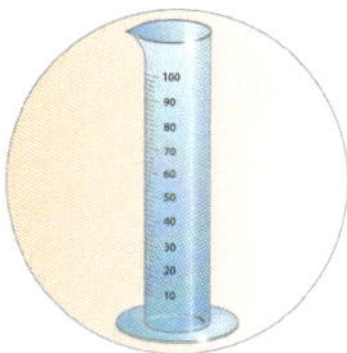

d)

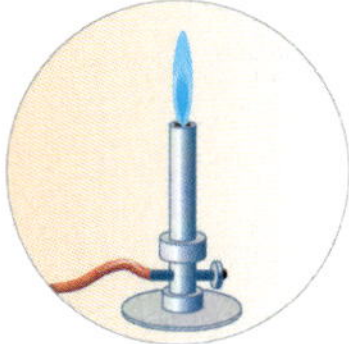

b)

e)

c)

f)

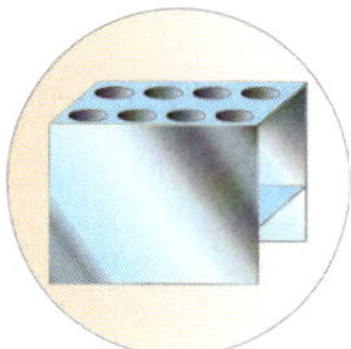

20. Decide. ¿Para qué sirve una gradilla?

A. Para mantener verticales los tubos de ensayo.

B. Para machacar sustancias.

C. Para trasvasar líquidos.

D. Para limpiar instrumentos de medida.

21. Identifica. ¿Cuál de las siguientes conductas es correcta en el laboratorio?

A. Las personas con pelo largo pueden llevarlo suelto.

B. Utilizar guantes al trabajar con sustancias corrosivas.

C. Eliminar los compuestos químicos por el fregadero.

D. No utilizar gafas de protección en sustancias tóxicas.

22. Escribe el nombre de los siguientes pictogramas de peligro.

a)

b)

c)

23. Deduce. ¿Por qué crees que no hay que acercar directamente la nariz ni los ojos a la boca del tubo de ensayo cuando se trabaja en el laboratorio?

Mostrando los resultados

24. Escribe cómo se llaman las diferentes partes de un informe científico y explica brevemente en qué consisten.

25. Soy competente

Antes de hacer ejercicio, David mide su pulso: es de 70 latidos por minuto. Hace ejercicio intenso durante un minuto y vuelve a medirse el pulso. Después, ya en reposo, David vuelve a repetir las medidas cada minuto y con los resultados que obtiene dibuja un gráfico como el siguiente.

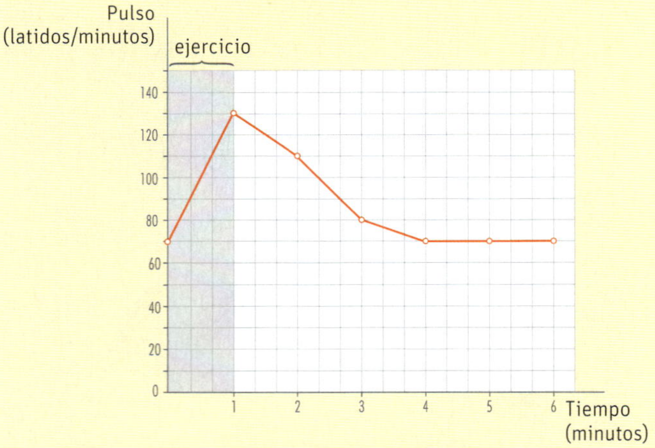

a) ¿Qué se puede concluir de los resultados?

A. Su pulso aumentó en 50 latidos por minuto.

B. Su pulso tardó menos tiempo en disminuir que en aumentar.

C. Después de 4 minutos, su pulso era de 80 latidos por minuto.

D. Su pulso volvió a la normalidad en menos de 6 minutos.

b) ¿Por qué, al hacer ejercicio, sube el número de latidos?

c) David se ha percatado de que, al correr, también aumenta la cantidad de aire inspirado y espirado. ¿Habrá una relación entre estos dos fenómenos? Emite una hipótesis que los relacione.

¿CÓMO LO RESOLVEMOS?

26. Representa. Rosa tiene instalada, en el móvil, una aplicación que ha registrado el espacio que ha recorrido en función del tiempo que ha durado su paseo. Los datos se muestran a continuación en unidades del sistema internacional.

Tiempo (s)	Espacio (m)
50	100
100	200
150	300
200	400
250	500
300	600
350	700
400	800

a) Representa gráficamente los datos.

b) Deduce una fórmula que relacione el espacio y el tiempo.

a) La representación gráfica es la siguiente:

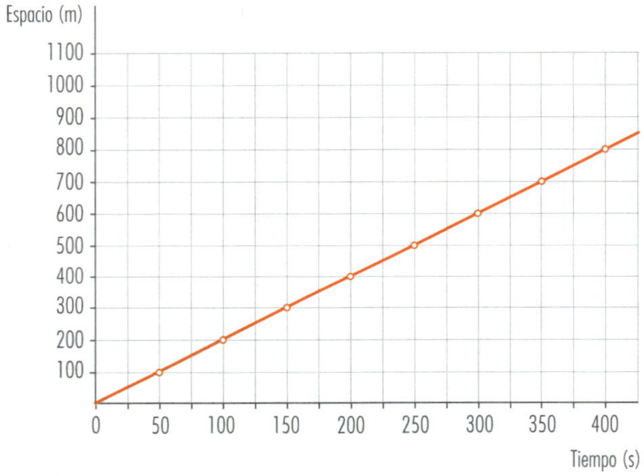

b) Observa que, en este caso, el espacio siempre es el doble que el tiempo. Por tanto, si llamamos t al tiempo y e al espacio, la fórmula sería: $e = 2 \cdot t$.

27. Deduce. En el siglo XVIII, el francés J. Charles estableció una relación entre la temperatura y el volumen de un gas a presión constante. Esta tabla relaciona ambas magnitudes:

Temperatura (K)	Volumen (L)
100	2
150	3
200	4
250	5
300	6
400	8

Dibuja una gráfica con los datos de la tabla y plantea una fórmula que relacione la temperatura y el volumen.

28. Analiza. **Dejamos caer una pelota desde diferentes alturas y calculamos el tiempo que tarda en tocar el suelo. El resultado se muestra en la siguiente tabla.**

Espacio (m)	Tiempo (s)
5	1
11	1,5
20	2

a) Con estos datos representa una gráfica.

b) Extrae, al menos, una conclusión que te llame la atención de estos datos.

29. Deduce. **¿Qué fórmula se puede deducir de esta tabla?**

A	2	4	6	8
B	5	9	13	17

A. $B = 2 \cdot A$

B. $B = A + 1$

C. $B = 2 \cdot A - 1$

D. $B = 2 \cdot A + 1$

30. Analiza. **La siguiente gráfica muestra la longitud de la sombra de un árbol a diferentes horas del día.**

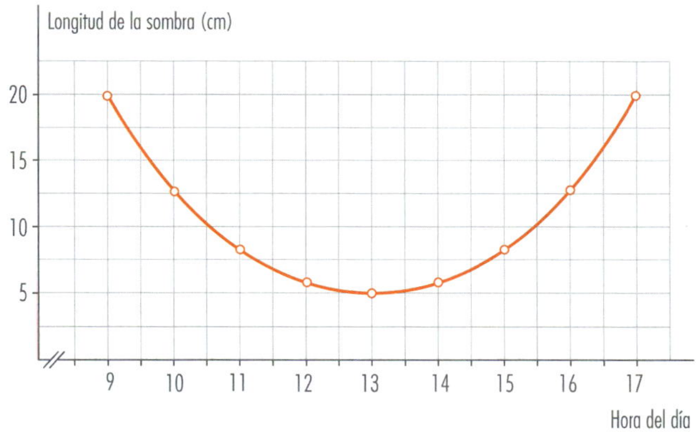

a) Explica por qué la curva tiene esta forma.

b) ¿Se pueden deducir de la gráfica las siguientes afirmaciones? Razona tu respuesta.

A. A medida que pasan las horas, la sombra del objeto se acorta.

B. En el rango de horas estudiado, la sombra más corta se alcanza a las 13:00.

C. A las 11:00, la sombra es más larga que a las 16:00.

D. No existen dos horas distintas del día en las que la longitud de la sombra sea igual.

Física y química en tu vida

Lee y comprende el siguiente texto:

Las zapatillas deportivas y la vacuna anti covid-19

Aparentemente, unas deportivas y las vacunas no parecen tener mucho en común; sin embargo, para su desarrollo ambas han contado con una herramienta poderosa: el método científico.

Control de calidad de las suelas

Debido al uso, unas zapatillas de carrera tienen una vida útil de unos 700 km. Para decidir qué tipo de suela deben usar, los ingenieros someten a la abrasión a distintos tipos de materiales durante el mismo tiempo en una máquina para medir el desgaste producido.

Para otras características, como la flexibilidad, la amortiguación, la transpiración, etc., también se hacen investigaciones, pero siempre con control de variables.

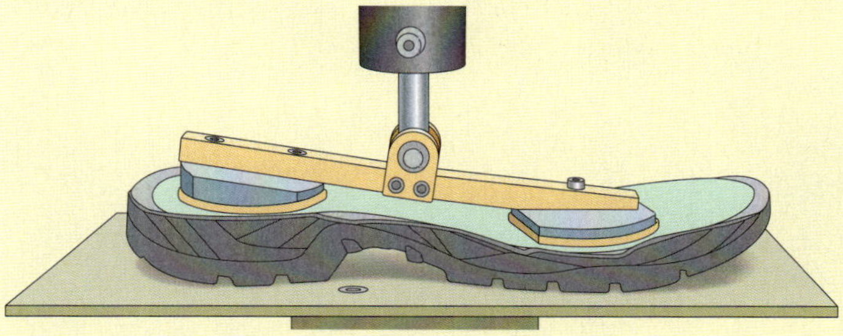

Cómo se ensaya una vacuna anti Covid-19

Una vez que un grupo de científicos desarrolla una vacuna, esta debe pasar por un test muy exigente: una fase 0 con pruebas *in vitro* y en ratones, una fase 1 en grupos de 20 o 100 personas sanas, una fase 2 en varios cientos de personas y la famosa fase 3 con más de 30 000 voluntarios.

En las fases 2 y 3 se usa la técnica de doble ciego: a la mitad de los voluntarios se les administra la vacuna y a la otra mitad, un placebo. Ni los voluntarios ni los médicos saben quién pertenece a cada grupo, y al final se determina si hay diferencias significativas a favor de los que se les suministró la vacuna.

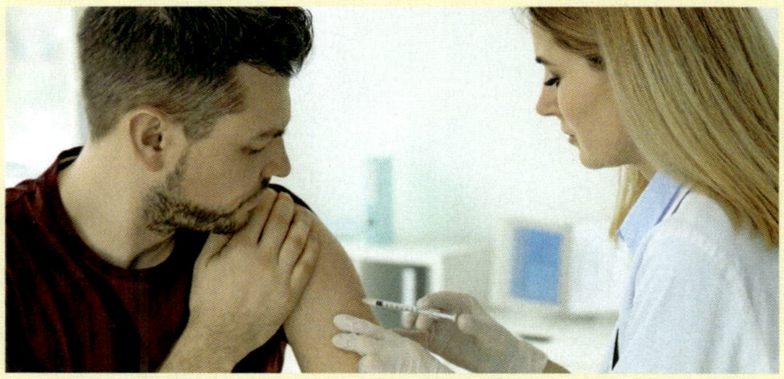

1. ¿Qué crees que significa el efecto placebo?
2. ¿Cómo crees que controlan la variable "edad" en los ensayos de vacunas?
3. Diseña una experiencia para medir la pérdida de color de las camisetas deportivas.

2 LA MATERIA Y SUS PROPIEDADES

En esta unidad aprenderás...

- Que la materia tiene masa y volumen.
- Que la materia tiene unas propiedades características que nos permite identificarla.
- Que un mismo tipo de materia se puede presentar en tres estados físicos: sólido, líquido y gaseoso.
- Cómo la teoría cinético-molecular explica los cambios de estado.
- Las leyes de los gases.

¿Cómo le afecta al oso polar el deshielo del Ártico?

El agua se presenta en tres estados: sólido, líquido y gas. Cada uno de los estados en que se puede presentar la materia tiene unas propiedades comunes que lo caracteriza, y si se dan las condiciones adecuadas pueden cambiar de unos a otros.

- ¿De qué formas puede cambiar el agua de estado físico?
- El vapor de agua no se ve, ¿por qué?
- ¿Tiene relación el deshielo de los polos con el cambio climático?

1 La materia tiene masa y volumen

Mira a tu alrededor y haz una lista de objetos que tengas a mano. ¿Has incluido el aire?

Todo lo que te rodea, vivo o inerte, está hecho de materia, incluso el aire. Toda la materia, sea del tipo que sea, tiene unas **propiedades generales**, como la masa, el volumen o la temperatura. Estas propiedades generales no nos sirven para diferenciar una sustancia de otra.

La masa

A la cantidad de materia que tiene un cuerpo, sea sólido, líquido o gas, la llamamos masa. Para medir la **masa** se usan dos tipos diferentes de **balanza**:

Tipos de balanza

Balanza de brazos iguales

En un platillo ponemos el objeto cuya masa queremos medir, y en el otro, las pesas hasta equilibrar ambos brazos.

Balanza electrónica

Al colocar el objeto, muestra directamente el valor de la masa. Funciona mediante un sensor electrónico.

La **masa**, ***m***, es la cantidad de materia que tiene un cuerpo. Su unidad en el sistema internacional (SI) es el **kilogramo**, **kg**.

ACTIVIDADES

1. Decide. ¿Cómo hallarías la masa de un grano de arroz con una balanza?
   PISTA: puedes calcular la masa de 10 granos de arroz y...

2. Calcula. En uno de los platillos de una balanza de brazos hay un racimo de 8 plátanos; en el otro platillo hay 2 pesas de 500 gramos, 2 pesas de 100 gramos, 4 de 10 gramos y 1 pesa de 2 gramos. ¿Qué masa tiene de promedio un plátano?

3. Razona. Rocío hincha un balón con 5 litros de aire y mide su masa.

   a) ¿Cuánto ha aumentado la masa del balón?
   b) ¿Qué masa tiene 1 litro de aire?

PRACTICA ¿Pesa el aire? Compruébalo.

>> Sistema de medición

Para unificar la manera de medir cantidades, se creó el **sistema internacional de unidades, SI.**

Longitud .... metro (m)
Masa .... kilogramo (kg)
Tiempo .... segundo (s)
Volumen .... metro cúbico (m^3)

Como unidad de volumen, también se usa el litro, L:

$1 \text{ m}^3 = 1000 \text{ L}$

$1 \text{ L} = 1 \text{ dm}^3 = 1000 \text{ cm}^3$

El volumen

Al **espacio** que ocupa un cuerpo, sea sólido, líquido o gas, lo llamamos **volumen**.
Para calcular el **volumen** de los diferentes objetos usamos dos métodos:

Métodos para calcular el volumen

Método matemático

Cuando el sólido tiene forma regular (esfera, cubo, cilindro, etc.), el volumen se determina a partir de sus dimensiones y de la fórmula del volumen del cuerpo.

$$V = \pi \cdot r^2 \cdot h = (3,14)\ (1,5\ \text{cm})^2\ (10,5\ \text{cm}) = 74,2\ \text{cm}^3$$

Método experimental

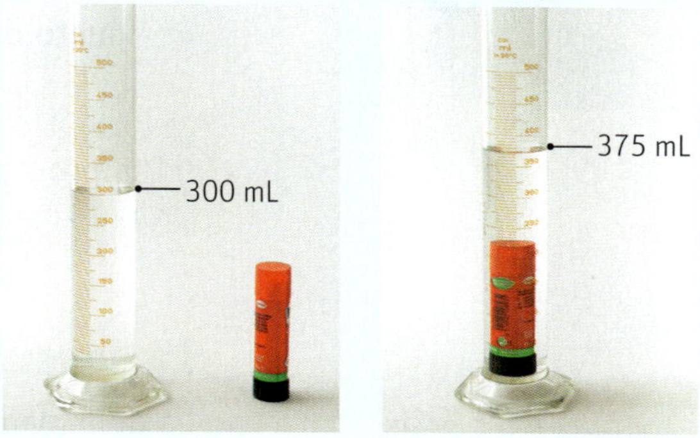

Un método directo, para los cuerpos regulares o irregulares, es sumergir el objeto en una probeta con agua. El aumento de volumen coincidirá con el volumen del cuerpo.

$$V = (375 - 300)\ \text{mL} = 75\ \text{mL}$$

El **volumen**, ***V***, es la cantidad de espacio que ocupa un cuerpo. Su unidad en el sistema internacional (SI) es el **metro cúbico, m³**.

¿CÓMO LO RESOLVEMOS?

4. Calcula **el número de alumnos que cabrían en un contenedor que tiene un volumen de 1 m³. Dato: el volumen medio que ocupa un alumno es de 40 L.**

Para calcular el número teórico de alumnos que cabrían en un contenedor, debemos dividir el volumen total del contenedor entre el volumen medio de un alumno.

$$\text{n.º de alumnos} = \frac{V_{total}}{V_{alumno}} = \frac{(1\ \text{m}^3)}{(40\ \text{L})} = \frac{(1000\ \text{L})}{(40\ \text{L})} = 25\ \text{alumnos. ¡Increíble!}$$

ACTIVIDADES

5. Encuentra. ¿Qué tienen en común la masa y el volumen de un cuerpo?

6. Compara. ¿Crees que 1 kg de paja ocupa el mismo volumen que 1 kg de hierro?

7. Explica dos métodos para calcular el volumen de un dado de 2 cm de arista.

8. Decide. ¿Cómo podrías medir el volumen de un tapón de corcho? Ten en cuenta que el corcho flota en el agua.

9. Calcula. Escribe las siguientes cantidades:

a) 450 g en kg
b) 120 dm³ en L
c) 10 m³ en L
d) 2,3 kg en g
e) 20 L en cm³
f) 34 dm³ en cm³

2 Propiedades características de la materia

Adivina adivinanza... Es sólido, muy duro porque no hay quien lo raye, pero frágil. No conduce la electricidad, pero es muy valioso. ¿Qué será?

Hay propiedades de la materia que no son generales, sino específicas de cada tipo de sustancia, como:

- La **dureza** (la dificultad en rayar).
- La **densidad**.
- La **solubilidad** en agua o en otros disolventes.
- La **conductividad eléctrica**.
- El **punto de fusión** y el **punto de ebullición**.

Las **propiedades características** son específicas para cada sustancia y nos sirven para identificarlas.

La densidad es una propiedad característica

La densidad es la relación entre la masa y el volumen de un cuerpo.

Interpreta lo que ocurre

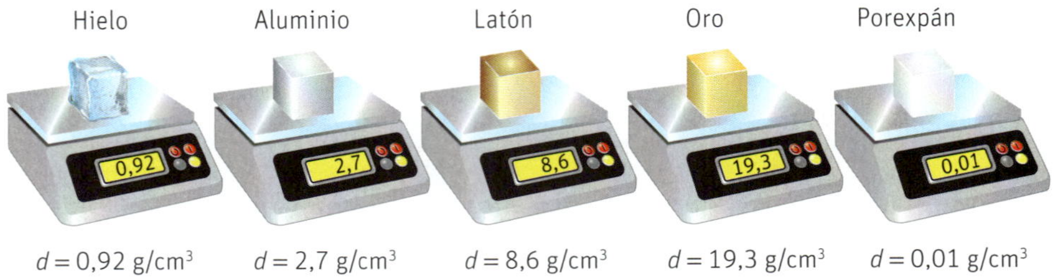

Medimos la masa de un cubito del mismo volumen, 1 cm^3, de distintos materiales y observamos que tienen distinto valor: el porexpán tiene 0,01 g mientras que el oro tiene mucha más, casi 20 g. Decimos que el porexpán tiene una densidad muy baja y que el oro tiene una densidad muy alta.

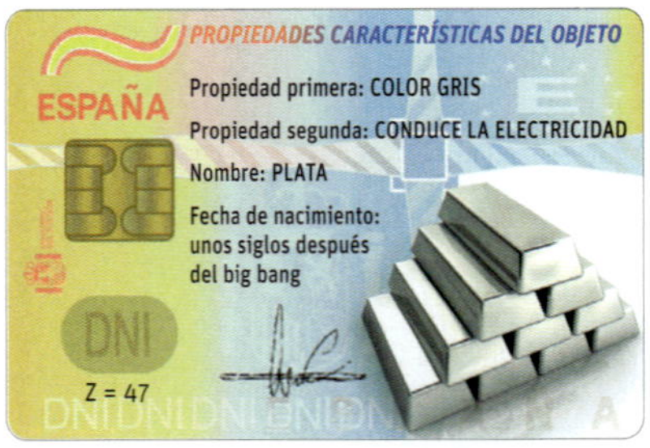

Además de la densidad, la plata tiene otras propiedades características. Son como el DNI de las personas.

Un mismo volumen de todas estas sustancias tiene una masa diferente.

La **densidad** nos indica cuánta masa hay por unidad de volumen. $d = \dfrac{m}{V}$

ACTIVIDADES

10. Ordena las cinco sustancias anteriores según su densidad.

11. Calcula. Fíjate en los datos de los cubitos. ¿Qué masa tendría un cubo de aluminio de 100 cm^3 de volumen?

12. Decide. Un medallón tiene 43 g de masa y 5 cm^3 de volumen. ¿Qué densidad tiene? Compara con las densidades de los cubitos y averigua de qué está hecho el medallón.

Los puntos de fusión y de ebullición

Otra propiedad que nos permite identificar una sustancia es la temperatura a la que se funde o a la que hierve.

- **Punto de fusión:** temperatura a la que se funde una sustancia.
- **Punto de ebullición:** temperatura a la que hierve una sustancia.

Como podemos observar en la tabla, cada sustancia tiene sus propios puntos de fusión y de ebullición:

Sustancia	Punto de fusión	Punto de ebullición
Agua	0 °C	100 °C
Alcohol	−114 °C	78 °C
Oro	1064 °C	2836 °C
Mercurio	−39 °C	357 °C
Sal común	801 °C	1465 ° C

Si una sustancia se funde a 1064 °C, es oro.

ACTIVIDADES

13. Interpreta. **Indica qué sustancias de las tablas anteriores de puntos de fusión y ebullición están en estado líquido cuando la temperatura ambiente es de 20 °C.**

14. Razona. **En el laboratorio encuentras un recipiente con un líquido transparente y no sabes si es agua o alcohol. ¿Cómo puedes salir de dudas?**

En los laboratorios no se puede probar ni oler las sustancias, tocarlas ni acercarlas a los ojos o las vías respiratorias.

15. Deduce. **En el campo me he encontrado un mineral muy duro, que no he podido rayar con la navaja, pero sí con un trozo de cuarzo. Observa la escala de Mohs de dureza.**

Dureza	Mineral	
1		Talco. Se puede rayar fácilmente con la uña.
2		Yeso. Se puede rayar con la uña con más dificultad.
3		Calcita. Se puede rayar con una moneda de cobre.
4		Fluorita. Se puede rayar con un cuchillo de acero.
5	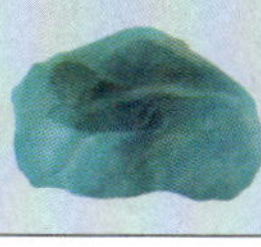	Agapita. Se puede rayar difícilmente con un cuchillo de acero.
6		Ortoclasa. Se puede rayar con una lima de acero.
7		Cuarzo. Raya el vidrio.
8		Topacio. Rayado por la herramienta de carburo de wolframio.
9		Coridón. Rayado con herramienta de carburo de silicio.
10		Diamante. Es el material más duro en esta escala.

a) ¿Qué mineral crees que puede ser?

b) El oro tiene una dureza de 2,5 a 3 en esta escala. Si froto un trozo de cuarzo con un anillo de oro, ¿se rayará el cuarzo o el oro?

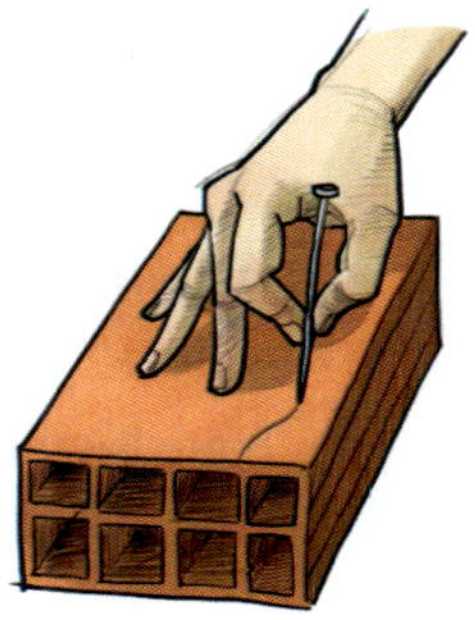

¿Qué es más duro, el ladrillo o el clavo?

3 Materiales: propiedades y usos

Usamos continuamente materiales para fabricar objetos, y para ello los elegimos según sus propiedades.

Propiedades físicas

Están relacionadas con las fuerzas aplicadas sobre los cuerpos.

- **Resistencia.** Capacidad de soportar esfuerzos sin romperse.
- **Elasticidad.** Capacidad de deformarse y volver a su forma inicial al cesar la fuerza.
- **Plasticidad.** Propiedad para deformarse permanentemente.
- **Maleabilidad.** Facilidad para extenderse formando láminas.
- **Ductilidad.** Facilidad para estirarse formando hilos.
- **Dureza.** Oposición al rayado.

Una cadena de acero tiene una gran **resistencia**.

El caucho es un material **elástico**.

El vidrio es muy **duro** y no se raya.

Conductividad eléctrica. Capacidad de transmitir la corriente eléctrica. Hay materiales conductores, aislantes y semiconductores.

¿Un material duro puede ser frágil?

Transparencia. Capacidad para dejar pasar la luz. Hay materiales:

- **Opacos.** No permiten el paso de luz.
- **Transparentes.** Permiten el paso de la luz.
- **Translúcidos.** Permiten parcialmente el paso de la luz.

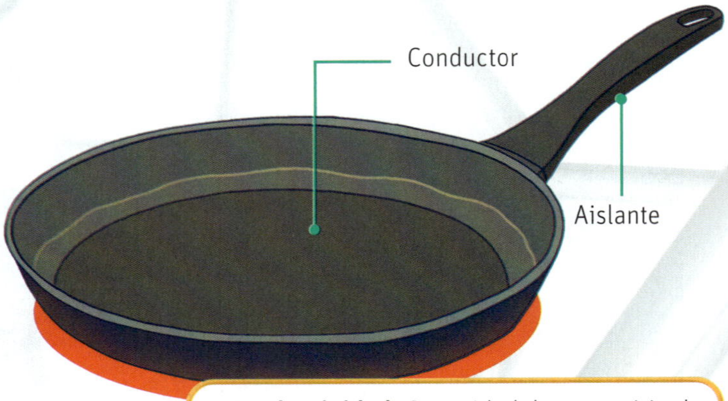

- **Conductividad.** Capacidad de transmitir el calor.
- **Dilatación.** Aumento de tamaño al aumentar la temperatura.

Propiedades químicas

- **Oxidación.** Facilidad que tiene un material de combinarse con el oxígeno.
- **Combustibilidad.** Facilidad que tiene un material para arder.

La gasolina es un buen combustible. Su energía química se transforma en cinética en el motor.

El acero inoxidable y los cromados no se oxidan.

ACTIVIDADES

16. Escribe **qué propiedad de los materiales permite que:**

a) El cristal sea frágil.

b) La plastilina se pueda deformar de forma permanente.

c) El espejo refleje una imagen.

d) Un clavo se oxide.

17. Decide. **¿Por qué a veces las paredes de las casas se revisten de corcho?**

PRACTICA Pon a prueba distintos materiales y sus propiedades.

Los supermateriales

- Investigadores de todo el mundo están continuamente investigando para descubrir y crear materiales con propiedades sorprendentes, como el **grafeno**.

¿En qué objetos crees que se usará el grafeno?

El Nobel de Física es para... ¡el GRAFENO!

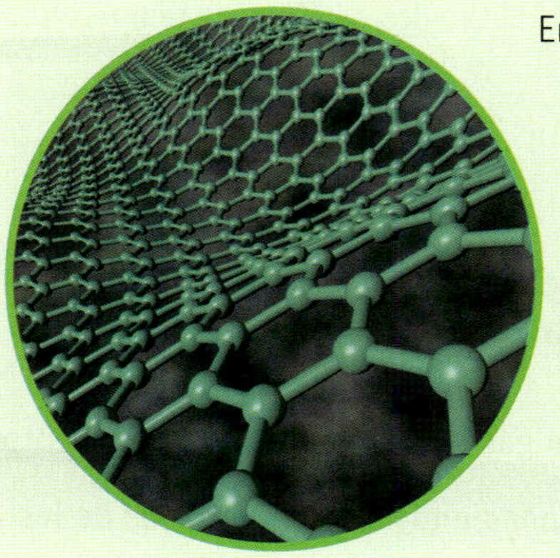

En el año 2010, los científicos rusos **Andre Geim** y **Konstantin Novoselov** ganan el **Premio Nobel de Física** por sus experimentos sobre el grafeno:

- El grafeno es un material formado por una sola capa de átomos de carbono de espesor, que se obtiene a partir del grafito.
- Su configuración se logró separando capas de grafito hasta conseguir una sola de carbono.

Rosa Menéndez López, actual presidenta del CSIC, ha iniciado una línea de investigación muy interesante sobre la aplicación del grafeno en distintos campos: energético, electrónico, salud, etc.

Las propiedades del grafeno son sorprendentes, teniendo en cuenta que se obtiene del mismo material con el que se hacen las minas de los lápices.

Presenta una dureza cientos de veces mayor a la del acero.

Es flexible, con un alto grado de elasticidad, por lo que es difícil que se quiebre.

Sin duda, es un material que formará parte de los objetos de la vida diaria en un futuro próximo.

4 Los estados de la materia y la teoría cinético-molecular

En nuestro planeta estamos rodeados de materia **sólida**, como las rocas, **líquida**, como el agua, y **gaseosa**, como el aire. Las propiedades de cada estado de la materia son muy diferentes.

Propiedades de los estados de la materia

Los sólidos

- Los sólidos mantienen su forma a menos que se ejerza una fuerza sobre ellos que llegue a deformarlos.
- También mantienen su volumen, aunque varía ligeramente al calentarlos o enfriarlos.

Los líquidos

- Los líquidos no mantienen la forma, sino que se adaptan a la del recipiente que los contiene.
- Mantienen su volumen incluso si intentamos variarlo ejerciendo presión, pero experimentan ligeros cambios de volumen con la variación de la temperatura.
- Los líquidos pueden fluir de un recipiente a otro.

Los gases

- Los gases no mantienen la forma, sino que se adaptan a la del recipiente que los contiene.
- No mantienen el volumen, sino que se expanden o contraen ocupando todo el espacio disponible.
- Los gases pueden comprimirse con los cambios de temperatura o de presión.
- Los gases fluyen muy bien.

ACTIVIDADES

18. Explica. ¿Qué le ocurre al volumen de un gas si lo comprimo? ¿Y si caliento el gas?

19. Identifica. Completa la siguiente tabla añadiendo las propiedades de los estados de la materia.

	Sólido	Líquido	Gas
Volumen	Constante	●●●	●●●
Forma	●●●	●●●	Variable

20. Razona. El agua es una sustancia muy especial porque puede hallarse en la naturaleza en los tres estados.

a) ¿Dónde puedes encontrar agua en estado sólido? ¿Y en estado líquido? ¿Y en estado gaseoso? ¿Se puede ver el vapor de agua?

b) ¿Cuáles son las diferencias en las propiedades del hielo, del agua líquida y del vapor de agua?

Teoría cinético-molecular

Cuando tendemos la ropa mojada, observamos que al cabo de un tiempo la ropa está seca. ¿Qué ha pasado con el agua que contenía la ropa? Por otro lado, a Laura le llega el olor a tortilla. ¿De qué está hecho el olor?

Para justificar estos y otros fenómenos se desarrolló la teoría cinético-molecular que sugiere que:

- Todas las sustancias y materiales están formados por **partículas**. Las partículas pueden ser **moléculas** o **átomos**.
- Las partículas están en constante **movimiento**.

La teoría cinético-molecular permite explicar los tres estados de agregación.

	Sólido	Líquido	Gas
El modelo cinético-molecular explica...	 Partículas fijas, juntas y ordenadas. Tienen un movimiento de vibración y ocupan poco volumen.	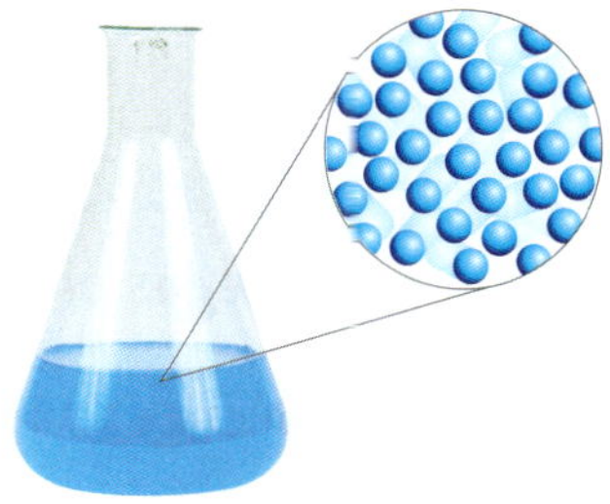 Partículas más separadas que en el estado sólido. Tienen más movilidad y se desplazan unas respecto a otras.	 Partículas muy separadas. Se pueden mover libremente y a gran velocidad
Fuerzas de cohesión	Intensas	Intermedias	Casi nulas
Forma	Constante	Variable	Variable
Volumen	Constante	Constante	Variable
Densidad	Alta	Media	Muy baja

ACTIVIDADES

21. Razona. Explica, de acuerdo con la teoría cinético-molecular, por qué se seca la ropa y por qué a Laura le llega el olor a tortilla.

22. Justifica. Explica, según la teoría cinético-molecular y el modelo de una sustancia sólida, por qué los sólidos mantienen constantes su forma y volumen.

23. Decide. Los gases están formados por partículas que se mueven a gran velocidad y de forma caótica e imprevisible. Si tenemos un gas encerrado en un frasco y lo destapamos, describe qué ocurre con las moléculas del gas. ¿Dirías que pasado un cierto tiempo se han marchado todas y el frasco queda vacío?

5 Cambios de estado

La materia puede cambiar de estado en función de las condiciones en las que se encuentre. Cada uno de los cambios de estado tiene un nombre específico.

En unos casos se absorbe calor (fusión y vaporización) y en otros se desprende calor (condensación y solidificación).

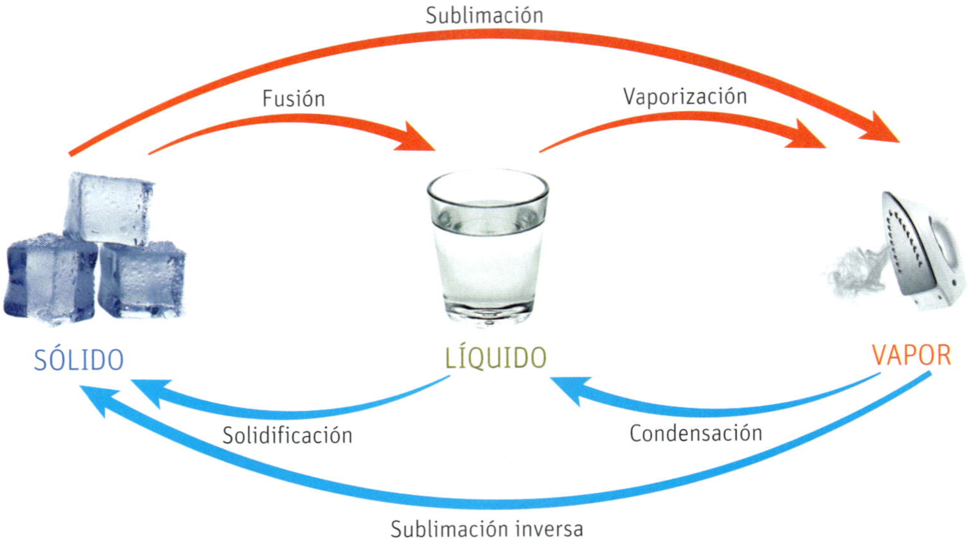

El punto de fusión

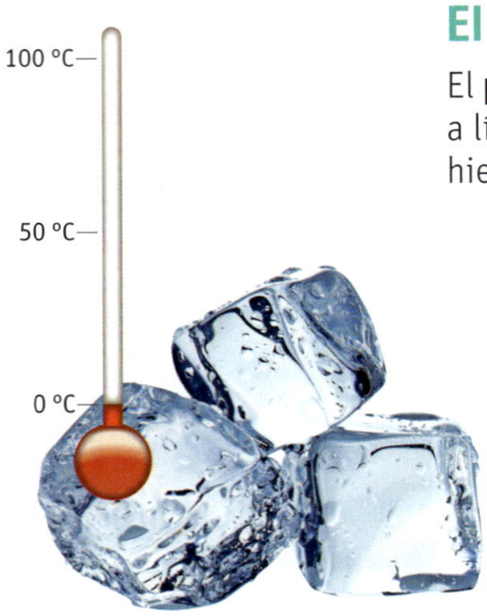

El **punto de fusión** es la temperatura a la que la materia cambia de estado sólido a líquido. Si calentamos unos cubitos de hielo, se observa que al llegar a 0 °C, el hielo comienza a fundirse y la temperatura se mantiene a 0 °C.

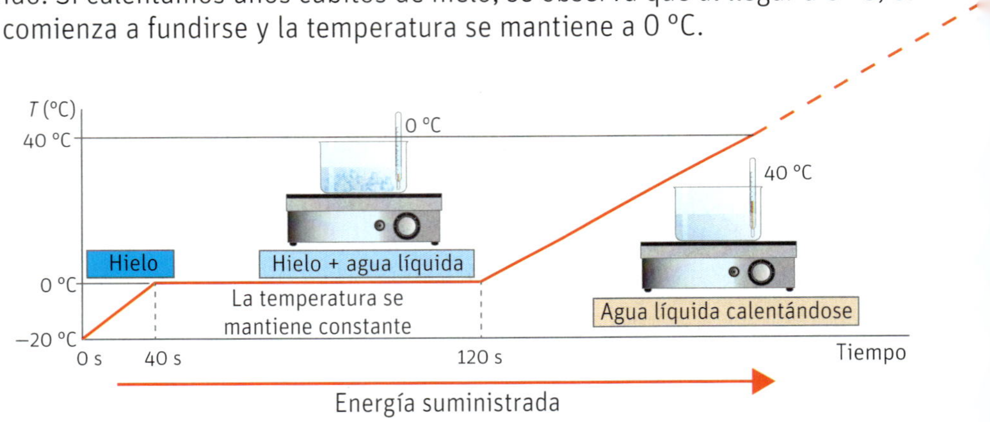

- Durante la **fusión,** la **temperatura** se mantiene **constante**.
- El punto de fusión es una **propiedad característica** de cada sustancia.

ACTIVIDADES

24. Identifica. Al calentar un trozo de parafina, esta se funde y pasa al estado líquido. Si la dejamos enfriar y vamos midiendo la temperatura, obtenemos los siguientes datos. Representa la gráfica y determina el punto de fusión.

Tiempo (s)	0	20	40	60	80	100	120
Temperatura (°C)	80	70	70	70	70	65	62

El punto de ebullición

El **punto de ebullición** es la temperatura a la que la materia cambia de estado líquido a gas.

Si seguimos calentando el agua líquida de la experiencia anterior podemos hacer que esta cambie de estado líquido a estado gaseoso:

- Tomamos nota de las temperaturas y trazamos una gráfica de temperaturas en función del tiempo del agua que vamos calentando.
- Se observa que el agua, al llegar a 100 °C, cambia a estado gaseoso y la temperatura se mantiene constante a 100 °C. Se observa, además, que el cambio de estado dura 200 s.

El punto de ebullición, al igual que el punto de fusión, es una propiedad característica de la sustancia, de forma que nos puede servir para identificar sustancias.

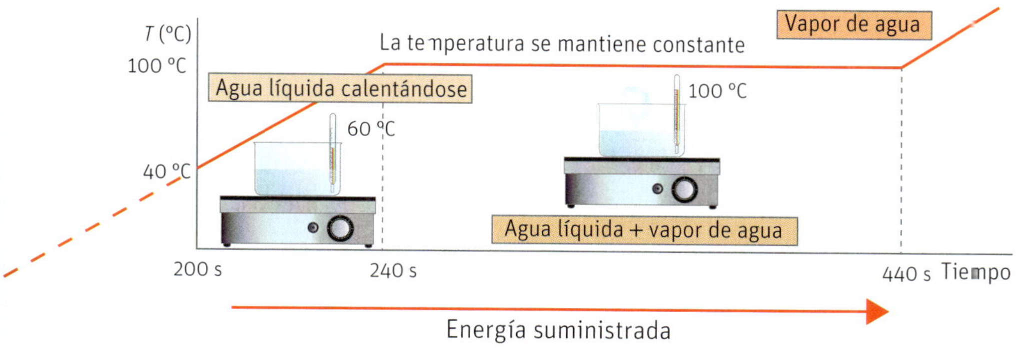

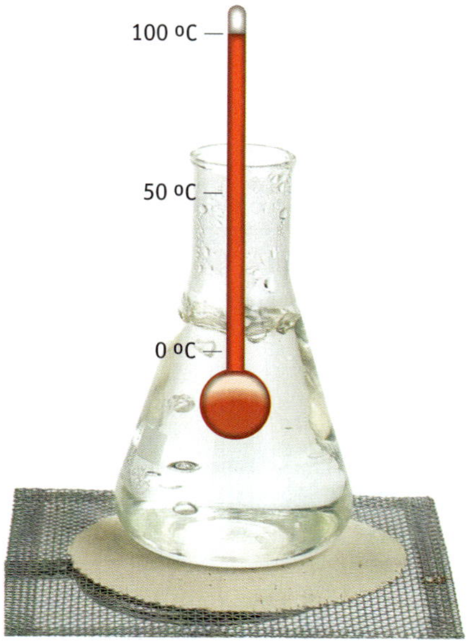

- Durante la **ebullición**, la **temperatura** se mantiene **constante**.
- El punto de ebullición es una **propiedad característica** de cada sustancia.

ACTIVIDADES

25. Nombra. El yodo es un sólido que pasa directamente al estado gaseoso cuando se calienta. ¿Cómo se llama este proceso?

26. Realiza. Observa los datos de los puntos de fusión y ebullición mostrados en la tabla. Dibuja de forma aproximada las gráficas de calentamiento de estas sustancias.

Sustancia	Etanol	Benceno	Acetona	Ácido acético
Punto de fusión (°C)	–114	6	–95	17
Punto de ebullición (°C)	78	80	56	118

27. Razona. El punto de ebullición del agua es de 100 °C al nivel del mar, pero a medida que ascendemos, el agua hierve a una temperatura menor. Investiga por qué en los Andes es difícil cocer los alimentos.

PRACTICA En este vídeo encontrarás cómo puedes desalar agua del mar.

La teoría cinético-molecular explica los cambios físicos

La teoría cinético-molecular es un modelo que explica de forma sencilla muchos fenómenos físicos, como los cambios de estado y la dilatación.

Cambios de estado

El hielo, aunque esté muy frío, tiene partículas que están vibrando un poquito. ¿Qué les ocurre a sus partículas al calentarlo?

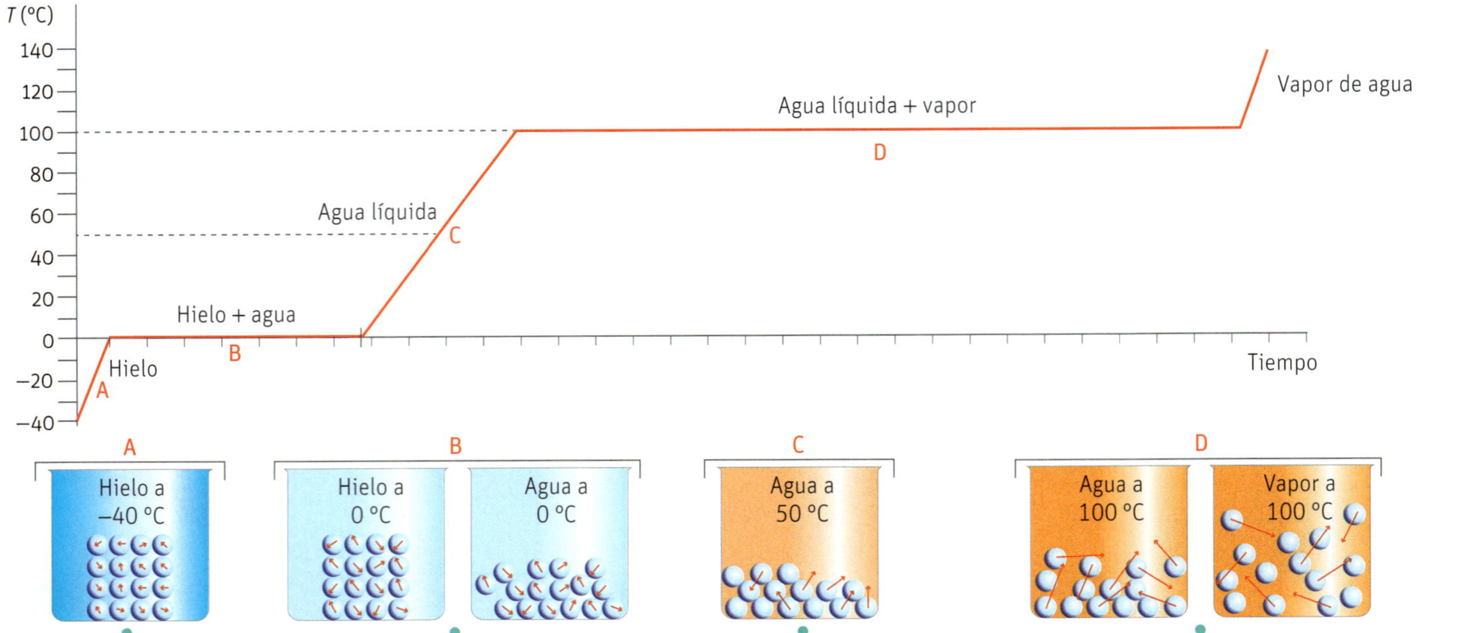

Al calentar el hielo, las partículas vibran más rápido y aumenta su temperatura.

Al llegar a 0 °C, el calor se emplea en desmoronar la estructura: pasa de sólido a líquido y se mantiene la temperatura constante a 0 °C.

Al seguir calentando, las partículas de agua se mueven más rápido: la temperatura aumenta.

Al llegar a 100 °C, el calor se emplea en dar energía a las partículas para que pasen al aire. Es la ebullición: la temperatura se mantiene constante a 100 °C.

La **teoría cinético-molecular** explica los **cambios de estado**.

ACTIVIDADES

28. Identifica. **Copia y completa el diagrama en tu cuaderno indicando los nombres de los estados de la materia y sus cambios de estado.**

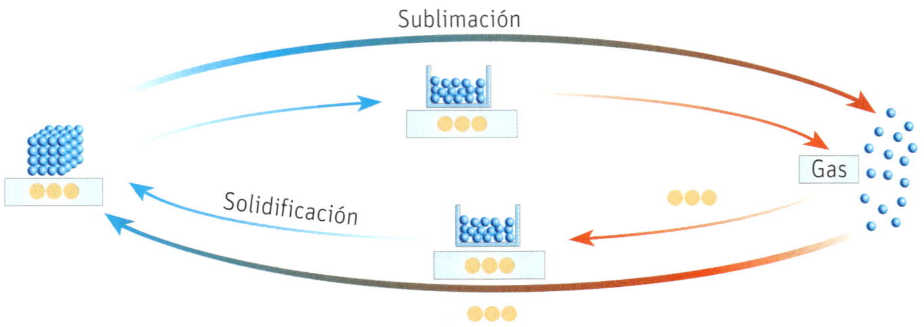

29. Razona. **A Juan le han regalado una moneda de plata. Busca en internet a qué temperatura tiene que fundirla para fabricarse un anillo.**

a) Describe qué les ocurre a las partículas de plata en este proceso.

b) Si seguimos comunicando calor, ¿qué le sucederá a la plata líquida? ¿Se puede transformar en gas?

Dilataciones y contracciones

Al aumentar la temperatura de los cuerpos, podemos observar que estos aumentan de tamaño. A este fenómeno lo llamamos dilatación.

En los gases es fácilmente observable, pero suele pasar inadvertido en los líquidos y en los sólidos. La teoría cinética nos ayuda a comprenderlo.

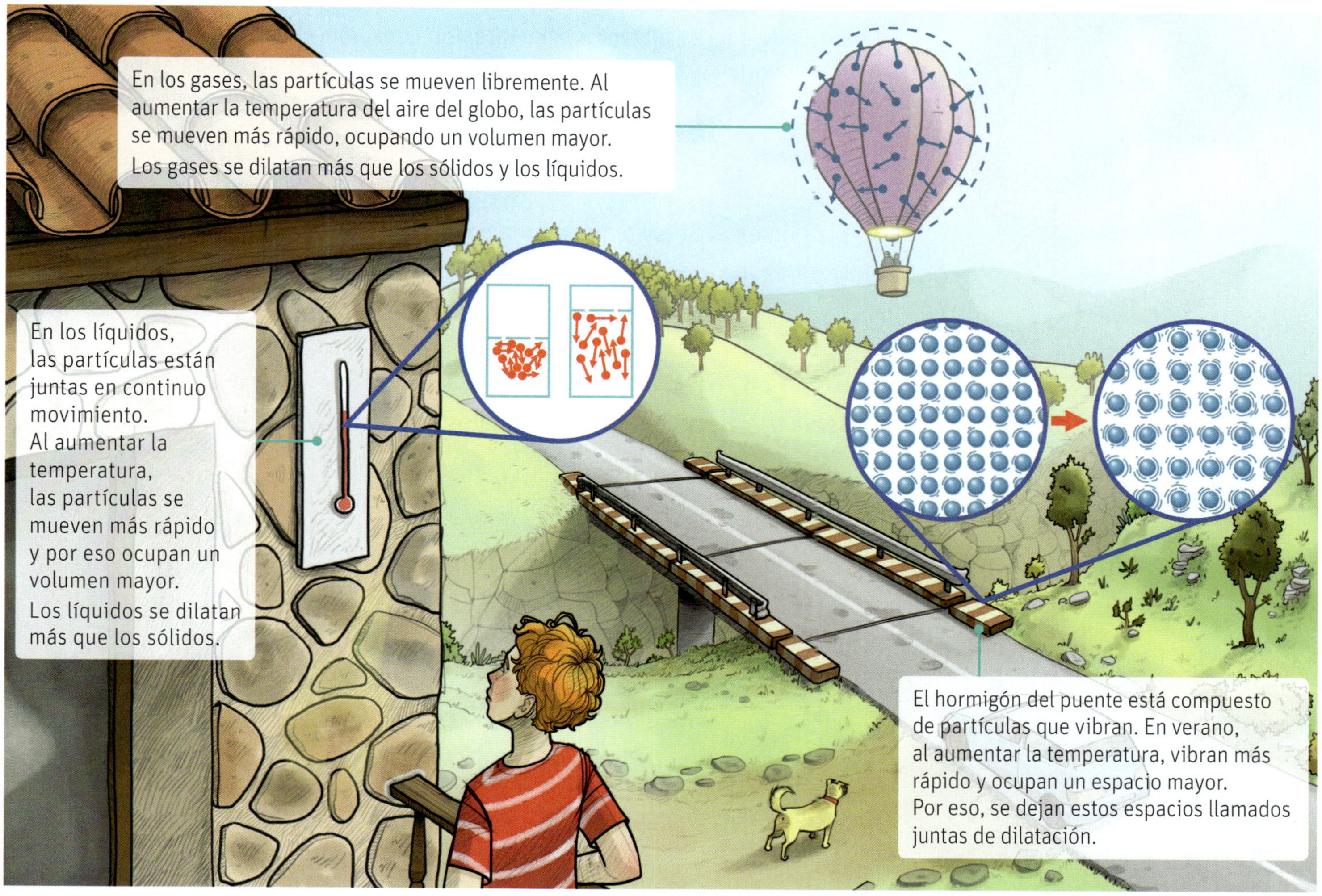

Si la temperatura disminuye, el proceso es el inverso: las partículas se mueven menos y el tamaño del cuerpo disminuye, se contrae.

Al aumentar la temperatura las partículas vibran más rápido y ocupan un mayor volumen. Esto explica la **dilatación**.

ACTIVIDADES

30. Explica. ¿Por qué un gas ocupa más espacio al aumentar su temperatura? ¿Cómo se llama este fenómeno?

31. Analiza. Explica qué ha hecho deformarse las vías de tren de la imagen, que se encuentran sobre el permafrost de Siberia.

32. Justifica. En ocasiones, en la cocina se rompe algún recipiente de vidrio que estaba muy caliente, cuando echamos agua fría en él. ¿A qué crees que es debido?

7 Leyes de los gases

Ya sabemos que las partículas están en constante movimiento, chocan entre sí y también contra las paredes internas de la jeringa y del émbolo.

Los choques de las partículas de un gas contra las paredes de un recipiente constituyen la **presión** que ejerce el gas.

Cuanta más fuerza hagamos, más presión conseguiremos y, como consecuencia, menos volumen ocupará el gas. La presión es una magnitud que relaciona la fuerza aplicada sobre una superficie determinada.

$$\text{Presión} = \frac{\text{Fuerza}}{\text{Superficie}} \Rightarrow p = \frac{F}{S}$$

La presión en el SI (sistema internacional) se mide en **pascales**, **Pa**.

Otras unidades son atmósfera y bar.

1 atmósfera ≈ 1 bar = 100 000 Pa

Variación del volumen con la presión

Observa la siguiente secuencia de datos de presión y volumen.

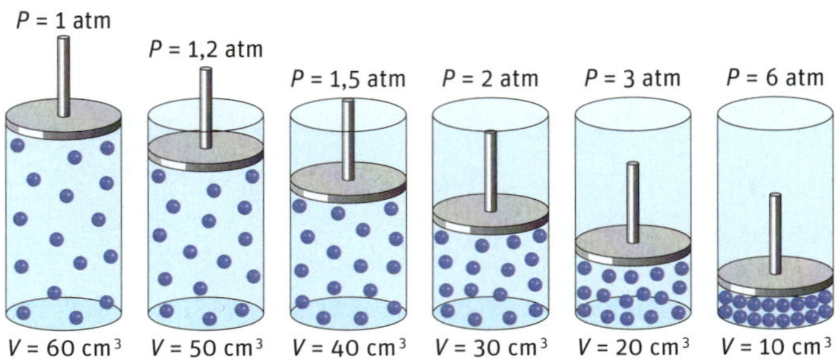

Es claro que a mayor presión, menor volumen del gas. Multiplica la presión por el volumen. ¿Sale el mismo número en todos los casos?

» Proporcionalidad inversa

Dos magnitudes son **inversamente proporcionales** si al aumentar una de ellas, la otra disminuye en la misma proporción.

Los científicos Robert **Boyle** y Edme **Mariotte** observaron que, en un gas, la presión y el volumen son **magnitudes inversamente proporcionales** y establecieron la relación en la **ley de Boyle y Mariotte**:

$$p \cdot V = \text{constante}$$

Es decir, si se ejerce el doble de presión, habrá la mitad de volumen.

ACTIVIDADES

33. Justifica. Coge una jeringuilla, tapona el orificio de salida y empuja el émbolo. ¿Puedes comprimir totalmente el émbolo de la jeringa cerrada? O lo que es lo mismo, ¿se puede reducir el volumen a cero?

34. Razona. De las dos gráficas, ¿cuál corresponde a la relación presión-volumen?

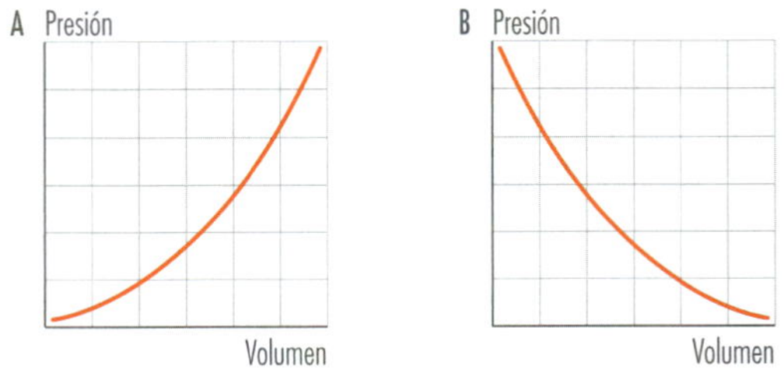

Variación del volumen con la temperatura

Observa la ilustración del lateral. A medida que calentamos el agua del vaso, el volumen de aire de la jeringa aumenta. Si la enfriamos, el volumen disminuye. ¿Cómo puedes explicar este comportamiento?

A **mayor temperatura**, aumenta el movimiento de las partículas del aire de la jeringuilla; y, por tanto, también será mayor la distancia entre ellas, generando un **aumento de volumen** (a **presión constante**).

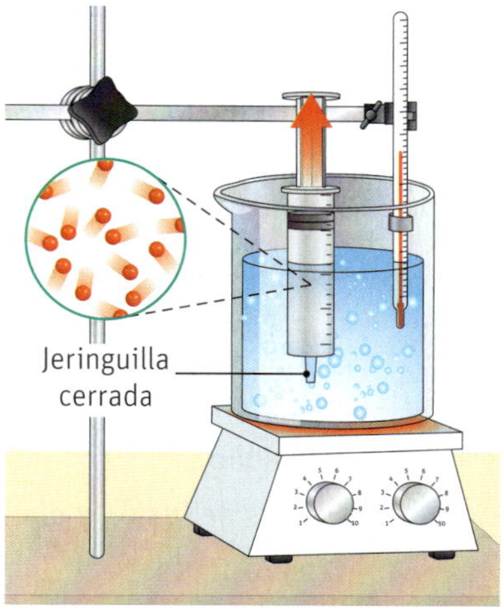

El científico Jacques **Charles** observó que la temperatura y el volumen son **magnitudes directamente proporcionales** y estableció la relación en la **ley de Charles**:

$$\frac{V}{T} = \text{constante}$$

Es decir, si tenemos el doble de temperatura, tendremos el doble de volumen.

En las **leyes de los gases** hay que utilizar la **escala absoluta de temperatura (*T*)**, que se mide en **kelvin**: $T\ (\text{K}) = T\ (°\text{C}) + 273$.

» Proporcionalidad directa

Dos magnitudes son **directamente proporcionales** si al aumentar una de ellas, la otra aumenta también en la misma proporción.

Variación de la presión con la temperatura

Los fabricantes de neumáticos aconsejan medir la presión del aire de las ruedas "en frío" y no "en caliente" (al circular, la temperatura aumenta debido al rozamiento) ya que el manómetro marcaría más presión. ¿Cómo puedes explicar este comportamiento?

Una **mayor temperatura** implica un mayor movimiento de las partículas del aire y un mayor número de choques, por lo cual se produce un **aumento de la presión** (si el **volumen es constante**).

El científico Joseph-Louis **Gay-Lussac** observó que la presión y la temperatura son **magnitudes directamente proporcionales** y estableció la relación en la **ley de Gay-Lussac**:

$$\frac{P}{T} = \text{constante}$$

Es decir, si se duplica la temperatura, se duplica la presión.

¿CÓMO LO RESOLVEMOS?

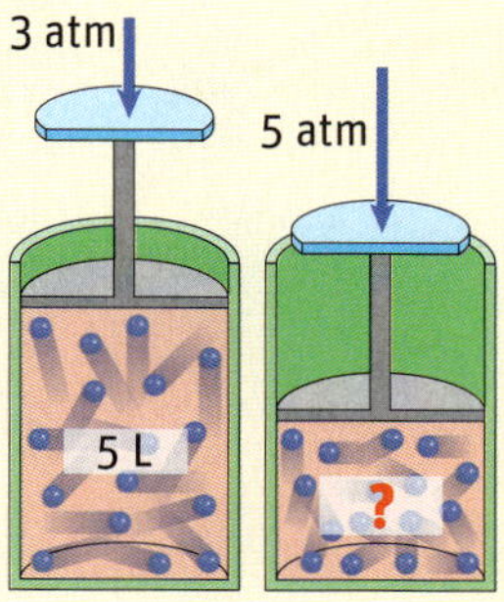

35. Calcula. Una cantidad de gas ocupa 5 L a 3 atm de presión. ¿Qué volumen ocupará a una presión de 5 atm?

Aplicando la ley de Boyle y Mariotte:

$$(5\ \text{L}) \cdot (3\ \text{atm}) = V \cdot (5\ \text{atm})$$

$$\Rightarrow V = \frac{(5\ \text{L}) \cdot (3\ \text{atm})}{(5\ \text{atm})} = 3\ \text{L}$$

ACTIVIDADES

36. Calcula. Un gas se encuentra a 5 atm y 273 K. ¿Qué presión tendrá si se calienta a volumen constante hasta 546 K?

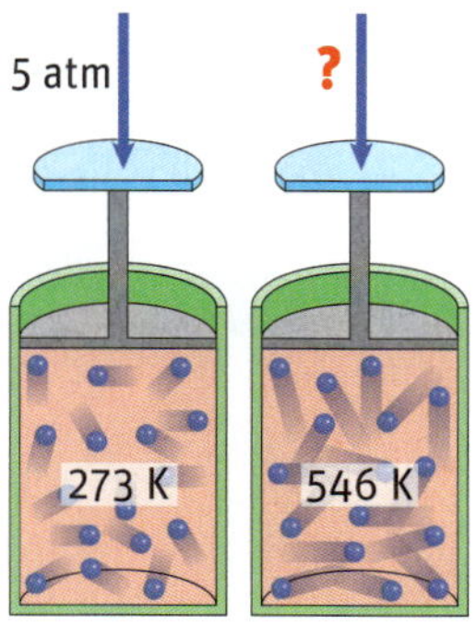

La materia y sus propiedades

Las **propiedades generales** de la materia son la **masa** y el **volumen**.

- La **masa** es la cantidad de materia que tiene un cuerpo.
- El **volumen** es el espacio que ocupa un cuerpo.

Las **propiedades características** de la materia son las que nos permiten diferenciar un tipo de materia de otra. Son propiedades características:

- **Densidad**
- **Puntos de fusión y ebullición**
- **Dureza**
- **Conductividad eléctrica**

La materia se puede presentar en tres estados físicos: sólido, líquido y gaseoso. La materia puede **cambiar de un estado** de agregación a otro diferente.

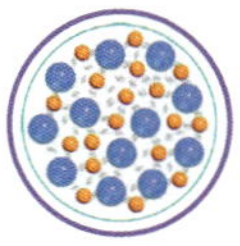

La **teoría cinético-molecular** propone que la materia está formada por partículas (átomos o moléculas) que están en constante movimiento.

Cuanto más rápido se mueven, mayor es la temperatura.

Las leyes de los gases son:

- Ley de Boyle-Mariotte: $p \cdot V =$ **constante**
- Ley de Charles: $\frac{V}{T} =$ **constante**
- Ley de Gay-Lussac: $\frac{P}{T} =$ **constante**

1. Organiza tus ideas. Copia, completa y amplía el siguiente esquema para construir tu propio mapa mental de la unidad.

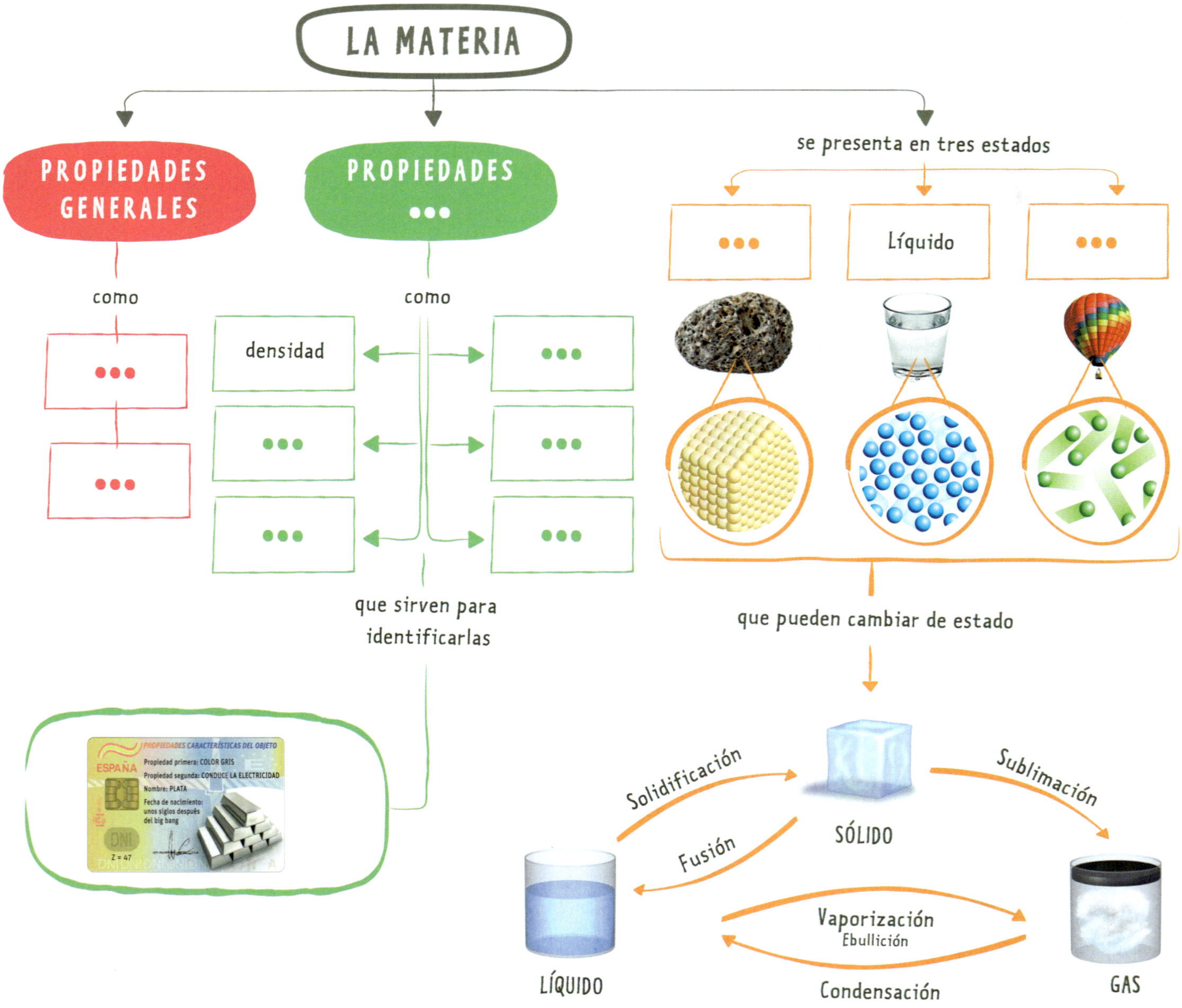

VALORA LO APRENDIDO Autoevalución y resumen.

La materia tiene masa y volumen

1. Ordena **las siguientes operaciones que hay que hacer para medir el volumen de un líquido en una probeta:**

a) Leer el volumen contenido en la probeta.

b) Colocar la probeta sobre una superficie plana.

c) Llenar la probeta con el líquido.

d) Poner la mirada a la altura del líquido.

2. Escribe. **Completa la frase siguiente en tu cuaderno:**

Los sólidos tienen forma ●●●; en cambio, los ●●● toman la forma del recipiente que los contiene. Los gases ocupan todo el espacio disponible, y su volumen puede ●●● haciendo presión.

3. Razona. **Adela vierte un volumen de 50 mL de un líquido en una probeta. La coloca en una balanza y lee que marca 98,5 g. Luego vacía la probeta y la balanza marca ahora 57,4 g. Averigua si el líquido puede ser agua y razona tu respuesta.**

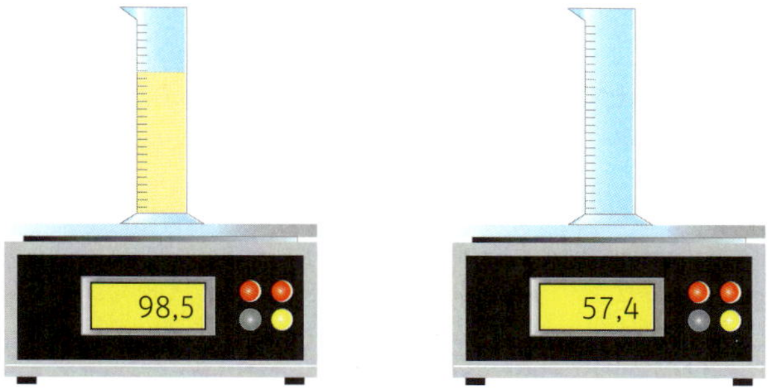

Propiedades características de la materia

4. Decide. **Sobre tu mesa tienes dos esferas, una de hierro y la otra de madera. Ambas tienen 1 kg de masa.**

e) ¿Tienen el mismo tamaño o una es mayor que la otra? En ese caso, ¿cuál es mayor?

f) ¿Cuál tiene más masa? ¿Cuál es más densa?

g) Si sumergimos cada una en una probeta, ¿cuál haría subir más el nivel del agua?

5. Nombra. **¿Qué otras propiedades, además de la densidad, servirían para diferenciar monedas de oro de las de otros materiales?**

¿CÓMO LO RESOLVEMOS?

6. Calcula. **Para calcular la densidad de un aceite de oliva, echamos un poco en una probeta y leemos 15 mL. La probeta vacía tiene una masa de 45,1 g y su masa con el aceite es de 58,6 g. ¿Cuál es la densidad del aceite expresada en g/cm³?**

La densidad se calcula por la fórmula: $d = \dfrac{m}{V}$.

La masa de aceite es: $m = (\text{masa}_{\text{probeta con aceite}}) - (\text{masa}_{\text{probeta vacía}}) = 58{,}6\ \text{g} - 45{,}1 = 13{,}5\ \text{g}$.

El volumen es: $V = 15$ mL.

$$d = \frac{m}{V} = \frac{(13{,}5\ \text{g})}{(15\ \text{mL})} = 0{,}9\ \text{g/mL} = 0{,}9\ \text{g/cm}^3$$

7. Calcula. **Tres estudiantes comparan sus sacapuntas días antes del examen. Cada uno de ellos tiene un sacapuntas diferente: saben que uno es de metal aluminio, el otro de titanio y el tercero de cinc. Deciden investigar de qué metal es el sacapuntas de cada uno. Para ello, miden su masa y su volumen. Ponen los datos en una tabla:**

Propietario del sacapuntas	Volumen que ocupa	Masa
Ana	4,3 cm^3	30,7 g
Blas	3,1 cm^3	14,0 g
Carla	6,2 cm^3	16,7 g

A continuación, buscan información sobre las densidades de los metales y anotan los siguientes datos de densidades: aluminio: 2,70 g/cm³; titanio: 4,51 g/cm³; cinc: 7,13 g/cm³.

a) Encuentra las densidades de cada uno de los sacapuntas y descubre quién es el dueño del sacapuntas de cada metal.

b) ¿Cómo puedes hallar el volumen de un sacapuntas?

8. Calcula. **Un experimento en el laboratorio tenía como objetivo encontrar la densidad de diferentes materiales. Recuerda cómo se calcula la densidad y completa en tu cuaderno los datos que faltan en el cuadro siguiente:**

Sustancia o material	Masa	Volumen que ocupa	Densidad
Hierro	150 g	20,8 cm^3	●●●
Agua con azúcar	200 g	●●●	1,25 g/cm^3
Gas hidrógeno	●●●	1500 cm^3	0,071 g/dm^3

9. Razona. **¿Por qué hay bebidas que se llaman *light*? ¿Será porque son "ligeras"? Así, al observarlas, se podría pensar que las latas con bebida *light* flotan en agua y las normales se hunden.**

a) Investiga qué diferencia hay entre unas bebidas y otras.

b) ¿Qué característica del agua debería cambiar para que ambas latas flotaran?

10. Diseña. **En el laboratorio tienes dos sustancias incoloras con la siguiente información:**

	Temperatura de ebullición (ºC)
Alcohol	78
Acetona	56

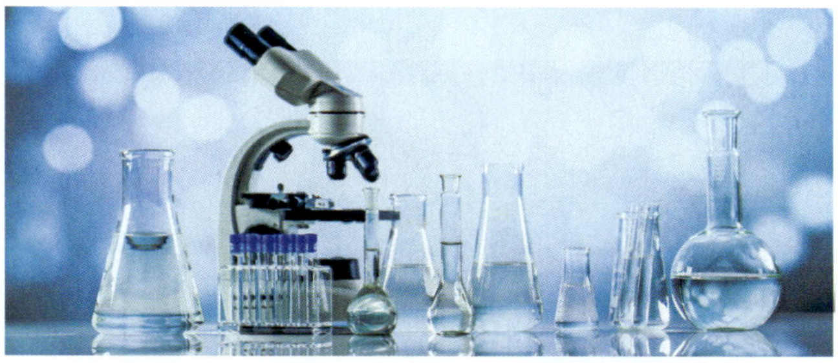

- Describe un experimento para poder distinguir las sustancias.

11. Soy competente

¿Sabía Indiana Jones lo que era la densidad? En la película *En busca del arca perdida*, Indiana Jones quiere apropiarse de una estatua de oro puro. Para evitar que al quitarla del pedestal se pongan en marcha terribles mecanismos para el que la roba, Indiana decide sustituirla por un saco de arena de dimensiones similares.

Inmediatamente después del cambiazo, le llueven toda serie de piedras, flechas y peligrosos mecanismos para eliminarlo.

¿Qué ha fallado en los cálculos de Indiana Jones?

a) Según la imagen, el tamaño de la estatua de oro es semejante al de un cilindro de 15 cm de altura y 10 cm de diámetro. ¿Cuál es su volumen?

PISTA: volumen del cilindro: $V = \pi \cdot r^2 \cdot h$

b) Suponiendo que la estatua no esté hueca, sino que sea maciza:

- ¿Cuál sería su masa?
  DATO: el oro tiene una densidad de 19,3 g/cm^3.
- ¿Cuál debería ser la masa del saco de arena para que al ponerlo en el pedestal no se notara el cambiazo?

c) Teniendo en cuenta que la densidad de la arena es de aproximadamente 2 g/cm^3, ¿qué volumen de arena debería tener el saco?

d) Si ahora comparas tus cálculos con el volumen y el tamaño del saco de arena que se ve en la imagen, ¿dirías que Indiana tenía claro lo que significa la densidad?

12. Calcula. La roca caliza en la que están tallados los bloques de la pirámide de Keops tiene una densidad de 2300 kg/ m^3. Calcula la masa de la pirámide si tenía, cuando se construyó, una altura de 146 m, y cada lado de la base mide 230 m.

Nota: volumen de una pirámide:

$$V = \frac{1}{3}(\text{Superficie}_{\text{base}} \text{ x altura})$$

Materiales y sus usos

13. Identifica. ¿Qué materiales se necesitan para fabricar un pupitre de tu clase? ¿Por qué no se fabrican de vidrio?

14. Razona. ¿Por qué crees que los cables eléctricos van recubiertos de plástico?

15. Investiga. ¿Qué propiedades tiene un florete de esgrima?

Los estados de la materia y la teoría cinético-molecular

16. Completa en tu cuaderno la tabla siguiente, rellenando las casillas con un "SÍ" o un "NO".

Estado	Sólido compacto	Sólido pulverizado	Líquido
Tiene forma propia	●●●	●●●	●●●
Ocupa todo el volumen del recipiente	●●●	●●●	●●●

17. Decide. El siguiente cuadro representa las temperaturas de fusión y ebullición del etanol y del mercurio.

Sustancia	Temperatura de fusión	Temperatura de ebullición
Mercurio	–39 °C	357 °C
Etanol	–114 °C	78 °C

- ¿En qué estado se encontrarán cuando la temperatura sea de –120 °C, –25 °C, 80 °C y 360 °C?

18. Razona. Al calentar un matraz con aire, el globo se hincha. ¿Cuál de los dos dibujos puede ser el que encaje mejor con la teoría cinético-molecular? Justifica la respuesta.

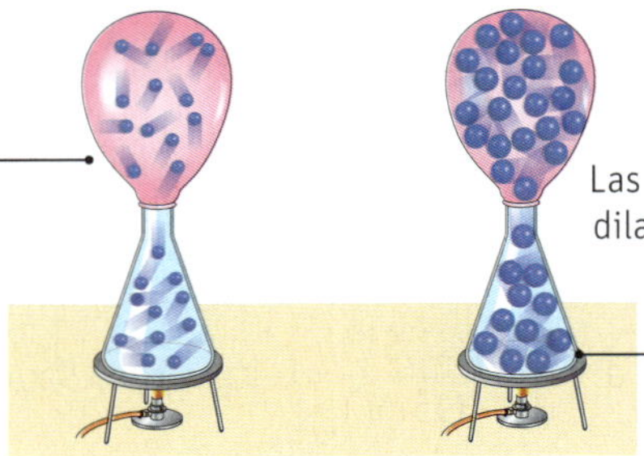

Hipótesis A: Las moléculas aumentan su velocidad, se separan y ocupan más espacio.

Hipótesis B: Las moléculas se dilatan y ocupan más espacio.

19. Soy competente

Tres alumnos de 2.º ESO llevan a cabo estos tres experimentos siguientes . Ayúdalos a interpretarlos.

Laura solo ha logrado comprimir el aire de la primera jeringuilla. En los otros dos casos, no.

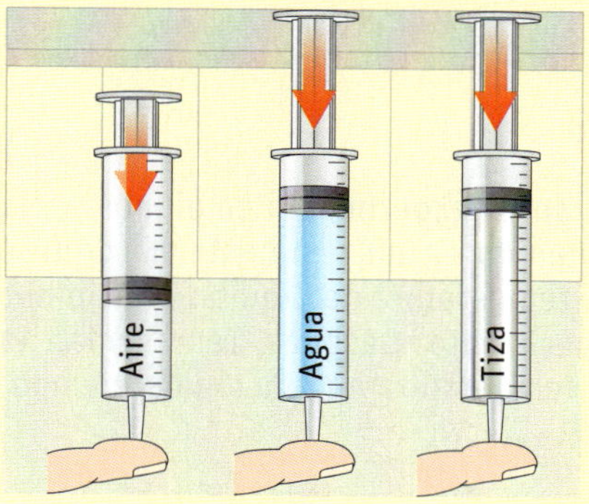

¿Qué observas?

No podemos comprimir los líquidos ni los sólidos. Podemos disminuir el volumen en el caso de los gases.

¿Cómo están las partículas en cada caso?

Juan ha disuelto la misma cantidad de tinta en dos vasos, uno con agua caliente y otro con agua fría.

¿Qué observas?

En los líquidos y en los gases hay mayor rapidez de la difusión al aumentar la temperatura.

¿En qué caso se mueven más rápido las partículas?

Lucía se ha frotado las manos muy fuerte y después ha tocado el matraz. El líquido rojo se ha desplazado hacia la izquierda.

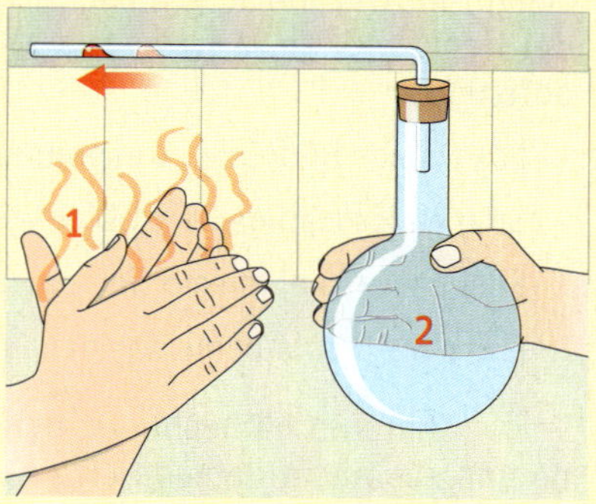

¿Qué observas?

Las manos de Lucía (1) aumentan la *T* al frotar. Los gases se expanden fácilmente (2) al aumentar la *T*.

¿Cómo están las partículas en cada caso?

20. Escribe. Completa las frases siguientes:

a) La solidificación del agua es el paso del estado ●●● al estado ●●●.

b) La temperatura de solidificación del agua es de ●●●.

c) Cuando el hielo funde, su temperatura se mantiene ●●●.

21. Razona **si las frases siguientes son verdaderas o falsas.**

d) En los cambios de estado, la temperatura no cambia.

e) Solo pueden sublimar los líquidos.

f) El agua hierve a 100 °C.

22. Identifica. **Una técnica de supervivencia en la selva explica cómo purificar agua contaminada. El invento, una vez colocado al sol, empieza a generar agua limpia al cabo de unos minutos:**

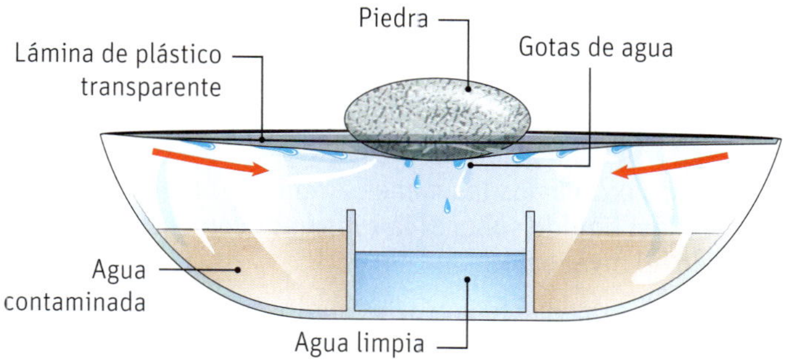

- ¿Qué cambios de estado observas en este invento?

¿CÓMO LO RESOLVEMOS?

23. Decide. **Observa los datos de los puntos de fusión y ebullición mostrados en la tabla.**

	Temperatura de fusión (°C)	Temperatura de ebullición (°C)
Alcohol	−117	78
Benceno	5	80
Agua	0	100
Acetona	−95	56

- **¿A qué sustancia corresponde la gráfica?**

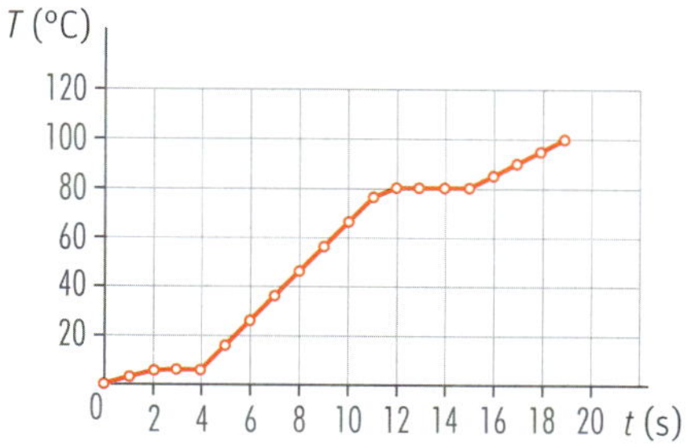

En la gráfica observamos que la temperatura se mantiene constante a 5 °C y a 80 °C, que son los puntos de fusión y ebullición de la sustancia. Por tanto, esta es el benceno.

24. Deduce. Arturo ha triturado un poco de hielo que ha sacado del congelador. Lo ha calentado y ha tomado nota de las temperaturas durante varios minutos.

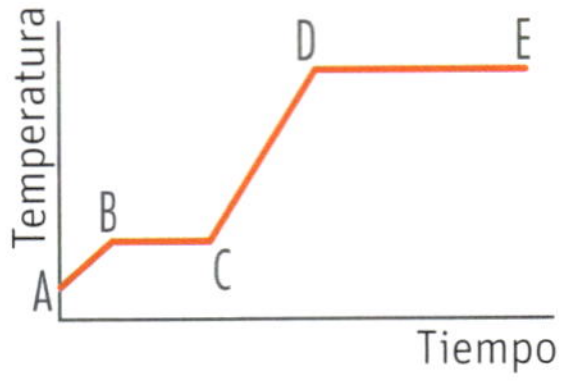

Luego, ha trazado la gráfica de temperaturas en función del tiempo. Elige la frase que se ajusta a los resultados obtenidos.

A. Los tramos BC y DE corresponden a cambios de estado.

B. Solo en los tramos BC y CD el agua gana calor.

C. El agua tarda el mismo tiempo en fundir que en hervir.

D. Entre B y D solamente hay agua líquida.

25. Valora. Antonio ha hecho un experimento sobre la fusión de una sustancia llamada ciclohexano. Ha calentado una muestra de ciclohexano y ha obtenido la siguiente tabla de datos:

t (min)	1	2	3	5	6	7	9	10	11	12
T (°C)	−5	1	4	6	6	6	7	9	12	17

a) Dibuja en tu cuaderno, el gráfico que representa la variación de la temperatura en función del tiempo.

b) Indica en la gráfica los estados del ciclohexano.

c) ¿Cuánto tiempo ha tardado el ciclohexano en fundirse?

d) Antonio opina que la gráfica sería idéntica, aunque la masa de ciclohexano que caliente fuera mayor. Silvia opina que cambiaría en al menos un aspecto. ¿Quién crees que tiene razón? Explica tu respuesta.

26. Deduce. Ana coloca, en el plato de una balanza, un vaso graduado con 100 mL de agua líquida. La balanza (tarada) con el vaso con agua marca 100,0 g.

A continuación, lleva el vaso al congelador y unas horas más tarde toma el vaso con el agua congelada y mide la masa de nuevo. ¿Qué crees que habrá cambiado?

A. Nada habrá cambiado, masa y volumen se habrán mantenido sin variar.

B. La masa habrá aumentado, así como el volumen, ya que el agua se dilata al congelarse.

C. El volumen será mayor, pero la masa será de 100,0 g.

D. El volumen habrá disminuido, ya que el agua sólida es algo más densa que el agua líquida.

27. Analiza. ¡Hoy preparamos un plato de pasta! Ponemos agua en una olla grande y esperamos a que hierva antes de echar la pasta.

a) ¿A qué cambio de estado corresponde la ebullición?

b) ¿Qué gas crees que contienen las burbujas que suben a la superficie y estallan al hervir?

c) ¿De dónde proceden las gotas de agua que vemos resbalar por la tapa de la olla? ¿Qué cambio de estado se ha realizado en este caso?

28. Soy competente

Carlos y Raquel realizan un experimento en el laboratorio sobre un líquido contenido en un recipiente. El profesor les dice que anoten la temperatura del líquido cada minuto mientras dure el experimento. Después, representan los valores obtenidos de temperatura en función del tiempo y obtienen esta gráfica:

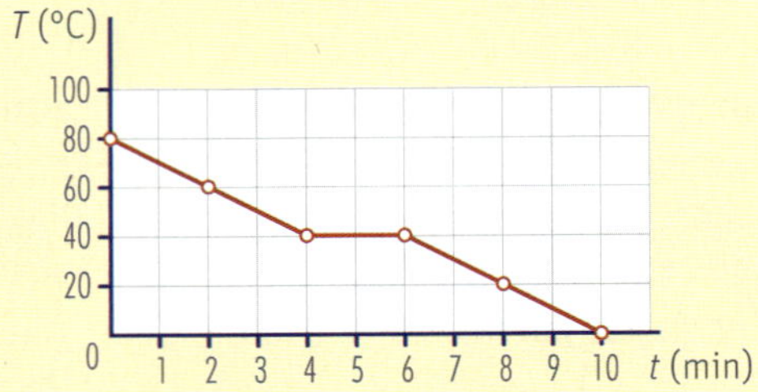

Observa los datos obtenidos y responde.

a) ¿El líquido se está calentando o enfriando?

b) ¿Se puede deducir que ha ocurrido un cambio de estado? Si es así, ¿cuál ha sido? ¿A qué temperatura ha sucedido?

Identifica los distintos tramos que ves en la gráfica y explica qué ocurre usando la teoría cinético-molecular.

29. Justifica. Hemos fabricado un sencillo dispositivo, con una botella y una pajita de refrescos:

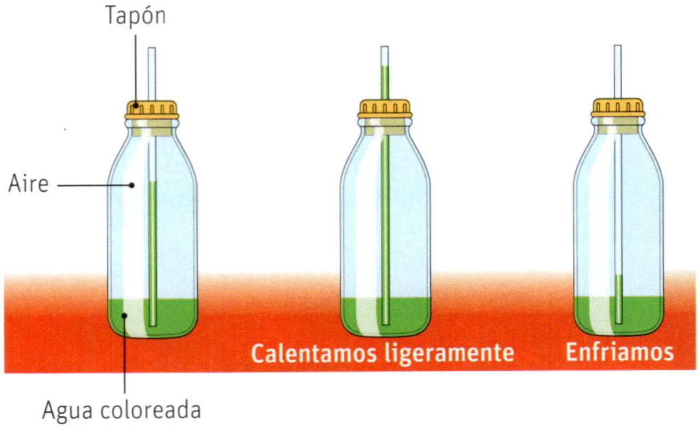

Cuando colocamos las manos alrededor de una botella, el nivel del líquido sube. Si la rodeamos con unos cubitos de hielo, el nivel baja.

a) Explica, mediante la teoría cinético-molecular, qué ocurre con el aire del interior de la botella al calentar y al enfriar la botella.

b) ¿Por qué sube o baja el líquido de la pajita de refrescos?

30. Elige. ¿Qué ocurre con las partículas de una sustancia cuando esta se calienta?

A. Aumenta la velocidad de las partículas, tanto si la sustancia es sólida como líquida o gas.

B. Aumenta la velocidad de las partículas solo si es un gas.

C. Si es un sólido, las partículas se funden y luego se evaporan.

D. La sustancia cambia de estado.

Leyes de los gases

¿CÓMO LO RESOLVEMOS?

31. En una jeringa tenemos 35 cm^3 de gas butano a 290 K. Si enfriamos hasta 273 K:

a) ¿El gas ocupará más o menos volumen?

b) ¿Qué volumen ocupará?

a) Por la ley de Charles, el volumen es directamente proporcional a la temperatura. Por tanto, el gas ocupará menor volumen al disminuir la temperatura.

b) Aplicamos la ley de Charles $\frac{V}{T} = \text{constante} \Rightarrow \frac{V_1}{T_1} = \frac{V_2}{T_2}$.

Por tanto, para una temperatura de 273 K, tenemos:

$$\frac{35\ cm^3}{290\ K} = \frac{V_2}{273\ K} \Rightarrow V_2 = \frac{35\ cm^3}{290\ K} \cdot 273\ K = 32{,}8\ cm^3 \cdot$$

El gas ocupará 32,8 cm^3.

32. Imagina que estos son los valores de la temperatura y del volumen de un gas dentro de una jeringa.

T (°C)	0	20	40	60	80	100
V (cm^3)	18	19,3	20,6	22,0	23,3	24,6

a) ¿Cuál de las afirmaciones es correcta si la presión es constante?

A. A mayor temperatura, mayor volumen. Son directamente proporcionales.

B. A mayor temperatura, menor volumen. Son inversamente proporcionales.

b) Representa los datos anteriores en una gráfica.

- ¿Qué temperatura corresponde al hipotético valor de volumen cero?
- ¿Por qué ya no es posible bajar más de esta temperatura?

33. Razona si las siguientes afirmaciones son verdaderas o falsas. Justifica, en cada caso, en qué ley de los gases te has basado.

a) En una jeringuilla con aire, si triplico la presión, el volumen también se triplica.

b) En una jeringuilla con aire, si duplicamos la temperatura (en kelvin), el volumen se reduce a la mitad.

c) En un neumático, si la temperatura (en kelvin) se duplica, la presión también se duplica.

Física y química en tu vida

Lee y comprende el siguiente texto:

¿Qué ventajas tiene el gas natural?

El cambio climático es un gran reto para el ser humano. Una de las causas que contribuyen al calentamiento global son las emisiones de CO_2 debidas a la combustión de los combustibles fósiles: carbón, gas y petróleo.

De estos tres combustibles, el que menos CO_2 emite por unidad de energía generada es el gas natural, compuesto básicamente por gas metano (CH_4).

El gas natural se transporta de dos maneras:

- **Gas natural comprimido (GNC):** el gas se comprime a gran presión, mayor de 200 atm, y a los vehículos que lo usan les permite una autonomía de 300 a 500 km.
- **Gas natural licuado (GNL):** el gas se enfría a −162 °C, con lo que su volumen se reduce mucho. Los vehículos que lo utilizan alcanzan una autonomía de 800 a 1500 km.

Actualmente, un 45 % del gas natural llega a España por gasoductos en forma de GNC desde Argelia. El 55 % restante es transportado en forma de GNL por buques "metaneros" como el de la imagen.

La utilización del gas natural como combustible de los vehículos está en aumento, debido a que presenta varias ventajas frente al diésel y la gasolina.

1. ¿Qué ventajas tiene usar el gas natural frente al carbón y al petróleo?

2. ¿Por qué crees que los buques que lo transportan se llaman "metaneros"?

3. ¿Qué dos métodos existen para transportarlo?

3 COMPOSICIÓN DE LA MATERIA

En esta unidad aprenderás...

- A identificar y clasificar sistemas materiales como sustancias puras y mezclas.
- A preparar disoluciones en el laboratorio utilizando el material adecuado.
- Los diferentes métodos de separación de mezclas y sus aplicaciones industriales.

¿Cómo separarías el aceite del agua en una mezcla?

Cuando juntamos varios líquidos en un mismo recipiente obtenemos una mezcla. El aceite, al tener menor densidad que el agua, tiende a situarse en la superficie. Esto ocurre también en los desastres provocados por los buques petroleros cuando se producen vertidos de petróleo en alta mar.

- ¿Cómo se separan en el mar los vertidos de petróleo?

1 Mezclas homogéneas y heterogéneas

Para preparar una ensalada cortamos lechuga, tomate y cebolla, y ponemos los trozos en una ensaladera. Después, la aliñamos con aceite, vinagre y sal. Lo que acabamos de hacer es una **mezcla**. Y los ingredientes de una mezcla se llaman **componentes**.

Una **mezcla** es una composición de varias sustancias con distintas propiedades.

Hay dos tipos de mezclas: las mezclas heterogéneas y las homogéneas.

Tipos de mezclas

Mezclas heterogéneas

Las **mezclas heterogéneas** están formadas por componentes que se pueden observar a simple vista o con el microscopio óptico.

La mezcla no es uniforme y sus propiedades son diferentes en distintos puntos.

La arena de playa, una ensalada o el humo (partículas sólidas muy pequeñas en el aire) son ejemplos de mezclas heterogéneas.

Mezclas homogéneas

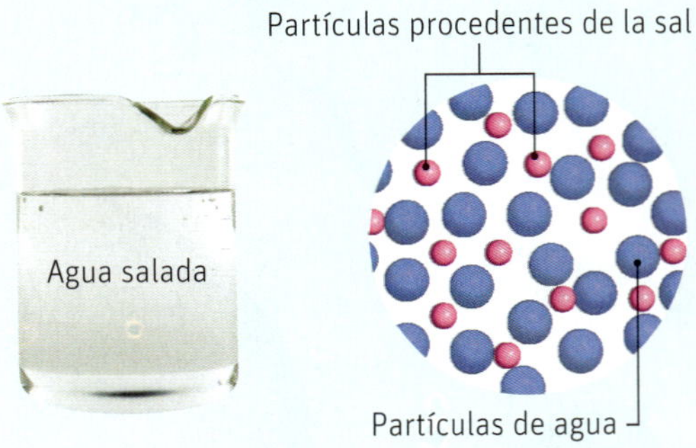

Las **mezclas homogéneas** están formadas por componentes que no se pueden observar ni siquiera con potentes microscopios.

La mezcla es uniforme y sus propiedades son las mismas en cualquiera de sus puntos.

El aire, el café con leche o el acero son ejemplos de mezclas homogéneas.

ACTIVIDADES

1. Compara. Estas imágenes representan mezclas. Clasifícalas según su tipo. ¿Puedes indicar los componentes de las mezclas heterogéneas?

1 

Batido de chocolate y fresa

2 

Cubiertos de acero

3 

Bizcocho

4 

Macedonia

2. Decide. Alcohol, agua y aceite, por separado, son sustancias de aspecto homogéneo. ¿Qué mezclas hay que hacer entre ellas para tener una mezcla heterogénea? ¿Y una homogénea?

Mezclas de especial interés: aleaciones

El acero inoxidable que contienen muchos objetos, como cubiertos, herramientas, tornillos o clavos, es una **mezcla homogénea** de varios componentes. A este tipo de mezcla formada por dos o más metales se la llama **aleación**.

Para hacer una aleación, se calientan los metales hasta fundirlos. Una vez fundidos, se combinan para formar la mezcla y se dejan solidificar. De esta forma, se consigue mejorar en muchos casos las propiedades de los metales. A continuación, se detallan algunas de las aleaciones más comunes.

Aleación y propiedades	Aplicaciones y composición	
Duraluminio Muy ligero y más fuerte que el aluminio.	Se utiliza en la automoción, utensilios, etc.	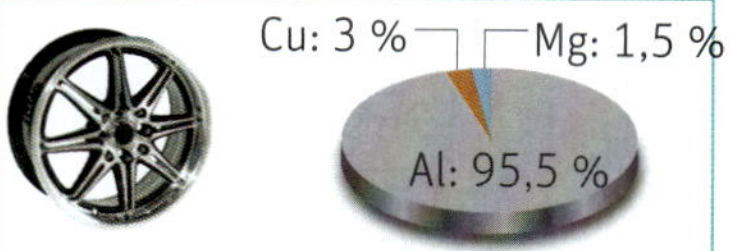
Acero inoxidable Muy resistente a la corrosión. No se oxida.	Se usa en utensilios de cocina, tornillería, herramientas, etc.	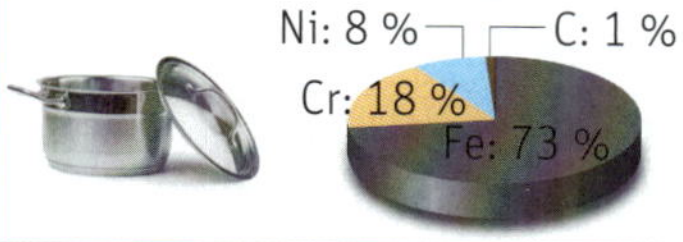
Latón Fácil de trabajar y de dar forma. No se oxida fácilmente.	Se emplea en instrumentos musicales, grifos, cerraduras, bisutería, etc.	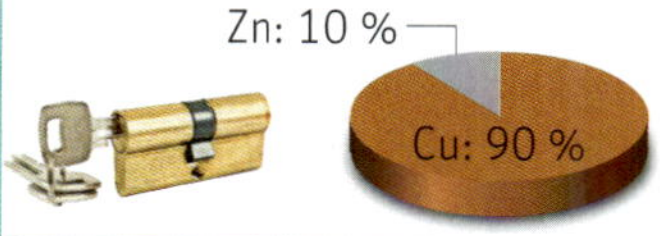

Las campanas están fabricadas de **bronce** que es una aleación de cobre y estaño.

> Una **aleación** es una mezcla **homogénea** formada generalmente por dos o más metales.

Mezclas de especial interés: coloides

Hay sustancias como la gelatina, la espuma de las bebidas o la niebla que tienen un aspecto homogéneo. Sin embargo, si hacemos un examen microscópico, podríamos distinguir varios componentes de estas mezclas. Además, su composición no es uniforme. Son los coloides.

> Los **coloides** son mezclas heterogéneas de aspecto homogéneo. Son una dispersión de las partículas de una sustancia (la fase dispersa) entre las partículas de la otra (el medio de dispersión).

Ejemplos de coloides

Gelatina

Fase dispersa: Líquido

Medio de dispersión: Sólido

Espuma

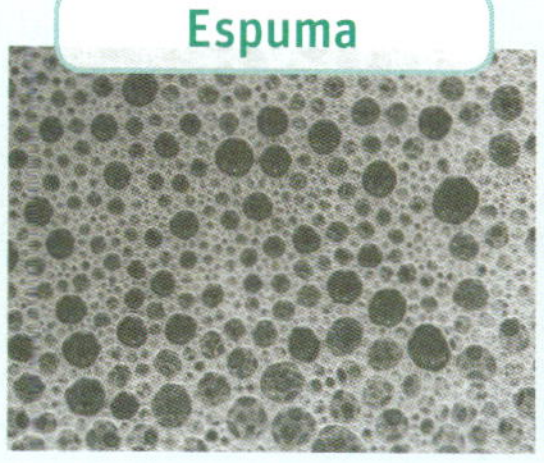

Fase dispersa: Gas

Medio de dispersión: Líquido

Niebla

Fase dispersa: Líquido

Medio de dispersión: Gas

ACTIVIDADES

3. Explica. Una aleación especial llamada metal de Wood tiene la particularidad de fundir a los 70 °C. Explica por qué esta aleación se usa para aparatos que lanzan agua en caso de incendio.

4. Identifica. Un gel de baño es una mezcla de jabones y detergentes líquidos, colorantes y perfumes, en agua. Son dispersiones coloidales. ¿Qué componentes forman la fase dispersa y cuál es el medio de dispersión?

2 Técnicas de separación de mezclas

Estamos rodeados de mezclas que nos son muy útiles. Sin embargo, en muchas ocasiones necesitamos separar sus componentes.

OBSERVA Separación de mezclas heterogéneas

Separación de mezclas heterogéneas

Las mezclas heterogéneas se pueden separar por medios mecánicos como la filtración, la decantación o la separación magnética.

Filtración

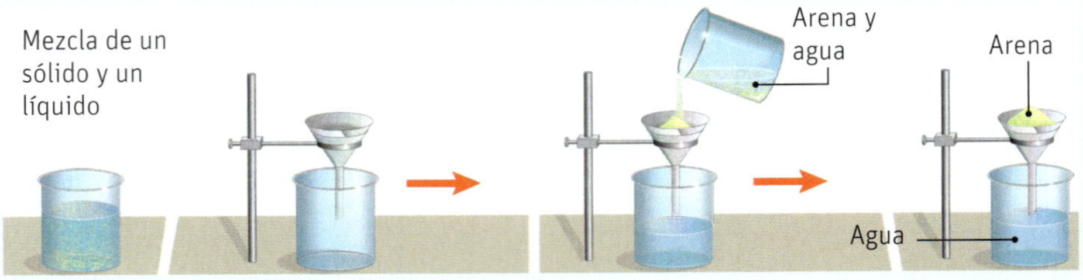

Para separar una mezcla heterogénea de un sólido insoluble en agua, utilizaremos la filtración. Colocamos un filtro sobre un embudo encima de un vaso de precipitados. El filtro deja pasar el líquido, pero retiene el sólido.

Aplicación: En las grandes ciudades hay partículas sólidas en suspensión, y las mascarillas con filtro impiden su inhalación.

Decantación

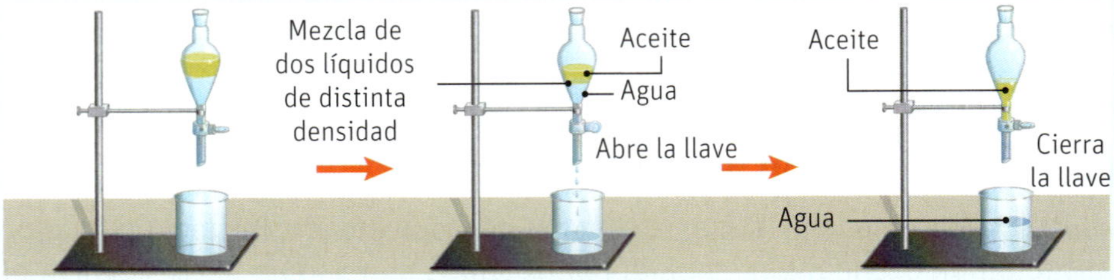

La decantación se basa en la diferente densidad de dos sustancias. Si son dos líquidos inmiscibles, utilizaremos un embudo de decantación provisto de una llave que permite cerrar el paso de líquido cuando se ha vaciado el más denso, que estaba en la parte inferior.

Aplicación: En los procesos de extracción del aceite, es necesario separar líquidos como el agua del aceite.

Separación magnética

En una mezcla heterogénea, para separar una sustancia magnética (que es atraída por un imán), como el hierro, el níquel, etc., de otras que no lo son, utilizaremos un imán. Para ello, lo acercamos a la mezcla y separamos el material que es atraído del resto.

Aplicación: Con imanes se pueden separar las latas de aluminio, que no son atraídas por el imán, de las latas de hierro que hemos depositado en el contenedor de reciclado.

Separación de mezclas homogéneas

Las mezclas homogéneas se pueden separar por métodos físicos como la evaporación o la destilación.

Evaporación

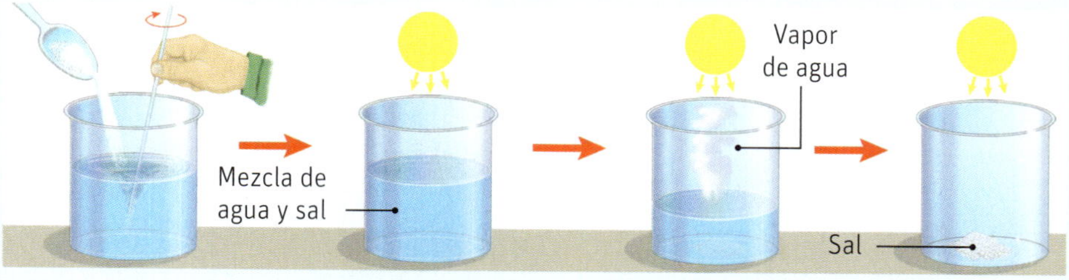

Una manera de separar un sólido disuelto en agua es mediante la evaporación del agua de manera natural, de forma que el sólido disuelto aparece en forma de cristales. Sin embargo, uno de los componentes, el agua, se pierde en la atmósfera.

Aplicación: En las salinas, por evaporación del agua del mar, se separa el cloruro de sodio (sal común) del resto de los componentes.

Destilación

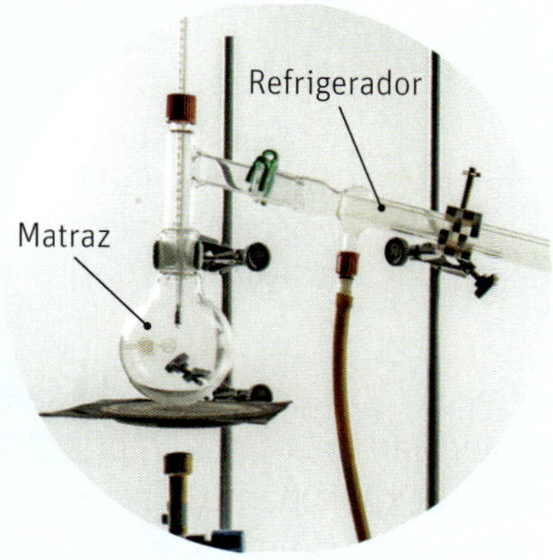

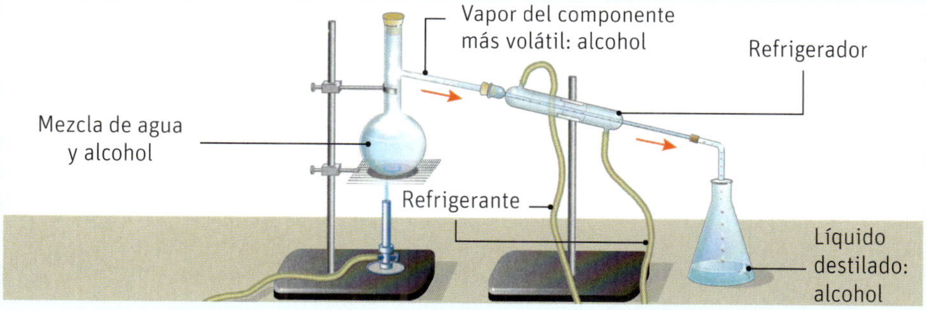

Para separar dos líquidos con distinto punto de ebullición, se emplea la destilación. Se aplica calor hasta que el líquido con menor temperatura de ebullición se vaporiza antes que el otro. Este vapor es enfriado por el refrigerador, que lo condensa, y se recoge en un recipiente. En el primer matraz queda el otro líquido.

Aplicación: Para conseguir los diferentes componentes del petróleo (asfalto, fuel, diésel, gasolina, gas, etc.) se emplea la destilación, porque dichos componentes tienen distintos puntos de ebullición.

ACTIVIDADES

5. Identifica. ¿Cuáles de las mezclas siguientes podrías separar por decantación?

a) Aceite y vinagre
b) Vinagre y agua
c) Agua y garbanzos
d) Hojas de té y agua

6. Investiga de qué forma y para qué se utiliza la decantación en las depuradoras.

7. Analiza. El tamizado, como el que aparece en la imagen, es otro método que sirve para separar mezclas heterogéneas. ¿Cómo se consigue separar los componentes? ¿Para qué crees que podrías utilizarlo?

3 Disoluciones y sustancias puras

La materia homogénea puede estar formada por una mezcla de varias sustancias (disoluciones) o por una sola sustancia (sustancia pura).

Disoluciones

Si añades azúcar moreno a un vaso con agua y agitas la mezcla, observarás que el azúcar ya no se distingue del agua. Esta mezcla homogénea se llama disolución.

Una **disolución** es una mezcla homogénea de varias sustancias en proporción variable. Según la proporción, se habla de **disolvente** y **soluto**.

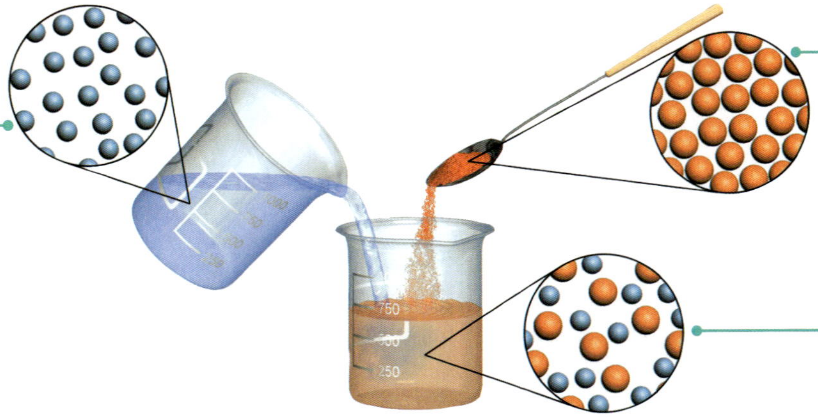

La máxima masa de soluto en gramos que se disuelve en 100 gramos de disolvente es la **solubilidad**. Siempre hay un límite en la cantidad máxima que puede disolverse. Cuando el soluto, por ejemplo, el azúcar del experimento, ya no puede disolverse y queda depositado en el fondo, se dice que la disolución está saturada. Por tanto, se deducen tres situaciones:

Disolución diluida	Disolución saturada	Disolución sobresaturada

Contiene una pequeña cantidad del soluto disuelta en el agua.	Es aquella que no disuelve más soluto; es decir, la solubilidad del soluto llegó a su límite.	Contiene mayor cantidad de soluto que la disolución saturada. Aparece soluto sin disolver.

Cálculo de la concentración de una disolución

Para decir si una disolución está más o menos concentrada, lo expresamos indicando la masa de soluto que se ha disuelto (en gramos) por litro de disolución.

$$\text{Concentración} = \frac{\text{Masa de soluto (g)}}{\text{Volumen de disolución (L)}}$$

> **¿CÓMO LO RESOLVEMOS?**
>
> **8.** Calcula. **Un refresco de 330 mL contiene 40 g de azúcar. Calcula la concentración de la disolución.**
>
> **El volumen se tiene que expresar en litros: 330 mL = 0,330 L. Por tanto:**
>
> $$\text{Concentración} = \frac{\text{Masa de soluto (g)}}{\text{Volumen de disolución (L)}} = \frac{(40\ \text{g})}{(0{,}330\ \text{L})} = 121\ \text{g/L}$$

» Tanto por ciento en masa

La concentración de una disolución también se puede expresar en tanto por ciento en masa:

$$\%_{masa} = \frac{\text{Masa de soluto (g)}}{\text{Masa de disolución (g)}} \cdot 100$$

No tiene unidades porque es un porcentaje.

Sustancias puras

En muchos productos encontramos la etiqueta de "puro", pero en química una sustancia pura o simplemente sustancia solo es aquella que tiene un único componente.

Interpreta lo que ocurre

A simple vista resulta difícil distinguir una disolución de una sustancia pura. Sin embargo, si pudiéramos examinar a nivel submicroscópico las partículas que forman una sustancia pura, observaríamos que todas son iguales, mientras que, en las mezclas, aunque sean homogéneas, hay partículas diferentes unas de otras.

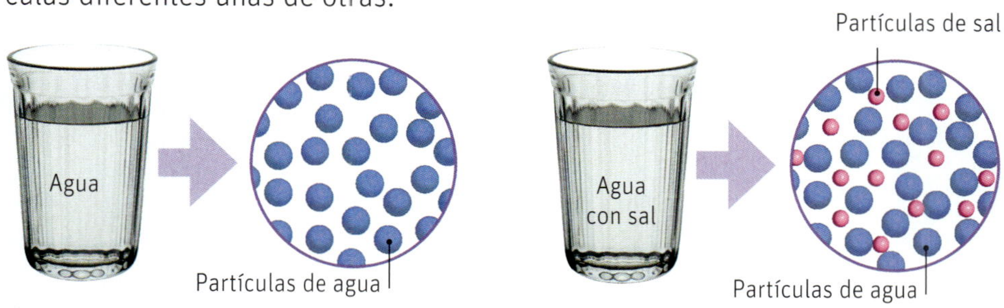

Identifica cuál de las dos sustancias es una sustancia pura y explica por qué.

PRACTICA Con este interactivo aprenderás a diferenciar entre sustancias puras y disoluciones.

> Una **sustancia pura** es un sistema material formado por un solo componente..

Las principales características de una sustancia pura son:

- Todas las partículas que la forman son iguales en composición.
- Tienen propiedades características constantes independientemente de la cantidad de sustancia que consideremos.
- Sus temperaturas de fusión y de ebullición se mantienen constantes durante los cambios de estado.
- La composición de la sustancia es la misma tanto en estado sólido como líquido o gas.

ACTIVIDADES

9. Clasifica las siguientes sustancias en mezclas heterogéneas, disolución o sustancia pura:

a) Agua del grifo
b) Gaseosa
c) Vino tinto
d) Hierro fundido
e) Hielo
f) Granito
g) Leche con azúcar

10. Identifica. ¿Cuál es el disolvente y cuál o cuáles los solutos de las disoluciones anteriores?

11. Calcula la concentración en tanto por ciento en masa de una disolución que contiene 20 gramos de azúcar en 200 gramos de agua.

4 Sustancias puras: simples o compuestas

Hay sustancias puras, como el cobre, que no pueden descomponerse en otras más sencillas. Son las **sustancias simples**. En cambio, hay sustancias puras, como el agua, que se pueden descomponer en otras más sencillas. Son las **sustancias compuestas**.

» Átomos y moléculas

Todas las sustancias están hechas de partículas que representan átomos y moléculas. El átomo es la unidad más pequeña que constituye la materia. Los átomos se pueden agrupar formando moléculas.

Átomo de carbono

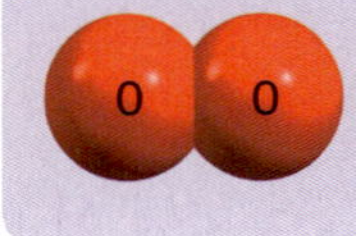

Molécula de oxígeno (O_2) formada por dos átomos de oxígeno

Sustancias simples

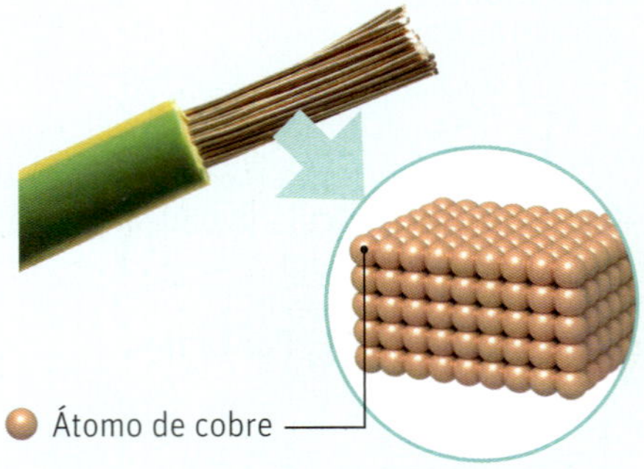

Las sustancias simples están formadas por un único tipo de átomo y no pueden descomponerse en otras más sencillas.

El cobre es una sustancia simple.

Sustancias compuestas

Las sustancias compuestas están formadas por átomos de distinto tipo y pueden descomponerse en otras más sencillas.

Cada molécula de butano está compuesta por 4 átomos de carbono y 10 de hidrógeno.

De sustancia compuesta a sustancia simple

Para descomponer una sustancia compuesta en sustancias simples podemos usar estos dos procedimientos:

La electrólisis

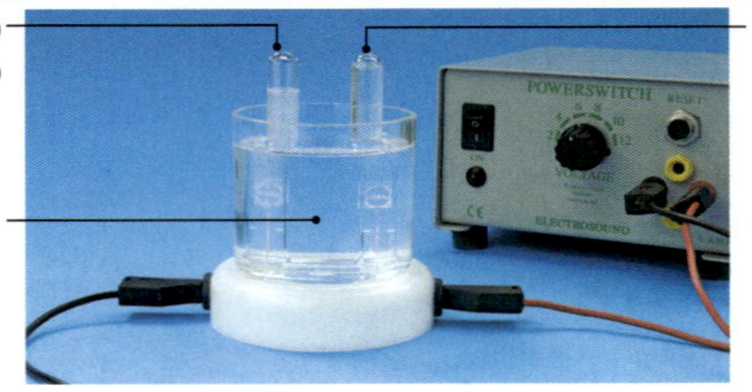

La corriente eléctrica descompone el agua en dos sustancias simples: el oxígeno y el hidrógeno. Ambas se recogen en un tubo de ensayo en estado gaseoso.

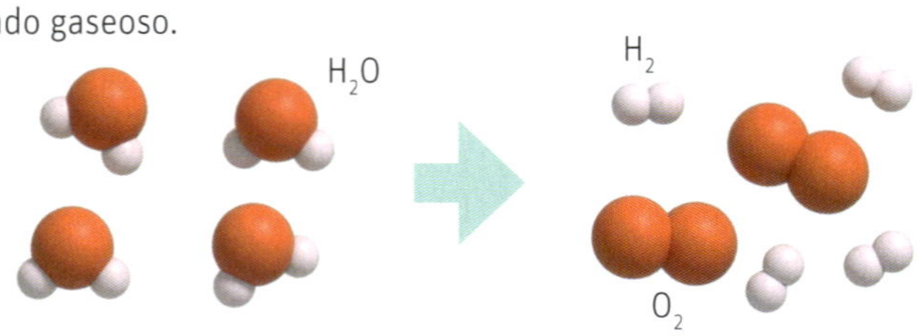

La molécula de agua se descompone en sustancias simples, H_2 y O_2.

Por tanto, el agua es una sustancia compuesta.

Descomposición térmica

Al calentar fuertemente a temperaturas superiores a 400 °C, un compuesto, como el óxido de mercurio, se descompone en dos sustancias simples: el metal mercurio y el oxígeno.

El oxígeno se desprende en estado gaseoso y el mercurio aparece en gotitas en las paredes del tubo de ensayo.

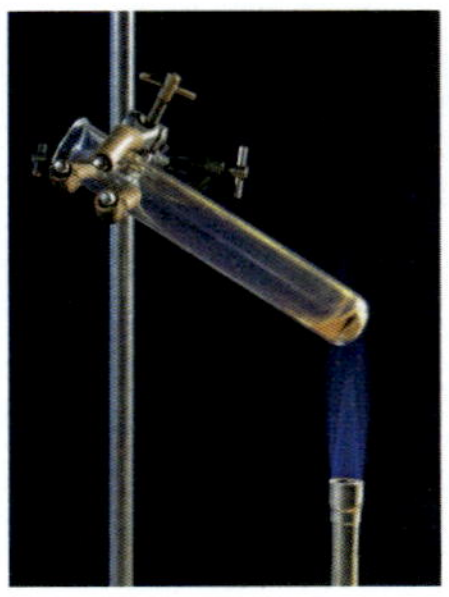

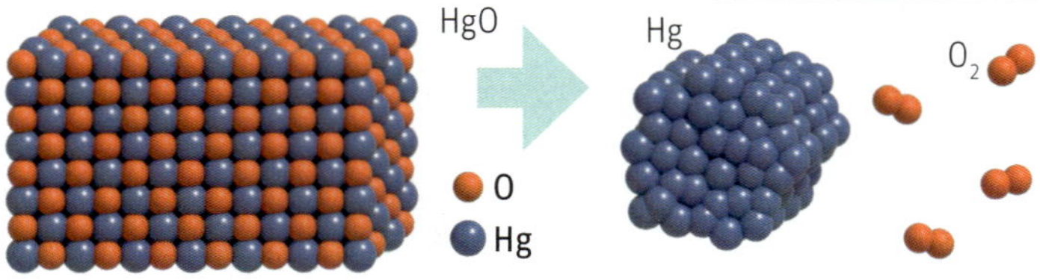

El óxido de mercurio, HgO, se descompone para formar sustancias simples, Hg y O_2, formadas por átomos de los elementos mercurio (Hg) y oxígeno (O).

Por tanto, el óxido de mercurio es una sustancia compuesta.

ACTIVIDADES

12. Razona. El hierro no se encuentra libre en la naturaleza, lo obtenemos por descomposición térmica de minerales como la hematites (óxido de hierro Fe_2O_3). La hematites, ¿es una sustancia simple o compuesta? ¿Qué sustancias simples se obtienen?

Los elementos químicos

Las sustancias simples están formadas por un solo tipo de átomo, el cual permanece inalterado en cambios físicos y químicos. Cada tipo de átomo se denomina **elemento químico**. Se conocen actualmente 118 elementos químicos, aunque en la naturaleza solo podemos encontrar 92.

Los elementos químicos están ordenados en la **tabla periódica**, desde el más sencillo, el hidrógeno, a los más complejos. Están agrupados en columnas o "familias", y los elementos de cada "familia" poseen propiedades semejantes.

- A la izquierda de la tabla se sitúan los **metales** y a la derecha, los **no metales**. Entre ellos, se encuentran los **semimetales** y en la última columna de la derecha están los **gases nobles**. Las dos filas inferiores están formadas por los **elementos de transición** o **tierras raras**.
- Los elementos de color violeta no se encuentran en la naturaleza, son creados de forma artificial.

Dimitri Mendeleiev (1834-1907).

Periodo \ Grupo	1	2	3	4	5	6	7	8	9	10	11	12	13	14	15	16	17	18
1																		2 4,00 He Helio
2	3 6,94 Li Litio	4 9,01 Be Berilio											5 10,81 B Boro	6 12,01 C Carbono	7 14,01 N Nitrógeno	8 16,00 O Oxígeno	9 19,00 F Flúor	10 20,18 Ne Neón
3	11 22,99 Na Sodio	12 24,31 Mg Magnesio											13 26,98 Al Aluminio	14 28,09 Si Silicio	15 30,97 P Fósforo	16 32,07 S Azufre	17 35,45 Cl Cloro	18 39,95 Ar Argón
4	19 39,10 K Potasio	20 40,08 Ca Calcio	21 44,96 Sc Escandio	22 47,87 Ti Titanio	23 50,94 V Vanadio	24 52,00 Cr Cromo	25 54,94 Mn Manganeso	26 55,85 Fe Hierro	27 58,93 Co Cobalto	28 58,69 Ni Níquel	29 63,55 Cu Cobre	30 65,41 Zn Cinc	31 69,72 Ga Galio	32 72,64 Ge Germanio	33 74,92 As Arsénico	34 78,96 Se Selenio	35 79,90 Br Bromo	36 83,80 Kr Kriptón
5	37 85,47 Rb Rubidio	38 87,62 Sr Estroncio	39 88,91 Y Itrio	40 91,22 Zr Circonio	41 92,91 Nb Niobio	42 95,94 Mo Molibdeno	43 (98) Tc Tecnecio	44 101,07 Ru Rutenio	45 102,91 Rh Rodio	46 106,42 Pd Paladio	47 107,87 Ag Plata	48 112,41 Cd Cadmio	49 114,82 In Indio	50 118,71 Sn Estaño	51 121,76 Sb Antimonio	52 127,60 Te Teluro	53 126,90 I Yodo	54 131,29 Xe Xenón
6	55 132,91 Cs Cesio	56 137,33 Ba Bario	57-71 *	72 178,49 Hf Hafnio	73 180,95 Ta Tantalio	74 183,84 W Wolframio	75 186,21 Re Renio	76 190,23 Os Osmio	77 192,22 Ir Iridio	78 195,08 Pt Platino	79 196,97 Au Oro	80 200,59 Hg Mercurio	81 204,38 Tl Talio	82 207,19 Pb Plomo	83 208,98 Bi Bismuto	84 (209) Po Polonio	85 (210) At Astato	86 (222) Rn Radón
7	87 (223) Fr Francio	88 (226) Ra Radio	89-103 **	104 (261) Rf Rutherfordio	105 (262) Db Dubnio	106 (266) Sg Seaborgio	107 (264) Bh Bohrio	108 (277) Hs Hassio	109 (268) Mt Meitnerio	110 (271) Ds Darmstatio	111 (272) Rg Roentgenio	112 (285) Cn Copernicio	113 (286) Nh Nihonio	114 (289) Fl Flerovio	115 (288) Mc Moscovio	116 (293) Lv Livermorio	117 (294) Ts Teneso	118 (294) Og Oganesón

* Lantánidos 6	57 138,91 La Lantano	58 140,12 Ce Cerio	59 140,91 Pr Praseodimio	60 144,24 Nd Neodimio	61 (145) Pm Prometio	62 150,36 Sm Samario	63 151,96 Eu Europio	64 157,25 Gd Gadolinio	65 158,93 Tb Terbio	66 162,50 Dy Disprosio	67 164,93 Ho Holmio	68 167,26 Er Erbio	69 168,93 Tm Tulio	70 173,04 Yb Iterbio	71 174,97 Lu Lutecio
** Actínidos 7	89 (227) Ac Actinio	90 232,04 Th Torio	91 231,04 Pa Protactinio	92 238,03 U Uranio	93 (237) Np Neptunio	94 (242) Pu Plutonio	95 (243) Am Americio	96 (247) Cm Curio	97 (247) Bk Berkelio	98 (251) Cf Californio	99 (252) Es Einstenio	100 (257) Fm Fermio	101 (258) Md Mendelevio	102 (259) No Nobelio	103 (262) Lr Lawrencio

1 1,01 H Hidrógeno — Símbolo

Negro - sólido
Azul - líquido
Rojo - gas
Violeta - artificial

Metales
Semimetales
No metales
Gases nobles

ACTIVIDADES

13. Clasifica en metales y no metales los siguientes elementos químicos y nómbralos.

a) F
b) S
c) Ca
d) P
e) Cr
f) Co
g) Ag
h) Hg

14. Identifica. La sal común es una sustancia compuesta cuya fórmula es NaCL. Busca esos dos elementos y nómbralos.

LO ESENCIAL

Composición de la materia

Las **mezclas** pueden ser:

- **Heterogéneas:** los componentes se distinguen a simple vista o con el microscopio óptico.
- **Homogéneas:** los componentes no se pueden distinguir ni con microscopios.

Para separar mezclas heterogéneas utilizamos:

- **Filtración**
- **Decantación**
- **Separación magnética**

Para separar mezclas homogéneas utilizamos:

- **Evaporación**
- **Destilación**

Una **disolución** es una mezcla homogénea.

$$\text{Concentración} = \frac{\text{Masa de soluto (g)}}{\text{Volumen de disolución (L)}}$$

En una sustancia pura, todas sus partículas son iguales. Pueden ser:

- **Compuestas**

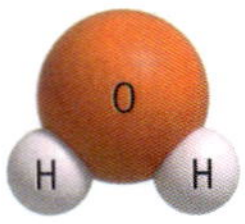

Agua H_2O

Formadas por átomos de distinto tipo.

- **Simples**

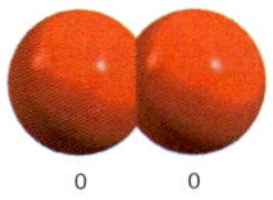

Oxígeno O_2

Formadas por un único tipo de átomos.

1. Organiza tus ideas. Copia, completa y amplía el siguiente esquema para construir tu propio mapa mental de la unidad.

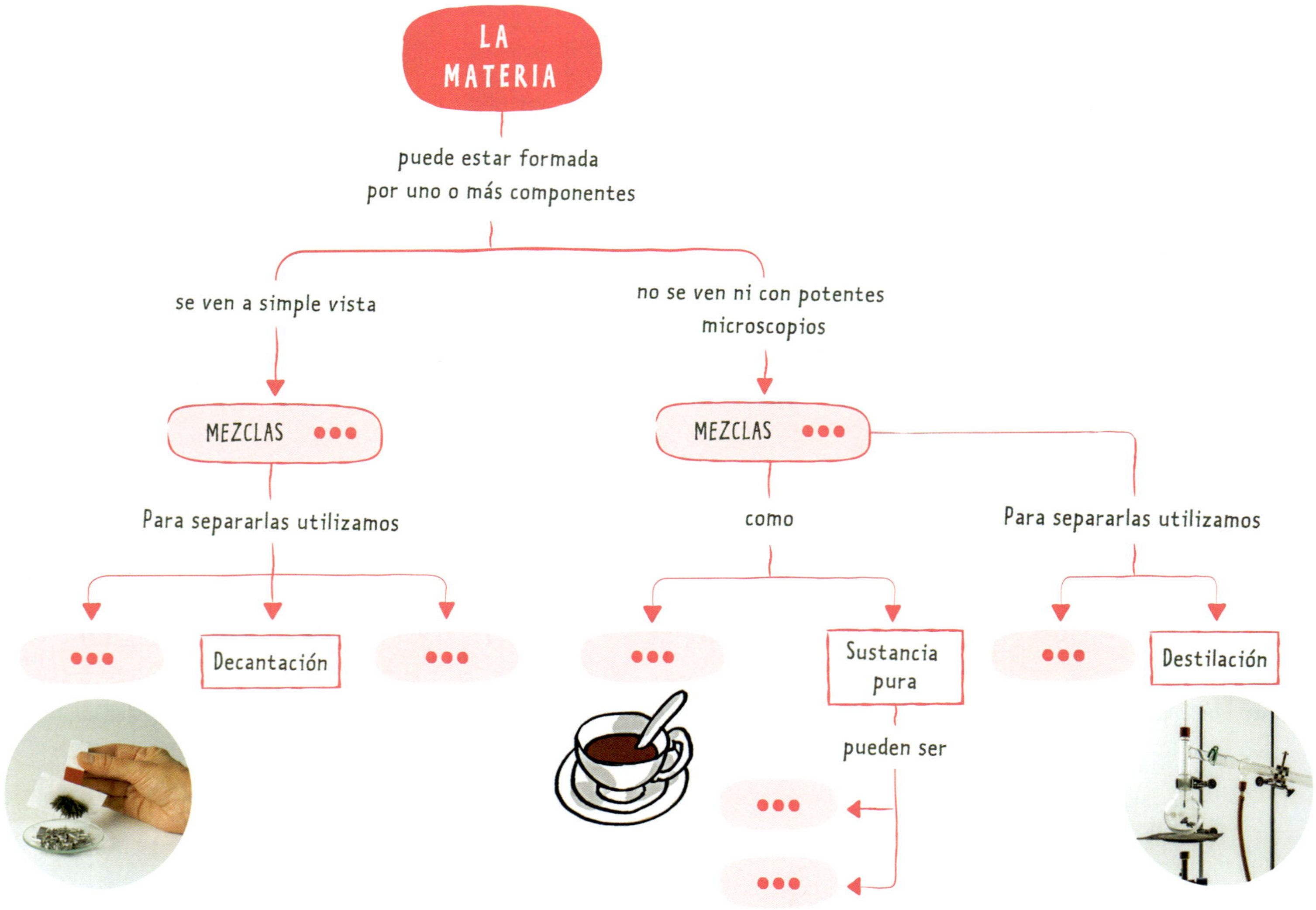

VALORA LO APRENDIDO Autoevaluación y resumen.

Mezclas homogéneas y heterogéneas

1. Clasifica en materia homogénea y heterogénea.

a) Tortilla de patatas
b) Agua oxigenada
c) Aire
d) Cubitos de hielo
e) Batido de chocolate
f) Sangre

2. Decide. Para analizar un mineral lo dividimos en tres trozos. De cada trozo determinamos su densidad. Los resultados son diferentes para cada uno de ellos. ¿Se trata de un mineral homogéneo o heterogéneo?

3. Razona. En el envase de un medicamento se puede leer "agítese antes de tomarlo". Con esta información, ¿podemos afirmar que se trata de una disolución? ¿Por qué?

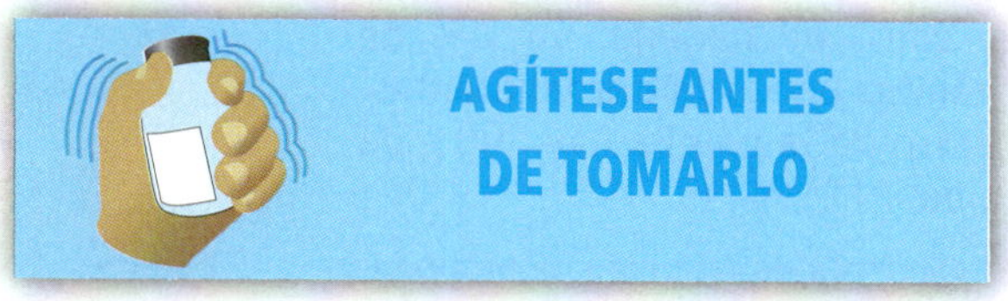

¿CÓMO LO RESOLVEMOS?

4. Indica cómo separarías los componentes de las mezclas siguientes:

a) Tierra y agua
b) Gasolina y agua
c) Clavos de hierro y sal
d) Azúcar y harina

a) Filtración
b) Decantación
c) Separación magnética
d) Disolución en agua + filtración + evaporación (cristalización)

5. Identifica. Indica procedimientos de separación para las siguientes mezclas heterogéneas:

a) Agua + gasolina + aceite
b) Limaduras de hierro + agua
c) Garbanzos + lentejas
d) Sopa de fideos

6. Elige. Para separar arena y sal, la técnica mejor es:

A. Añadir agua, la sal se disuelve; filtrar. Dejar evaporar el agua.
B. Añadir agua, la sal se disuelve; filtrar y lavar el filtrado de arena con agua. Dejar secar la arena y dejar evaporar el agua.
C. Añadir agua, la sal se disuelve; filtrar. Dejar secar la arena y dejar evaporar el agua.

7. Razona. ¿Cómo harías para separar virutas de corcho y arena? Cita dos propiedades características que diferencian estos dos sólidos.

8. Soy competente

En el mar del Norte ha encallado un barco que transportaba bidones que contenían nitrato de potasio, un abono soluble en agua. Varios bidones se han roto y una parte del producto ha quedado esparcido por la playa, mezclado con arena. ¿Cómo puede recuperarse el nitrato de potasio? Explícalo mediante este esquema de separación.

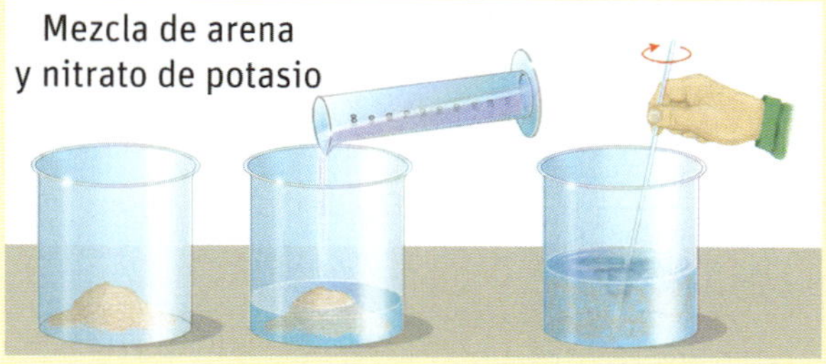

a) ¿Qué fases corresponden a la filtración y a la evaporación?
b) Busca información sobre accidentes similares.

Disoluciones acuosas, aleaciones y coloides

9. Identifica. La nata se compone de grasas. Indica qué tipo de leche tiene mayor concentración de grasas.

A. Entera
B. Desnatada
C. Semidesnatada

10. Identifica. ¿Qué disoluciones utilizas en tu alimentación? Encuentra al menos cuatro.

a) Indica cuáles son los disolventes y cuáles los solutos en dichas disoluciones.
b) Clasifícalas en homogéneas y heterogéneas.

11. Razona. Si disuelves 5 gramos de azúcar en medio litro de agua y un amigo tuyo disuelve 10 gramos de azúcar en un litro de agua, ¿cuál de los dos ha preparado la disolución más concentrada?

12. Identifica el principal soluto y el disolvente en cada una de las siguientes mezclas, supuestamente homogéneas.

a) Batido de chocolate
b) Agua de mar
c) Vino
d) Agua con gas

13. Calcula. **Si mezclamos 20 gramos de azúcar con 80 gramos de agua, ¿cuál será la concentración de azúcar en esta disolución?**

¿CÓMO LO RESOLVEMOS?

14. Calcula. **Queremos preparar una disolución de azúcar en agua del 30 % en masa. En total necesitamos 50 g de disolución. ¿Qué masas de azúcar y de agua debemos medir?**

La disolución al 30 % significa que hay 30 gramos de soluto por cada 100 gramos de disolvente. Entonces, calculamos la masa del azúcar:

$$m = \frac{(30 \text{ g de azúcar})}{(100 \text{ g de disolución})} \cdot (50 \text{ g de disolución}) \Rightarrow$$
$$m = 15 \text{ g de azúcar}$$

Por tanto, la masa de agua es:

$$m = (50 \text{ g de disolución}) - (15 \text{ g de azúcar}) = 35 \text{ g de agua}$$

15. Elige. **¿Qué masas de soluto y de disolvente se necesitan para preparar una disolución acuosa del 5 % de sal?**

A. 5 g de sal y 100 g de agua.

B. 5 g de sal y 95 g de agua.

C. Para saberlo, necesitamos conocer qué masa total de disolución tenemos que preparar.

D. Para saberlo, necesitamos conocer la masa de agua.

16. Razona. **Hemos preparado 1000 cm^3 de una disolución de concentración 12 g/L. Si evaporamos la mitad de esta disolución, obtendremos una masa de soluto de:**

A. 6 g

B. 24 g

C. 12 g

D. 500 g

17. Calcula. **Un farmacéutico debe preparar una disolución de vitamina C de concentración 2 g/L para un cliente. Este ha pedido que le prepare 5 frascos, cada uno de 100 mL.**

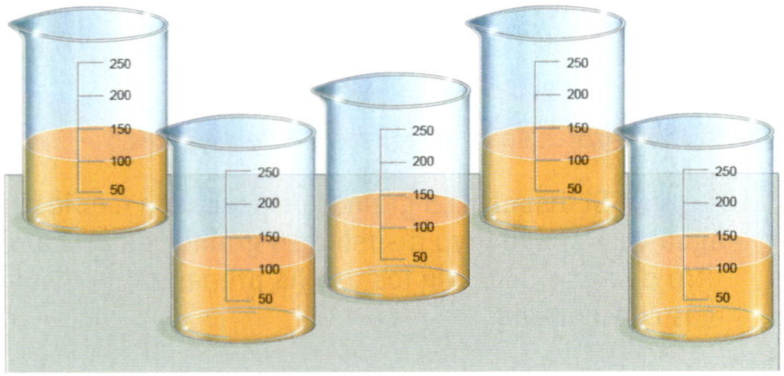

a) ¿Cómo lo puede lograr?

b) ¿Cuántos gramos de vitamina tendrá cada frasco?

18. Establece. **Señala los pasos que debes seguir para preparar 250 cm^3 de una disolución de azúcar de 60 g/L si dispones de una probeta, azúcar, una balanza y agua.**

19. Identifica. **De la siguiente lista:**

A. Latón

B. Infusión poleo-menta

C. Duraluminio

D. Acero inoxidable

E. Cobre

F. Vidrio

G. Magnesio

H. Aire

I. Leche semidesnatada

J. Gas butano

a) ¿Qué sustancias y materiales son conductores de la corriente? ¿Y aislantes eléctricos?

b) ¿Cuáles son aleaciones?

c) ¿Cuáles son dispersiones coloidales?

20. Calcula. **La composición de una bebida transparente con un ligero color naranja es agua con un 15 % de zumo de naranja, un 2 % de vitamina C y un 1 % de colorantes. Dentro de la botella hay 800 g de zumo.**

a) ¿Se trata de una mezcla homogénea o de una suspensión? Justifica la respuesta.

b) Calcula la masa de vitamina C y de colorantes en los 800 g de zumo.

¿CÓMO LO RESOLVEMOS?

21. Analiza. **A partir de la gráfica siguiente que representa la solubilidad de una sustancia en 100 g de agua, ¿qué masa de soluto se puede disolver a 40 °C hasta saturar la disolución? ¿Qué pasaría si ahora esta disolución se enfriara hasta 10 °C?**

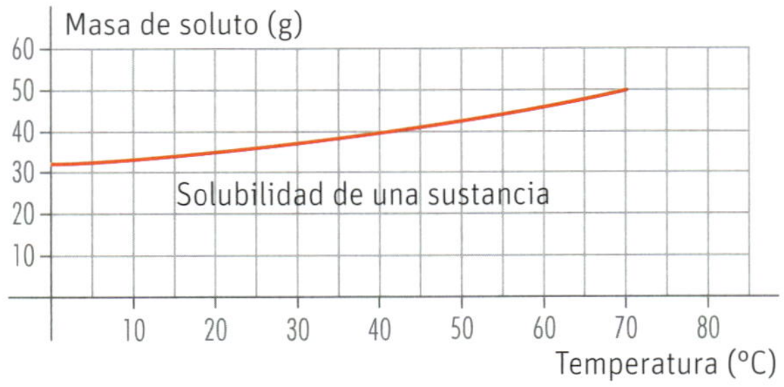

En la gráfica se lee que a 40 °C se disuelven 40 g en 100 g de disolvente. Si se enfría hasta 10 °C, a esta temperatura solo se disuelven unos 33 g (en 100 g de disolvente).

Por tanto, el resto quedará insoluble:

$$m = (40 - 33) \text{ g} = 7 \text{ g de soluto que se precipitará.}$$

22. Observa **la gráfica del ejercicio anterior de solubilidad de un soluto en 100 cm^3 de agua.**

a) ¿Entre qué intervalos de temperatura se ha llevado a cabo el experimento?

b) ¿Qué masa de soluto se disuelve a 20 °C? ¿Y a 70 °C?

c) Supón que tienes 50 g de soluto y 100 cm^3 de agua a 20 °C, ¿podrás disolver todo el soluto?

¿CÓMO LO RESOLVEMOS?

23. Observa las siguientes gráficas de calentamiento de dos líquidos y determina cuál representa una sustancia pura y cuál no. Justifica tu respuesta.

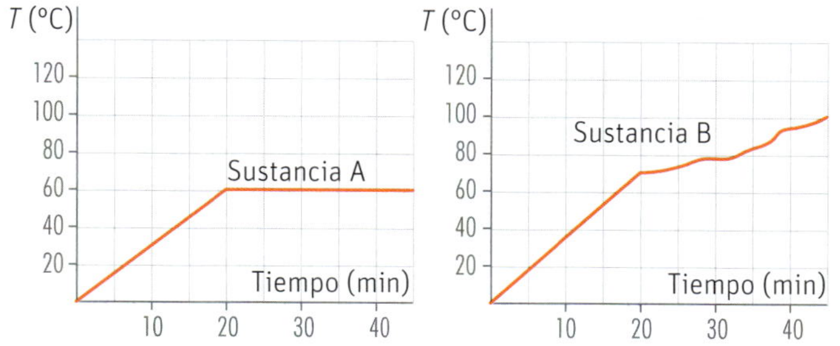

La temperatura de ebullición de la sustancia A se mantiene constante mientras hay líquido en el recipiente. Este comportamiento es exclusivo de las sustancias puras. En cambio, la sustancia B comienza a hervir a 70 °C y la temperatura va aumentando a medida que se produce el cambio de estado. Por tanto, B no es una sustancia pura.

24. Razona. El agua pura congela a 0 °C. ¿Lo hará a la misma temperatura el agua de mar?

25. Predice. Muchos solutos se disuelven mejor en agua caliente que en agua fría. Por ejemplo, 20 g de nitrato de potasio se disuelven completamente en 100 cm^3 de agua a 15 °C; pero si calentamos el agua hasta los 40 °C, se pueden disolver 60 g del soluto. ¿Puedes hacer una predicción de lo que pasará si la solución que tenemos a 40 °C la vamos enfriando hasta los 15 °C?

Mezclas, sustancias simples y compuestas

26. Examina las estructuras representadas a continuación.

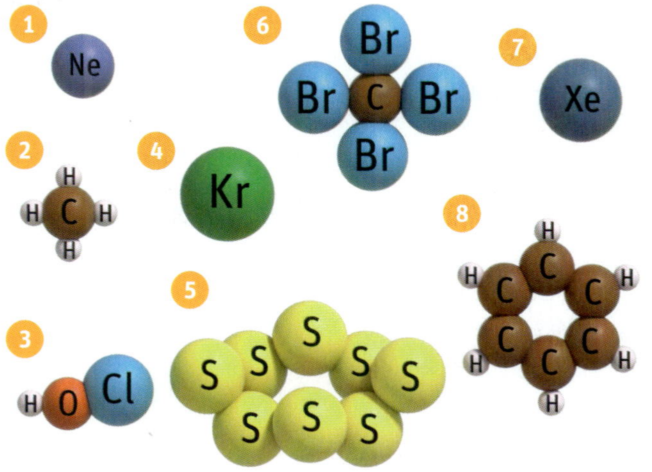

- ¿Qué estructuras corresponden a sustancias simples y cuáles a compuestas? Razona cómo has hecho la elección.

27. Justifica. El agua es una sustancia compuesta. Porque...

A. Al hervir el agua se obtiene vapor.

B. La electrólisis la descompone en los gases hidrógeno y oxígeno.

C. Se congela y hierve a temperatura constante.

D. El agua no es una sustancia compuesta. Es simple.

28. Escribe. ¿Qué métodos nos permiten descomponer una sustancia compuesta en sustancias simples?

29. Soy competente

En el año 1924, Rosa Sensat, en su libro *Les ciències en la vida de la llar* (*Las ciencias en la vida del hogar*), proponía tratar científicamente cuestiones relacionadas con la comida.

Para preparar una mermelada según los consejos de Rosa Sensat, hemos tomado 500 g de fruta y 380 g de azúcar, y los hemos puesto a calentar mientras tomábamos medidas de la temperatura. Al colocar un termómetro sobre la mezcla, se observaba que comenzaba a hervir a los 105 °C; y mientras se calentaba, hemos tomado medidas y después las hemos representado gráficamente.

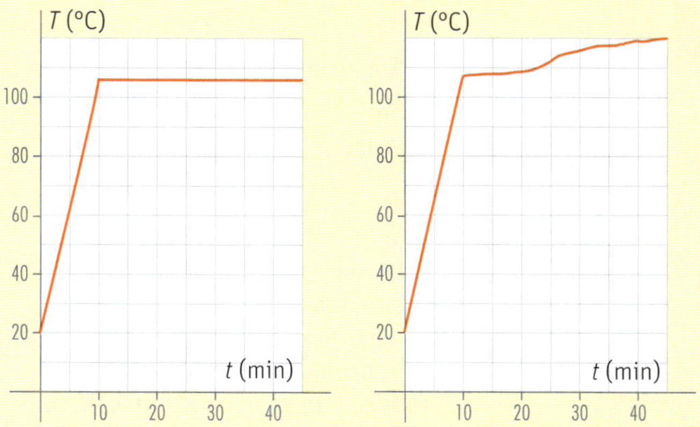

a) ¿Cuál de estas dos gráficas crees que se corresponderá con la experiencia y por qué?

b) Relaciona las gráficas con el concepto de sustancia pura.

30. Identifica. **Indica qué materiales de la lista son sustancias puras y cuáles son mezclas:**

Plata - Espaguetis con salsa - Azúcar - Agua - Aire - Hierro - Agua de mar

- De las sustancias de la lista anterior, ¿cuáles son simples y cuáles compuestas? Explica cómo lo has podido averiguar.

¿CÓMO LO RESOLVEMOS?

31. Identifica. **Asocia cada una de las siguientes frases a la imagen o imágenes que le corresponda:**

A. Sustancia simple

B. Mezcla de sustancias

C. Sustancia compuesta

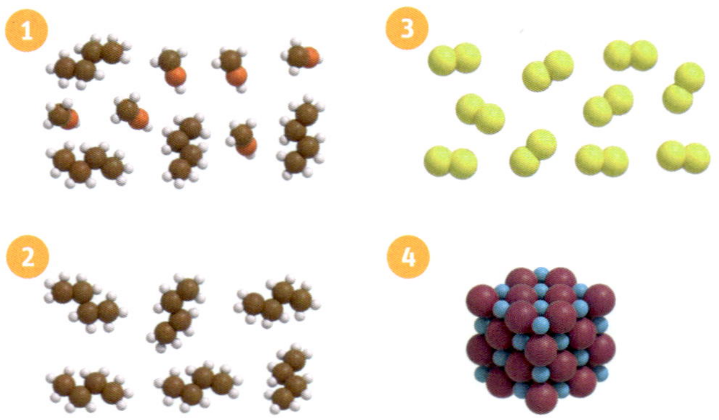

A. Sustancia simple: imagen 3, porque está compuesta solo por un mismo tipo de átomos.

B. Mezcla de sustancias: imagen 1, porque está compuesta por dos tipos de sustancias distintas.

C. Sustancia compuesta: imágenes 2 y 4, porque están formadas por átomos distintos.

32. Identifica. **¿Qué tipo de sustancia (sustancia simple, sustancia compuesta, mezcla) representan los modelos siguientes?**

33. Dibuja **usando estos dos tipos de átomos:**

a) Una sustancia simple A

b) Una sustancia simple B

c) Una mezcla de sustancias A y B

d) Un compuesto AB

34. Interpreta. **La cal es una sustancia pura que puede descomponerse térmicamente en un sólido, calcio y un gas, oxígeno. ¿Qué es la cal: una mezcla de calcio y oxígeno o un compuesto?**

Cal (óxido de calcio)

35. Decide **cuál es la opción correcta:**

A. Todos los sistemas homogéneos están formados por una única sustancia.

B. Todas las sustancias puras son compuestos.

C. Un compuesto es una sustancia que se puede descomponer en otras sustancias.

D. Los elementos de un compuesto pueden hallarse en proporciones variables.

36. Razona. **Señala si las frases siguientes son verdaderas o falsas. En el caso de que sean falsas, razona por qué.**

a) Las sustancias puras no se pueden descomponer.

b) Todos los compuestos son sustancias puras.

c) Todas las sustancias simples son puras.

d) Todos los átomos que forman las sustancias simples son iguales.

37. Razona. **La estatua de la Cibeles está hecha de roca caliza (carbonato de calcio). Si se calienta fuertemente una roca calcárea, se desprende un gas, el dióxido de carbono, y queda un resto sólido, que es el óxido de calcio.**

a) Razona si el carbonato de calcio es un compuesto químico o no.

b) ¿Los dos productos obtenidos son sustancias simples? Explica tu respuesta.

38. Elige. ¿Cuál es la frase correcta?

A. Las sustancias puras son compuestos químicos.

B. Las sustancias simples son sustancias puras.

C. Una disolución es una mezcla heterogénea de dos componentes: el disolvente y el soluto.

D. Los coloides son unas mezclas homogéneas de aspecto heterogéneo.

39. Explica. **Dando un paseo por el campo, Juan ha recogido una piedra calcárea de aspecto homogéneo. Ha pesado la piedra y ha anotado su masa. Después la ha calentado fuertemente y, una vez enfriada, la ha vuelto a pesar y ha observado que su masa es ahora 400 g.**

¿Qué explicación puede tener que, después de calentarla, pese menos?

40. Analiza. **Tenemos un sólido de color verde y lo queremos clasificar en compuesto o en sustancia simple. Hacemos el experimento siguiente:**

Paso 1. Introducimos dos cucharillas dentro de un vaso donde habíamos disuelto en agua el sólido verde.

Paso 2. Conectamos cada cucharilla a los polos de una pila y esperamos unos minutos.

Paso 3. Observamos que se forman burbujas en la cucharilla conectada al polo positivo y que se deposita un sólido de color marrón en la cucharilla conectada al polo negativo.

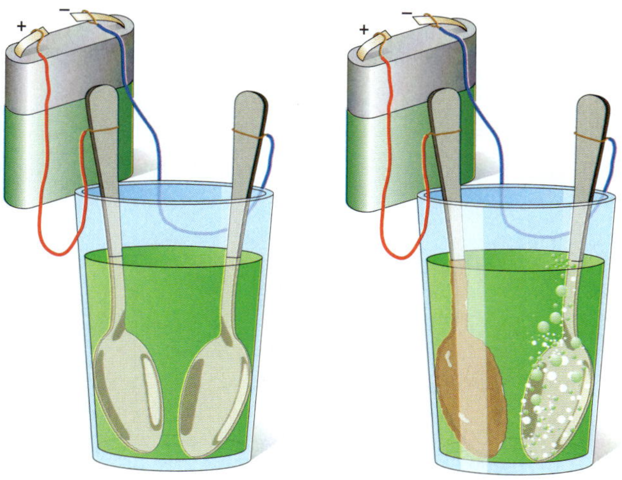

a) ¿Cómo se denomina este proceso?

b) El sólido que hemos disuelto, ¿es una sustancia simple o un compuesto? Explica tu respuesta.

Física y química en tu vida

Lee y comprende el siguiente texto:

Mezclas en la alta cocina

La cocina es como un laboratorio de química donde continuamente preparamos mezclas de todo tipo. La mayor parte son mezclas heterogéneas como las ensaladas, los cocidos, las paellas, las tortillas o las macedonias de frutas, pero también hay mezclas con apariencia homogénea como el agua azucarada, el vino, la gelatina, la mahonesa o la nata montada en las que no se distinguen sus componentes.

Si pudiésemos observar estas últimas mezclas con potentes microscopios, veríamos que salvo algunas disoluciones, como el agua con azúcar o el vino, en el resto se pueden apreciar partículas o estructuras mayores que las moléculas dispersas en otra fase continua: son los coloides.

En la alta cocina se usan muchos tipos de coloides como:

Emulsiones

Esferificaciones

Espumas

- **Geles.** La fase dispersa es un líquido y la fase continua es un sólido. El ejemplo clásico son las gelatinas, pero la última moda en cocina son las esferificaciones, en las que se gelifica el exterior de las bolitas manteniendo el líquido en el interior.
- **Emulsiones.** Sistemas en los que se mezclan fuertemente dos líquidos inmiscibles, de tal forma que uno de ellos está en forma de gotitas diminutas dispersas en el otro líquido. La mahonesa es la reina de las emulsiones.
- **Espumas.** Suministrando energía se logra dispersar un gas en un líquido o en un semisólido, como la nata montada. El gran cocinero Ferran Adrià puso de moda nuevas espumas usando el sifón de cocina (con óxido nitroso N_2O) que patentó en 1985.

1. **Busca en internet ejemplos de geles, emulsiones y espumas usadas en cocina.**

2. **Sorprende a tus padres con un menú en el que haya algunas de estas mezclas que hemos analizado.**

4 LOS CAMBIOS QUÍMICOS

En esta unidad aprenderás...

- A distinguir entre cambios físicos y químicos mediante la realización y la observación de experiencias.
- Cuáles son los productos y cuáles son los reactivos en una reacción química.
- Que la química juega un papel muy importante en la obtención de nuevas sustancias y en la mejora de la calidad de vida de las personas.
- A reconocer la influencia de la química en el medioambiente y sus consecuencias.

¿Es peligrosa la química?

Al añadir unas gotas de agua al sodio metálico se produce una reacción muy peligrosa que libera una gran cantidad de energía. El sodio metal desaparece y aparecen nuevas sustancias muy peligrosas como el gas hidrógeno (inflamable) y el hidróxido de sodio (altamente corrosivo).

- ¿Qué le ha ocurrido al sodio metálico de la primera imagen?
- ¿Qué sustancias nuevas han aparecido?
- ¿Qué otras reacciones químicas conoces?

1 Cambios físicos y químicos

Las sustancias que se encuentran en la naturaleza experimentan cambios continuamente. Pero no todos son del mismo tipo.

Cambios físicos

En los **cambios físicos** no se modifica la composición química de las sustancias. Estas solo cambian de forma, de aspecto o de estado de agregación.

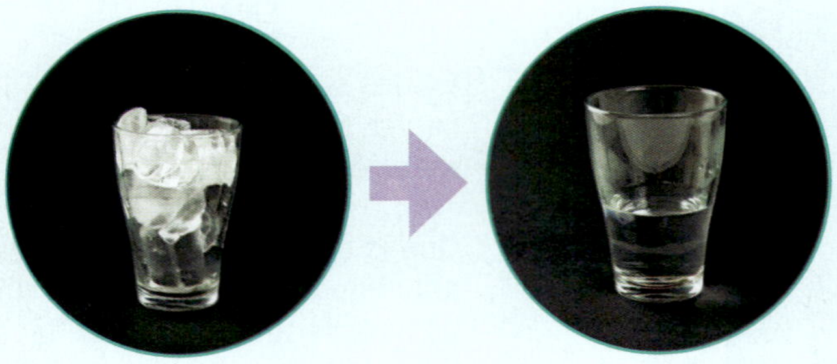

Si dejamos a temperatura ambiente una jarra con hielo, el hielo se funde y se convierte en líquido. El agua y el hielo son la misma sustancia; solo ha cambiado de estado.

Si añadimos sal a un vaso de agua y agitamos, sigue habiendo agua y sal en el segundo recipiente. No se han formado sustancias nuevas.

Cambios químicos

En los **cambios químicos** se modifica la composición química de las sustancias, ya que se forman nuevas sustancias a partir de las iniciales.

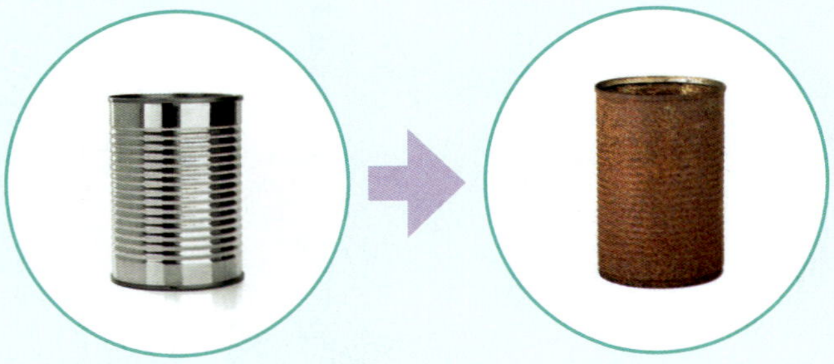

Si dejamos una lata metálica expuesta a la humedad, observamos que la lata se oxida, es decir, aparece una sustancia nueva diferente al metal de partida llamada **óxido**.

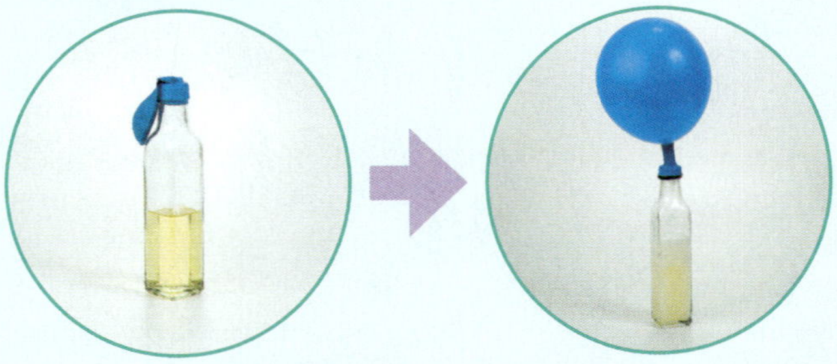

Si añadimos vinagre a una disolución de bicarbonato, observamos que se forman sustancias nuevas como el dióxido de carbono que recoge el globo.

Lo que distingue un cambio químico de uno físico es que en el cambio químico se forman nuevas sustancias a partir de otras, mientras que en el cambio físico no cambian las sustancias.

Además, en los cambios físicos se puede volver fácilmente a la situación inicial:

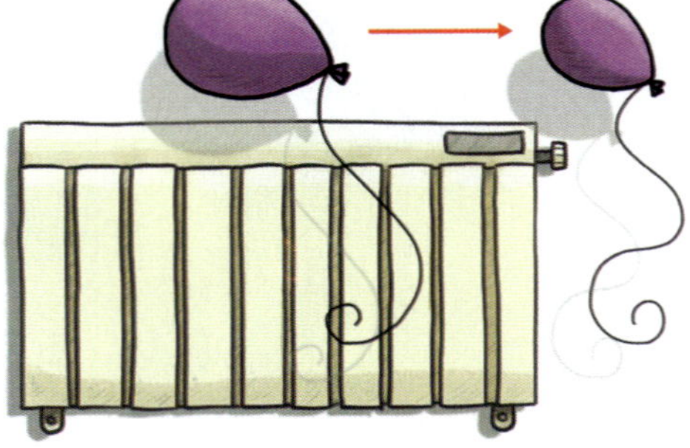

Al calentar un globo, este aumenta de tamaño, pero al enfriarlo, recupera su estado inicial. También, en los cambios de estado, calentando o enfriando podemos volver al estado inicial.

En las mezclas o disoluciones se pueden separar y recuperar las mismas sustancias que se habían mezclado mediante técnicas como la separación magnética.

Cambio físico	Cambio químico
En los cambios físicos **no cambia la identidad de las sustancias**. Por eso, estas se representan mediante la misma fórmula antes y después. Por ejemplo, en el cambio de estado del hielo: $H_2O(s) \rightarrow H_2O(l)$ Son cambios físicos los cambios de estado y la formación de mezclas. En ambos casos pueden obtenerse fácilmente de nuevo las sustancias por separado o en su estado inicial.	En los cambios químicos varía la identidad de las sustancias que intervienen, ya que, a partir de unas sustancias de partida, **se forman sustancias nuevas**. Por ejemplo, en la reacción de oxidación del hierro se forma una nueva sustancia, el óxido de hierro: $4\ Fe(s) + 3\ O_2(g) \rightarrow 2\ Fe_2O_3(s)$ Son cambios químicos las oxidaciones de los metales o de la manzana al dejarla a la intemperie, las combustiones de la madera o de cualquier otra sustancia, las fermentaciones, etc.

- En los **cambios físicos**, las sustancias iniciales son las mismas que las finales, es decir, no se producen sustancias nuevas.
- En los **cambios químicos**, las sustancias iniciales se transforman en otras diferentes.

PRACTICA ¿Cambios físicos o químicos? Clasifícalos.

ACTIVIDADES

1. Encuentra **las diferencias entre un cambio físico y uno químico.**

2. Diferencia. **Completa la tabla en tu cuaderno y razona si cada uno de los siguientes procesos es un cambio físico o químico.**

Cambio físico	Cambio químico
●●●	●●●

a) La vaporización del agua.
b) Quemar el carbón.
c) La dilatación del líquido de un termómetro por efecto del calor.
d) La acción del zumo de limón estropea el mármol.
e) La leche que se vuelve agria si se deja mucho tiempo a temperatura ambiente.
f) La obtención de aluminio a partir del mineral de aluminio, bauxita.
g) El secado de la ropa cuando la tendemos al aire libre.
h) La formación de vaho delante de la boca cuando respiramos, en los días fríos de invierno.

3. Razona. **Con el paso del tiempo, el agua oxigenada del botiquín (H_2O_2) deja de ser desinfectante porque se transforma en agua y oxígeno, dado que el oxígeno escapa de la botella.**

a) ¿Qué tipo de cambio se ha producido?
b) ¿Se trata de un tipo de cambio similar o distinto al que se produce cuando abrimos una bebida gaseosa y aparecen burbujas que salen de la botella? Razona tu respuesta.

4. Analiza. **La sal común que utilizamos en la cocina se consigue evaporando el agua del mar en las salinas.**

a) ¿Se trata de un cambio físico o químico? Razona tu respuesta.
b) ¿Por qué era tan cara la sal en la Antigüedad? Investiga.

2 La reacción química

Cuando se ha producido un cambio químico en una sustancia decimos que se ha producido una **reacción química**.

Una reacción química es un proceso según el cual unas sustancias iniciales, llamadas **reactivos**, se transforman en otras, denominadas **productos**. Se produce un intercambio de **energía** entre las sustancias que intervienen y el medio.

Reactivos → Productos ± Energía

La reacción química que permite a Luis ducharse con agua caliente es la reacción de combustión del metano. Gracias a la energía que desprende, el agua se calienta.

Cualquier reacción química se puede describir en tres niveles:

Descripción macroscópica

Se utiliza la descripción a nivel de sustancias indicando sus propiedades y su estado físico. Por ejemplo, para la reacción de combustión del metano tendremos:

Reactivos			→	Productos		
Metano	+	**Oxígeno**	→	**Dióxido de carbono**	+	**Agua**
Gas		Gas		Gas		Gas

De esta forma, se pueden identificar reacciones químicas y determinar los elementos de reacción.

Descripción submacroscópica

Son modelos que representan las partículas que forman las sustancias que intervienen en la reacción. Por ejemplo, para esta reacción tendríamos:

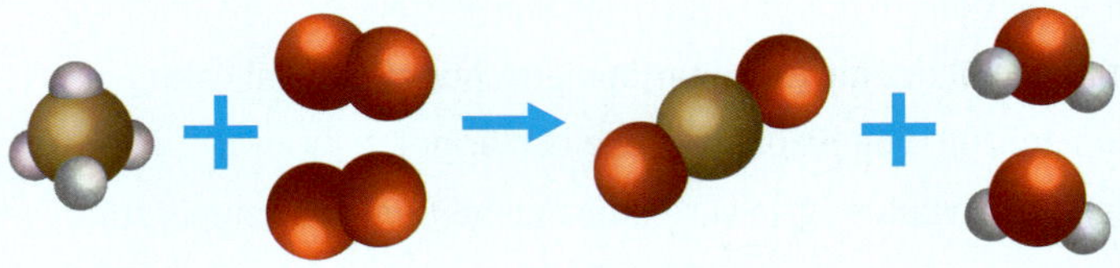

Metano (CH_4) + Oxígeno (O_2) → Dióxido de carbono (CO_2) + Agua (H_2O)

Una molécula de metano se combina con dos moléculas de oxígeno para dar una molécula de dióxido de carbono y dos moléculas de agua.

Descripción simbólica

Utiliza las fórmulas químicas para escribir la ecuación química de la reacción. Por ejemplo:

Símbolo · Sentido de la reacción · Coeficientes estequiométricos · Estado físico · Energía desprendida

$$CH_4(g) + 2\,O_2(g) \rightarrow CO_2(g) + 2\,H_2O(g) + \text{Energía}$$

Metano · Oxígeno · Dióxido de carbono · Agua

Se indica sólido (s), líquido (l) o gas (g) al lado de cada fórmula. Los coeficientes estequiométricos indican la proporción entre reactivos y productos.

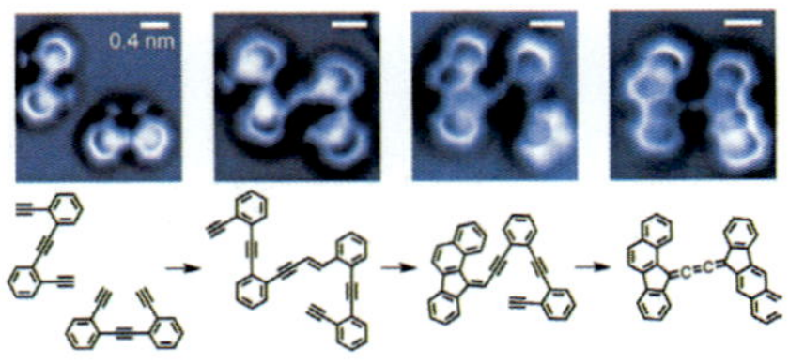

El físico español Ángel Rubio, junto con un equipo internacional, ha conseguido fotografiar las diferentes etapas de una reacción.

Tipos de reacciones químicas

Las reacciones químicas se pueden clasificar según distintos criterios.

Atendiendo a la forma en que se **reagrupan los átomos durante la transformación**, tenemos reacciones de **síntesis** o de **descomposición**.

Reacciones de síntesis	Reacciones de descomposición
Se combinan dos o más sustancias A y B para dar una nueva sustancia más compleja AB.	Un compuesto AB se descompone en dos sustancias más sencillas A y B.
A + B —Se combinan→ AB	AB —Se descompone→ A + B
Por ejemplo, para la formación del dióxido de carbono:	Por ejemplo, la reacción de descomposición de la electrólisis del agua:
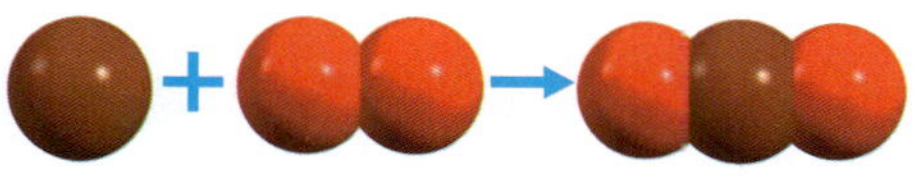	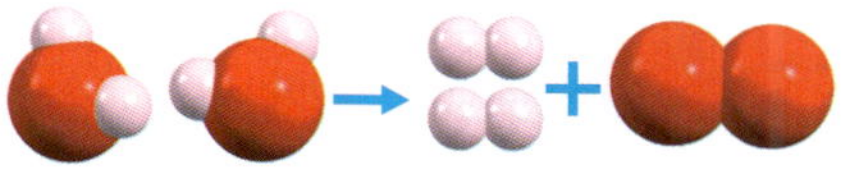
$C(s)$ + $O_2(g)$ → $CO_2(g)$	$2\ H_2O(g)$ → $2H_2(g)$ + $O_2(g)$

Atendiendo al **intercambio de energía con el entorno**, tenemos reacciones **exotérmicas** y **endotérmicas**.

OBSERVA En el vídeo te mostramos distintos tipos de reacciones químicas.

Reacciones exotérmicas	Reacciones endotérmicas
Son reacciones en las que se desprende energía con el entorno.	Son reacciones en las cuales se necesita absorber energía del entorno.
	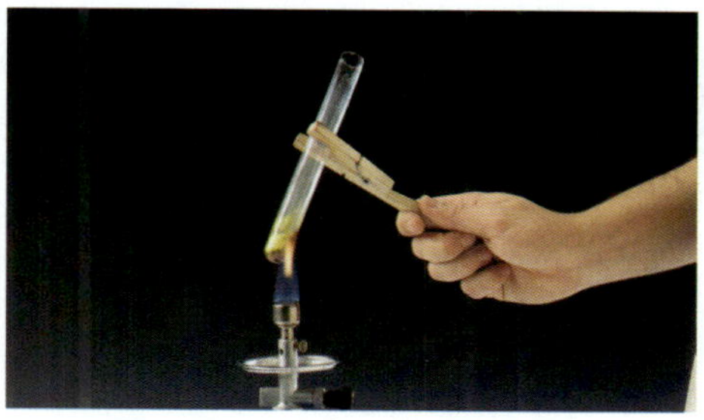
Combustible + $O_2(g)$ → $CO_2(g)$ + $H_2O(g)$ + Energía (Oxígeno; Dióxido de carbono; Agua)	$S_8(s)$ + 8 $Fe(s)$ + Energía → 8 $FeS(s)$ (Azufre; Hierro; Sulfuro de hierro)
Ejemplos: reacciones de combustión como la madera o el metano, la formación de agua, la hidratación de la cal, etc.	Ejemplos: formación del sulfuro de hierro, del ozono, del óxido nitroso, de la electrólisis del agua, etc.

En una reacción química tenemos:

- Las sustancias iniciales o **reactivos** se convierten en **productos**; con intercambio de energía.
- Los **átomos permanecen**; ni se forman átomos nuevos ni desaparecen.
- Los átomos **únicamente se reordenan** a partir de los reactivos para formar los productos.
- Las reacciones químicas se pueden **clasificar** atendiendo a la reagrupación de sus átomos en reacciones de **síntesis** o de **descomposición**, o atendiendo al intercambio de energía en **exotérmicas** o **endotérmicas**.

ACTIVIDADES

5. Expresa. **El hidrógeno es un gas muy inflamable que se combina con el oxígeno para producir agua.**
   a) Escribe en tu cuaderno la ecuación de la reacción química.
   b) ¿Qué tipo de reacción es?

3 Obtención de nuevas sustancias

Echa un vistazo a tu habitación y observarás que, para cubrir tus necesidades, se utilizan materiales tanto naturales como otros transformados por el ser humano.

Materiales naturales	
Rocas	Cuero
Minerales	Lana
Agua	Algodón
Madera	Seda

Materiales artificiales	
Hormigón	Cerámica
Metales	Plásticos
Vidrio	Nailon
Papel y cartón	Silicona

Gracias a la química podemos obtener esos nuevos materiales, mediante diversos procesos:

Metales: se obtienen a partir de los minerales. Por ejemplo, de la hematita (óxido de hierro) se obtiene el hierro:

$$Fe_2O_3(s) + 3\,CO(g) \xrightarrow{\text{calor}} 2\,Fe(s) + 3\,CO_2(g)$$

Si en ese proceso se añade un poco de carbono, obtenemos acero.

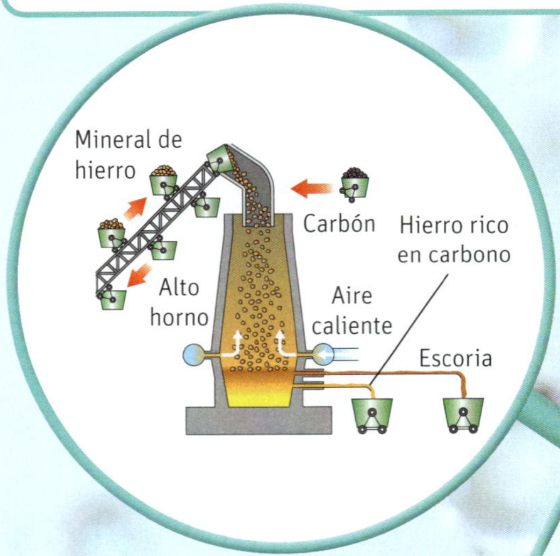

Hormigón armado: es una mezcla de agua, arena, grava y cemento que fragua sobre unas mallas de acero.
La estructura resultante tiene una gran resistencia.

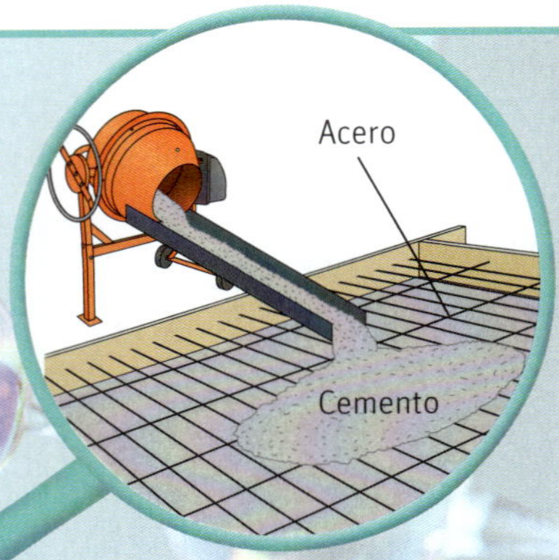

LA QUÍMICA NOS AYUDA

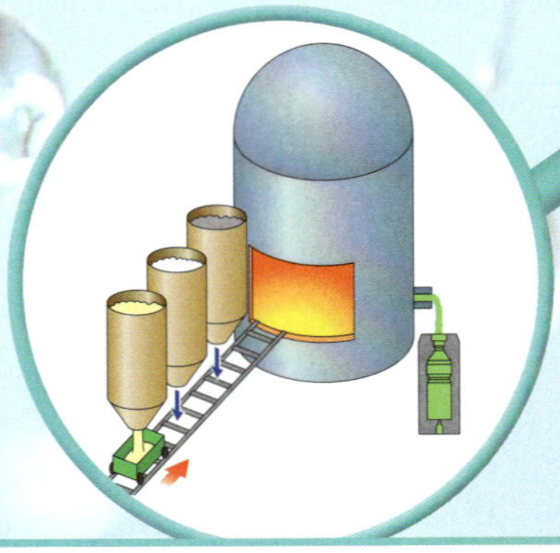

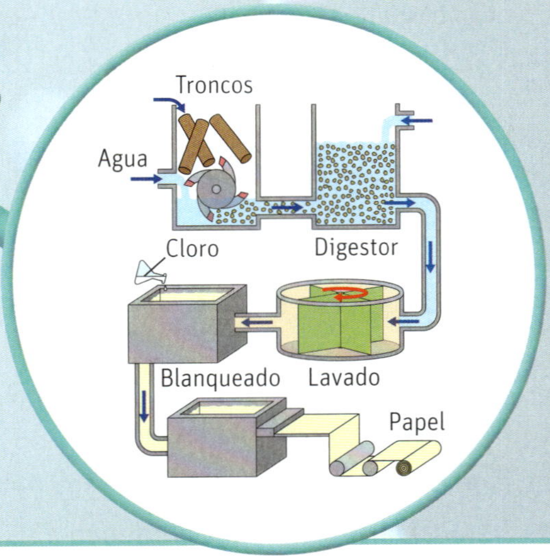

Vidrio: se obtiene fundiendo arena y otros compuestos en un horno a alta temperatura. Debemos reciclarlo para ahorrar energía.

Papel: se obtiene a partir de las fibras de celulosa de la madera. Para separarlas de la lignina (una especie de pegamento que las une), hay que moler la madera o disolver la lignina con productos químicos y calor en un digestor. También debemos reciclarlo.

Sustancias y productos sintéticos

Las sustancias sintéticas son estructuras complejas formadas a partir de otras más sencillas. En el lenguaje cotidiano se asocian a sustancias no naturales creadas en el laboratorio, pero en realidad también hay muchas sustancias (bio)sintéticas creadas por los seres vivos.

La vitamina C de una naranja es idéntica a la creada artificialmente.

Ejemplos de sustancias sintéticas naturales

- Vitamina C, en una naranja
- Ácido salicílico, en la corteza del sauce y del abedul
- Glucosa formada por las plantas en la fotosíntesis

En las hojas de las plantas, gracias a la luz del sol, se sintetizan sustancias sencillas como el CO_2 y el H_2O para formar una molécula más compleja como la glucosa:

$$6\ CO_2 + 6\ H_2O + \xrightarrow{Luz} C_6H_{12}O_6\ \text{(Glucosa)} + 6\ O_2$$

Ejemplos de sustancias sintéticas artificiales

Los investigadores han logrado crear moléculas sintéticas iguales a las que existen en la naturaleza como:

- Las vitaminas
- Ácido salicílico

O formar otras nuevas que no existen en la naturaleza, como:

- Los plásticos derivados del petróleo
- Muchos medicamentos
- Fertilizantes

Los plásticos son muy maleables, pueden deformarse sin llegar a romperse, son baratos, de baja densidad, impermeables y tienen miles de aplicaciones.

La mayoría se obtienen de derivados del petróleo, a partir de agrupaciones de moléculas sencillas (monómeros) que se encadenan formando una molécula más compleja (polímero).

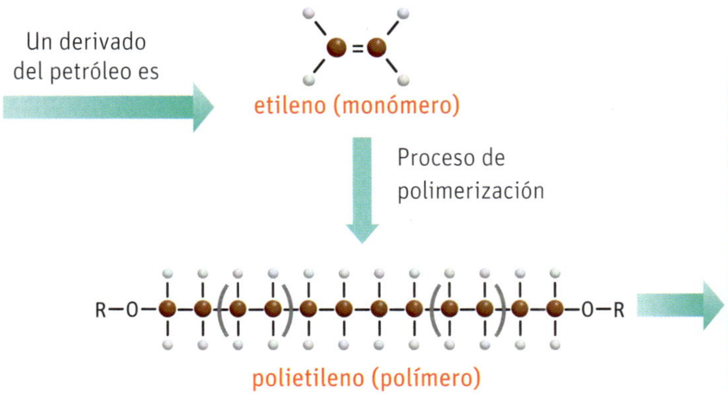

ACTIVIDADES

6. Busca más ejemplos de materiales naturales y de materiales transformados por el ser humano.

7. Investiga. Las plantas necesitan nitrógeno (N), fósforo (P) y el potasio (K). ¿Es mejor que procedan de un fertilizante natural o de uno sintético creado a partir de petróleo?

4 La cara y la cruz de la química

La cara

Imagina un mundo sin química. Ninguno de estos productos sería posible: cosméticos, fármacos, conservantes para alimentación, abonos agrícolas, metales, etc.

La química hace posible, mediante la conversión de materias primas en materiales útiles y productos muy diversos, una vida cómoda y confortable.

Materias primas transformadas

Con las materias primas obtenemos nuevos materiales, como metales, papel, vidrio, caucho y productos de todo tipo.

Derivados del petróleo

Con el petróleo como materia prima se obtienen, además de combustibles para la calefacción y para los vehículos, plásticos y otros polímeros de propiedades variadas, disolventes, fibras flexibles, etc.

Ácidos y bases

En los medicamentos se utilizan antiácidos que sirven para neutralizar la acidez de estómago. Muchos productos de limpieza son disoluciones acuosas de algunos ácidos o bases.

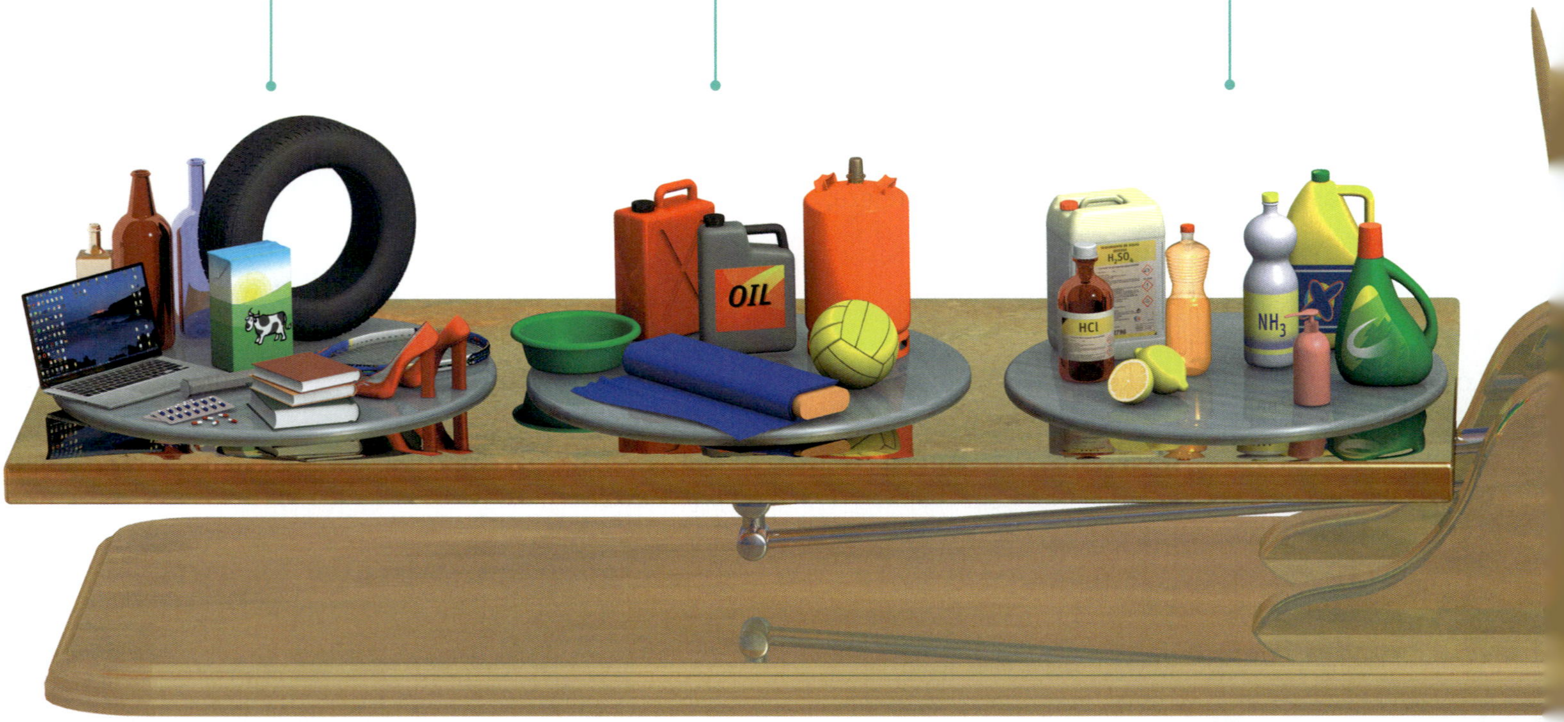

La química Murray Free recibiendo la medalla de Tecnología e Innovación del presidente Obama en 2009.

ACTIVIDADES

8. **Clasifica** los objetos que aparecen en el contenedor de materias primas transformadas según correspondan a agricultura y alimentación, comunicaciones, farmacia, cosmética o transporte.

9. **Elabora** una lista de productos químicos, diferentes de los relacionados en la imagen, que ayuden a mejorar nuestra vida.

10. **Encuentra.** ¿Qué materiales conoces que sean a la vez ligeros y resistentes para un casco de protección para ciclistas? ¿De dónde se obtienen las materias primas para su fabricación?

11. **Investiga** cómo la química estadounidense Helen Murray Free revolucionó el campo de las pruebas de diagnóstico de la diabetes o el embarazo.

La cruz

La industria química utiliza, en sus procesos de producción, una amplia gama de recursos: combustibles sólidos, líquidos y gaseosos, minerales, cal, productos naturales, etc.

Es frecuente que en las reacciones se produzca una gran variedad de contaminantes que provocan efectos potencialmente perjudiciales; es necesario controlar sus emisiones.

Contaminación del aire

En las combustiones se generan óxidos de azufre, de carbono y de nitrógeno procedentes de las calderas y el tráfico. En los procesos industriales se forman amoniaco, compuestos orgánicos, dioxinas (que se bioacumulan), etc.

Contaminación del agua y del suelo

En la industria química se emplean grandes cantidades de agua para el proceso, el enfriamiento y el lavado, y es importante controlar los vertidos de agua que contengan sustancias peligrosas para la salud.

Riesgos y accidentes

La mayoría de los materiales utilizados en la fabricación de químicos y petroquímicos son inflamables y explosivos; un peligro para la seguridad. Otros son muy tóxicos y hay que almacenarlos siguiendo las normativas de seguridad.

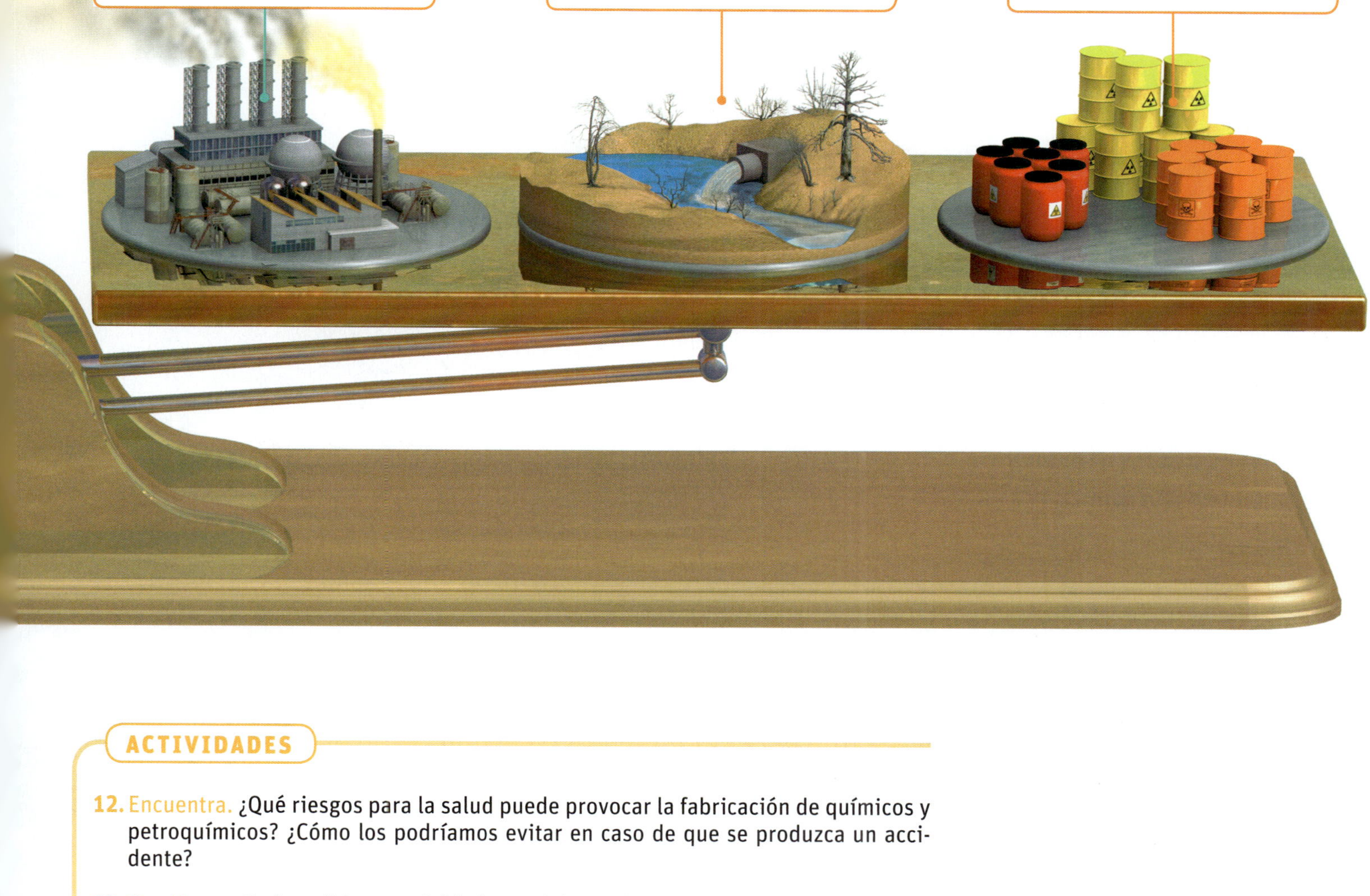

ACTIVIDADES

12. Encuentra. ¿Qué riesgos para la salud puede provocar la fabricación de químicos y petroquímicos? ¿Cómo los podríamos evitar en caso de que se produzca un accidente?

13. Establece. ¿Qué medidas o actividades podrías realizar para reducir la contaminación en el suelo?

14. Investiga. La metalurgia, las refinerías de petróleo y la industria papelera son actividades de alto impacto ambiental, mientras que la industria química fina (fragancias, aditivos, tintas sintéticas, productos farmacéuticos, etc.) casi siempre tienen un menor impacto. Busca qué tipo de industrias hay en tu comunidad autónoma y clasifícalas según su impacto ambiental utilizando un mapa mental.

5 Los grandes problemas ambientales

Además de los problemas de contaminación que afectan a la salud y que acabamos de ver, hay otros problemas ambientales muy relevantes.

La plaga de los plásticos

Intenta vivir una semana sin usar plásticos y comprobarás que es imposible. Son muy útiles y baratos, pero el aumento incontrolado de su uso nos ha llevado a un enorme problema ambiental.

La mayoría de los plásticos se obtienen a partir de derivados del petróleo (petroquímica), se fabrican fácilmente y son muy baratos. Una parte importante acaba en el mar donde se descompone en pequeñas partículas, llamadas **microplásticos**.

Así, estos microplásticos entran en la cadena alimentaria de los peces y llegan a nuestros platos.

Por ello, hay que reducir el consumo de plásticos, usar los que sean biodegradables y reciclar el resto.

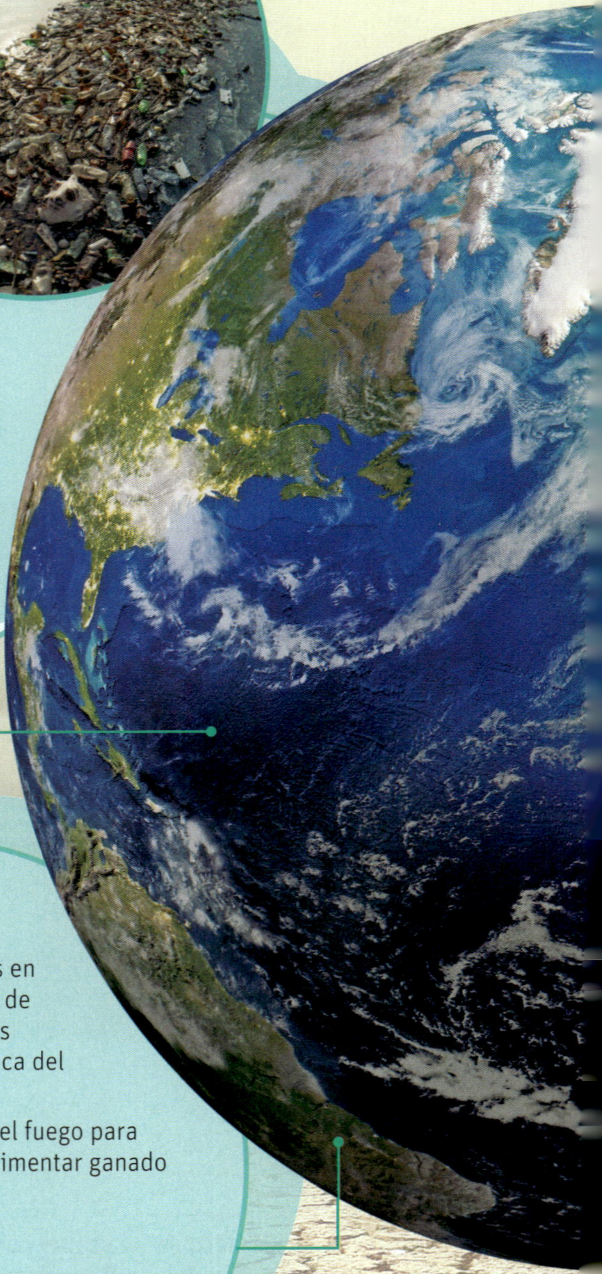

La deforestación

La humanidad siempre ha deforestado. En el pasado, se deforestó más en el hemisferio norte para conseguir más zonas de cultivo, construcción de barcos, etc. Actualmente, las regiones más deforestadas se encuentran en América del Sur, África y en zonas de Asia.

Normalmente, se usan la tala y el fuego para conseguir cultivos de soja y alimentar ganado vacuno.

La emergencia climática

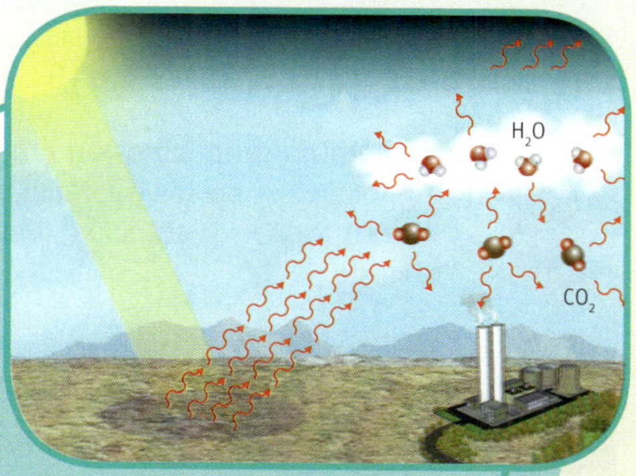

La superficie terrestre, calentada por el sol, reemite energía a la atmósfera en forma de calor (radiación infrarroja).

El vapor de agua, el CO_2 y otros gases absorben parte de ese calor y lo reemiten a la Tierra. Es el **"efecto invernadero"**.

Aunque el efecto invernadero es positivo, el actual aumento de CO_2 hace que la temperatura media se haya incrementado ya 1,1 °C en todo el mundo. Es el **calentamiento global**.

Esto está originando un **cambio climático** de terribles consecuencias: fenómenos cada vez más extremos de huracanes, sequías e inundaciones, deshielo de las masas heladas, subida del nivel del mar, etc. Estamos ante una **emergencia climática**. Si la temperatura aumenta 3 o 4 °C, el desastre será incalculable.

Cada vez que vas en coche, enciendes la calefacción, el aire acondicionado o el ordenador, y al consumir todo tipo de bienes, estás añadiendo CO_2 a la atmósfera, ya que la mayor parte del transporte y de la electricidad se consiguen quemando combustibles fósiles.

El aumento de población (ya somos más de 7700 millones de personas consumiendo cada vez a mayor ritmo) agrava el problema. Urge tomar medidas. ¿Qué podemos hacer?

ACTIVIDADES

15. Relaciona. **Observa la siguiente gráfica que representa las variaciones de temperatura y de concentración de CO_2 a lo largo de los últimos años.**

a) ¿Cómo varían a lo largo del tiempo?

b) ¿Qué relación observas entre la temperatura y el CO_2?

c) ¿Influye la actividad solar? Razona tu respuesta.

d) ¿Qué medidas se te ocurren para reducir la emisión de CO_2 a la atmósfera?

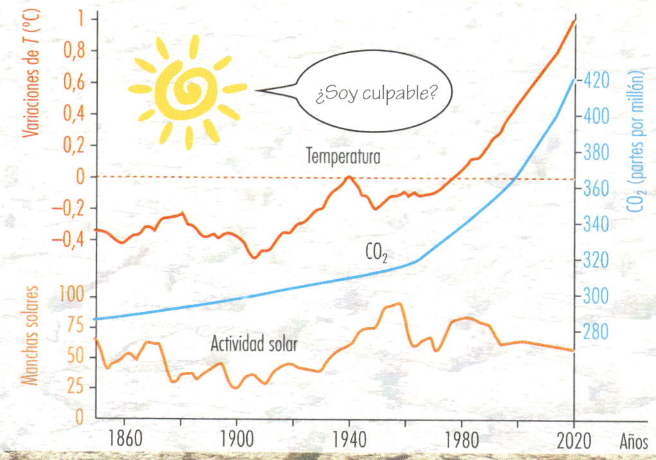

LO ESENCIAL

Los cambios químicos

Un **cambio químico** es un proceso en el que varía la composición de las sustancias que intervienen, ya que se forman sustancias nuevas a partir de las iniciales.

Cuando una sustancia ha sufrido un cambio químico, decimos que se ha producido una **reacción química**, donde unas sustancias iniciales, llamadas **reactivos**, se transforman en otras, denominadas **productos**:

Reactivos → Productos ± Energía

$$A + B \rightarrow C + D \pm \text{Energía}$$

Para describir una reacción química utilizamos su ecuación química con las fórmulas químicas de los compuestos.

Símbolo — Sentido de la reacción

$$CH_4(g) + 2\ O_2(g) \rightarrow CO_2(g) + 2\ H_2O(g) + \text{Energía}$$

Estado físico — Coeficientes estequiométricos

La química permite, entre otras cosas, la conversión de materias primas en materiales útiles para la vida. Sin embargo, es frecuente que en las reacciones químicas se produzca una gran variedad de contaminantes muy perjudiciales.

1. Organiza tus ideas. Copia, completa y amplía el siguiente esquema para construir tu propio mapa mental de la unidad.

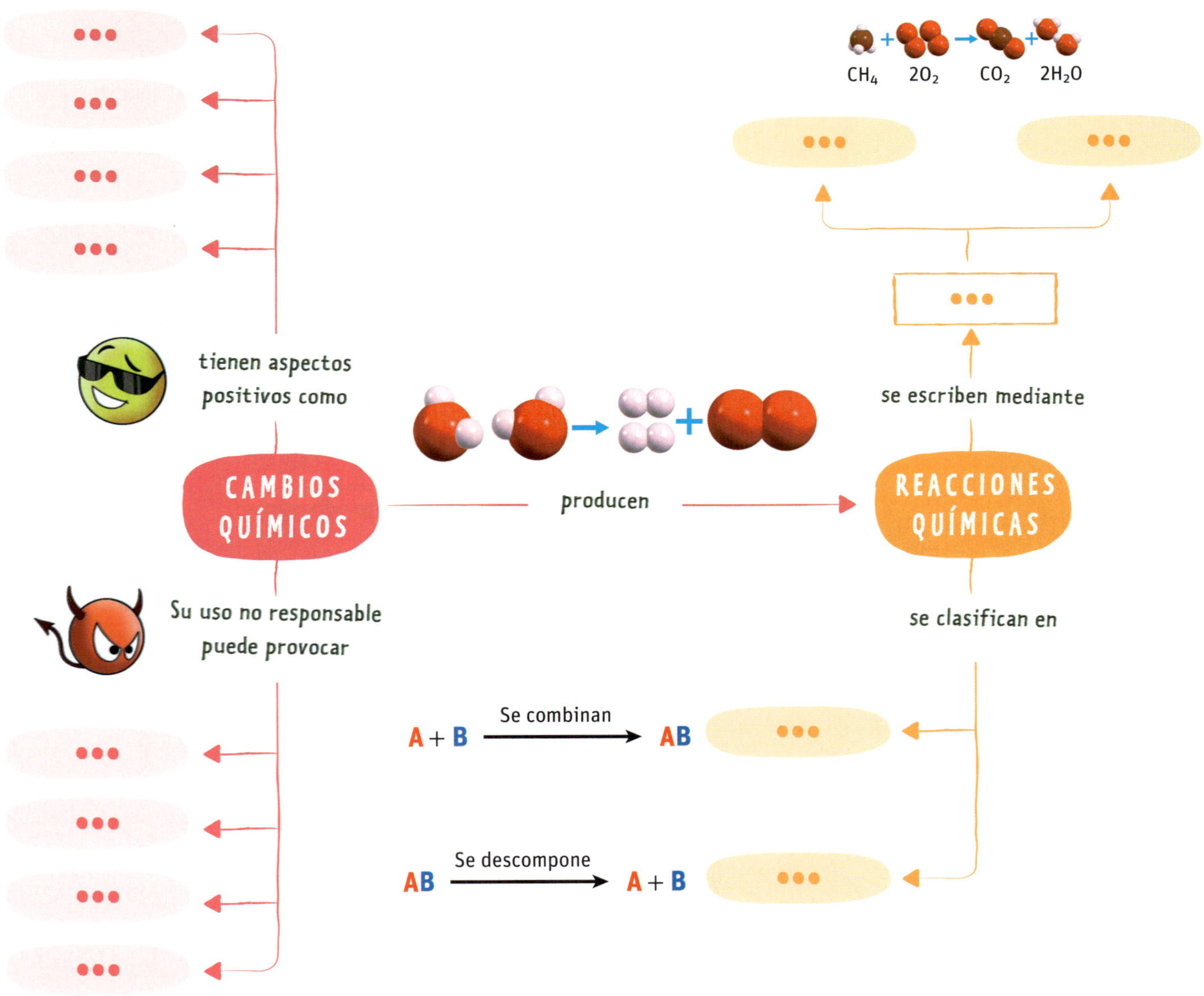

VALORA LO APRENDIDO Autoevaluación y resumen.

ACTIVIDADES FINALES

Cambios físicos y cambios químicos

1. Elige. **Indica si se trata de cambios químicos o físicos.**

a) La formación de gotitas de agua en los cristales cuando hace frío.

b) La aparición de burbujas cuando introducimos un comprimido efervescente en agua.

c) El humo blanco que se utiliza en algunos espectáculos y que se forma por sublimación de dióxido de carbono sólido, $CO_2(s)$, conocido como hielo seco.

d) Encender una cerilla.

e) La formación de nubes en la atmósfera.

2. Razona. **Observa los fenómenos representados en cada par de imágenes antes y después de producirse el cambio.**

A. Introducimos cinc en una disolución de sulfato de cobre.

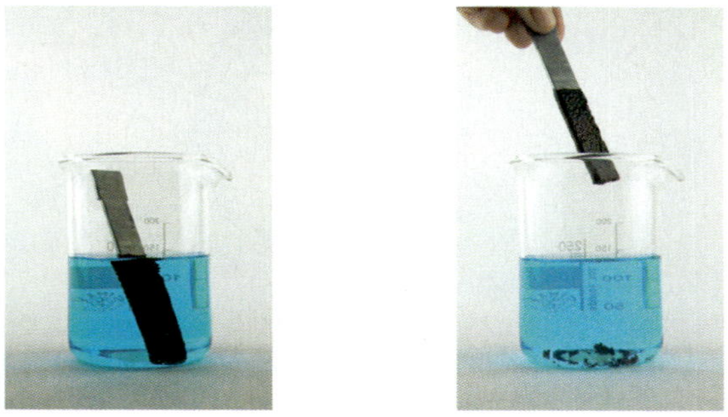

B. Dejamos secar agua del mar en los estanques de salinas.

C. Encendemos una vela dentro de un vaso.

a) ¿Qué fenómeno puede clasificarse como cambio físico? ¿Y qué fenómenos puedes identificar como cambios químicos?

b) ¿Qué criterio has utilizado para tomar cada decisión?

c) Cita dos ejemplos de cambios físicos y otros dos ejemplos de cambios químicos.

3. Analiza. **Observa la siguiente foto de un tornillo de hierro oxidado y sin oxidar.**

a) ¿Qué diferencias encuentras?

b) ¿De qué tipo de cambio se trata? ¿Por qué?

c) ¿Cuáles son las características de estos cambios?

4. Deduce. **En los procesos siderúrgicos se obtiene hierro (Fe) principalmente a partir de la hematita, mineral de hierro que contiene óxido de hierro(III) (Fe_2O_3).**

¿Por qué se puede afirmar que en la siderurgia se producen cambios químicos?

Reacción química

5. Indica **si son verdaderas o falsas las siguientes afirmaciones. Justifica tu respuesta.**

a) En un cambio químico, no cambia la identidad de las sustancias, es decir, las sustancias se representan por idéntica fórmula antes y después del cambio.

b) En un cambio químico varía la identidad de las sustancias que intervienen, ya que se forman sustancias nuevas a partir de las iniciales.

c) Los cambios de estado y la formación de mezclas son cambios químicos, ya que, en ambos casos, pueden obtenerse fácilmente de nuevo las sustancias por separado o en su estado inicial.

¿CÓMO LO RESOLVEMOS?

6. Andrea y Juan comparan el cambio de aspecto de una manzana que han dejado un tiempo al aire libre.

a) **En este caso, ¿en qué deberán fijarse para saber que se trata de un cambio químico?**

b) **¿Qué tipo de proceso químico se ha producido? ¿Se han formado nuevas sustancias?**

a) Juan y Andrea deben fijarse en que ha habido un cambio de color y en que no podemos volver a tener de manera idéntica la manzana inicial.

b) Se ha producido un tipo de cambio que se llama oxidación porque la manzana está en contacto con el oxígeno del aire, el cual reacciona con alguna de las sustancias que contiene la manzana.

7. Clasifica las siguientes acciones según sean un cambio físico o químico. Justifica tu respuesta.

a) Secado de ropa.

b) Encendido de cerrillas.

c) Disolución de azúcar.

d) Caramelización de azúcar.

e) Fusión de mantequilla.

f) Formación de nubes.

8. Razona. La mayor parte de los materiales que proceden de los seres vivos se ennegrecen al calentarlos intensamente.

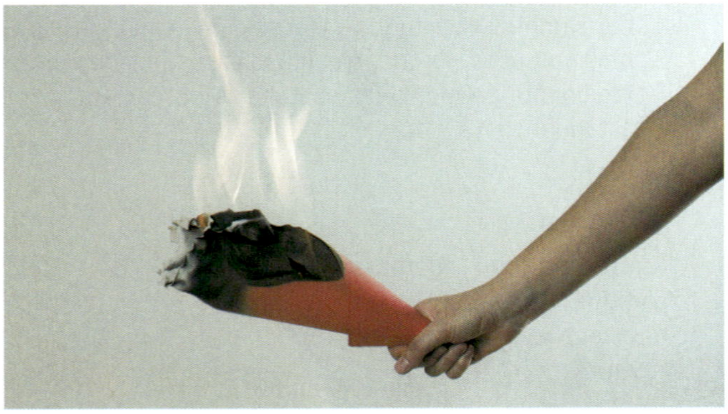

¿Qué nos dice este dato sobre la composición de dichos materiales?

9. Indica si son verdaderas o falsas estas afirmaciones.

a) Congelar alimentos es un cambio químico, ya que no se puede volver al estado inicial.

b) Congelar alimentos es un cambio químico, ya que se puede volver al estado inicial subiendo la temperatura.

c) La acción del zumo de limón que mancha el mármol es un cambio físico, ya que no altera el sólido.

d) La acción del zumo de limón que mancha el mármol es un cambio químico, ya que altera la superficie del sólido.

10. Lee la rutina que Laura lleva a cabo todos los días por la mañana y señala en tu cuaderno los cambios físicos y químicos que tienen lugar.

Todos los días Laura sigue la misma rutina al despertarse. Primero, se ducha. Para ello, abre el grifo del agua caliente y el agua comienza a ganar temperatura gracias al trabajo del calentador de gas.

Después se viste y se dispone a desayunar. Al prepararse el desayuno, primero calienta la leche en el microondas, mientras tuesta una rebanada de pan en la tostadora. Cuando la leche está caliente, añade dos cucharadas de azúcar y remueve la leche hasta que el azúcar se disuelve. Le gusta el pan bien tostado, así que espera a que tenga un color marrón. Con el pan todavía caliente, unta una crema de cacao y comprueba cómo esta se derrite.

Reacción química

11. Escribe la ecuación química de la siguiente reacción:

El carbono (C) se combina con oxígeno (O_2) para formar dióxido de carbono (CO_2).

12. Razona. Coloca un cacahuete pelado sujeto por un alfiler sobre un trozo de corcho. Enciende el cacahuete y, cuando arda, acerca un tubo de ensayo de agua a la llama generada.

Al cabo de un tiempo, observarás cómo la temperatura del agua se ha elevado considerablemente.

Esta reacción de combustión, ¿ha liberado energía?

Escribe la ecuación de la reacción ordenando los siguientes reactivos y productos:

- Grasa del aceite del cacahuete
- Oxígeno
- Dióxido de carbono y agua

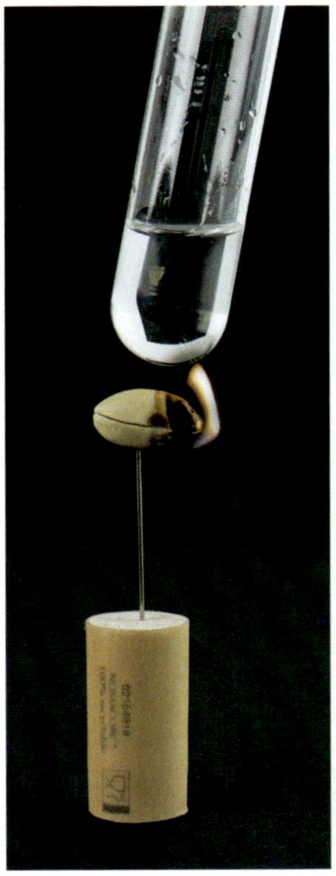

13. Identifica. Cuando se mezclan dos soluciones transparentes, una de yoduro de potasio y otra de nitrato de plomo(II), aparece un sólido amarillo.

a) ¿Qué evidencias indican que se trata de una reacción química?

b) ¿Qué sustancias son los reactivos?

14. Razona. La piedra caliza está formada mayoritariamente por carbonato de calcio ($CaCO_3$). Para diferenciar una piedra caliza de otra que no contiene carbonato, se pueden añadir unas gotas de ácido clorhídrico (HCl) sobre ambas piedras. En el caso de la piedra caliza se observará el desprendimiento de un gas (CO_2).

a) ¿Qué fenómeno puede hacer pensar que se trata de un cambio químico?

b) Escribe el nombre de un reactivo y de un producto que intervienen en la reacción.

15. Indica. El acetileno ($C2H_2$) es un gas que se combina con el oxígeno (O_2) produciendo una llama de alta temperatura. Por eso se usa en los sopletes para realizar cortes en planchas de hierro.

Sabiendo que esa combustión produce dióxido de carbono (CO_2) y agua (H_2O), escribe la ecuación química.

16. Escribe. El ácido clorhídrico (HCl) es un ácido fuerte que reacciona violentamente al entrar en contacto con el metal cinc (Zn). Como producto, se obtiene gas hidrógeno (H_2) y una sal llamada cloruro de cinc ($ZnCl_2$).

Escribe la transformación química.

¿Se produce síntesis de algún producto nuevo ? ¿Y descomposición de algún reactivo?

17. Relaciona el cambio químico con su correspondiente reacción química, que sigue este esquema:

Reactivos → Productos → Energía

Cambios químicos:

a) Formación de agua a partir de hidrógeno y oxígeno en estado gaseoso.

b) Descomposición del agua por electrólisis.

c) Combustión del gas metano.

d) Formación de sulfuro de hierro a partir de hierro y azufre sólido.

Reacciones químicas:

1. $Fe(s) + S(s) = FeS(s) + \text{Energía}$
2. $CH_4(g) + 2\ O_2(g) = CO_2(g) + 2\ H_2O(g) + \text{Energía}$
3. $2\ H_2(g) + O_2(g) = 2\ H_2O(g) + \text{Energía}$
4. $2\ H_2O(l) + \text{Energía} = 2\ H_2(g) + O_2(g)$

Clasifica las reacciones de los cambios químicos anteriores según sean exotérmicas o endotérmicas.

18. Indica cuál de las siguientes reacciones es de síntesis y cuál endotérmica.

a) $Cl_2(g) + 2\ NaI(ac) \rightarrow 2\ NaCl(ac) + I_2(s)$

b) $2\ Fe(s) + 3\ Cl_2(g) \rightarrow 2\ FeCl_3(g)$

c) $NaOH(ac) + HCl(ac) \rightarrow NaCl(ac) + H_2O(l)$

d) $2\ KClO_3(s) + \text{Calor} \rightarrow 2\ KCl(s) + 3\ O_2(g)$

19. Reflexiona. Introducimos un trozo de papel en un tubo de ensayo, lo cerramos con un tapón y con una pinza lo ponemos sobre la llama de un mechero Bunsen durante unos minutos.

Al poco tiempo se observan unas gotas de agua condensadas dentro del tubo y el papel aparece tostado, casi negro.

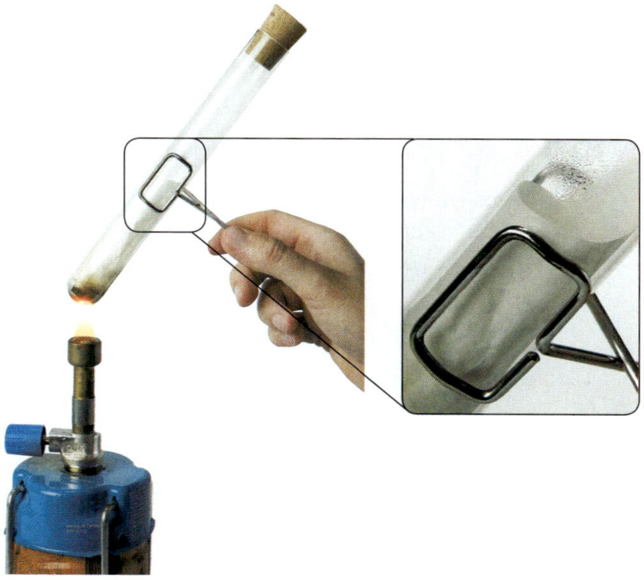

a) Explica si se trata de un cambio físico o químico.

b) El papel estaba completamente seco. ¿De dónde puede proceder el agua?

c) ¿Qué elementos químicos podemos sospechar que hay en el papel?

20. Elige. En la formación del agua ¿qué reacción es la correcta?

A. $H_2(g) + O_2(g) \rightarrow H_2O(l)$

B. $2\ H_2(g) \rightarrow H_2O(l) + O_2(g)$

C. $H_2(g) + O_2(g) \rightarrow H_2O(l) + HCl(aq)$

D. $2\ H_2(g) + O_2(g) \rightarrow 2\ H_2O(l)$

E. $2\ H_2(g) + 2\ O_2(g) \rightarrow 2\ H_2O(l)$

21. Soy competente

Para representar una reacción química, se pueden utilizar los modelos moleculares, que son un conjunto de piezas entre las cuales encontramos esferas de colores que representan los distintos tipos de átomos.

En la representación se usarán bolas blancas para los átomos de hidrógeno, bolas azules para los átomos de cloro, bolas marrones para los átomos de carbono y bolas rojas para el oxígeno.

a) Se utilizarán estos modelos para representar las siguientes ecuaciones:

$$Cl_2 + H_2 \rightarrow 2\ HCl$$

$$CH_4 \rightarrow 2\ H_2 + C$$

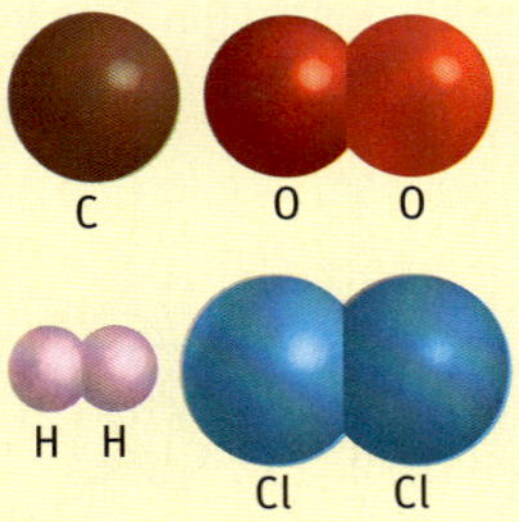

b) Construye primero los reactivos y a partir de ellos prepara los productos.

c) ¿Permanece constante el número de átomos (bolas) de cada elemento en cada una de estas reacciones?

d) La reacción de combustión del carbón (C) con el oxígeno (O_2) puede dar dióxido de carbono (CO_2) o monóxido de carbono (CO).

$$C(s) + O_2(g) \rightarrow ¿?$$

Escribe las dos reacciones para poder obtener los dos productos (CO_2 y CO).

Nota: Introduce los coeficientes estequiométricos antes de cada fórmula para que el número de átomos sea igual antes y después de cada reacción.

e) Utiliza los modelos atómicos para representar estas reacciones y comprueba que se pueden generar diferentes productos a partir de los mismos reactivos.

22. Razona. Cuando se sumerge un clavo de hierro (Fe) en una disolución de sulfato de cobre(II) ($CuSO_4$), el hierro se recubre de cobre. ¿Qué afirmación consideras cierta?

A. Se puede afirmar que no se ha formado ninguna sustancia nueva.

B. El hierro es un reactivo y el cobre es un producto.

C. El hierro es un reactivo, pero el sulfato de cobre no lo es.

D. No se trata de una reacción química; por tanto, no existen reactivos ni productos.

23. Investiga. Un tipo de reacción muy común es la que se produce cuando aplicamos un preparado farmacéutico sobre una picadura de insecto para aliviar el picor. Esta reacción se denomina reacción de neutralización, y se da cuando una base contrarresta el efecto de un ácido o, al revés, cuando un ácido contrarresta el efecto de una base.

a) Considerando que la picadura de un mosquito tiene carácter ácido, ¿qué tipo de sustancia será el preparado farmacéutico para picaduras?

b) ¿Por qué es adecuado utilizar este producto?

c) Busca información sobre esta reacción. ¿Por qué nombre se la conoce también?

24. Identifica. ¿Cuál de los siguientes diagramas muestra correctamente la reacción entre los gases nitrógeno (N_2) y oxígeno (O_2) para formar el dióxido de nitrógeno (NO_2)?

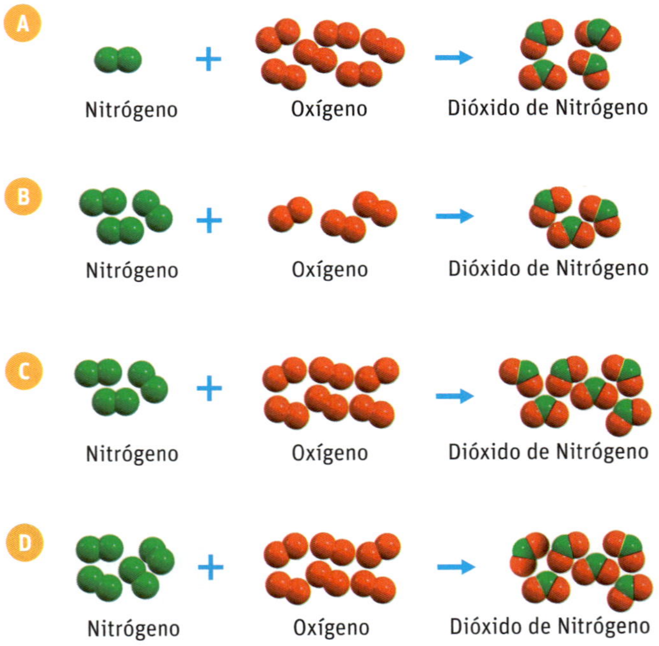

25. Investiga. ¿Cómo se hace la cerámica? ¿Se puede usar un microondas para fabricarla?

26. Razona. Unos investigadores de la Universidad Rovira i Virgili han imitado a las hojas de los vegetales diseñando un prototipo que absorbe CO_2 del aire. Al reaccionar con el agua gracias a la energía solar, genera metanol, un biocombustible. ¿Por qué es importante esa investigación?

La cara y la cruz de la química

27. Investiga. ¿Qué origen tienen y cómo se obtienen los metales como el aluminio o el hierro de las latas? ¿Y los metales que se encuentran en los teléfonos móviles?

28. Relaciona. ¿Cómo contribuye la química a conseguir frutas y hortalizas para el consumo?

29. Deduce. ¿Qué aporta la química al sector farmacéutico y a la cosmética? ¿Qué origen tienen las materias primas para su fabricación? ¿Cómo intervienen en su elaboración?

30. Describe. Hay equipos de control para minimizar y tratar adecuadamente las emisiones de todos los efluentes gaseosos o vertidos de líquidos al agua.

Existen métodos correctivos como, entre otros, el filtrado de humos y gases de las chimeneas industriales, la depuración de vertidos o el almacenamiento en depósitos de seguridad de los residuos tóxicos.

a) ¿Qué métodos correctivos se pueden utilizar para minimizar el impacto ambiental?

b) ¿Qué otras estrategias pueden favorecer la conservación del medioambiente?

31. Deduce. **La industria química constribuye a la creación de sustancias que pueden suponer un enorme beneficio para la sociedad. Sin embargo, en todos los casos existen una serie de incovenientes asociados.**

En una planta química que fabrica ácido nítrico, se emiten gases de color pardo (dióxido de nitrógeno). Las fábricas de ácido sulfúrico pueden ser causantes de emisiones de dióxido de azufre gas.

a) Busca información sobre las aplicaciones del ácido sulfúrico y el ácido nítrico. ¿Qué ventajas aporta la producción de estos ácidos?

b) ¿Qué desventajas conllevan?

c) Ahora que ya conoces las ventajas y desventajas de la producción industrial de los ácidos nítrico y sulfúrico, expón tus ideas sobre si es adecuado o no continuar con estos procesos.

d) ¿Cómo podrían reducirse las consecuencias de las emisiones de estos óxidos?

e) ¿Por qué los problemas de contaminación se agravan cuando aumenta la producción? ¿Y por qué se agravan tambien cuando no se toman las medidas necesarias?

32. Razona. **Los fármacos "antiácidos" combaten la excesiva acidez del estómago, neutralizando el exceso de ácido producido por un problema digestivo.**

Como la temperatura en el estómago es de unos 38 °C, ¿qué catacterísticas debe tener un antiácido para que, al tomarlo por vía oral, actúe con la máxima rapidez al llegar al estómago? Busca algunos de los antiácidos más utilizados e indica cuál es su mecanismo de acción.

33. Investiga por qué la ONU recomienda reducir el consumo de carne como una medida para luchar contra el cambio climático.

Física y química en tu vida

Lee y comprende el siguiente texto:

Los osos polares y la Polinesia

Los osos polares y las islas de Tuvalu (en el Pacífico) se encuentran muy alejados físicamente, pero ambos están en peligro de desaparecer debido a la emergencia climática.

En el caso de los osos polares, porque al aumentar las temperaturas del planeta, el Ártico se está fundiendo y es probable que en 2050 no haya nada de hielo durante los veranos. Al haber menos superficies heladas, los osos cazan menos focas, que es la base de su dieta. Eso los lleva a vagar por tierra firme e intentar cazar alces, acercarse a los pueblos en busca de comida e incluso a recurrir al canibalismo: los machos grandes atacan a las hembras y sus oseznos.

A 10 000 km de distancia, en las paradisíacas islas de Tuvalu, sus 11 500 habitantes también sufren los efectos del cambio climático: debido a la dilatación de los océanos y la fusión de los glaciares, de los hielos de Groenlandia y de la Antártida, el nivel del mar está aumentando y amenaza a un país con una cota máxima de altura de solo 5 m. Además, cada vez hay más tifones e inundaciones marinas que salinizan los cultivos.

Conviene aclarar que, en contra de lo que podría pensarse, la fusión del Ártico no influye en este fenómeno de subida del nivel del mar, ya que el hielo del Ártico está flotando en el océano y no sobre tierra firme como en los otros casos.

1. ¿Cuál es la base de la dieta de los osos?
2. ¿A qué zonas de España puede afectar la subida del nivel del mar?

USAR E INTERPRETAR MODELOS

Cajas negras

En ciencias, podríamos llamar caja negra a un sistema al que no podemos acceder o que no podemos abrir, pero de cuyo interior podemos hacernos una idea aproximada investigando.

Un ejemplo es la composición de los materiales del interior de la Tierra. ¿Cómo podemos investigar estos temas?

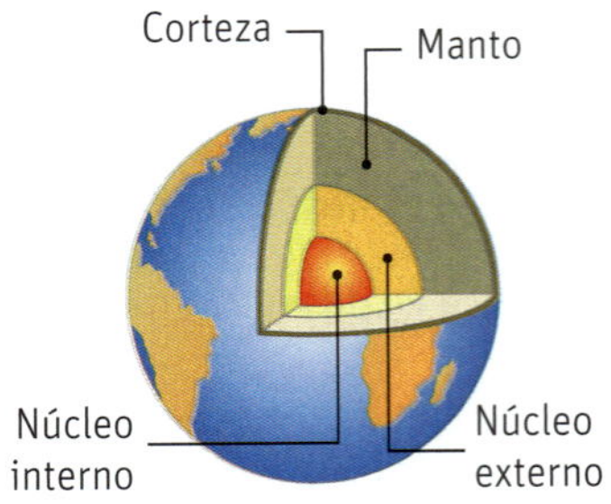

PASO 1 PREPARAMOS LA CAJA NEGRA

Dentro de una caja de cartón, cada alumno introducirá los objetos (no muchos) que considere oportunos, sin que el resto de los compañeros conozca el contenido. Por ejemplo, las cajas pueden contener canicas, lapiceros, gomas de borrar, llaveros, etc.

PASO 2 ¿QUÉ HAY DENTRO DE LA CAJA?

Después de colocar los objetos, se cierra la caja y se intercambia con un compañero. El objetivo de esta actividad es descubrir qué contienen las cajas sin abrirlas ni romperlas.

PASO 3 COMENZAMOS LA INVESTIGACIÓN

Mueve la caja y detecta si los objetos que hay dentro ruedan o se deslizan.

Escucha el ruido que emiten al chocar y tantea el peso del contenido.

Anota tus observaciones y establece una primera hipótesis de lo que hay en su interior.

PASO 4 REALIZAMOS MEDIDAS

Puedes usar una balanza para comparar la masa de una caja vacía con la masa de la caja que te han entregado.

Si, por ejemplo, hubieses adivinado que los objetos que contiene son todos iguales, y su número, podrías calcular la masa de cada uno.

PASO 5 HACEMOS OTRAS PRUEBAS

Si lo crees necesario, acerca un imán a la caja e investiga si hay objetos de hierro o no.

Puedes hacer lo que se te ocurra para averiguar el contenido de la caja; eso sí, no debes romperla ni abrirla.

1. **Después de realizar el experimento de las cajas negras, redacta un informe que incluya una introducción, una descripción del método experimental utilizado, los resultados obtenidos con un plano de la caja y los objetos que crees que contiene y una breve conclusión.**
2. **Las "cajas negras" de los aviones son naranjas. ¿Por qué son de ese color? ¿Por qué se las llama *cajas negras*?**

DESCUBRE el interior de una caja negra.

PLANTEAR UNA INVESTIGACIÓN

Difusión del amoniaco

Si destapamos un frasco con amoniaco, el olor se propaga por toda la sala. ¿Cómo podemos demostrar el proceso de difusión del amoniaco? ¿A qué velocidad se propaga el amoniaco?

Para resolver todas estas cuestiones, plantearemos una investigación. Conviene saber antes que hay sustancias ácidas, como el vinagre, y sustancias básicas, como los jabones, que colorean de forma diferente el papel indicador. Las sustancias básicas provocan que el papel indicador cambie su color a azul o violeta. Las sustancias ácidas lo convierten a rojo o anaranjado.

PASO 1 PLANTEAMOS LA INVESTIGACIÓN

- El gas amoniaco que usamos disuelto en agua es incoloro, por lo que, para detectarlo, usaremos un papel indicador.
- El gas debe estar contenido y encerrado en algún tipo de recipiente porque su olor es muy irritante.

PASO 2 REALIZAMOS EL PROCEDIMIENTO

- Nos interesa, además de observar la difusión, calcular la velocidad a la que esta se produce. Primero marcaremos la tira de papel indicador en centímetros. Por el orificio del tapón se insertan dos o tres bastoncillos de algodón.
- Impregnamos los bastoncillos con la disolución de gas amoniaco en agua e inmediatamente tapamos el tubo.
- Observamos cómo el papel va cambiando a color azul a medida que el gas amoniaco se difunde o propaga por el interior del tubo. Tomamos nota cada 10 segundos de la distancia que ha avanzado el gas.

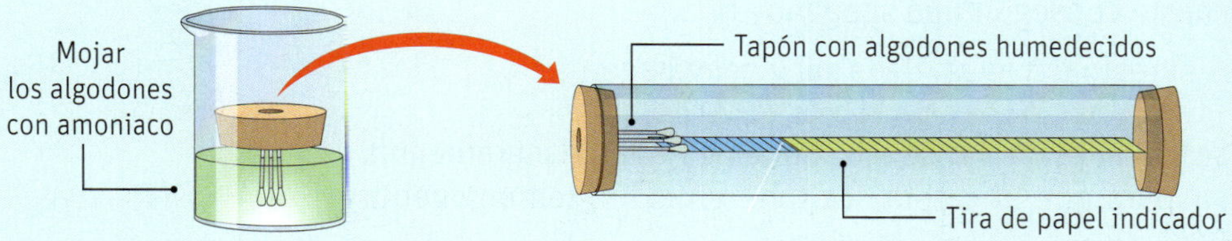

PASO 3 APLICAMOS EL MODELO

Trazamos una gráfica con los valores de la distancia donde va apareciendo el color azulado en función de la distancia. Marcamos una línea que una los puntos.

Los cocientes entre la distancia recorrida y el tiempo empleado te informan de la velocidad de difusión.

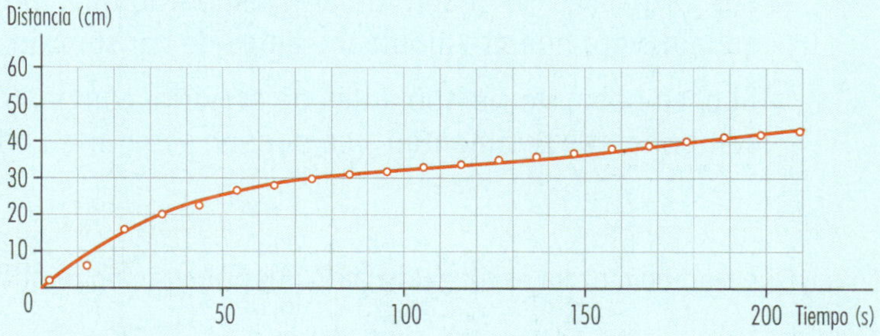

1. ¿Cuánto tiempo ha transcurrido entre que empieza a difundirse el gas y recorre todo el tubo? ¿A qué velocidad se propaga?
2. Describe, mediante la teoría cinético-molecular, el proceso de difusión de un gas como el que tiene lugar cuando se destapa un frasco de perfume y se nota el olor a cierta distancia.

Hazte un gazpacho blanco

El gazpacho blanco o ajoblanco es la variedad más antigua de gazpacho que se conoce.

Pon en juego tus habilidades preparando un gazpacho blanco para cuatro personas. Con ello, comprobarás los tipos de mezcla que se pueden encontrar en ambientes tan cotidianos como los de una cocina.

PASO 1 **PREPARAMOS LOS INGREDIENTES.** Si queremos preparar un gazpacho blanco para 4 personas, necesitamos:

- ✓ 1 huevo (60 g)
- ✓ 200 g de almendra cruda pelada
- ✓ 100 g de miga de pan
- ✓ 750 mL de agua fría
- ✓ 200 mL de aceite de oliva virgen
- ✓ 5 mL de vinagre de Jerez
- ✓ 8 g de sal
- ✓ 1 diente de ajo

PASO 2 **ELABORAMOS LA RECETA.** El proceso es sencillo, solo tenemos que seguir con cuidado los siguientes pasos:

1. Echamos el aceite en una sartén y freímos el huevo (no demasiado). Después, lo dejamos enfriar.
2. En el vaso de una batidora, ponemos el pan en remojo con parte del agua, las almendras, el ajo, algo de vinagre y una pizca de sal.
3. Añadimos el contenido de la sartén que previamente habíamos apartado (aceite y huevo frito) y batimos hasta conseguir una sopa muy fina.
4. Por último, incorporamos el resto del agua, de la sal y del vinagre.

PASO 3 **¡LISTO PARA TOMAR!** Al servir nuestro ajoblanco, podemos añadir ingredientes adicionales: uvas, comino... Y para que tu receta sea todo un éxito, ten en cuenta estos dos consejos:

- Los gazpachos se deben tomar fríos, por lo que conviene que dejemos un tiempo en la nevera nuestro ajoblanco antes de consumirlo.
- Si pasa bastante tiempo antes de servirlo, conviene agitarlo mucho, dado que los componentes sedimentan y se pueden separar en partes diferenciadas.

1. ¿Qué tipo de mezcla es un gazpacho? ¿Su preparación implica procesos físicos o químicos?
2. ¿Qué frase del texto describe el fenómeno de la sedimentación? Identifícala y explícala.
3. Tanto la acidez como la refrigeración tienen un efecto antibacteriano pues, aunque no eliminan los agentes patógenos, impiden que se reproduzcan. ¿De qué maneras se favorece la conservación del gazpacho?
4. Calentamos el gazpacho hasta su temperatura de ebullición y comprobamos que empieza a hervir a los 105 °C, pero que esa temperatura no se mantiene constante. ¿Crees que está mal nuestro termómetro?

Cromatografía

Una de las técnicas de separación de sustancias es la cromatografía. Para desarrollar esta técnica debemos preguntarnos: ¿qué colorantes se utilizan en los rotuladores para obtener determinado color?

Los colorantes son sustancias compuestas solubles en agua y en otros disolventes. Se usan para teñir y para colorear.

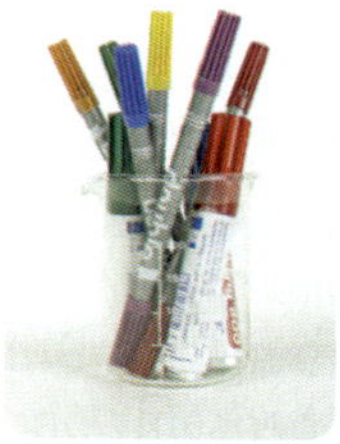

PASO 1 ELECCIÓN DEL DISOLVENTE

Reúne varios rotuladores de colores: negro, rojo, azul y verde. Toma unas tiras de papel de filtro (te puede servir el filtro para cafeteras que tienes en la cocina), traza una línea gruesa en cada papel y, con un cuentagotas, vierte un par de gotas de alcohol sobre uno de los trazos.

Observa si el trazo se extiende o no. Repite la operación con la otra tira de papel, pero ahora con unas gotas de agua.

¿Qué disolvente consideras mejor para la separación de tintas?

PASO 2 REALIZACIÓN DE LA CROMATOGRAFÍA

Cogemos un recipiente y lo llenamos hasta dos dedos de profundidad con el disolvente elegido anteriormente. Pintamos una tira de filtro con un trazo de uno de los rotuladores de colores y la sujetamos con una pinza de tal forma que el extremo inferior toque el disolvente.

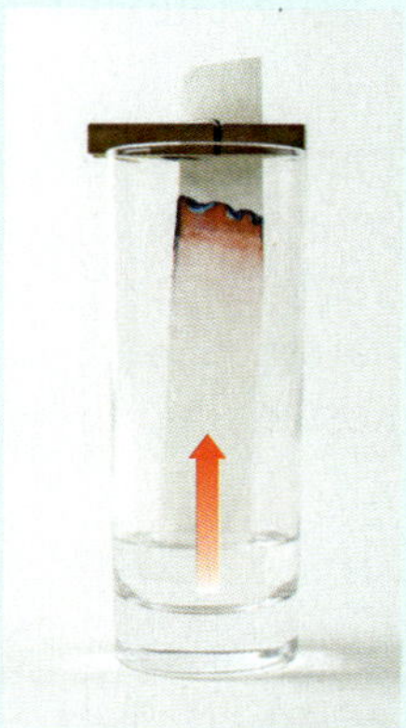

Toma nota, en el cuaderno, de tus observaciones en una tabla como la siguiente:

Marca de rotulador	Color	Disolvente	Separación de tintas
●●●	●●●	●●●	●●●
●●●	●●●	●●●	●●●

PASO 3 LA FACETA ARTÍSTICA DE LA CROMATOGRAFÍA

Otra posibilidad es dibujar, en el centro del papel de filtro, puntos o pequeños trazos con rotuladores de varios colores. Con un cuentagotas, se van echando gotas en el centro del papel. El agua se extiende y forma diferentes dibujos.

1. ¿Cuál es la composición de las tintas que forman el color negro en la mayoría de los rotuladores?
2. ¿Qué rotuladores llevan una única tinta? ¿Cómo explicas que se separen los colorantes?

En busca de la composición del aire

En el siglo XVIII los científicos discutían acerca de la naturaleza y composición del aire. Algunos, como el inglés Robert Boyle, hacían experimentos con animales: encerró un pájaro en un recipiente hermético del que fue extrayendo el aire... hasta que el pobre pájaro murió. ¡Dramática demostración de que el aire es indispensable para vivir!

Más tarde, A. Lavoisier, un químico francés, demostró que el aire contenía al menos dos sustancias distintas: una que permitía la vida y las combustiones y otra, un gas inerte. A. Lavoisier decidió medir la composición del aire utilizando un método sofisticado. Nosotros lo calcularemos mediante un método más sencillo.

PASO 1 MÉTODO DE LA LANA DE ACERO

Para medir la composición del aire, necesitamos recoger una muestra. Para ello, utilizaremos una probeta de 100 mL.

Introducimos lana de hierro por su extremo hasta el fondo de la probeta. Echamos un poco de agua que moje la lana.

Luego, llenamos un recipiente con agua y colocamos la probeta con la lana boca abajo sobre el recipiente, de forma que queden atrapados 100 mL de aire, y esperamos un día.

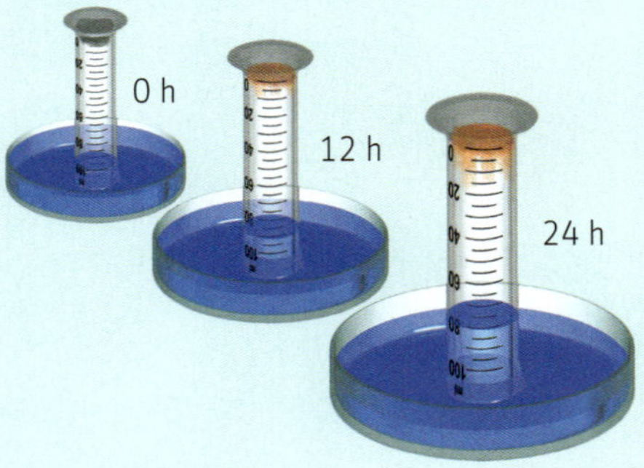

El agua ha subido por la probeta. Al cabo de un día llega hasta la marca de 80 mL y ya no sube más.

PASO 2 INTERPRETA LOS RESULTADOS

¿Qué le ha pasado al hierro? ¿Por qué ya no sube más el nivel de agua? ¿Qué proporción del aire ha desaparecido?

El hierro de la lana húmeda reacciona con el oxígeno del aire y se oxida dando un nuevo compuesto, el óxido de hierro. De ahí su aspecto rojizo cuando termina la reacción. Esta reacción consume el oxígeno del aire atrapado en el interior de la probeta:

$$4\ Fe(s) + 3\ O_2(g) \rightarrow 2\ Fe_2O_3(s)$$

La concentración de O_2 en el aire es:

$V_{oxígeno} = V_{inicial} - V_{final} = (100 - 80)$ mL $= 20$ mL $\rightarrow 20$ %.

PASO 3 EL MODELO EXPLICA...

Las moléculas de oxígeno reaccionan con el hierro, de modo que solo quedan moléculas de nitrógeno.

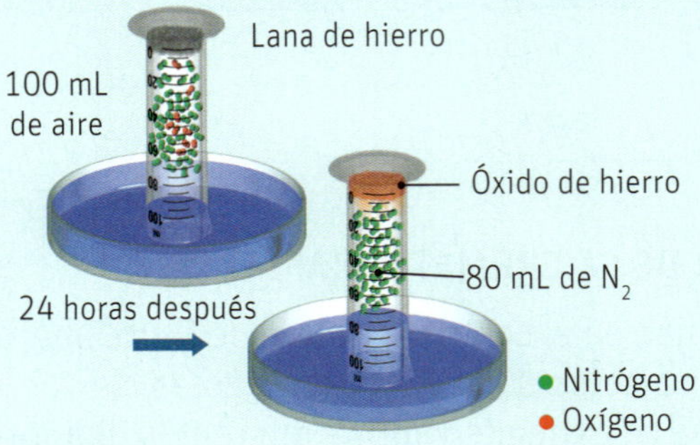

1. ¿Dónde ha ido a parar el oxígeno que había en el interior de la probeta?
2. ¿Qué errores puede haber en este método? ¿Cómo podría mejorarse el experimento?

IDENTIFICAR SUSTANCIAS

Determinación de la densidad

Para poder identificar una sustancia debemos investigar sus propiedades características que son específicas para cada sustancia, como la densidad.

Inés y Roberto se han encontrado una moneda desconocida de color dorado brillante. Inés cree que se trata de una moneda de 50 céntimos y Roberto dice que se trata de una moneda de oro. Vamos a calcular la densidad de una moneda de 50 céntimos para ver quién tiene razón.

PASO 1 Primero medimos su masa con una balanza y anotamos su valor: m = 7,80 gramos.

7,80 g

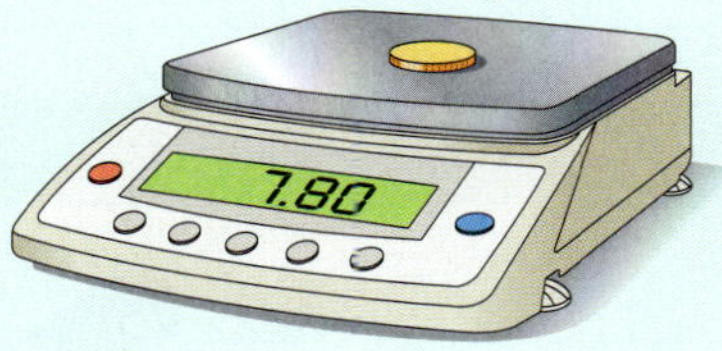

PASO 2 A continuación, tomamos 10 monedas de 50 céntimos y las introducimos en una probeta con un volumen conocido de agua.

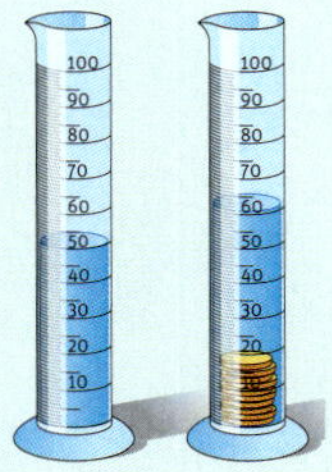

50 cm^3 61 cm^3

El volumen de las 10 monedas es de:

$$V = (61 - 50)\ \text{cm}^3 = 11\ \text{cm}^3$$

Y el volumen de cada moneda es 1,1 cm^3

PASO 3 Calculamos la densidad de la moneda de 50 céntimos:

$$d = \frac{m}{V} = \frac{(7{,}80\ \text{g})}{(1{,}1\ \text{cm}^3)} = 7{,}09\ \text{g/cm}^3$$

PASO 4 Comparamos este dato con la densidad del oro, que es de 19,3 g/cm^3 (ver página 28), comprobamos que las monedas de 50 céntimos no son de oro.

¿Cómo sabemos qué sustancia es?

Los puntos de fusión y de ebullición de una sustancia son también propiedades características que nos pueden servir para identificar una sustancia.

Vamos a calcular a qué temperatura funde una sustancia. Para ello montamos un experimento: añadimos una pequeña cantidad de la sustancia dentro del tubo de ensayo y lo calentamos en un baño de agua.

PASO 1 Calentamos el agua hasta comprobar que la sustancia se ha fundido por completo. Apagamos el fuego o desconectamos la placa calefactora.

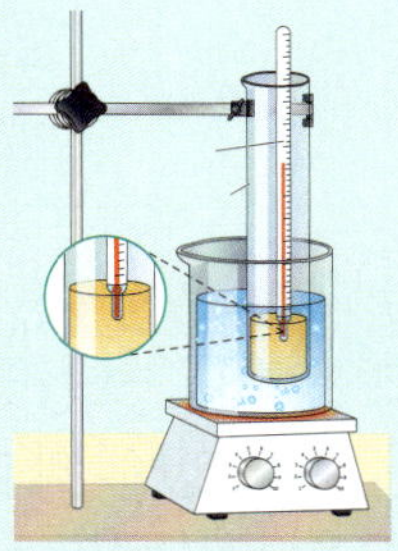

PASO 2 Medimos el tiempo durante el cual se va enfriando, es decir, mientras la sustancia libera energía.

PASO 3 Medimos la temperatura cada 15 segundos. Recogemos los datos en una tabla y dibujamos la gráfica temperatura-tiempo (T–t).

t (s)	0	15	30	45	60	75	90	105	120	136
T (°C)	79	75	71	70	70	70	68	65	60	56

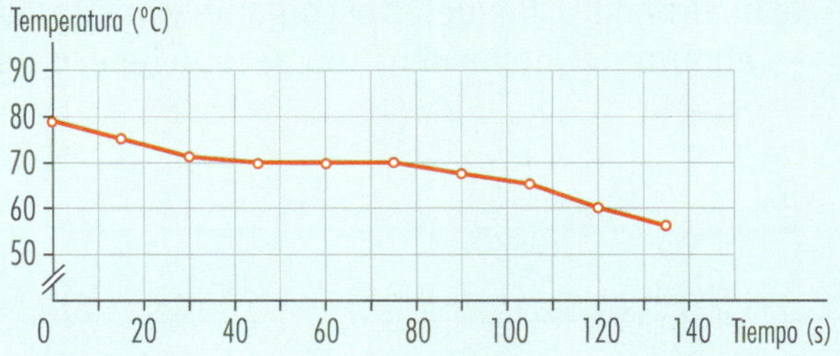

Durante el cambio de estado, la temperatura se mantiene constante.

1. ¿Por qué crees que hemos medido el volumen de 10 monedas y no de una sola?
2. ¿De qué otra manera habríamos podido calcular el volumen de una moneda?
3. Supón que las monedas que estamos investigando fueran de oro. Si el volumen fuese el mismo, ¿su masa sería mayor o menor? ¿Por qué? ¿Cuánto valdría la masa de una moneda de oro de igual volumen que la de 50 céntimos?
4. ¿Has determinado la temperatura de fusión o de solidificación? Razona tu respuesta.
5. Copia la gráfica en tu cuaderno y señala los tramos en que la sustancia es sólida, y los tramos en que es líquida.
6. ¿En qué estados se encuentra la sustancia en el tramo horizontal?
7. Investiga qué sustancia funde a 70 °C mediante una tabla de puntos de fusión de sustancias.

PROYECTO DE INVESTIGACIÓN

A limpiar la plata

Jorge acaba de encontrar aquel colgante de plata que su amiga Luna le regaló hace dos años, que tanto le gustaba y que ya había dado por perdido.

Pero... ¡desagradable sorpresa!: cuando lo toma en sus manos, observa que el colgante de plata se ha ennegrecido. ¿Qué le ha pasado? ¿Cuál crees que es la causa del ennegrecimiento de la plata?

¿Habrá alguna manera de limpiarlo para que vuelva a brillar?

En casa no encuentra productos para limpiar metales, pero le han hablado de métodos caseros "infalibles y fáciles". ¿Cuáles serán? ¿Limpiarán realmente la plata? ¿Son tan eficaces? ¿Se pueden mejorar?

Vamos a ayudar a Jorge a encontrar respuestas a sus preguntas.

PRUEBA INICIAL

Humedece el papel de aluminio (1) y añade bicarbonato en polvo (2). Envuelve el colgante (3) y mantenlo tapado durante unos 15 minutos (4). ¿Qué ha ocurrido al cabo de ese tiempo?

- ¿Se produce alguna reacción química con el método empleado para limpiarla? Si es así, ¿cuáles son los reactivos?
- ¿Para qué sirve el bicarbonato en este método?
- Humedece el papel de aluminio y añade una disolución de bicarbonato. Envuelve el colgante y mantenlo tapado 15 minutos. ¿Qué ha ocurrido al cabo de ese tiempo?

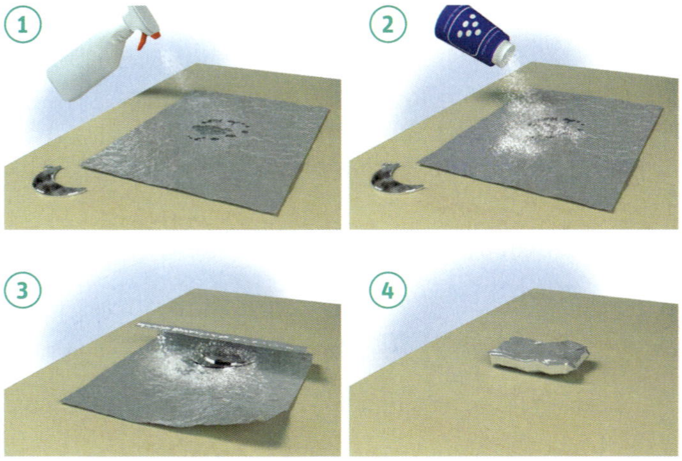

PREPARACIÓN DE LA INVESTIGACIÓN

Jorge y su grupo quieren aprovechar el experimento para presentar su trabajo de fin del trimestre. Para ello, se proponen investigar qué otros materiales y productos que tienen a mano, en casa, pueden conseguir el mismo efecto que el bicarbonato.

Los padres de Jorge aprovechan la ocasión y les encargan que prueben a limpiar toda una serie de objetos de plata: pendientes, colgantes, etc.

¡A Jorge se le ha complicado la tarea!

¡Todo esto tiene que brillar!

REALIZACIÓN DE LA INVESTIGACIÓN

Diseña el procedimiento para comprobar qué combinación de sustancias es la que limpia más eficazmente la plata.

- ¿Pondrás los objetos simplemente en contacto o los envolverás bien?
- ¿Qué cantidades de sustancias usarás y cómo las medirás?
- ¿Dará el mismo resultado con agua caliente que con agua fría?
- ¿Cuál crees que es la mejor combinación de factores para que la plata brille de nuevo? Emite tu hipótesis.

Antes de continuar, debes mostrar al profesor o a la profesora la descripción del procedimiento y de la predicción. No sigas adelante sin su autorización.

Puedes recoger los resultados en una tabla como la siguiente:

Aspecto previo	Simplemente en contacto o envuelto	Con sal	Con vinagre	Con bicarbonato	Tiempo (minutos)	Aspecto final
	Envuelto	x	x	Sí	15	
	•••	•••	•••	•••	•••	•••

Recuerda que puedes probar tanto con agua fría como con agua caliente.

CONCLUSIONES DEL EXPERIMENTO

Redacta un informe en el que expliques qué combinación de factores has utilizado; qué sustancia has añadido, cuánto tiempo ha actuado esta; si el objeto aparece brillante o hay que frotarlo, etc. También, si influye la temperatura del agua en el tiempo que se tarda en obtener el abrillantado.

AMPLÍA LA INVESTIGACIÓN

A partir de la información inicial, razona si tu método ideal coincide con el de dicha información. Y ahora te puedes plantear si este procedimiento serviría para devolver el brillo a unas monedas de cobre ennegrecidas.

5 Los movimientos

¿Se puede correr un maratón (42 km) en menos de 2 horas?

6 Las fuerzas

¿Puede la gravedad acabar con la vida en la Tierra?

MEDIR VARIABLES

- Midiendo la velocidad desde el aire

INVESTIGAR TU ENTORNO

- Descubre el campo magnético terrestre

CLASIFICAR

- ¿Cómo podemos clasificar sustancias?

CONTROLAR VARIABLES

- ¿De qué depende la fuerza de un electroimán?
- Reta a tus padres. Laboratorio en casa

INNOVAR CON LA FÍSICA

- La física ayuda a la ecología
- Cómo mejorar un aerodeslizador casero

PROYECTO DE INVESTIGACIÓN

- El tren de la ciencia

5 LOS MOVIMIENTOS

En esta unidad aprenderás...

- A definir qué es movimiento e identificar sus magnitudes.
- A determinar las magnitudes que caracterizan el movimiento, aplicando sus fórmulas para realizar cálculos.
- A estudiar e interpretar los movimientos a partir de gráficas.

¿Se puede correr una maratón (42 km) en menos de 2 horas?

El corredor keniano Eliud Kipchoge ha pulverizado el récord en una maratón, pero la marca no ha sido oficial por las ayudas que recibió.

- Busca información sobre cuáles fueron dichas ayudas.
- ¿Cuántos kilómetros recorrió cada hora aproximadamente?

1 El movimiento

En un parque de atracciones, todo parece moverse de las formas más variadas posibles. Si observamos durante unos minutos, veremos multitud de objetos que cambian de lugar, y cada uno lo hace de una manera diferente.

El movimiento en un parque de atracciones

La mayoría de las atracciones están basadas en el movimiento.

El **movimiento** es el cambio de posición de un cuerpo a lo largo del tiempo.

Posición

Cada vez es más habitual disponer en el coche de un navegador que nos indica dónde nos encontramos en cada momento. Nos da información de la calle por la que circulamos, la distancia a distintos puntos de interés, o nos sitúa en la Tierra por medio de la longitud y la latitud. En definitiva, nos habla de nuestra posición.

La **posición** es el lugar en el que se encuentra un cuerpo en un instante de tiempo determinado.

Para establecer la posición de un objeto, deberemos dar una información precisa que nos permita localizarlo de manera inequívoca.

En física, para poder situar la posición de un objeto se suelen utilizar ejes de coordenadas.

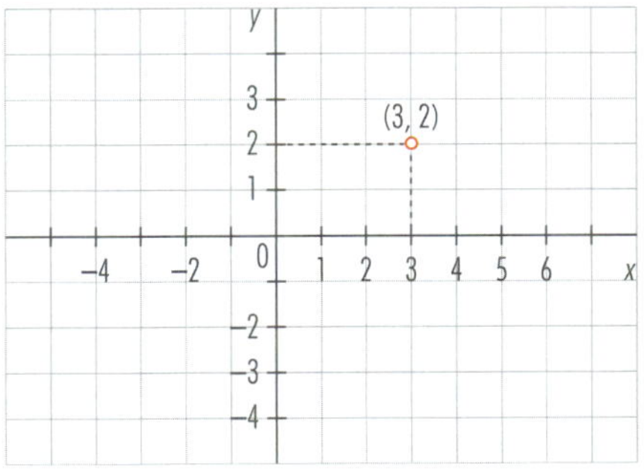

Navegador vía satélite

Tomando referencias

Situamos a Daniel entre Carlos y Sonia, y preguntamos a estos últimos dónde se encuentra Daniel. ¿Qué responderán?

OBSERVA El movimiento depende del observador.

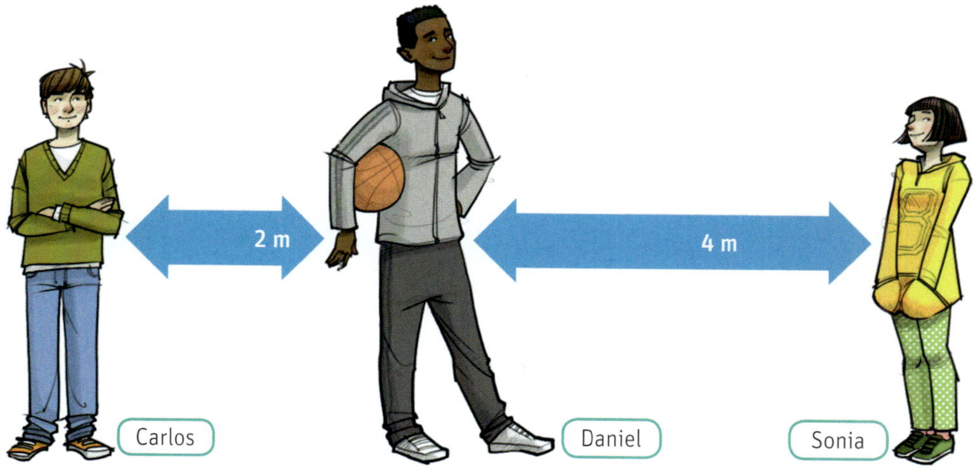

Cada uno nos da una respuesta diferente. Carlos dice que Daniel se encuentra a su izquierda, a una distancia de 2 m. Sin embargo, para Sonia, Daniel está a su derecha, a 4 m.

La posición depende del punto de vista del observador. Para que todo el mundo sepa a qué nos referimos, se debe comunicar desde dónde se realiza la observación. Por tanto, antes de realizar medidas, hay que fijar un lugar respecto al cual describiremos las posiciones y movimientos de los objetos que estudiamos.

La relatividad del movimiento

Un mismo objeto puede estar en reposo para un observador y en movimiento para otro. Esto es lo que se conoce como **relatividad del movimiento**. Por ello, cuando digamos que algo se está moviendo, deberemos especificar con respecto a qué otra persona u objeto se mueve.

Por ejemplo, las personas que se encuentran dentro de un ascensor pensarán que están paradas si se toman de referencia unas a otras. Sin embargo, un observador situado fuera del ascensor percibirá que todas ellas se están moviendo.

De la misma manera, podríamos pensar que alguien que está sentado en una silla no está en movimiento, pero no creeríamos lo mismo si fuésemos un astronauta y pudiésemos observarlo desde fuera de la Tierra. Para un observador situado fuera de nuestro planeta, sería similar a observar a una persona situada en una "noria" (la Tierra) que gira y vuelve al punto de partida cada 24 horas.

El movimiento es **relativo**, depende del sistema de referencia que se utilice.

ACTIVIDADES

1. Identifica. Abre Google Maps y escribe estas coordenadas en el cuadro de búsqueda: 41° 24' 13" N, 2° 10' 27" E. ¿Delante de qué monumento estamos?

2. Razona. Escribe tres ejemplos donde se ponga de manifiesto la relatividad del movimiento. Describe cómo se percibirá el movimiento en función del observador.

2 La trayectoria y el desplazamiento

Trayectoria

Los navegadores suelen marcar en la pantalla, con una línea de color, las carreteras por las que hemos circulado con nuestro coche. De la misma manera, cuando nos desplazamos sobre la nieve, vemos que nuestras huellas quedan marcadas. Este rastro nos da una idea de los puntos por los que hemos pasado.

La **trayectoria** es el camino que sigue un cuerpo en movimiento.

Desplazamiento

Pedimos a un amigo que se mueva libremente. Observamos dónde empieza a caminar y después nos tapamos los ojos. Cuando termine el recorrido, los abriremos para ver dónde ha acabado. En estas condiciones no seríamos capaces de decir cuál ha sido la trayectoria que ha seguido, pero sí podríamos decir cuál ha sido el desplazamiento.

El **desplazamiento** de un cuerpo es la distancia en línea recta que hay entre el punto inicial y el final de su trayectoria.

¿Cuál es la diferencia entre trayectoria y desplazamiento?

Trayectoria

Se marca en rojo la ruta que sigue una persona desde que sale de su casa hasta que llega al mercado. Es decir, su **trayectoria**.

Desplazamiento

Sin embargo, en morado se ha trazado una línea recta desde la casa hasta el mercado. Esa distancia es el **desplazamiento**.

ACTIVIDADES

3. Razona. ¿Podríamos encontrar un caso donde la trayectoria coincida con el desplazamiento?

4. Identifica. Busca en internet un mapa de Ciudad Real, imprime el pantallazo y traza sobre él tres trayectorias distintas para llegar desde el Museo del Quijote hasta la plaza del Pilar.

¿Qué relación hay entre los tres desplazamientos?

3 El tiempo

Duración del movimiento

Antes de iniciar la prueba de los 100 metros lisos, los atletas esperan inmóviles la señal que da comienzo a la carrera. Apenas 10 segundos después de escuchar el pistoletazo de salida, ya se encuentran cruzando la línea de meta.

Todos los competidores han recorrido la misma distancia; sin embargo, cada uno de ellos ha tardado un tiempo distinto en recorrerla.

El **tiempo** es una magnitud física que utilizamos para medir la duración de un suceso o la separación entre varios.

La unidad de tiempo en el sistema internacional es el **segundo** (s). No obstante, la hora (h) y el minuto (min) se utilizan con mucha frecuencia (1 h = 60 min = 3600 s).

¿CÓMO LO RESOLVEMOS?

5. Calcula. **Un avión despega de Madrid a las 6:48 h y aterriza en París a las 9:03 h. ¿Cuánto tiempo ha durado el viaje? Expresa el resultado en segundos.**

Hacemos la resta del momento en el que llegó a París menos el instante en el que partió de Madrid:

	9 h 03 min
−	6 h 48 min

Los 3 minutos de París son menores que los 48 de Madrid. Por lo que convertimos una hora de París a minutos para poder restar.

	8 h 63 min
−	6 h 48 min
	2 h 15 min

Vamos a pasar las 2 horas y 15 minutos a segundos de la siguiente forma:

2 horas

Las convertimos a minutos multiplicando por 60:

$$2 \text{ h} = 2 \cdot 60 = 120 \text{ min}$$

Y estos 120 minutos se pasan a segundos al multiplicarlos otra vez por 60:

$$120 \text{ min} = 120 \cdot 60 = 7200 \text{ s}$$

15 minutos

Los multiplicamos por 60 para pasarlos a segundos:

$$15 \text{ min} = 15 \cdot 60 = 900 \text{ s}$$

Sumando estas cantidades obtendremos los segundos que tardó el avión en ir de Madrid a París:

$$(7200 + 900) \text{ s} = 8100 \text{ s}$$

ACTIVIDADES

6. Calcula. **En 2003, la británica Paula Radcliffe estableció una marca de 2 h 15 min 25 s en la maratón de Londres.**

a) Si la carrera empezó a las 8 h 52 min 40 s de la mañana, ¿a qué hora exacta terminó Paula la carrera?

b) Una ciclista salió a la misma hora y finalizó el recorrido a las 10 h 23 min 52 s. ¿Cuánto tardó?

4 La velocidad

Podio de los 100 metros lisos en los Juegos Olímpicos de Londres.

Duración del movimiento

Los tiempos que los tres medallistas emplearon en recorrer los 100 metros lisos en la final de los Juegos Olímpicos de Londres fueron los siguientes:

Posición	Corredor	Tiempo
1	Usain Bolt	9,63 s
2	Yohan Blake	9,75 s
3	Justin Gatlin	9,79 s

A la vista de los resultados podemos afirmar que Usain Bolt fue el más rápido de los tres, porque fue el que menos tiempo empleó.

La **velocidad** expresa el espacio recorrido por un cuerpo sobre una trayectoria en una unidad de tiempo.

La velocidad media

La velocidad media aporta información sobre el tiempo empleado en recorrer un determinado espacio.

Para calcular la **velocidad media** (v_m) de un móvil, debemos dividir el **espacio recorrido** (*e*) entre el **tiempo** (*t*) empleado.

$$\text{velocidad} = \frac{\text{espacio recorrido}}{\text{tiempo}} \Rightarrow v_m = \frac{e}{t}$$

Velocidad media
Espacio
Tiempo

¿CÓMO LO RESOLVEMOS?

7. Calcula. **¿Cuáles son las velocidades medias de los tres atletas en la final de los 100 metros lisos de los Juegos Olímpicos de Londres?**

Dividimos el espacio recorrido, 100 m, entre los tiempos de cada uno; por tanto, la velocidad media será:

Usain: $v_m = \frac{e}{t} = \frac{(100\text{ m})}{(9{,}63\text{ s})} = 10{,}38\text{ m/s}$

Yohan: $v_m = \frac{e}{t} = \frac{(100\text{ m})}{(9{,}75\text{ s})} = 10{,}26\text{ m/s}$

Justin: $v_m = \frac{e}{t} = \frac{(100\text{ m})}{(9{,}79\text{ s})} = 10{,}21\text{ m/s}$

>> Vectores

Para indicar la velocidad de un objeto móvil, además del valor numérico, que indica lo rápido que circula, se marcan la dirección y el sentido con los que se dirige mediante una flecha llamada vector.

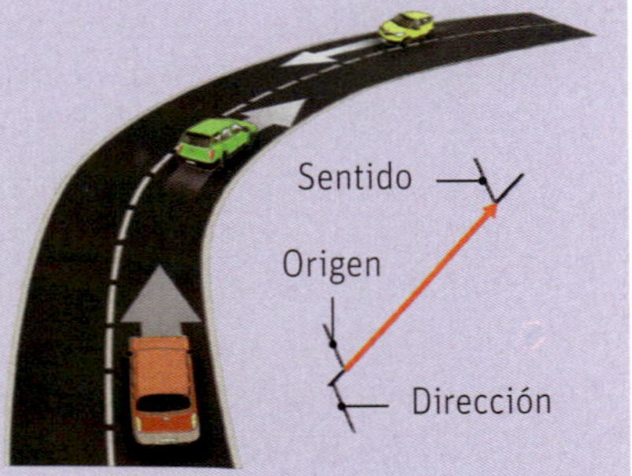

Unidades de velocidad

Como sabemos, en el sistema internacional, el espacio se mide en metros (m) y el tiempo, en segundos (s). Por tanto, al ser la velocidad una división de ambos, esta se medirá en metros/segundo (m/s). Aunque esta es la unidad utilizada en el sistema internacional, resulta frecuente encontrar velocidades expresadas en kilómetros/hora (km/h).

Velocidad instantánea

Los automóviles están constantemente cambiando de velocidad. El velocímetro que llevan incorporado es capaz de medirla en intervalos de tiempo muy cortos para mostrar la velocidad a la que circula el vehículo en cada instante.

La **velocidad instantánea** es el valor que toma la velocidad en cada momento.

El velocímetro de un coche nos indica la velocidad del coche en ese instante.

Conversión de unidades de velocidad

Si vemos por televisión una etapa de una vuelta ciclista, podremos observar que, al terminar, cuando el ganador cruza la línea de meta, suele aparecer en la pantalla la velocidad media de este ciclista expresada en km/h.

Pasar de kilómetros a metros o de horas a segundos resulta bastante sencillo. Pero ¿cómo podemos convertir una velocidad de km/h a m/s?

Supongamos que, en una etapa de la Vuelta Ciclista a España, la velocidad media de los corredores ha sido de 45 km/h. Si queremos conocer a cuántos m/s equivale, deberemos utilizar simultáneamente los factores de conversión de longitudes y tiempo. Es decir:

El ciclista recorre de media 45 km cada hora.

Convertimos los kilómetros a metros multiplicando por 1000.

$$45\ \text{km/h} = \frac{(45\ \text{km})}{(1\ \text{h})} = \frac{(45\ \text{km})}{(1\ \text{h})} \cdot \frac{(1000\ \text{m})}{(1\ \text{km})} \cdot \frac{(1\ \text{h})}{(3600\ \text{s})} = 12{,}5\ \text{m/s}$$

Al mismo tiempo, pasamos las horas a segundos dividiendo por 3600.

Tiempo empleado y velocidad media de un ciclista durante una etapa.

PRACTICA Juega y controla el tráfico con el radar de tramo.

¿CÓMO LO RESOLVEMOS?

8. Calcula. **Con el fin de evitar accidentes, la Dirección General de Tráfico instala radares que miden la velocidad de los vehículos. Uno de los más precisos es el radar de tramo. Teniendo en cuenta que el siguiente vehículo pasó a las 12:00:10 por el primer radar y a las 12:00:46 por el segundo, que entre ambos radares hay 1 km de distancia y que la velocidad máxima permitida es de 120 km/h, ¿estaría cometiendo una infracción por exceso de velocidad el vehículo?**

Convertimos los segundos a horas: 36 / (60 · 60) = 0,01 h.
Después, calculamos la velocidad media del vehículo en ese tramo:

$$v_m = \frac{e}{t} = \frac{(1\ \text{km})}{(0{,}01\ \text{h})} = 100\ \text{km/h}$$

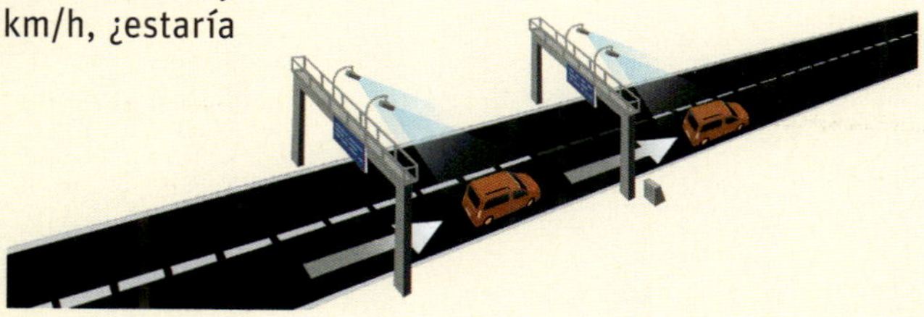

ACTIVIDADES

9. Calcula. **Calcula la velocidad media de Paula Radcliffe en la maratón de Londres (42,195 km) de 2003. Consulta los datos del ejercicio 6.**

10. Calcula. **En la naturaleza hay grandes velocistas. El guepardo alcanza una velocidad de 114 km/h y el halcón peregrino puede llegar a los 360 km/h. Expresa estas velocidades en m/s.**

5 La aceleración

En la mayoría de los movimientos, la velocidad no se mantiene constante. En una carrera, los atletas parten del reposo y poco a poco van aumentando su velocidad.

Cuando hacemos un viaje en coche, debemos variar nuestra velocidad para adecuarla a la vía por la que circulamos. Incluso al lanzar una pelota, la velocidad de esta no permanece constante en su recorrido.

Interpreta lo que ocurre

Lanza una pelota verticalmente hacia arriba y observa su comportamiento cuando asciende, cuando alcanza su punto más alto y cuando desciende. ¿Cómo varía su velocidad en cada una de estas situaciones?

Cuando un cuerpo se mueve con una velocidad que no es constante, o sea, que la **velocidad cambia** a lo largo del tiempo, decimos que existe aceleración.

La **aceleración** expresa la variación de la velocidad de un cuerpo en la unidad de tiempo.

¿CÓMO LO RESOLVEMOS?

11. Razona. **Antes de despegar, los aviones se mueven por la pista con un movimiento acelerado. Una vez que alcanzan cierta velocidad, se separan del suelo. Analiza la velocidad que lleva en cada momento el avión. ¿En qué tramos existe aceleración? ¿Cuándo esta es mayor?**

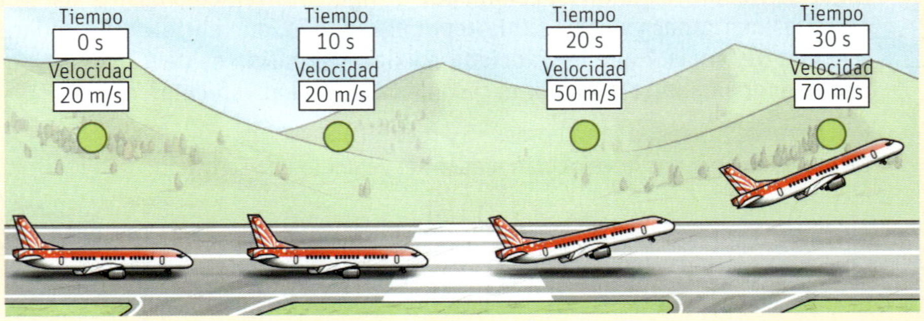

En el tramo que abarca el paso de 1 a 2, el avión circula a una velocidad constante de 20 m/s, por tanto, no existe aceleración.

Sin embargo, en los otros dos tramos, hay aceleración porque existe una variación en la velocidad del avión. En el tramo 2-3 se produce un incremento de la velocidad de 30 m/s (50 – 20 = 30 m/s) en 10 segundos, mientras que en el tramo 3-4, el incremento es de 20 m/s (70 – 50 = 20 m/s) en el mismo intervalo de tiempo. Por tanto, la mayor aceleración se produce en el tramo 2-3.

Aceleración media

Una de las características que facilitan los fabricantes de coches es el tiempo que tarda el vehículo en alcanzar los 100 km/h partiendo del reposo. ¿Qué nos indica este dato?

El coche de la imagen de la derecha tarda 10,5 s en pasar de los 0 km/h a los 100 km/h. La magnitud que nos da idea en este caso de cuánto ha aumentado la velocidad cada segundo es la **aceleración media**.

MOTOR	1.6
Número de cilindros	4
Cilindrada (cm³)	1598
Válvulas por cilindro	2
Potencia (CV)	98
Transmisión	Manual
Velocidad máxima (km/h)	176
Aceleración 0-100 (km/h) (s)	10,5

La **aceleración media** (a_m) de un móvil se calcula dividiendo la **variación de la velocidad** entre el **tiempo transcurrido**.

$$\text{aceleración} = \frac{\text{variación de velocidad}}{\text{tiempo transcurrido}} \Rightarrow a_m = \frac{v_f - v_0}{t}$$

- v_f: Velocidad que alcanza al final
- v_0: Velocidad inicial
- t: Tiempo transcurrido

La unidad de aceleración en el sistema internacional es el metro por segundo al cuadrado (m/s²).

Cuando viajamos en coche, nos encontramos con muchos semáforos que controlan el tráfico. Si el semáforo está en verde, el conductor pisa el acelerador y la velocidad aumenta, pero ¿qué ocurre cuando pisamos el freno ante un semáforo? ¿Varía la velocidad? ¿También hay aceleración?

- **Aceleración positiva.** Hablamos de aceleración positiva cuando la velocidad de un cuerpo experimenta un incremento. Dicho de otra forma: la aceleración es positiva cuando la velocidad final es mayor que la velocidad inicial.
- **Aceleración negativa.** Hablamos de aceleración negativa o deceleración cuando la velocidad de un cuerpo disminuye. Es decir, la aceleración es negativa cuando la velocidad final es menor que la velocidad inicial.

¿CÓMO LO RESOLVEMOS?

12. Calcula **la aceleración media de un guepardo que corre a 2 m/s y que, tan solo 4 segundos después, alcanza los 18 m/s.**

$$a_m = \frac{v_f - v_0}{t}$$

$$a_m = \frac{(18-2)\ \text{m/s}}{4\ \text{s}} = \frac{16\ \text{m/s}}{4\ \text{s}} = 4\ \text{m/s}^2$$

De media, cada segundo que pasa, el guepardo aumenta su velocidad 4 m/s.

ACTIVIDADES

13. Calcula. Un corredor circula a 7 m/s. Cuatro segundos después, su velocidad es de 9 m/s. Calcula su aceleración media en ese intervalo de tiempo.

14. Calcula. Un automóvil eléctrico es capaz de pasar de 0 a 100 km/h en 11,4 segundos. ¿Cuál es su aceleración media en ese tiempo? Nota: Pasa la velocidad de km/h a m/s.

6 Gráficas del movimiento

Movimientos con velocidad constante

Por razones de salud, el doctor recomienda a Rosa que cada día dedique media hora a caminar. El primer día empieza andando a ritmo constante y registra con un podómetro la distancia que recorre cada 5 minutos.

Espacio (m)	500	1000	1500	2000	2500	3000
Tiempo (min)	5	10	15	20	25	30

Para visualizar mejor el comportamiento de un móvil, se puede realizar una representación del espacio o de la velocidad en función del tiempo. El tiempo se suele colocar en el eje horizontal y el espacio y la velocidad, en el eje vertical. Veamos la gráfica del movimiento de Rosa:

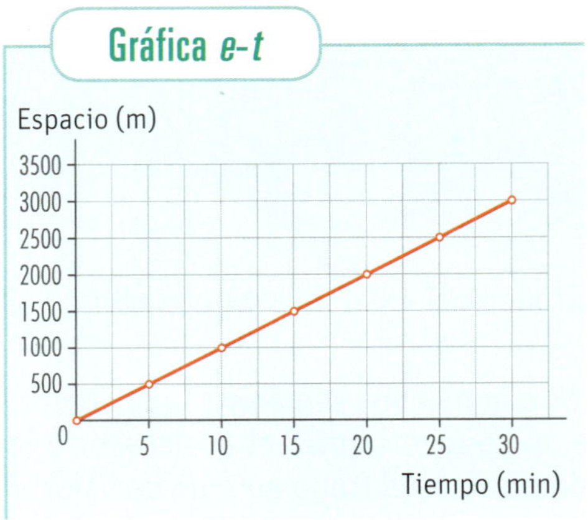

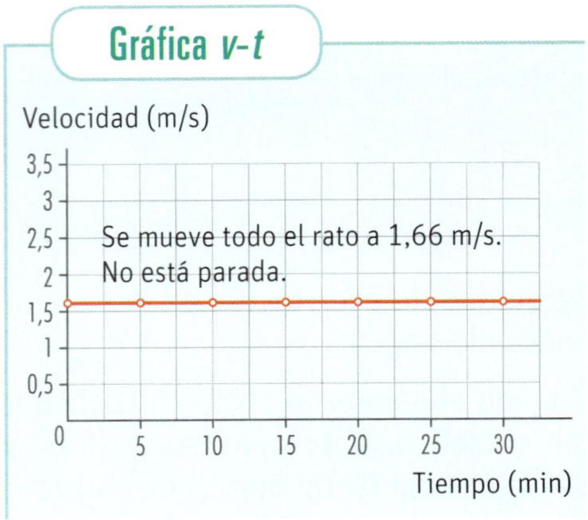

Rosa recorre 500 m cada 5 min, es decir, su velocidad es de 100 m/min; o lo que es lo mismo, se desplaza a una velocidad constante de 100 m / 60 s = 1,66 m/s.

Movimientos con aceleración

Como hemos visto, los movimientos no se producen siempre a velocidad constante. Analizamos el movimiento de dos móviles que se desplazan de dos modos diferentes.

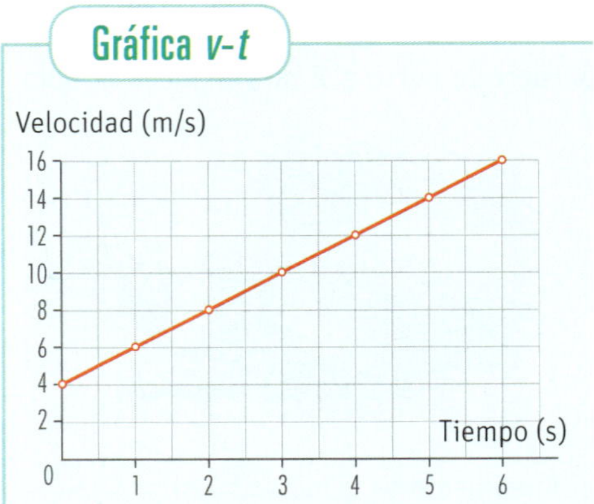

La velocidad inicial es de 4 m/s y va aumentando de 2 en 2 m/s hasta que a los 6 s su velocidad ya es de 16 m/s. Es un **movimiento acelerado**.

$$a_m = \frac{v_f - v_0}{t} \Rightarrow a_m = \frac{(16-4)\ \text{m/s}}{6\ \text{s}} = 2\ \text{m/s}^2$$

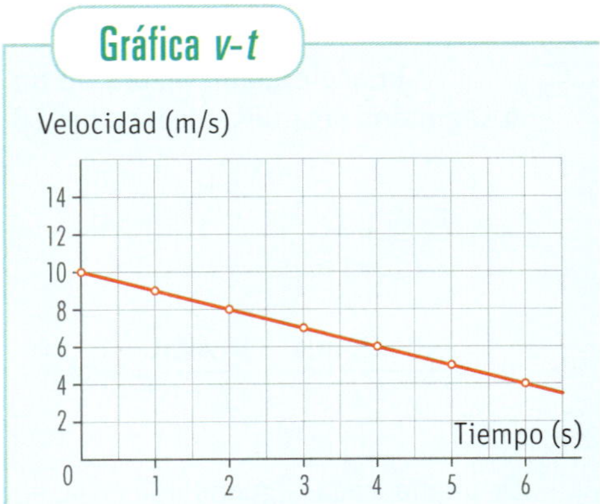

La velocidad ha disminuido desde los 10 m/s iniciales hasta 4 m/s en 6 s. La aceleración es negativa. Es un **movimiento decelerado**.

$$a_m = \frac{v_f - v_0}{t} \Rightarrow a_m = \frac{(4-10)\ \text{m/s}}{6\ \text{s}} = -1\ \text{m/s}^2$$

» La aceleración en gráficas espacio-tiempo

En las gráficas *e-t*, la representación de un movimiento acelerado da lugar a una parábola.

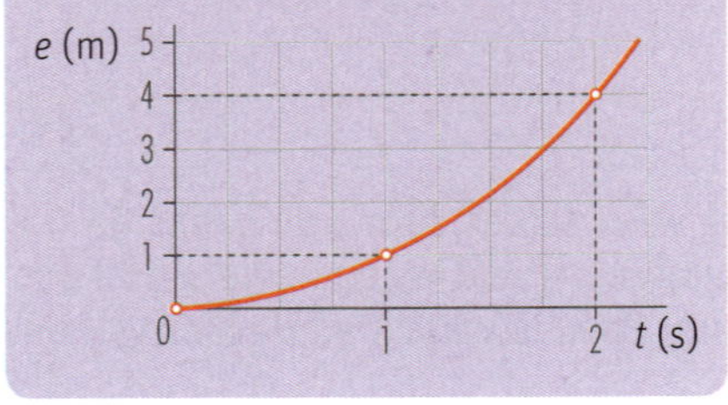

Gráficas del movimiento utilizando un programa informático

Una forma práctica de estudiar el movimiento es realizar gráficas utilizando aplicaciones informáticas. Para ello utilizaremos Tracker, un *software* de código abierto que permite analizar el movimiento de objetos en vídeos y que puedes descargar de la siguiente web: www.e-sm.net/svfq2eso05_02.

Procedimiento

1. Graba una pelota en movimiento

Dibuja dos marcas en el suelo y **mide** la distancia entre ellas. Lanza una pelota rodando en línea recta entre ambas marcas y graba la escena con una videocámara.

Cuando hayas terminado de grabar el vídeo, guárdalo en un ordenador donde tengas instalado Tracker.

2. Ajusta Tracker

Ejecuta Tracker, haz clic en **Abrir** y busca el vídeo que has grabado.

Utilizando el deslizador, detecta en qué cuadro empieza el movimiento y cuándo termina.

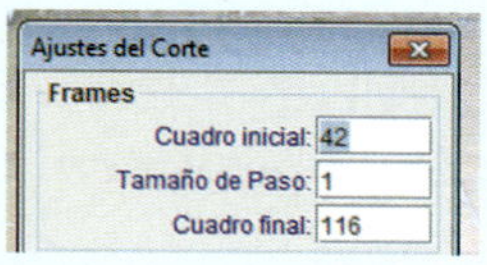

Luego, pulsa en **Ajustes del Corte** e introduce el número del **Cuadro inicial** y el del **Cuadro final**. Después, pulsa **Aceptar**. Haz clic en las herramientas de calibración y selecciona **Nuevo > Vara de Calibración**.

3. Calibra el movimiento

Arrastra cada uno de los extremos de la vara a las marcas que dibujaste en el suelo, y haz clic en el número que hay sobre ellas para introducir la longitud sin unidades.

Haz clic en el botón de ejes de coordenadas y arrastra el punto central de los ejes a la posición inicial del objeto que quieras estudiar.

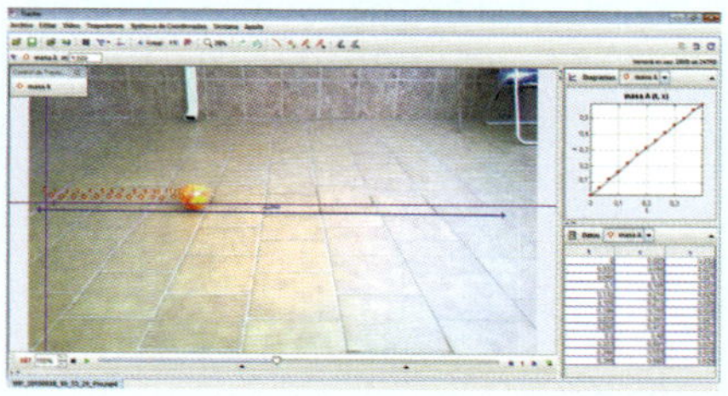

Haz clic en **Crear** y selecciona **Masa puntual**. Después, manteniendo el botón de mayúsculas pulsado, haz clic en el lugar donde se encuentra el móvil en cada fotograma. Cada vez que hagas clic, el vídeo pasará automáticamente al siguiente fotograma. No te saltes ningún fotograma.

4. Abre el vídeo con Tracker

En la parte inferior derecha, observa la tabla de datos de la posición en función del tiempo. Puedes variar las magnitudes que se muestran pulsando en **Datos**.

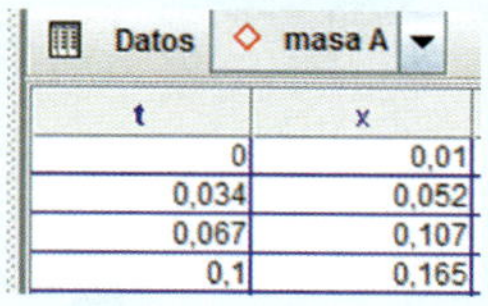

Datos | masa A

t	x
0	0,01
0,034	0,052
0,067	0,107
0,1	0,165

Encima de estos verás representadas las gráficas del movimiento. Haz clic en la etiqueta del eje X o Y para cambiar la variable que quieras representar.

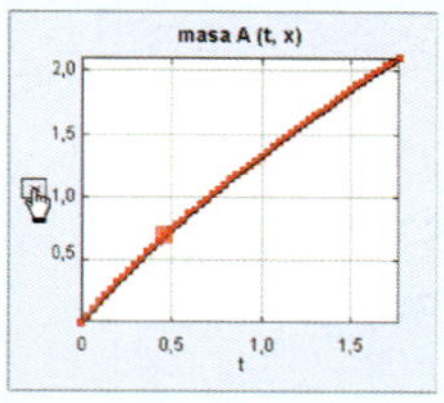

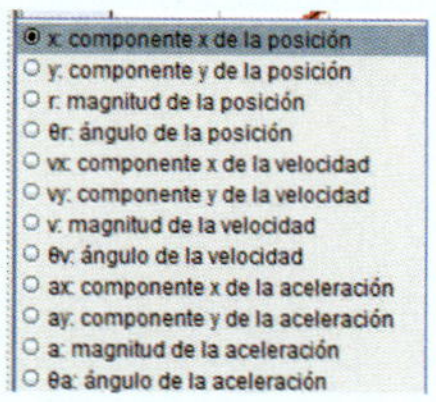

ACTIVIDADES

15. Razona. Observa las gráficas *v-t* de dos móviles diferentes. ¿Cuál de los dos móviles empieza desde el reposo? ¿Cuál de los dos circula más rápido a los 35 s?

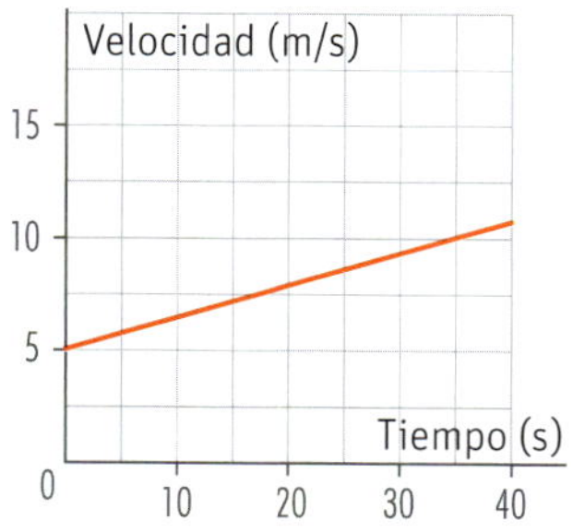

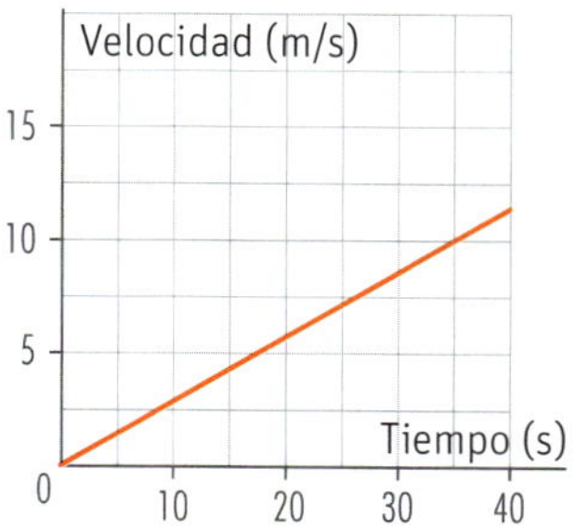

16. Decide. Completa la tabla en tu cuaderno con los datos de la gráfica.

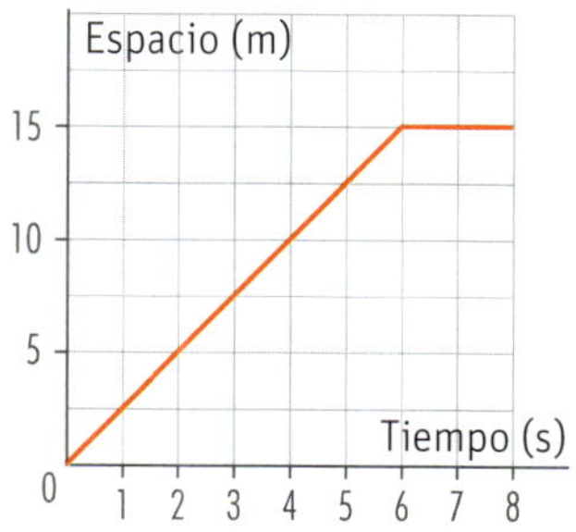

Tiempo (s)	Espacio (m)
0	●●●
2	●●●
4	●●●
6	●●●
8	●●●

LO ESENCIAL

Los movimientos

Los movimientos pueden describirse a partir de:

- La **trayectoria** es el camino que sigue un cuerpo en movimiento.
- El **desplazamiento** de un cuerpo es la distancia en línea recta que hay entre el punto inicial y el final de su trayectoria.

La **velocidad** expresa el espacio recorrido por un cuerpo sobre una trayectoria en una unidad de tiempo.

$$\text{velocidad} = \frac{\text{espacio recorrido}}{\text{tiempo}} \rightarrow v_m = \frac{e}{t}$$

La **velocidad instantánea** es el valor de la velocidad en cada momento.

La unidad de velocidad es m/s.

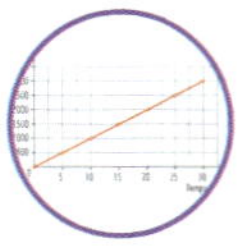

Para visualizar mejor el comportamiento de un móvil, se representan el **espacio recorrido** y la **velocidad** en función del **tiempo**. El tiempo se suele colocar en el eje horizontal y el espacio y la velocidad, en el eje vertical.

1. Organiza tus ideas. **Copia, completa y amplía el siguiente esquema para construir tu propio mapa mental de la unidad.**

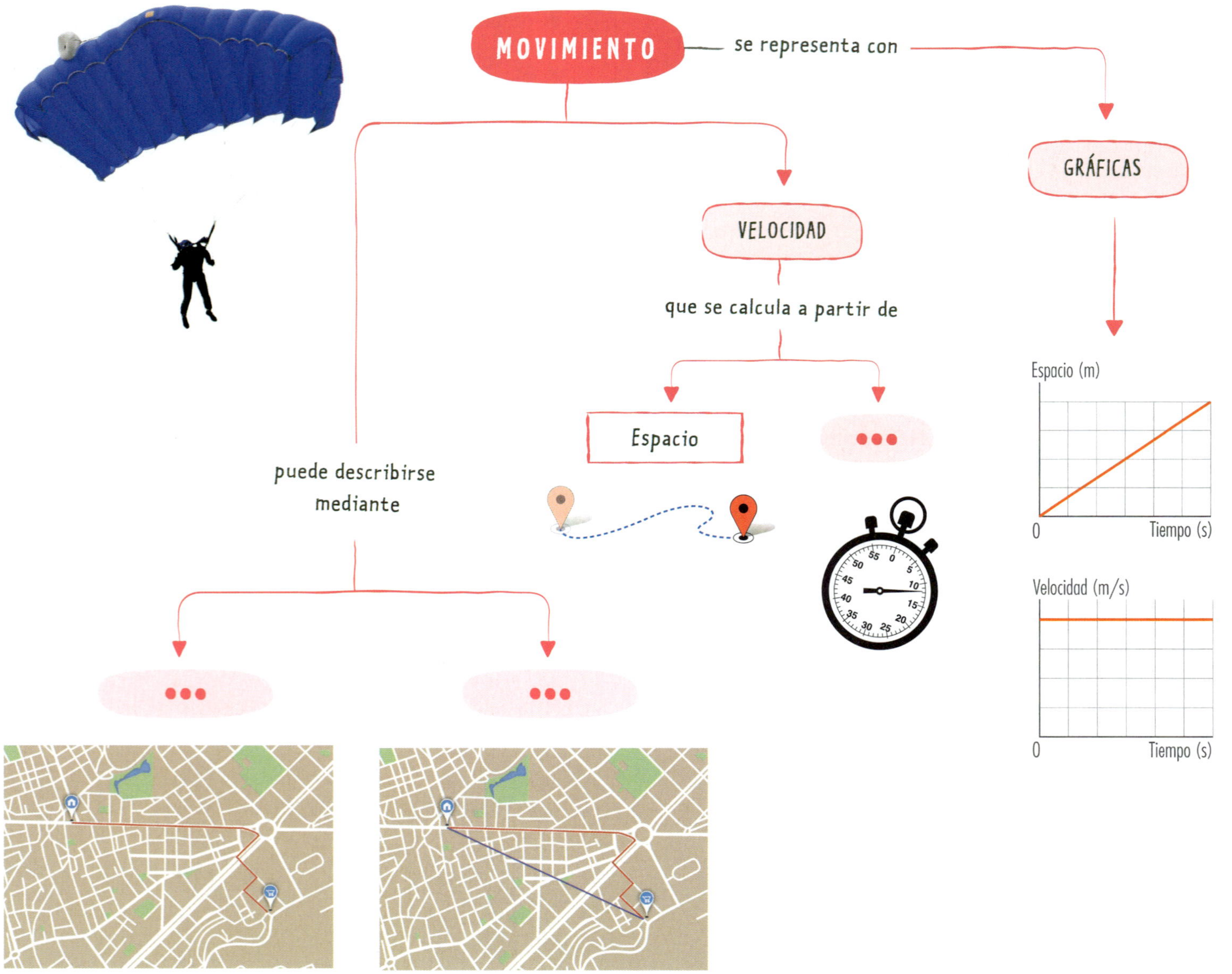

VALORA LO APRENDIDO Autoevaluación y resumen.

Posición, desplazamiento y trayectoria

1. Identifica. **Las siguientes afirmaciones son falsas. ¿Podrías explicar por qué?**

a) La longitud de la trayectoria siempre es mayor que el desplazamiento.

b) El desplazamiento nunca puede ser nulo.

c) El desplazamiento de una persona que se mueva en círculos siempre será nulo.

d) En un movimiento, sabiendo la posición inicial de un móvil y la final, podemos conocer la trayectoria.

2. Dibuja **en tu cuaderno una trayectoria de 8 cm de longitud, pero de tan solo 2 cm de desplazamiento.**

3. Razona. **En las películas de piratas, estos siempre entierran un tesoro que luego tienen que encontrar por medio de un mapa. Redacta las indicaciones que le darías a un pirata (que no hubiese visto el mapa) para que llegase desde la calavera hasta el tesoro marcado con una X. Indica tres itinerarios diferentes.**

4. Decide. **El Camino de Santiago es una ruta que recorren los peregrinos para llegar a Santiago de Compostela. En el plano se muestran algunos de sus itinerarios. Al lado del nombre de cada ciudad, entre paréntesis, podemos observar la distancia de ese punto a Santiago en kilómetros.**

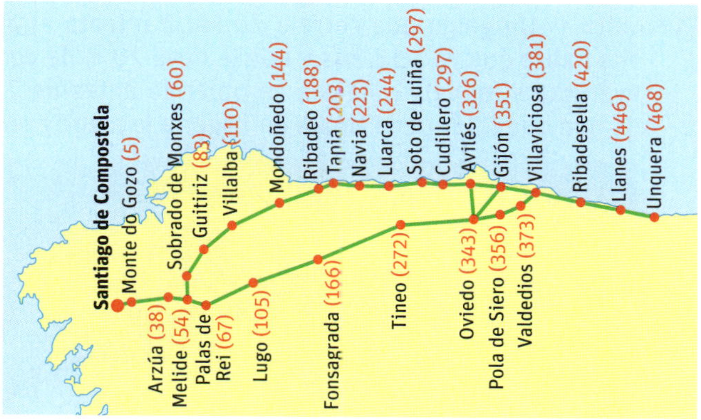

Siguiendo las trayectorias marcadas, responde a las siguientes preguntas:

a) ¿Qué distancia hay entre Llanes y Ribadesella?

b) ¿Y entre Ribadesella y Fonsagrada?

c) ¿Cuántos caminos distintos hay para ir de Villaviciosa hasta Avilés?

d) ¿Qué distancia recorre un peregrino entre Oviedo y Melide?

5. Razona. **Las pistas de carreras de caracoles tienen forma de diana. En el centro se colocan los competidores y gana el primero que alcanza la circunferencia exterior.**

a) ¿Por qué crees que tienen esta forma?

b) Cuando todos los caracoles terminen la carrera, ¿sus trayectorias serán iguales? ¿Y sus desplazamientos?

c) ¿Puede ganar el caracol que recorra más distancia sobre su trayectoria?

d) ¿Gana siempre el caracol más rápido?

6. Razona. **¿Cuál es la distancia recorrida en el movimiento que se muestra en la figura? Escribe el valor que corresponda.**

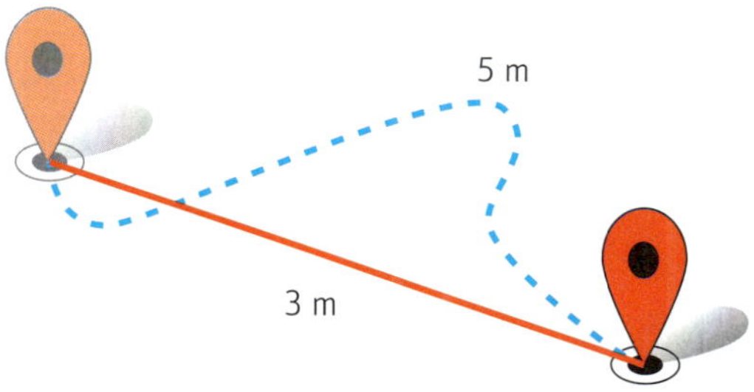

7. Expresa **las siguientes cantidades en las unidades de tiempo que corresponda.**

a) La película que vimos ayer duró 123 minutos o, lo que es lo mismo, ●●● horas y ●●● minutos.

b) El corredor ganó la maratón con una diferencia de 1920 segundos (unos ●●● minutos) con el segundo corredor.

c) Un día tiene 24 horas, que expresado en unidades del sistema internacional equivale a ●●● segundos.

8. Razona. **¿Por qué se dice que el movimiento es relativo? Indica cuál de las siguientes opciones es correcta.**

A. Porque la velocidad y la trayectoria del objeto dependen del sistema de referencia que usemos para describir el movimiento.

B. Porque el movimiento de los cuerpos está relacionado con diferentes factores, externos e internos.

C. Porque no todos los tipos de movimientos son iguales.

D. Porque el movimiento no es algo demostrable.

9. Soy competente

El siguiente esquema muestra parte del sistema de transporte de una ciudad de Zedlandia, con tres líneas de ferrocarril. Se señala la estación en la que uno se encuentra en un momento (Desde aquí) y la estación a la que tiene que ir (Hasta aquí).

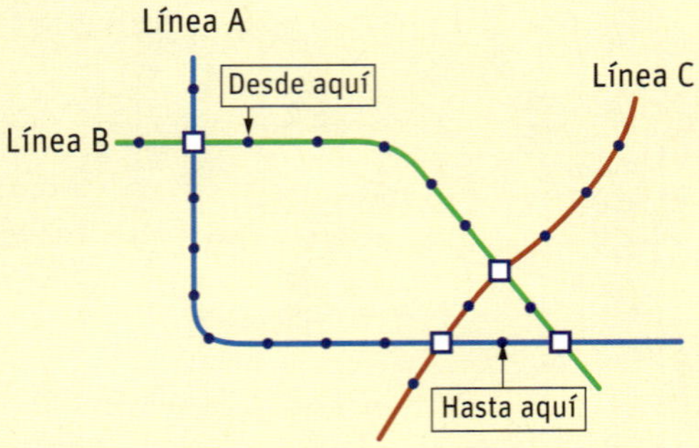

El tiempo que se tarda en ir de una estación a la siguiente es de aproximadamente 2 min. En los transbordos de una línea a otra se emplean unos 5 min. Marca en el esquema el trayecto más rápido e indica el tiempo aproximado del viaje.

10. Indica en tu cuaderno sobre el mapa de Toledo dos trayectorias distintas para caminar desde la catedral a la plaza de Zocodover.

¿Es el desplazamiento igual en ambos casos?

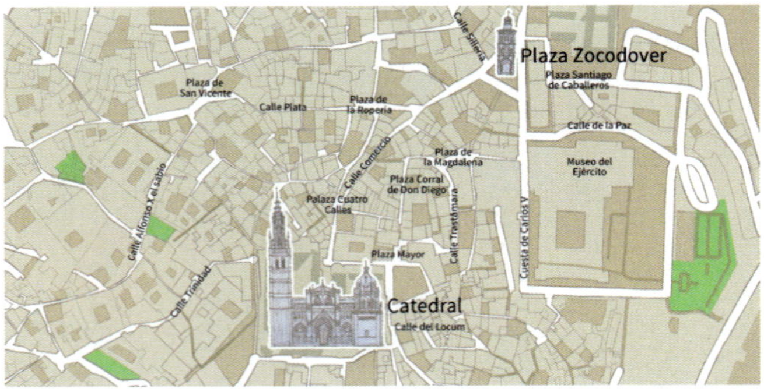

11. Calcula. Actualmente podemos decir que Usain Bolt es el mejor velocista de todos los tiempos. En los JJ. OO. de Brasil consiguió en las pruebas de 100 m y 200 m lisos sendas medallas de oro. Calcula la velocidad media que llevó en cada carrera sabiendo que tardó 9,81 s en los 100 m y 19,78 s en los 200 m.

Velocidad

12. Explica la diferencia entre la velocidad que lleva un cuerpo y la velocidad media.

13. Decide. Almudena camina a 6 km/h; José Luis, a 1,5 m/s. ¿Cuál de los dos está andando más rápido?

14. Calcula. ¿A cuántos m/s equivalen 54 km/h?

A. 54 m/s

B. 15 m/s

C. 194,4 m/s

D. 108 m/s

E. 43 m/s

15. Calcula. Los corredores suelen medir su velocidad mediante los minutos que tardan en recorrer un kilómetro (min/km). ¿Cuál sería la velocidad en m/s de un corredor que tarda 4 minutos y medio en recorrer cada kilómetro?

16. Razona. El hipódromo de Ascot es un circuito de 4023 m donde anualmente se celebra la *Ascot Gold Cup*, una carrera famosa por los estrambóticos sombreros que allí se lucen. En 1988 fue ganada por Sadeem, un caballo que necesitó tan solo 4 minutos, 15 segundos y 67 centésimas.

a) ¿Cuál fue la velocidad media de Sadeem?

b) ¿Crees que hubo aceleración en su movimiento?

17. Calcula. Un galgo que corre a 70 km/h intenta atrapar a una liebre que va a 18 m/s y que le lleva 20 m de ventaja. Averigua si el galgo logrará su objetivo antes de 2 s, el tiempo que tardaría la liebre en llegar a la madriguera.

18. Calcula. Un socorrista acude al auxilio de un bañista en el mar. El socorrista es capaz de correr en la arena a una velocidad constante de 5 m/s y de nadar a 1,6 m/s. Para realizar el rescate, tiene que correr en línea recta 15 m y nadar 48 m. ¿Cuánto tiempo tardará en llegar hasta el bañista?

19. Razona. Jack Zuback es un golfista que consiguió impulsar una pelota a 324 km/h. De manera similar, Fu Haifeng logró alcanzar 92,2 m/s con el volante usado en bádminton. ¿Cuál de los dos consiguió una mayor velocidad?

20. Calcula. Los delfines emiten señales acústicas para detectar obstáculos. La onda sonora viaja en línea recta con una velocidad constante de 1500 m/s, rebota en el objeto y regresa al delfín en forma de eco. Suponiendo que un delfín tarda 0,2 s en escuchar un sonido que emitió, ¿podrías calcular a qué distancia se encontraba el objeto en el que rebotó dicho sonido?

21. Razona. Carla y Sara son dos hermanas que deciden salir un día a correr desde su casa por la mañana.

Carla va hacia la izquierda y Sara hacia la derecha. Transcurrido un minuto, Carla está a 300 m de su casa y Sara, a 240 m. Si las dos corren en línea recta:

a) Representa la posición de ambas respecto al punto de partida.

b) Determina la distancia que las separa.

c) Calcula la velocidad media de Carla y Sara.

22. Calcula. La luz viaja en línea recta desde el sol hasta la Tierra con una velocidad de 300 000 000 m/s. Si sabemos que tarda 8 min y 20 s en llegar hasta nosotros, ¿podrías averiguar a qué distancia de la Tierra se encuentra el sol?

23. Calcula. Un coche que viaja a 100 km/h se aproxima a un camión que se mueve en el mismo sentido a 50 km/h. ¿Con qué velocidad ve el coche acercarse al camión?

24. Calcula. Aquiles, el mítico héroe griego, desafió a una tortuga a una carrera. Como él era más rápido, dejó una ventaja de 100 m al reptil. Si sabemos que ambos llegaron a la meta al mismo tiempo y que la velocidad de Aquiles era de 12,75 m/s, calcula la velocidad de la tortuga.

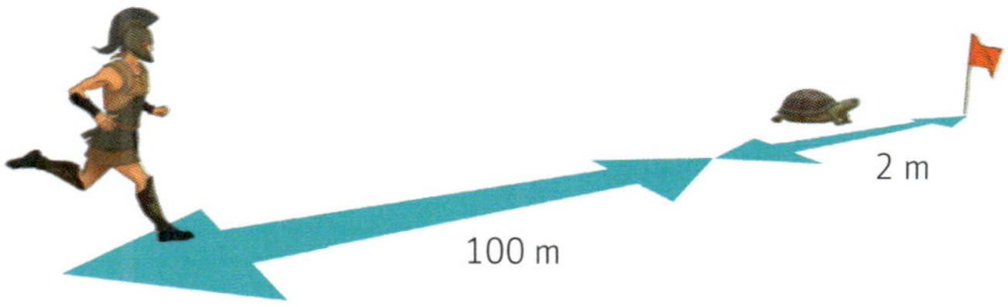

25. Razona. La Dirección General de Tráfico ha instalado radares en helicópteros para controlar el tráfico desde el cielo. Para medir velocidades, el radar detecta dónde se encuentra un mismo vehículo cada tres segundos.

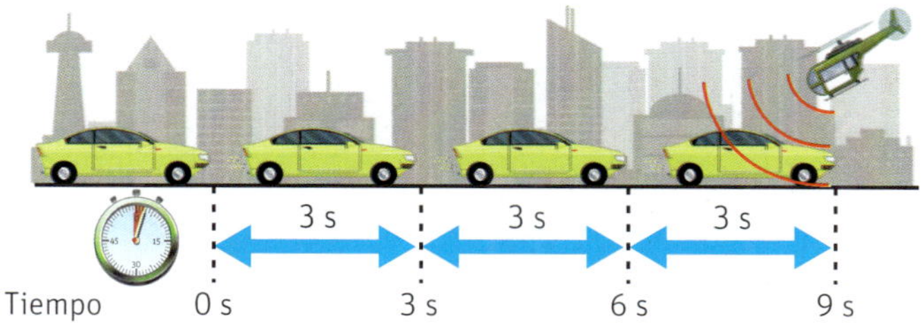

Con cada una de las medidas, el sistema calcula tres velocidades medias, una en cada tramo de tres segundos. Al final, hace la media de esas velocidades y, si supera los límites establecidos, tramita la infracción vía telemática.

Supongamos que un coche circula por una autovía cuyo límite de velocidad es 120 km/h y es detectado por este tipo de radar.

Tiempo (s)	Espacio (m)	Velocidades medias	Media de las velocidades
0	0		
		●●● m/s	
3	90		
		●●● m/s	●●● m/s
6	175		
		●●● m/s	
9	264		

a) Observa los datos obtenidos y completa en tu cuaderno las casillas que faltan.

b) Pasa el límite de velocidad de 120 km/h a m/s. Compara el resultado con la media de las velocidades. ¿Habrá que multar a este vehículo?

26. Indica si existe aceleración en los siguientes movimientos:

a) Un tren que parte de León y llega a Madrid.

b) La carrera de un atleta.

27. Calcula. Un ciclista sube una montaña a una velocidad media de 4 m/s. Al coronar la cima, medio minuto después, ya se encuentra descendiendo a 72 km/h. ¿Cuál fue la aceleración media en ese tiempo?

Gráficas del movimiento

28. Representa **la gráfica espacio-tiempo que se corresponde con la siguiente tabla y contesta a las preguntas:**

Tiempo (s)	1	2	3	4	5	6
Espacio (m)	3	6	9	12	15	18

a) ¿Qué velocidad lleva a los 4 segundos?

b) ¿Ha variado la velocidad del móvil? ¿Por qué?

29. Interpreta. **La siguiente gráfica refleja la altura sobre el suelo que alcanza un globo aerostático que está despegando:**

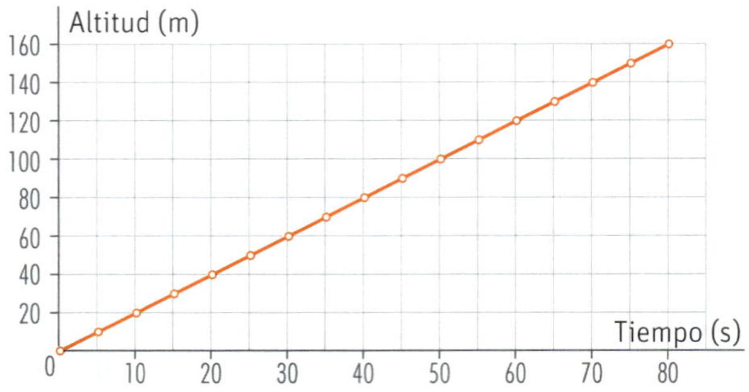

a) ¿A qué altura se encuentra después de 1 minuto?

b) ¿Cuánto tiempo tarda en alcanzar los 100 m?

c) ¿Qué distancia ha recorrido entre el segundo 20 y el 40?

d) Si siguiese con esta progresión, ¿cuánto tiempo tardaría en llegar a los 200 m?

¿CÓMO LO RESOLVEMOS?

30. Razona. **¿Podríamos encontrar una gráfica espacio-tiempo de una persona caminando como la que se muestra a la derecha?**

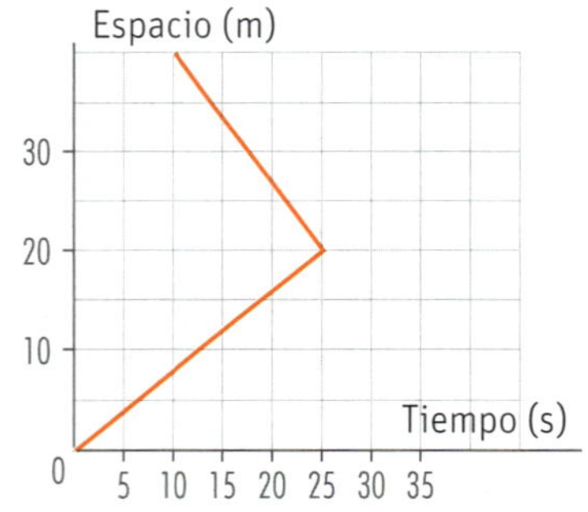

La gráfica representa un movimiento que retrocede en el tiempo, lo cual no es posible.

31. Analiza. **Hemos representado el espacio recorrido por una bicicleta cada hora. En total recorrió 35 km.**

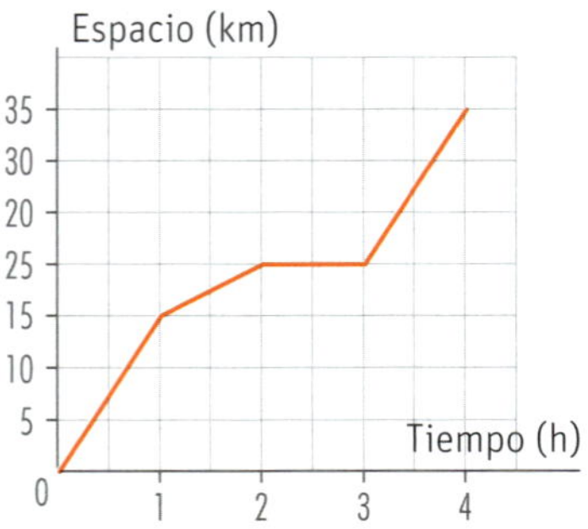

a) Calcula la velocidad media de todo el recorrido.

b) ¿Hubo alguna parada en el trayecto?

32. Representa. **En un viaje por carretera, cada vez que recorremos un kilómetro, anotamos el tiempo en minutos: 1, 2,5, 2,5, 4,5, 6,5, 7,5, 8,5 y 10,5.**

a) Representa gráficamente el espacio frente al tiempo.

b) ¿Cuándo se alcanzó la mayor velocidad? Razona tu respuesta.

33. Calcula. **Una hormiga se desplaza más rápido por una superficie lisa que por una rugosa. Observamos cómo atraviesa ambas para acercarse a una semilla. Representamos su movimiento en la siguiente gráfica.**

¿Cuánto tiempo tarda en cruzar la superficie rugosa? Razona tu respuesta.

34. Interpreta. **El biatlón es un deporte que combina esquí de fondo y tiro con rifle. En la prueba de esprint femenina, las participantes recorren 7 km y deben detenerse en dos momentos para disparar a unas dianas. Esta es la gráfica espacio-tiempo de una participante:**

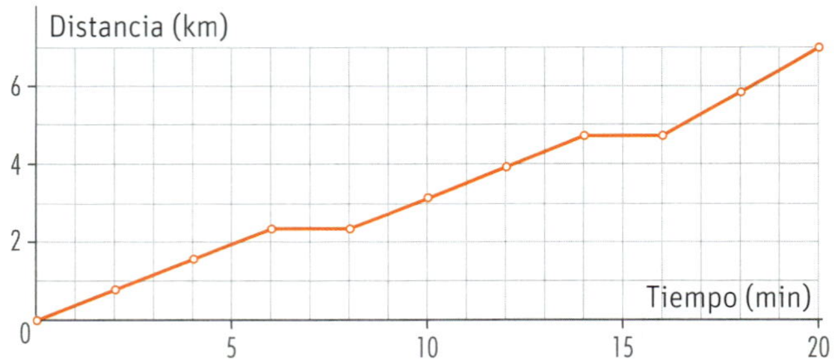

a) ¿En qué minuto se paró a disparar la primera vez? ¿Y la segunda?

b) ¿Cuánto tiempo estuvo disparando la primera vez?

35. Analiza. **Analiza la velocidad de un coche teledirigido en función del tiempo que se muestra en la siguiente gráfica:**

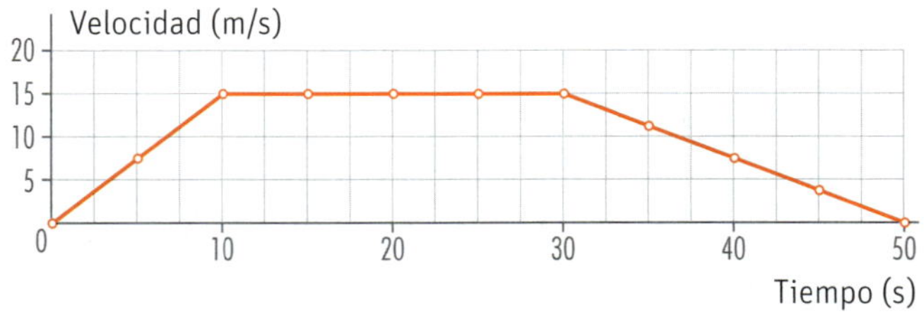

a) ¿Qué velocidad lleva a los 23 s?

b) ¿Durante cuánto tiempo se movió a velocidad constante?

c) ¿Cuánto tiempo estuvo decelerando?

d) ¿Cuál fue su aceleración en los 10 primeros segundos?

36. Soy competente

La siguiente gráfica muestra cómo varía la velocidad de un coche de carreras a lo largo de una pista llana de 3 km durante su segunda vuelta.

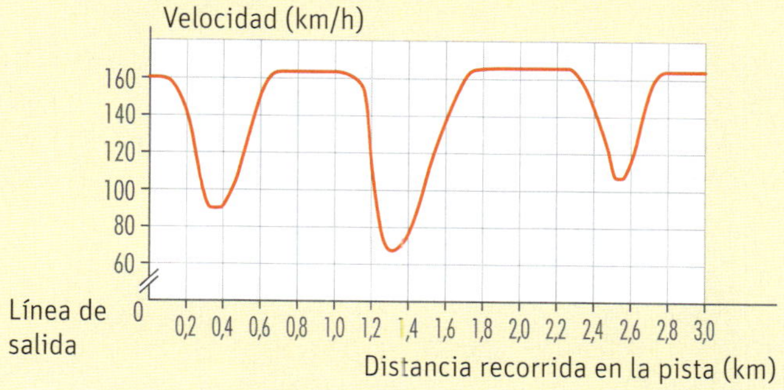

a) ¿Cuál es la distancia aproximada desde la línea de salida hasta el comienzo del tramo recto más largo que hay en la pista?

b) ¿Dónde alcanzó el coche la velocidad más baja durante la segunda vuelta?

c) ¿Qué se puede decir sobre la velocidad del coche entre el kilómetro 2,6 y el 2,8?

d) ¿Qué se puede decir sobre la velocidad del coche entre el kilómetro 0,7 y el 1,0?

e) Aquí están dibujadas cinco pistas. ¿En cuál de ellas se condujo el coche para producir la gráfica de velocidad mostrada anteriormente?

S: Línea de salida

Física y química en tu vida

Lee y comprende el siguiente texto:

Los animales saben física

A la hora de conseguir alimento para sobrevivir, numerosos seres vivos han "aprendido" física sin necesidad de fórmulas.

Así, las abejas son capaces de medir la distancia a una planta con flores y comunicárselo a toda la colmena ejecutando una danza.

Los murciélagos eligen otro sistema; emiten ultrasonidos a 340 m/s, que rebotan en los insectos llegando de nuevo a sus enormes orejas. De esta forma pueden calcular la distancia a la que están.

Cuando las hormigas detectan comida, siempre eligen la ruta más rápida para llegar a su objetivo. Para ello, tienen en cuenta el tipo de suelo que han de atravesar.

Pero las campeonas de los cálculos de la física del movimiento son las ratas. Te lo creas o no, cuando una rata detecta comida y a un gato cerca, es capaz de calcular el tiempo que tardará en correr hacia la comida y luego huir a su refugio, a la vez que estima la distancia a la que está el gato y la velocidad de este para predecir si será cazada o no. ¿Qué te parece?

1. Un murciélago emite un ultrasonido que rebota en una bandada de insectos. Si el tiempo total es de 0,02 s, ¿qué distancia les separa?
2. Si una rata corre a 8 m/s y el queso está a 12 m, ¿cuánto tiempo tarda en llegar hasta él?

6 LAS FUERZAS

En esta unidad aprenderás...

- A comprender los efectos de las fuerzas.
- A entender el funcionamiento de las máquinas simples y cómo modifican las fuerzas y el movimiento.
- Qué es la fuerza de la gravedad y de qué factores depende.
- El efecto de la fuerza de gravedad en las órbitas de los planetas y en todos los movimientos en el universo.

¿Puede la gravedad acabar con la vida en la Tierra?

Hace 65 millones de años, un enorme meteorito de unos 11 km de diámetro cayó sobre la Tierra, atraído por la fuerza de la gravedad terrestre. El impacto brutal causó terremotos, tsunamis gigantescos y grandes incendios. Las partículas de polvo y de humo sumieron a la Tierra en la oscuridad durante dos años, en los que las plantas no podían realizar la fotosíntesis.

Todo ello provocó la extinción del 75 % de especies de seres vivos, incluidos los famosos dinosaurios.

- La gravedad es un tipo de fuerza. ¿Qué efectos tienen las fuerzas sobre los cuerpos?
- ¿Puede una máquina aumentar la fuerza? ¿Conoces alguna?

1 ¿Qué son las fuerzas?

Cuando una fuerza actúa sobre un cuerpo se pueden producir efectos diversos, como, por ejemplo, una deformación o una alteración del movimiento.

Cuando se golpea una pelota que se encuentra parada, esta comienza a moverse debido a la fuerza que se le ha aplicado. Las fuerzas siempre se ejercen entre dos cuerpos. Al golpear una pelota con el pie, el pie acelera la pelota y la pelota frena al pie.

Una **fuerza** es cualquier causa capaz de deformar un cuerpo o modificar su estado de reposo o movimiento.

Deformaciones

Los objetos pueden tener varios comportamientos ante una fuerza que los deforma, es decir, que cambia su **tamaño** o su **forma**. Las deformaciones se pueden clasificar en elásticas o plásticas.

Deformación elástica

Los cuerpos elásticos son aquellos que recuperan su tamaño y forma cuando la fuerza deja de actuar.

Esto sucede en un arco después de lanzar una flecha o en un globo cuando pierde aire.

Deformación plástica

Los cuerpos plásticos son aquellos que no recuperan su forma original una vez que cesa la fuerza que los deforma. La arcilla o la plastilina no recuperan su forma tras presionarlas.

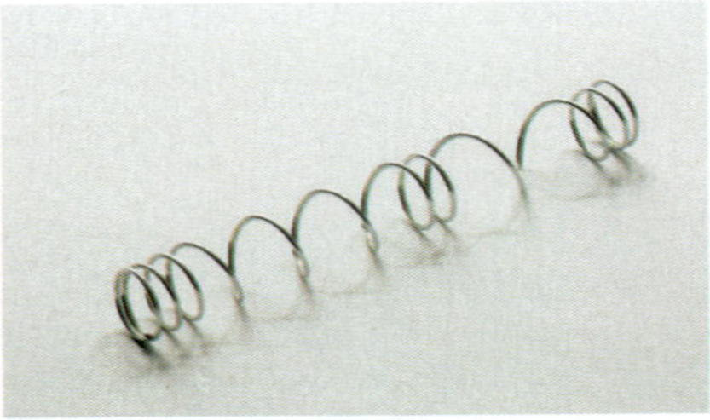

Muelle muy deformado.

Al aplicar una fuerza excesiva sobre algunos objetos elásticos, es posible que pasen a comportarse como plásticos. Por ejemplo, un muelle recupera habitualmente su forma después de estirarlo, pero, si la fuerza supera ciertos valores, puede no volver a su posición inicial.

Cambios en la velocidad

Como hemos visto anteriormente, las fuerzas no solo producen deformaciones en los cuerpos, sino que también pueden cambiar su estado de reposo o variar su movimiento. A continuación, enumeraremos algunas situaciones donde las fuerzas producen este tipo de efectos.

Aceleran el movimiento de los cuerpos

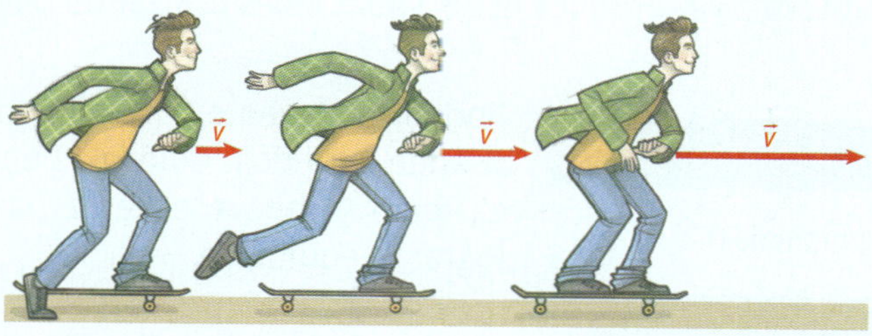

Cuando un monopatín está parado, hay que darle impulso empujando el suelo con el pie para que comience a moverse y, de esta forma, aumentar su velocidad. De la misma manera, otras fuerzas, como el rozamiento, la reducen.

Modifican la dirección y el movimiento de los cuerpos

Las fuerzas no siempre aumentan o reducen la velocidad, sino que, a veces, simplemente cambian la dirección o el sentido que llevaba el cuerpo sobre el que actúan. Esto sucede cuando devolvemos la bola jugando al tenis.

El vector fuerza

Cuando desplazamos un carro de la compra por uno de los pasillos de un supermercado, necesitamos aplicar una fuerza. En toda fuerza podemos identificar cuatro características: **punto de aplicación**, **intensidad**, **dirección** y **sentido**.

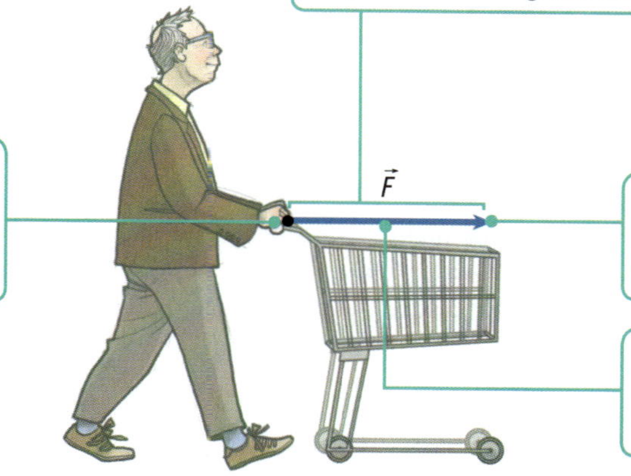

ACTIVIDADES

1. Decide. ¿Qué efectos producen las fuerzas en las siguientes situaciones?
   a) Una jugadora de béisbol que golpea la pelota con el bate.
   b) Una persona que empuja el carro de la compra.
   c) Un panadero que amasa el pan.
   d) Unos amigos empujando un coche para que arranque.

2. Razona. Hay cuerpos rígidos que aparentemente no cambian de forma al aplicarles una fuerza.
   ¿Existe deformación a simple vista? ¿Qué sucedería si observáramos la estructura interna de la pared a escala microscópica?

2 Las máquinas I. La palanca

El gran físico Arquímedes de Siracusa.

Para llevar a cabo muchas tareas, como sacar agua de un pozo, mover piedras pesadas o cortar un papel, usamos **máquinas** que nos facilitan el **trabajo**. El trabajo es una magnitud física que depende de la fuerza ejercida y de la distancia recorrida.

La palanca es una máquina simple muy conocida que usamos todos los días. Su finalidad es **transmitir** y **transformar** una fuerza de un punto a otro. Está formada solo por dos elementos: una barra rígida y un punto donde se apoya.

Interpreta lo que ocurre

Coloca una regla sobre un lápiz y reproduce estas situaciones utilizando 6 monedas iguales.

(2 monedas) · (20 cm) = (4 monedas) · (10 cm)

(1 moneda) · (24 cm) = (4 monedas) · (6 cm)

Podemos levantar 4 monedas usando solo dos. Colócalas en el extremo y mueve el lápiz hasta lograr el equilibrio.

Incluso puedes levantar las cuatro monedas usando solo una, como muestra la imagen.

Comprueba la equivalencia numérica en las operaciones. ¿Por qué crees que se equilibra la palanca en estos casos?

Es fácil observar que, cuanto más largo es el brazo de la palanca, menos monedas tenemos que usar para levantar las cuatro del otro extremo, pero ¿qué ley se esconde tras este hecho? Arquímedes la descubrió: es la **ley de la palanca**.

Ley de la palanca

PRACTICA Juega con las palancas.

Cuando la palanca se encuentra en equilibrio se cumple que el producto de la fuerza por su brazo es igual al producto de la resistencia por el suyo:

$$F \cdot b_F = R \cdot b_R$$

Fuerza. *F* es la fuerza que se aplica a un extremo de la palanca.

Brazo. *b* es la distancia del punto de aplicación de las fuerzas al punto de apoyo.

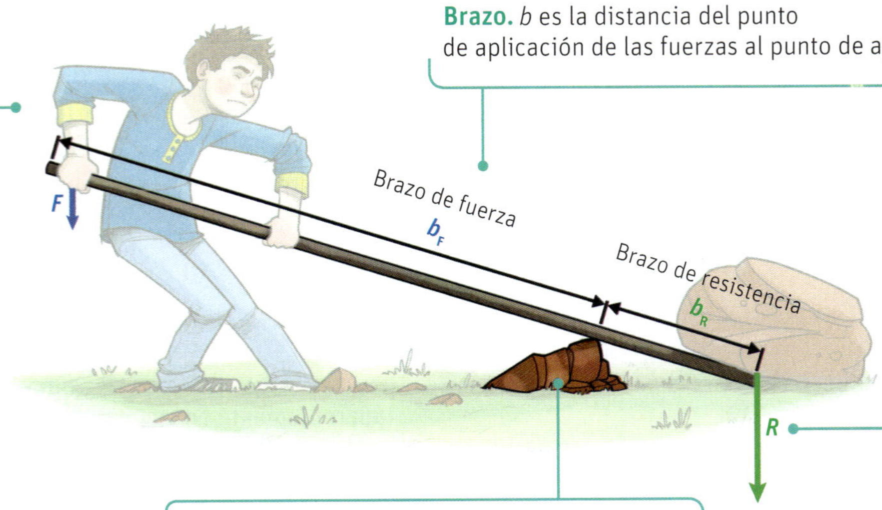

Resistencia. *R* es la fuerza que se vence o se obtiene como resultado de usar la palanca.

Punto de apoyo. PA es el punto sobre el que gira la palanca o sobre el que se apoya.

Tipos de palancas

Aparentemente, unas tijeras, un cascanueces y unas pinzas tienen un funcionamiento similar. Sin embargo, si nos fijamos con atención, veremos que la posición del punto de apoyo y de las fuerzas varía en cada caso. Dependiendo de su posición, existen tres tipos de palancas.

Palancas de primer género

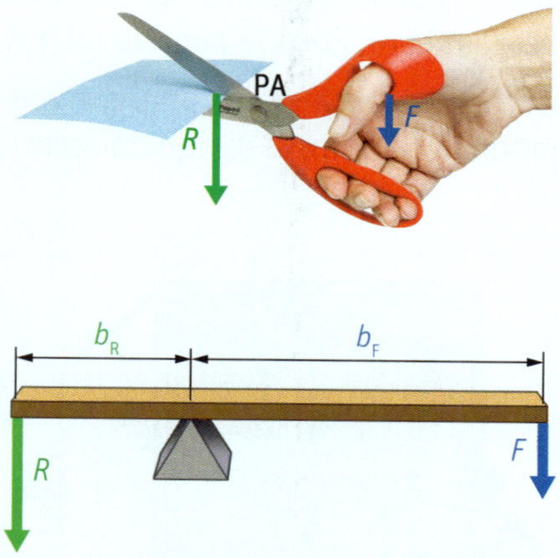

El punto de apoyo está entre la fuerza y la resistencia. Pueden multiplicar, dividir o conservar constante la fuerza.

Palancas de segundo género

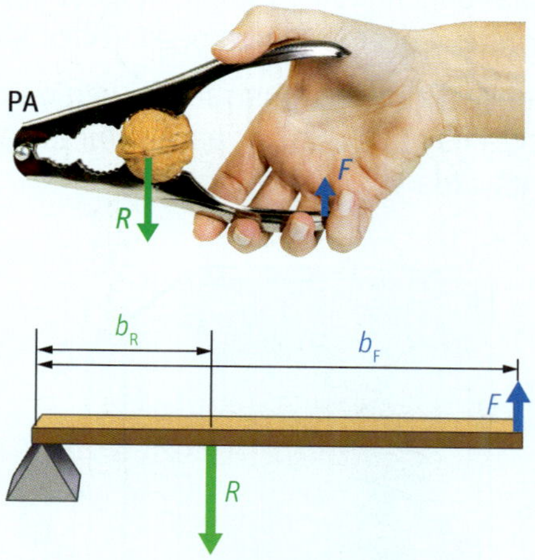

La resistencia está entre la fuerza y el punto de apoyo. Siempre multiplican la fuerza, *F*.

Palancas de tercer género

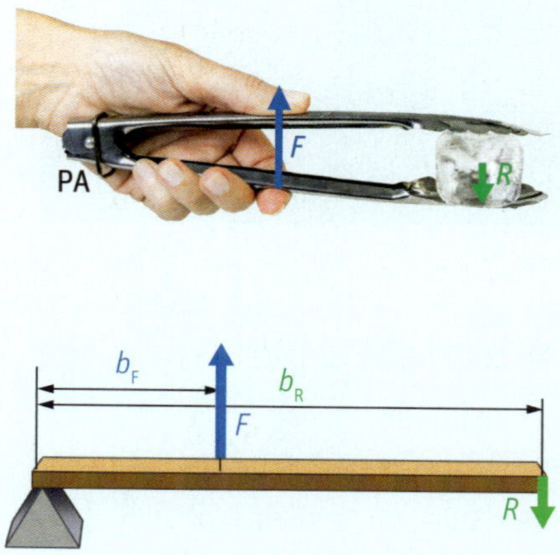

La fuerza está entre la resistencia y el punto de apoyo. Siempre disminuyen la fuerza, *F*.

- Las palancas son máquinas simples que **transmiten** y **transforman** la fuerza de un punto a otro de la máquina.
- Las palancas pueden ser de **primer género**, **segundo género** y **tercer género**, dependiendo de cómo se localicen sus elementos.

¿CÓMO LO RESOLVEMOS?

3. Calcula. **Queremos levantar un tonel de 80 kg con una palanca.**

a) **Calcula qué fuerza tenemos que hacer para levantarlo.**

b) **¿Qué tipo de palanca es?**

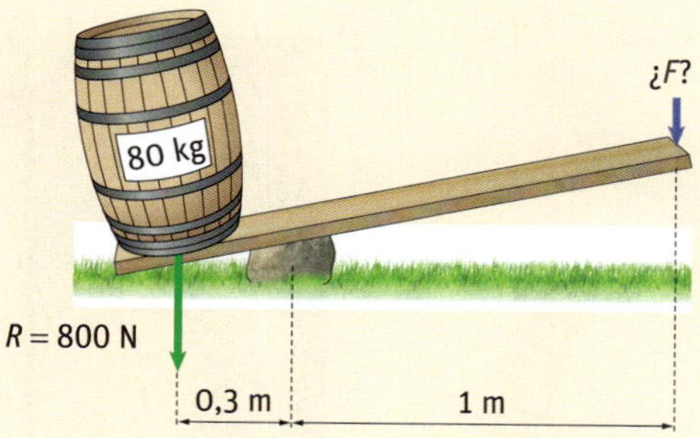

a) Para calcular la fuerza que necesitamos ejercer, aplicamos la ley de la palanca.

De la imagen recogemos los datos que conocemos:

$b_F = 0{,}3$ m; $b_R = 1$ m y $R = 800$ N (el peso de 80 kg)

Aplicamos la fórmula: $F \cdot b_F = R \cdot b_R \Rightarrow F = \dfrac{R \cdot b_R}{b_F} = \dfrac{(800\ \text{N})(0{,}3\ \text{m})}{(1\ \text{m})} = 240\ \text{N}$.

b) La palanca es de primer género porque tiene el punto de apoyo entre la resistencia y la fuerza.

ACTIVIDADES

4. Encuentra **el punto de apoyo y las fuerzas implicadas en las siguientes palancas.**

a) 

b) 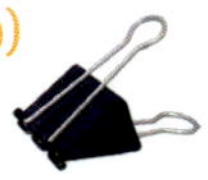

5. Calcula **la fuerza que tenemos que ejercer para levantar este paquete de arroz.**

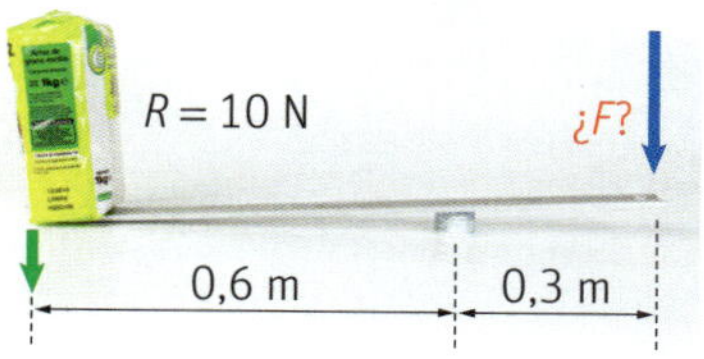

3 Las máquinas II. El plano inclinado y las poleas

Sísifo, uno de los personajes de la mitología griega, fue condenado por los dioses a empujar una enorme piedra hasta la cima de una montaña, donde la piedra caía de nuevo hasta la base. Sísifo tenía que subirla una y otra vez, eternamente.

El trabajo era extenuante, pero, como Sísifo sabía física, en lugar de llevar la piedra a hombros, se ayudaba de una máquina maravillosa: el plano inclinado. ¿Es realmente la rampa una máquina?

El plano inclinado o rampa

El plano inclinado o rampa, al igual que la palanca, es una máquina simple que nos permite vencer la fuerza peso utilizando una fuerza menor. Pero ¿a cambio de qué?

Si observamos la ilustración, vemos que, cuanto más larga es la rampa, menos fuerza hay que realizar para subir la caja al camión; a cambio, la distancia recorrida es cada vez mayor.

Si tenemos en cuenta la fuerza aplicada y la distancia recorrida, deducimos que el trabajo realizado es el mismo: (400 N) · (2 m) = (200 N) · (4 m). Así pues, las máquinas no ahorran trabajo, simplemente hacen que este sea más cómodo.

» Enrollando el plano inclinado

El plano inclinado es muy útil, pero tiene un problema: para vencer una fuerza muy grande, la rampa tendría que ser muy larga.

La solución es enrollar el plano inclinado de forma que no ocupe espacio. ¡Es el tornillo!

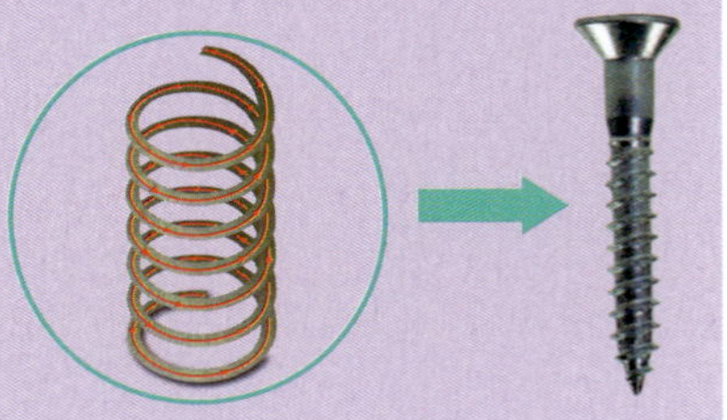

Uniendo planos: la cuña

La cuña es una máquina formada por la unión de dos planos inclinados. Esta máquina es muy útil para separar y romper cuerpos. El hacha y el cincel son buenos ejemplos de cuñas, pero también lo son el cuchillo y el clavo.

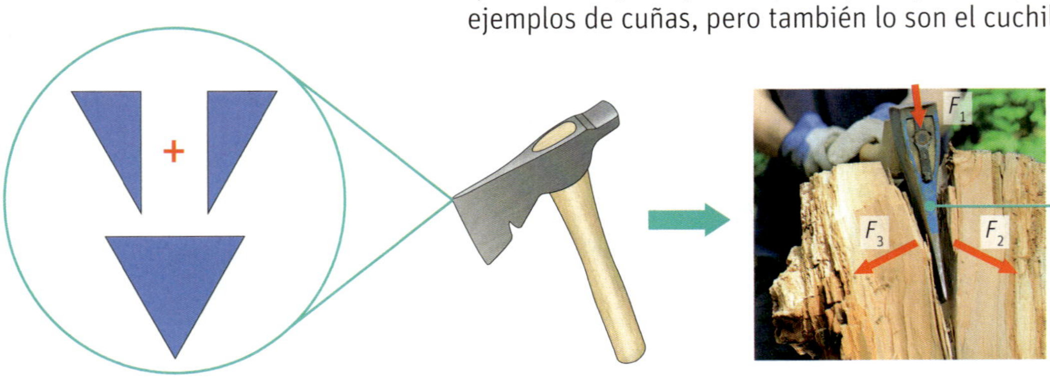

La fuerza ejercida sobre la cuña, F_1, produce dos fuerzas, F_2 y F_3, mucho mayores en las caras de los planos, por lo que estos van separando el objeto.

Cuanto más fina sea la cuña, más eficaz resultará, ya que la fuerza que hay que hacer será menor.

ACTIVIDADES

6. Deduce. **¿Por qué un cuchillo se considera una cuña? ¿Por qué crees que un cuchillo con la hoja afilada corta mejor que un cuchillo sin afilar?**

La polea, una palanca redonda

Otra máquina simple universalmente conocida es la rueda. Desde la Antigüedad, en la época de los antiguos sumerios, ya se usaban troncos para arrastrar cuerpos pesados más fácilmente. Con la invención del eje aparecieron las ruedas de los carros (4000 a. C.) y los tornos de los alfareros.

Una variante de la rueda es la **polea**, otra máquina simple. ¿Ampliará también la fuerza, como el plano inclinado y la palanca?

Si a una rueda le hacemos una hendidura (canal o garganta) en el borde, por la que pueda pasar una cuerda, y la colgamos de un eje, obtenemos una nueva máquina, la **polea**.

La polea, en realidad, es una palanca redonda con los dos brazos iguales, los radios r_1 y r_2. Por tanto, se cumple la ley de la palanca:

$$F_1 \cdot r_1 = F_2 \cdot r_2 \Rightarrow F_1 = F_2$$

Así pues, la fuerza que aplicamos F_2 es igual al peso de la cesta F_1.

La utilización de la polea no supone ninguna ventaja mecánica en la aplicación de la fuerza, como podemos comprobar en el siguiente ejemplo:

La ventaja de la polea es que permite cambiar la dirección o el sentido de la fuerza, y es más cómodo tirar hacia abajo, como hace Sara, que hacia arriba como hace Pedro.

La **polea** es una máquina simple que sirve para transmitir una fuerza, pero **sin ampliarla**.

ACTIVIDADES

7. Analiza. **En una obra, un palé con ladrillos (150 kg) está colgado de una polea a la altura de un primer piso.**

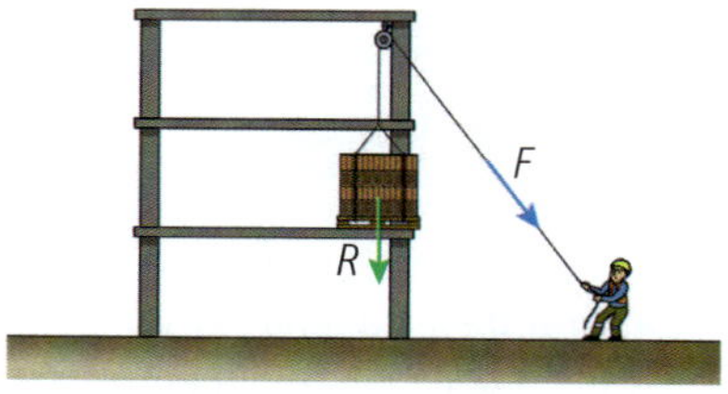

a) ¿Qué fuerza tiene que ejercer el obrero para subir el palé a un segundo piso?

b) ¿Por qué es más cómodo subir la carga con polea que a pulso?

c) Piensa en otras aplicaciones que conoces en que se utiliza la polea.

4 Transmisión y transformación del movimiento

En las máquinas es muy útil poder modificar la velocidad de sus componentes o su sentido de giro y transmitir o transformar el tipo de movimiento como, por ejemplo, en las puertas correderas de muchos garajes.

Este mecanismo, llamado **piñón-cremallera**, transmite el movimiento circular del piñón al movimiento lineal de la cremallera.

Gracias a este mecanismo se puede abrir y cerrar una puerta de forma muy cómoda.

Atendiendo a la transmisión y la transformación del movimiento, podemos clasificar los mecanismos en varios tipos.

Transmisión del movimiento

Lineal

Transmiten el movimiento lineal de un punto a otro de la máquina.

El movimiento lineal al tirar de la cadena (1) se transmite en el movimiento lineal del cubo (2) que asciende.

Circular

Transmiten el movimiento circular de un punto a otro de la máquina.

Al utilizar el corrector, el movimiento circular de un engranaje (1) se transmite al otro engranaje (2).

Transformación del movimiento

De circular a lineal

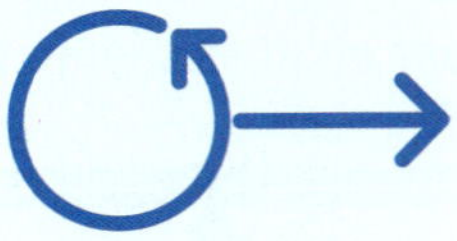

Transforman el movimiento circular en movimiento lineal.

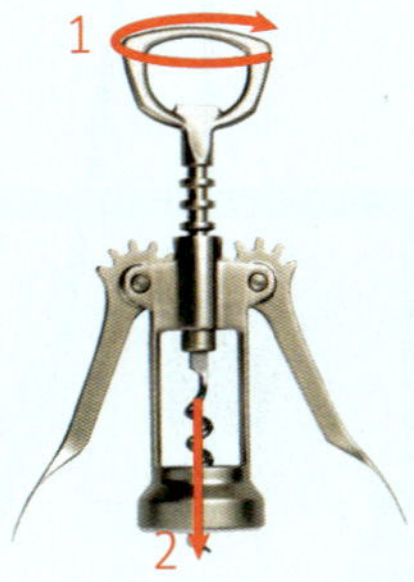

El movimiento circular del mango (1) se transforma en lineal en el tornillo (2) de un sacacorchos.

De alternativo a circular

Transforman el movimiento lineal alternativo en circular.

En el motor de un coche, el movimiento lineal alternativo o de vaivén del émbolo (1) se transforma en movimiento circular del eje (2).

ACTIVIDADES

8. Encuentra dos ejemplos de mecanismos que transmitan el movimiento y otros dos ejemplos de mecanismos que transforman el movimiento, y descríbelos.

Poleas y correa

Con la palanca y la polea simple, la transmisión del movimiento es lineal. Sin embargo, si unimos dos poleas con una correa, podemos transmitir el movimiento circular de una a la otra y también variar su velocidad.

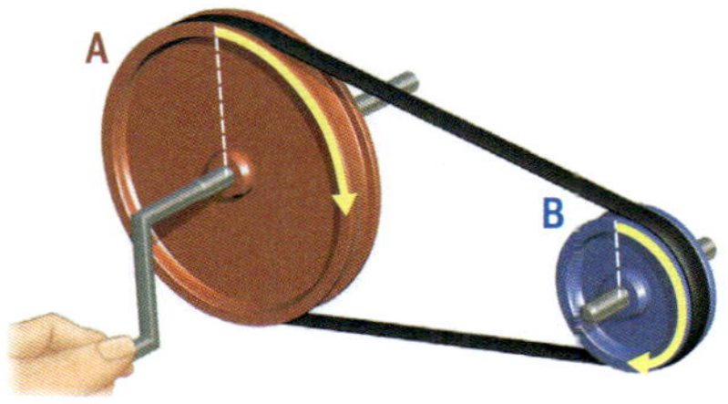

Por ejemplo, si el radio de la polea A es 2 veces mayor que el de la polea B, cuando la polea A da una vuelta, la polea B dará dos. ¡Es un **multiplicador de velocidad**!

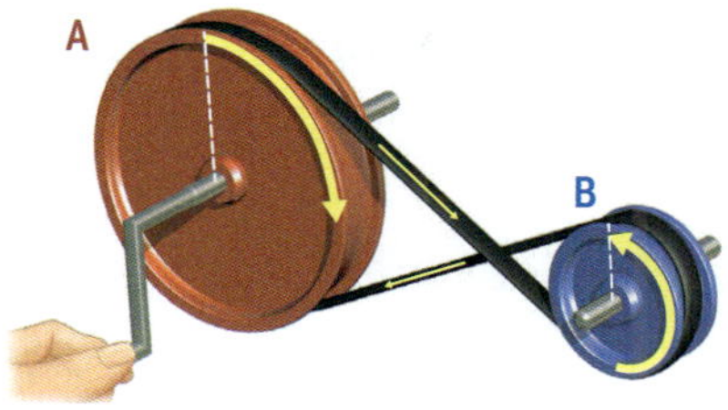

También se puede **invertir el sentido de giro**. Si cruzamos la correa sigue pasando lo mismo con las velocidades, pero ahora el sentido de giro de la polea B es el contrario que el de la polea A.

Aplicaciones: mecanismo de una lavadora, cinta transportadora, ascensores, etc.

>> Velocidad de giro

La velocidad a la que gira un disco circular, como una polea o un engranaje, se llama **velocidad de giro**. Se representa por ω y se mide en revoluciones por minuto (**rpm**), que son el número de vueltas que da el disco por minuto.

Engranajes y cadena

Otra forma de transmisión circular se logra mediante engranajes, uniéndolos de forma que sus dientes "engranen" entre sí.

Cuando el engranaje A da una vuelta, el engranaje B dará dos vueltas. Es otra forma de multiplicar la velocidad de giro. En este caso, se invierte el sentido del movimiento.

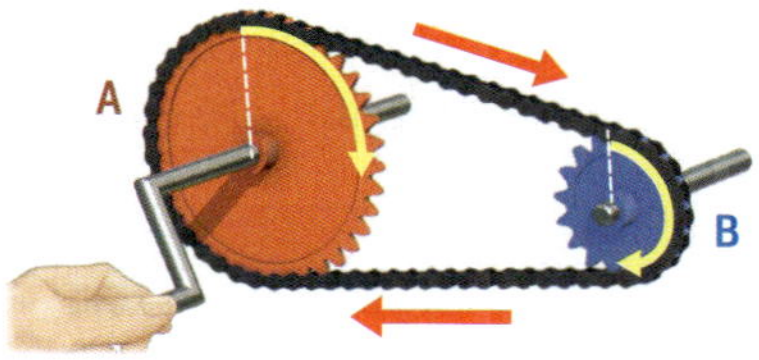

Si queremos mantener el mismo sentido de giro, podemos acoplar un tercer engranaje en medio de los dos o unirlos mediante una cadena.

Aplicaciones: mecanismos de juguetes, maquinaria, bicicletas, etc.

Las **poleas** y los **engranajes** permiten las transmisiones circulares, los cambios de sentido de giro y aumentar o disminuir su velocidad.

¿CÓMO LO RESOLVEMOS?

9. Calcula **la velocidad del segundo engranaje.**

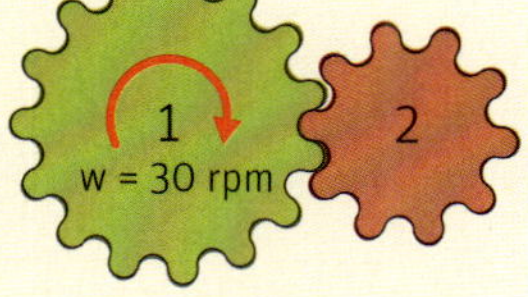

Para calcular la velocidad del segundo engranaje, tenemos que contar el número de dientes de cada uno de ellos: $n_1 = 15$ dientes; $n_2 = 10$ dientes.

Cuando el primer engranaje da una vuelta (15 dientes), el segundo engranaje dará 1,5 vueltas (10 dientes). La proporción sería:

$$\frac{(15 \text{ dientes})}{(10 \text{ dientes})} = 1{,}5$$

Por tanto, la velocidad del segundo engranaje sería: 30 rpm · 1,5 = 45 rpm.

ACTIVIDADES

10. Analiza. En una lavadora, el eje del motor gira a 1800 rpm, y queremos que el tambor donde se mete la ropa gire a 360 rpm. Dibuja el montaje de poleas para conseguirlo. ¿Cuál tiene que ser la proporción entre los radios de las poleas?

11. Señala, en los dos montajes, el sentido de giro de las piezas y justifica si aumentan o reducen la velocidad de giro (ω_1).

a)

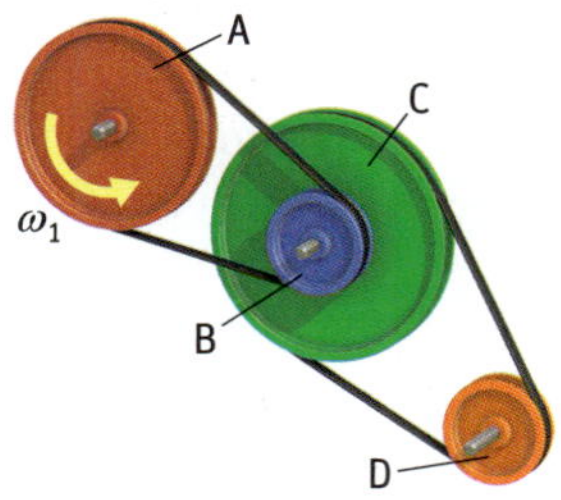

b)

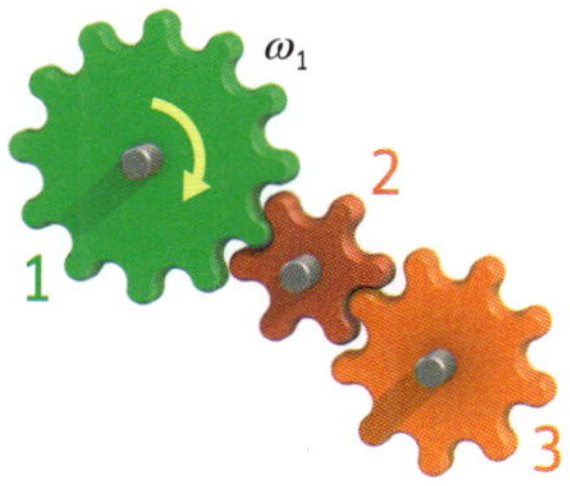

5 La fuerza de la gravedad

Hay un tipo de fuerza muy importante y que actúa entre todos los cuerpos del universo: es la **fuerza de la gravedad**. Esta fuerza es la responsable de que la Luna gire alrededor de la Tierra y los objetos lanzados en la superficie terrestre caigan al suelo.

La **fuerza de la gravedad** es una fuerza de atracción que hay entre los objetos que tienen masa.

Si acercamos un lapicero a un libro, ¿se produce una fuerza de atracción entre ellos?

Si enfrentamos el mismo lápiz a la Tierra, ahora sí que se ve atraído y se precipita sobre la superficie terrestre.

La fuerza de la gravedad es muy débil, por ello, solo es apreciable cuando al menos uno de los objetos tiene una masa muy grande, como la Tierra.

Los factores que influyen en la fuerza de atracción gravitatoria entre dos objetos son la **masa** de cada uno de ellos y la **distancia** que los separa.

Fuerza gravitatoria y masa	Fuerza gravitatoria y distancia
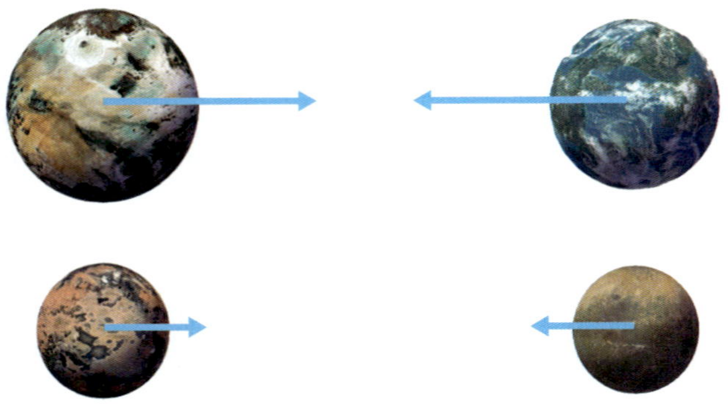	
Si la masa de al menos uno de los cuerpos aumenta, las fuerzas de atracción gravitatoria aumentan; si la masa disminuye, las fuerzas también lo hacen.	Si la distancia entre los cuerpos aumenta, las fuerzas de atracción gravitatoria disminuyen; si la distancia disminuye, las fuerzas aumentan.

EXPERIMENTA con el simulador de fuerza gravitatoria y observa cómo cambia al variar los parámetros.

ACTIVIDADES

12. Enumera. **Haz una lista de objetos celestes que puedan ser observados desde la superficie terrestre. Ordénalos según diferentes criterios: tamaño, distancia a la Tierra, luminosidad, etc.**

13. Razona. **Enfrenta dos bolígrafos a una distancia de 2 cm. ¿Existirá una fuerza gravitatoria entre ellos?**

6 Fuerza gravitatoria terrestre

Fuerza radial

La Tierra, como cualquier otro objeto, atrae al resto de los cuerpos hacia su centro. Estos son la dirección y el sentido de la fuerza sobre los objetos situados en su radio de acción. Por eso, los habitantes de las antípodas no se caen. En el espacio no hay arriba ni abajo.

Esta fuerza de atracción, que llamamos **peso**, será cada vez más débil a medida que nos alejemos de nuestro planeta y, a grandes distancias, es prácticamente inapreciable.

El **campo gravitatorio** terrestre es una propiedad física del espacio alrededor de la Tierra en el cual nuestro planeta ejerce una fuerza de atracción sobre cualquier objeto.

La aceleración de la gravedad

Si dejáramos caer paquetes desde cierta distancia sobre la superficie de la Tierra, estos incrementarían su velocidad a un ritmo de 9,8 m/s en cada segundo; es decir, describen un **movimiento acelerado**.

La **aceleración de la gravedad** es debida a la fuerza con que la Tierra atrae a los cuerpos. Su valor aproximado es de 9,8 m/s^2.

Interpreta lo que ocurre

Tomamos dos cajas de cartón iguales. En una introducimos un martillo, y en la otra, una pluma.

Las tapamos y las dejamos caer a la vez desde una misma altura. ¿Cuál llegará antes al suelo?

Metemos los dos objetos en cajas idénticas para evitar que se den fuerzas de rozamiento diferentes, y así comprobamos que las dos cajas llegarán a la vez al suelo. La **aceleración de la gravedad** no depende de la masa.

OBSERVA el martillo y la pluma: ¿cuál toca antes el suelo? En el vídeo se muestran variantes del experimento y cómo lo hizo el astronauta David Scout en la superficie de la Luna.

ACTIVIDADES

14. Decide. Imagina a un paracaidista que se lanza desde un avión. ¿En qué momento es mayor la fuerza de la gravedad que la Tierra ejerce sobre él, al saltar del avión o al llegar al suelo?

15. Razona. El hecho de que la Tierra tenga atmósfera y la Luna no, también está relacionado con la gravedad. Razona esta circunstancia teniendo en cuenta las fuerzas gravitatorias.

7 El sistema solar y la gravedad

Si fijamos una pelota a una cuerda y la hacemos girar, observamos que la fuerza de tensión ejercida en la cuerda hace que la pelota cambie constantemente de dirección. La pelota describe una trayectoria circular alrededor de la mano. Si suponemos que la pelota es la Tierra y la mano el Sol, ¿qué fuerza está representando la tensión de la cuerda?

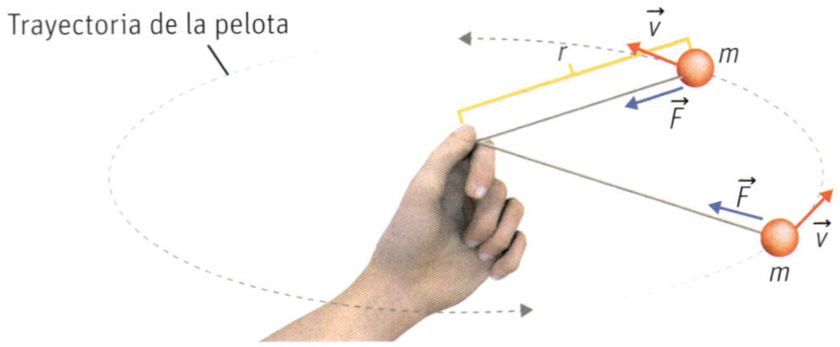

La **fuerza de la gravedad** es responsable de que los planetas, asteroides y cometas se encuentren girando alrededor del Sol y originen el sistema solar.

El **sistema solar** es el sistema planetario organizado en torno al Sol.

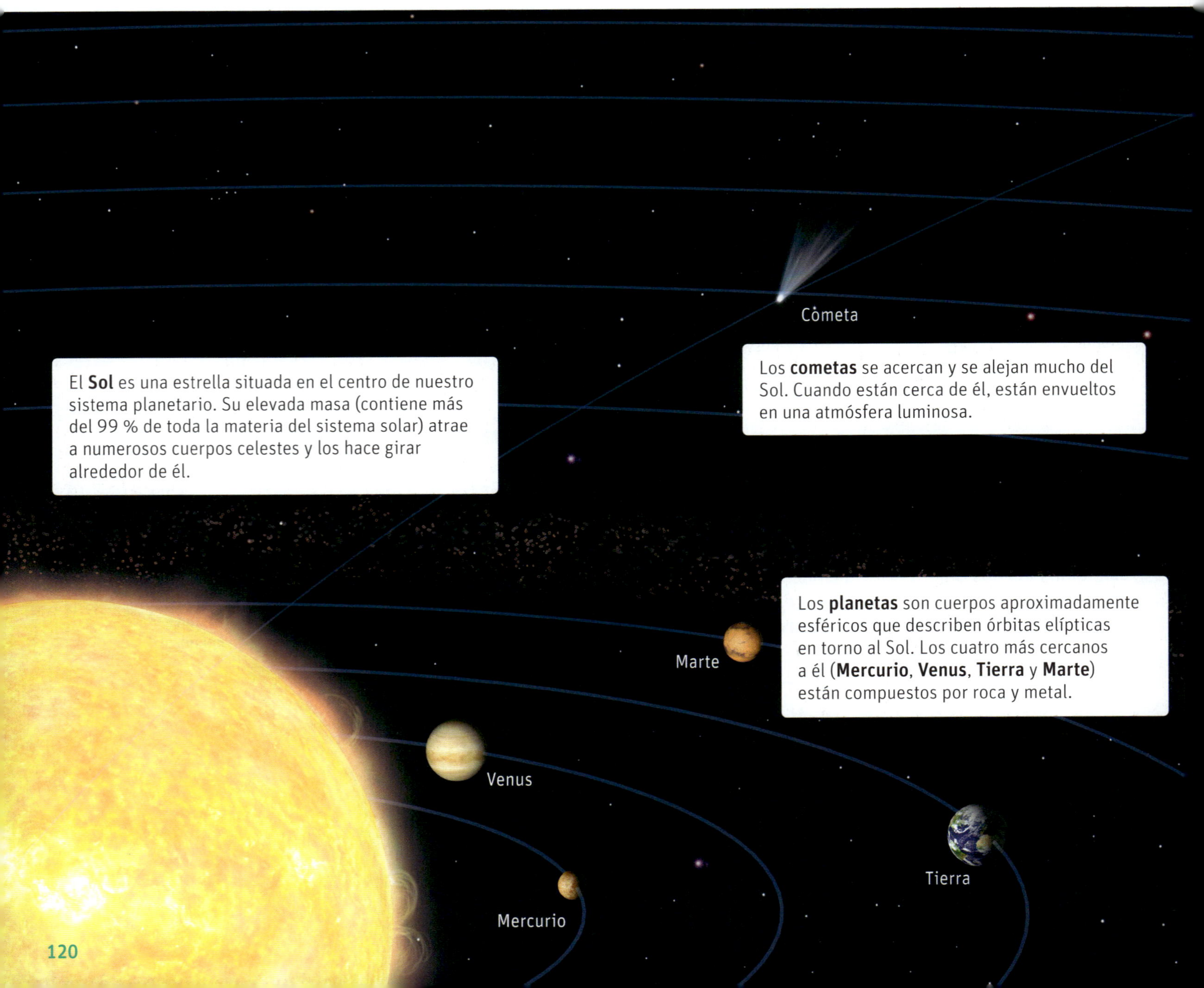

El **Sol** es una estrella situada en el centro de nuestro sistema planetario. Su elevada masa (contiene más del 99 % de toda la materia del sistema solar) atrae a numerosos cuerpos celestes y los hace girar alrededor de él.

Los **cometas** se acercan y se alejan mucho del Sol. Cuando están cerca de él, están envueltos en una atmósfera luminosa.

Los **planetas** son cuerpos aproximadamente esféricos que describen órbitas elípticas en torno al Sol. Los cuatro más cercanos a él (**Mercurio**, **Venus**, **Tierra** y **Marte**) están compuestos por roca y metal.

Satélites naturales

Los satélites naturales son aquellos cuerpos celestes que giran alrededor de los planetas debido a las fuerzas gravitatorias.

Los cuatro planetas más cercanos al Sol tienen pocos o ningún satélite; sin embargo, los cuatro más alejados llegan a sumar entre ellos más de 150 satélites.

La Luna es el satélite natural de la Tierra. Tarda aproximadamente 27 días y 8 horas en completar un giro alrededor del planeta en una trayectoria casi circular.

La Luna y las mareas

Periódicamente, las aguas de los océanos ascienden hasta una altura máxima conocida como **pleamar** y, después de un tiempo, descienden hasta un nivel mínimo llamado **bajamar**. Entre una pleamar y una bajamar transcurren aproximadamente 6 horas.

Este fenómeno se debe a las fuerzas de atracción que la Luna y, en menor medida, el Sol ejercen sobre el agua del planeta.

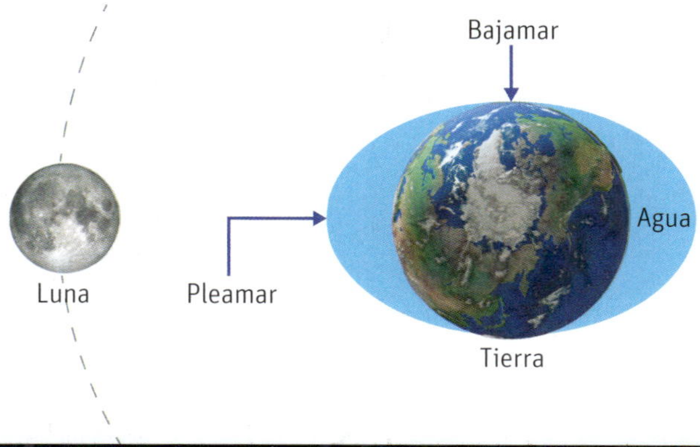

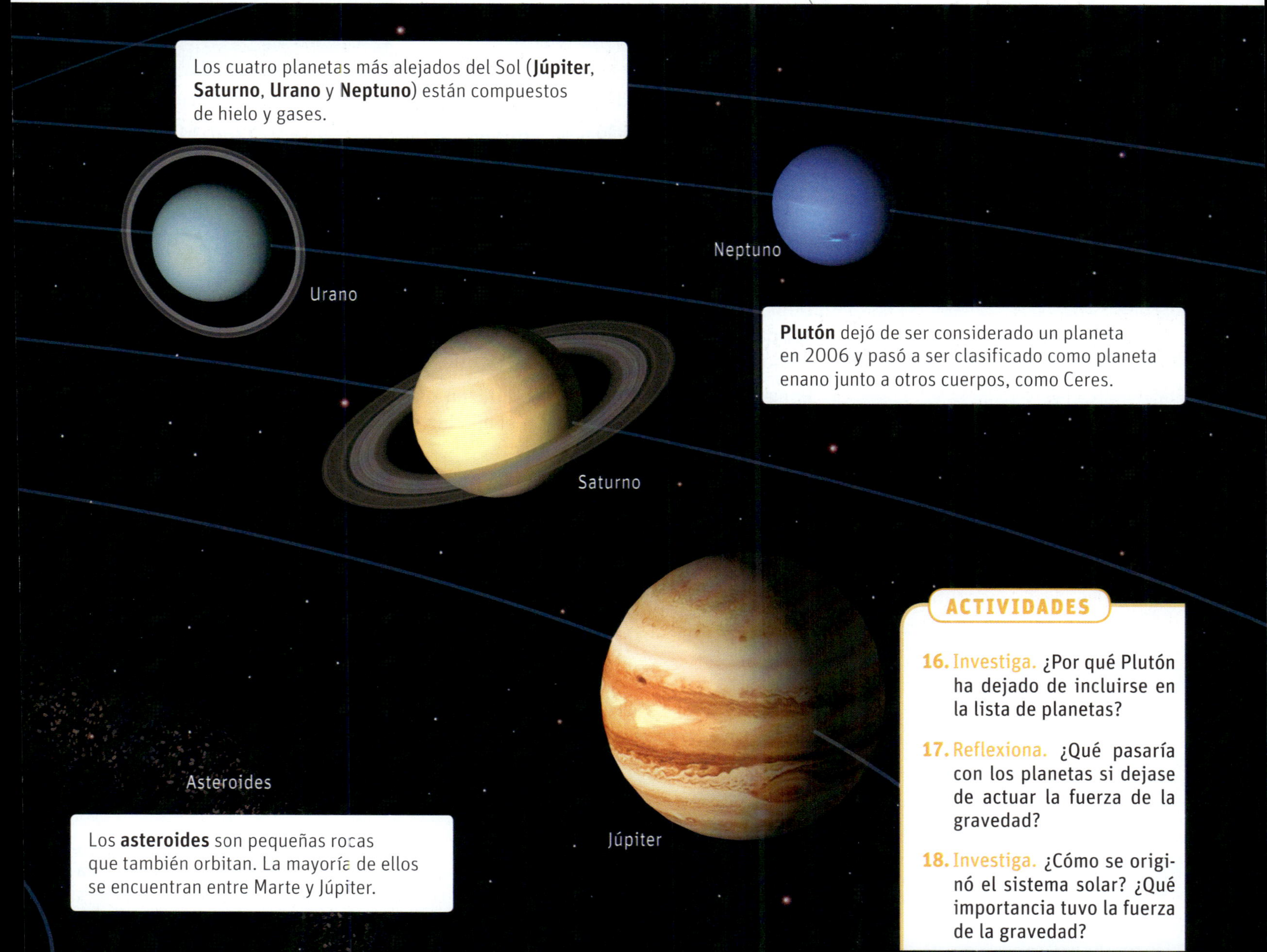

Los cuatro planetas más alejados del Sol (**Júpiter**, **Saturno**, **Urano** y **Neptuno**) están compuestos de hielo y gases.

Plutón dejó de ser considerado un planeta en 2006 y pasó a ser clasificado como planeta enano junto a otros cuerpos, como Ceres.

Los **asteroides** son pequeñas rocas que también orbitan. La mayoría de ellos se encuentran entre Marte y Júpiter.

ACTIVIDADES

16. Investiga. ¿Por qué Plutón ha dejado de incluirse en la lista de planetas?

17. Reflexiona. ¿Qué pasaría con los planetas si dejase de actuar la fuerza de la gravedad?

18. Investiga. ¿Cómo se originó el sistema solar? ¿Qué importancia tuvo la fuerza de la gravedad?

8 La velocidad de la luz y el universo

Al contemplar las estrellas, te habrás preguntado a qué distancia se encuentran. Pues bien, la más cercana, exceptuando el Sol, es Próxima Centauri y está a varios billones de kilómetros de distancia.

Además, la luz que emiten no llega instantáneamente hasta nosotros, sino que tarda varios años en cruzar el espacio y alcanzar nuestro planeta.

Para saber el tiempo que tarda la luz que emiten las estrellas en llegar a la Tierra, necesitamos conocer la velocidad a la que viaja.

La luz viaja a una velocidad de 300 000 km/s.

¿CÓMO LO RESOLVEMOS?

19. Calcula. **La luz que emite la estrella Polar tarda 431 años en llegar a la Tierra.**

¿Qué distancia en kilómetros nos separa de este astro?

La relación que existe entre la velocidad (*v*), el espacio (*e*) y el tiempo (*t*) es:

$$e = v \cdot t$$

Como la velocidad de la luz está en km/s, pasaremos los 431 años a segundos.

431 años · 365 días · 24 horas · 60 minutos · 60 s = 13 592 016 000 s

Por tanto, la distancia a la que nos encontramos de la estrella Polar es:

e = 300 000 km/s · 13 592 016 000 s = 4078 billones de km

Año luz

Debido a las gigantescas distancias que se manejan cuando estudiamos el universo, parece complicado expresar estas longitudes en kilómetros, ya que, como hemos visto, en la mayoría de las ocasiones hablamos de billones de kilómetros.

Por esta razón, los astrónomos utilizan otra unidad mucho más adecuada para medir distancias en el universo: el año luz.

Un **año luz** es la distancia que recorre la luz en un año.

Decimos que la estrella Polar se encuentra a 431 años luz de la Tierra, porque un rayo de luz que viaja desde esa estrella hasta nuestro planeta tarda 431 años en alcanzarlo.

» Unidad astronómica

Además del año luz, en astronomía también se usa la unidad astronómica (UA). Se trata de una unidad igual a la distancia media de la Tierra al Sol.

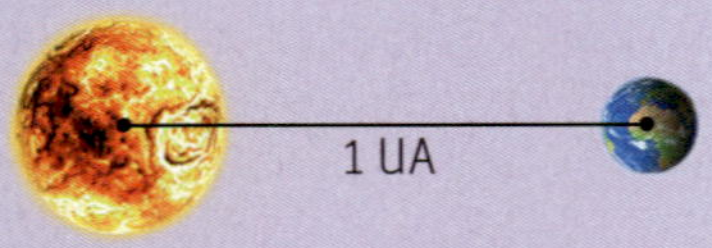

Su valor es aproximadamente 150 000 000 km.

ACTIVIDADES

20. Investiga. Sabiendo que la Tierra se encuentra a 150 000 000 km del Sol, calcula el tiempo que tarda la luz del Sol en llegar a la Tierra. ¿Tardará lo mismo en llegar a la Luna?

21. Calcula la distancia en línea recta entre Cádiz y Barcelona es de 910 km. ¿Cuánto tardaríamos en viajar de un punto a otro si pudiéramos desplazarnos a la velocidad de la luz?

El universo

El universo no está formado solo por estrellas y planetas, sino que también está compuesto por nubes de polvo y gas.

Actualmente no se conoce su tamaño con exactitud, ya que hemos sido incapaces de detectar sus bordes. Sin embargo, sabemos por métodos indirectos que el universo observable tiene una extensión de más de 90 000 millones de años luz.

Los científicos sitúan el origen del universo en una gran explosión, conocida como *Big Bang*, ocurrida hace unos 13 700 millones de años. A partir de ese momento, el universo empezó a expandirse y actualmente continúa extendiéndose.

El **universo** es el conjunto de todas las cosas que podemos percibir.

La Vía Láctea

Las estrellas se agrupan formando galaxias. El universo contiene miles de millones de galaxias.

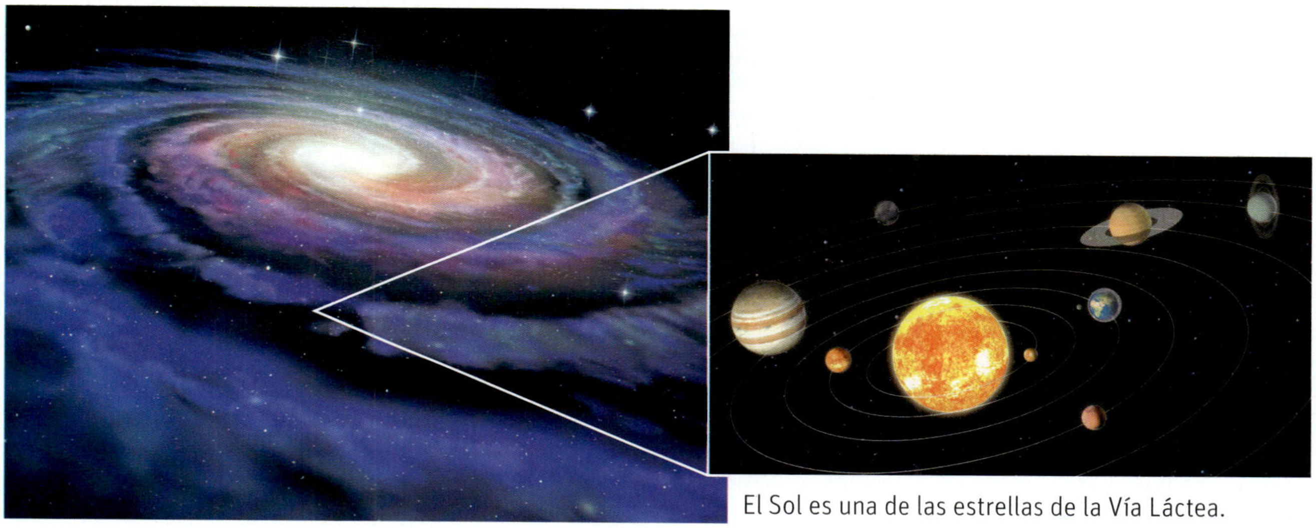

El Sol es una de las estrellas de la Vía Láctea.

La galaxia en la que se encuentra nuestro sistema solar se conoce como Vía Láctea. Está formada por más de 200 000 millones de estrellas y tiene forma de gran espiral que tarda unos 200 millones de años en dar un giro completo.

La Vía Láctea tiene un diámetro de unos 150 000 años luz. El Sol se encuentra en uno de los brazos de la espiral.

Nuestra galaxia no viaja sola por el espacio, sino que pertenece a un grupo de más de cuarenta galaxias llamado **Grupo Local**. Andrómeda y la Vía Láctea son las dos más grandes del conjunto.

Las **galaxias** son conjuntos de millones de estrellas, polvo interestelar, gases y partículas.

ACTIVIDADES

22. Reflexiona. *New Horizons* es una sonda destinada a explorar Plutón. Es capaz de alcanzar una velocidad de 15 km/s. ¿Cuánto tiempo tardará en cruzar la Vía Láctea?

23. Investiga. Busca el nombre de otras galaxias que formen parte del Grupo Local. ¿Qué son las nubes de Magallanes?

LO ESENCIAL

Las fuerzas en la naturaleza

La **fuerza** es una interacción entre cuerpos. Sus efectos son:

- **Deformaciones.**
- **Cambios en el movimiento.**

Las máquinas se diseñan y se construyen para **facilitar las tareas** a la hora de **realizar un trabajo**. Las máquinas simples son la **palanca**, la **polea** y el **plano inclinado**.

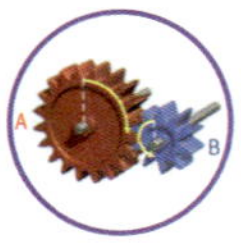

Las máquinas pueden transmitir y transformar las fuerzas y el movimiento.

La fuerza de la gravedad es la atracción que hay entre los cuerpos que tienen masa:

- Al aumentar la masa, la fuerza de la gravedad aumenta.
- Al aumentar la distancia entre los cuerpos, la fuerza de la gravedad disminuye.

El campo gravitatorio terrestre es el espacio donde la Tierra ejerce una fuerza de atracción (fuerza peso) sobre cualquier objeto.

La fuerza de la gravedad es la responsable de las órbitas de los planetas y de todos los movimientos en el universo.

1. Organiza tus ideas. **Copia, completa y amplía el siguiente esquema para construir tu propio mapa mental de la unidad.**

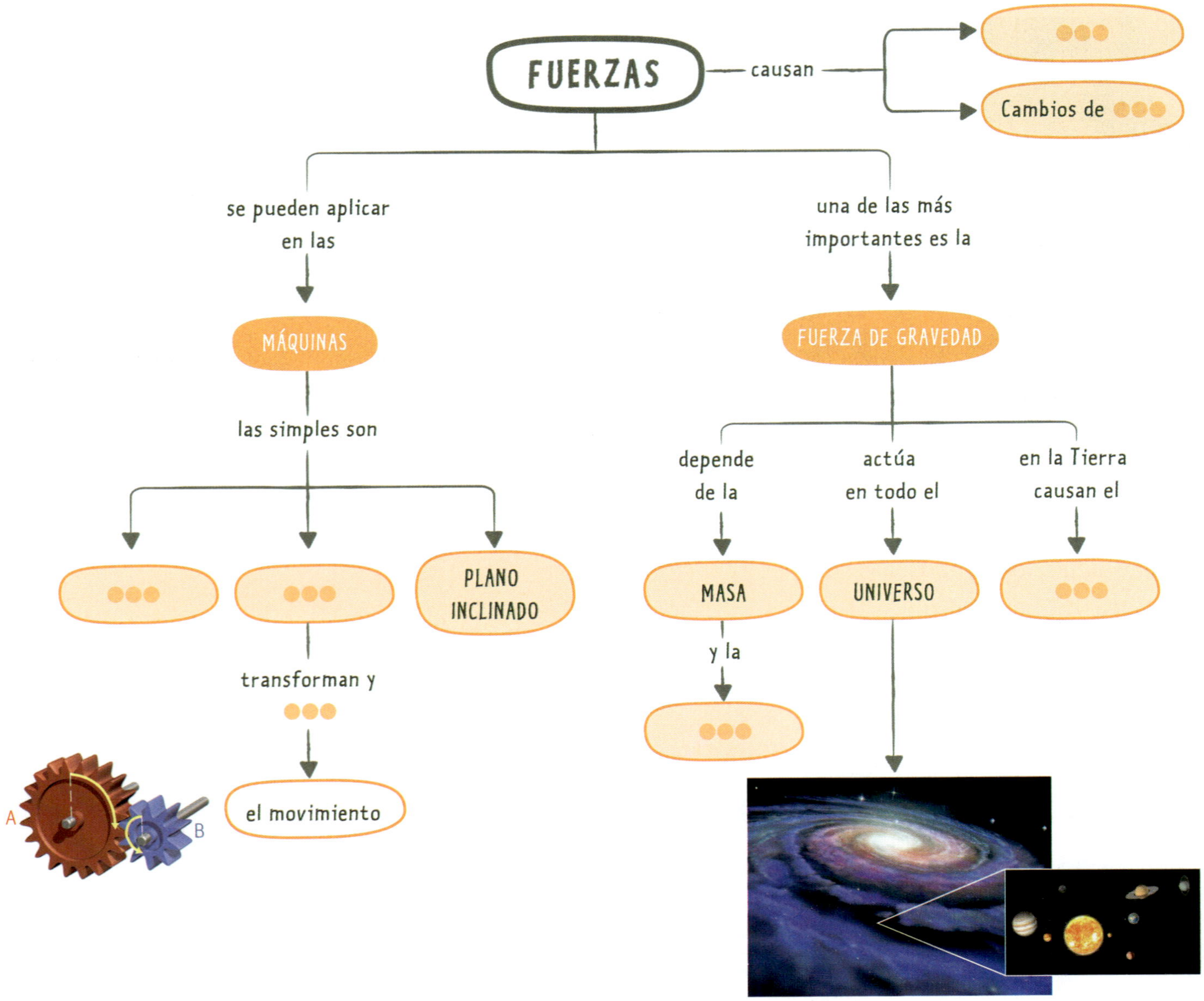

VALORA LO APRENDIDO Autoevaluación y resumen.

¿Qué son las fuerzas?

1. Indica **qué efectos producen las fuerzas en las siguientes situaciones:**

a) Un portero de fútbol que para un penalti.

b) Una goma de la que colgamos un peso.

c) Una persona que anda sobre un suelo embarrado.

d) Un atleta que levanta un peso del suelo.

2. Indica **si son verdaderas o falsas las siguientes afirmaciones. En caso de que sean falsas, escríbelas correctamente.**

a) Los cuerpos elásticos son aquellos que quedan deformados, aunque dejemos de ejercer la fuerza.

b) Una canica que rueda sobre una superficie va perdiendo fuerza.

c) Las fuerzas siempre aumentan o reducen la velocidad del cuerpo sobre el que actúan, nunca cambian su dirección.

d) Una fuerza es cualquier causa capaz de deformar un cuerpo o modificar su estado de reposo o de movimiento.

3. Analiza. **Dibuja vectores que representen fuerzas que cumplan las características que se marcan en cada uno de los apartados.**

a) Dos fuerzas con la misma intensidad, pero distinta dirección.

b) Dos fuerzas con la misma dirección, pero distinta intensidad.

c) Dos fuerzas con la misma dirección, pero distinto sentido.

d) Tres fuerzas con el mismo punto de aplicación.

4. Razona. **Dados los siguientes vectores que representan a fuerzas:**

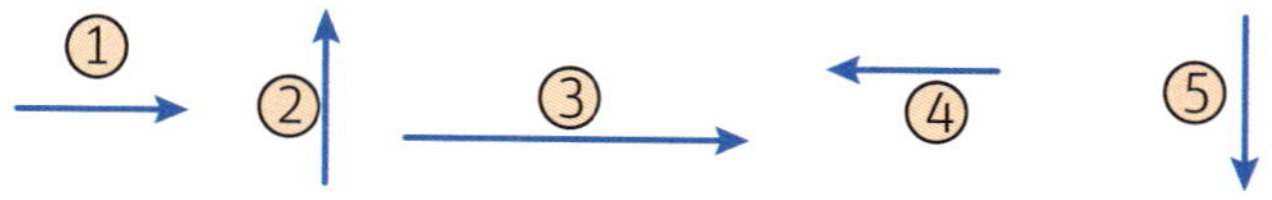

a) ¿Qué fuerzas tienen la misma dirección?

b) ¿Qué fuerzas tienen la misma intensidad?

Justifica tus respuestas de forma razonada.

5. Razona. **La profesora de Física y Química de 2.º ESO está corrigiendo unas cuestiones que ha puesto a sus alumnos para comprobar sus conocimientos acerca de los efectos de las fuerzas sobre los cuerpos. En una de las respuestas encuentra escrita esta frase: "Si sobre un cuerpo actúa una fuerza constante, la velocidad que adquiere será constante". ¿Podrá la profesora dar por válida esta respuesta?**

6. Identifica **de qué característica del vector se trata en cada caso:**

- El ●●● es el lugar en el que se aplica la fuerza.
- La ●●● es el valor numérico de la fuerza expresado en N.
- La ●●● es la recta sobre la que actúa la fuerza.
- La punta de la flecha indica el ●●● hacia el que actúa la fuerza.

La palanca

7. Encuentra **el punto de apoyo y las fuerzas implicadas en la figura.**

8. Elige. **¿Qué tipo de palanca es la carretilla?**

A. Primer género

B. Segundo género

C. Tercer género

9. Elige **la opción correcta. Estas tijeras están hechas del mismo material. ¿Con cuál de las dos podrías lograr más fuerza en la punta?**

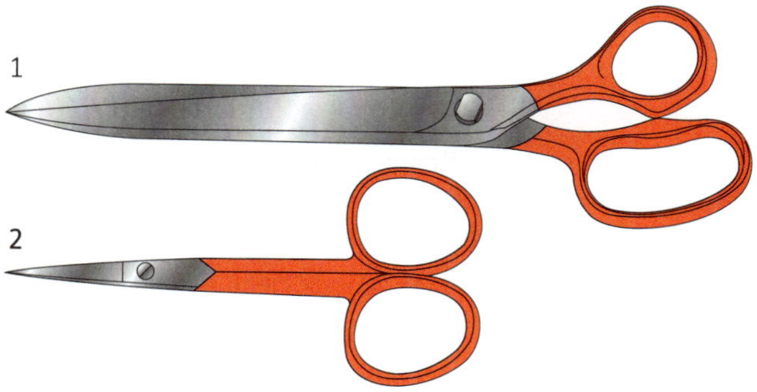

A. Con la 1 porque es más grande.

B. Con la 2, porque el punto de apoyo está más cerca de la punta.

C. Con las dos igual porque son de la misma marca.

¿CÓMO LO RESOLVEMOS?

10. Calcula. **Con una pala y un ladrillo puedes levantar a tu profesor. ¿Qué fuerza tienes que hacer para lograrlo?**

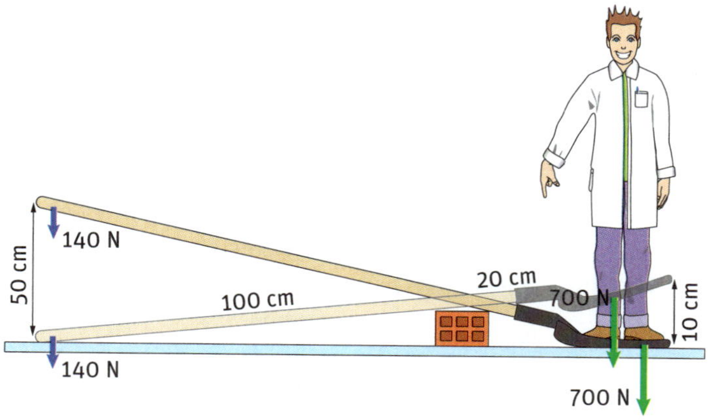

Si la masa de tu profesor es de 70 kg, su peso será 700 N. Aplicamos la ley de la palanca:

$$F \cdot b_F = R \cdot b_R \rightarrow F \cdot (100 \text{ cm}) = (700 \text{ N}) \cdot (20 \text{ cm})$$

$$F = \frac{(700 \text{ N}) \cdot (20 \text{ cm})}{(100 \text{ cm})} = 140 \text{ N}$$

Como el brazo largo es 5 veces mayor que el corto, la fuerza que necesitas es 5 veces menor. Observa que, a cambio de usar menos fuerza, tienes que bajar el extremo de la palanca 50 cm para subir al profe solo 10 cm. ¡Menos fuerza, más recorrido!

11. Calcula. ¿Qué fuerza tiene que hacer el tonelero para levantar el tonel? Recuerda que 1 kg pesa aproximadamente 10 N.

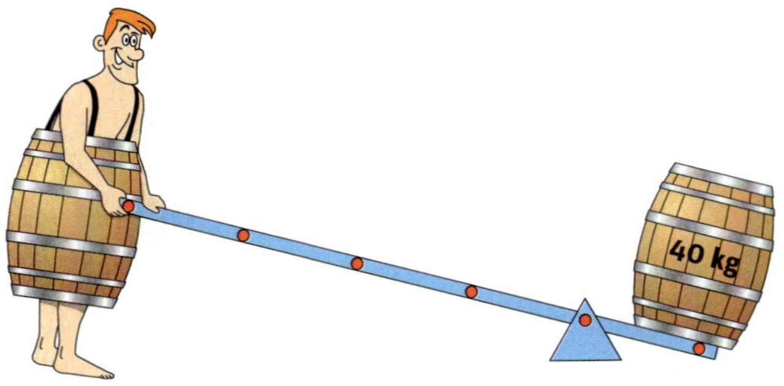

A. 40 N   B. 400 N   C. 10 N   D. 100 N

12. Soy competente

A pesar de que ya no tienen edad para jugar en el parque infantil, Andrés de 50 kg y Sara de 40 kg, alumnos de 2.º de ESO, deciden investigar usando un balancín.

a) Si Andrés se coloca en C, ¿dónde tiene que colocarse Sara para equilibrarlo?

- En A.
- Entre A y B.
- En B.
- No puede equilibrarlo, porque pesa menos que Andrés.

b) Ahora le toca a Sara ponerse primero y elige la posición A. ¿Dónde debe situarse Andrés?

- En C.
- En D.
- Entre C y D.
- Siempre la levanta, porque pesa más.

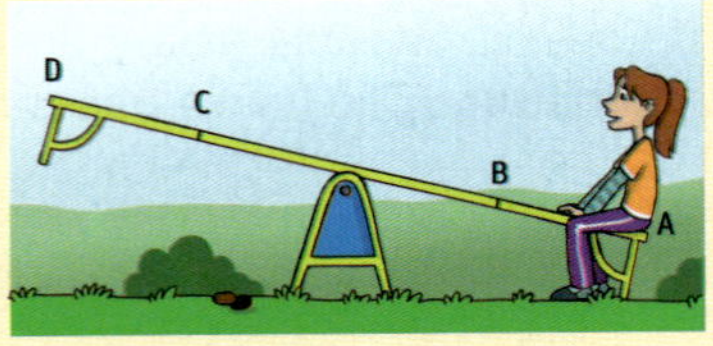

c) Tizón, el perrito de Sara, pesa 10 kg y salta a sus brazos (en A). ¿Dónde debe situarse ahora Andrés para equilibrarlos?

13. Escribe y completa en tu cuaderno este organizador gráfico sobre las palancas.

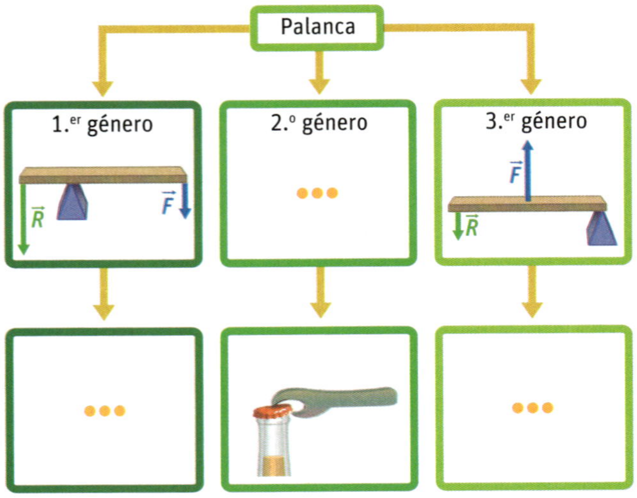

Plano inclinado y poleas

14. Razona en qué situación se realiza más trabajo en cada caso para subir la esfera a la parte superior. ¿Qué ventaja supone la utilización del plano inclinado?

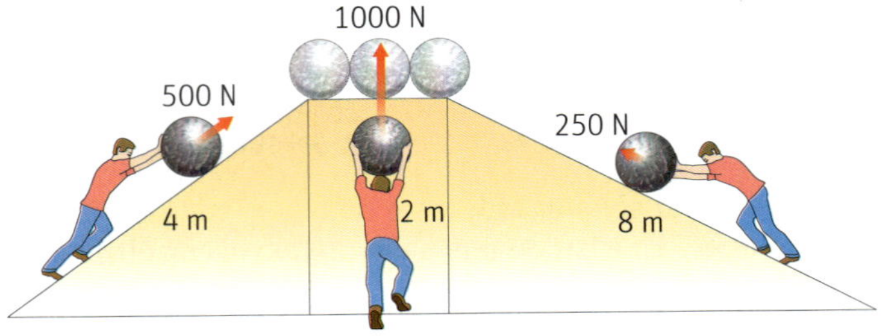

15. Explica por qué el tornillo facilita el trabajo en la siguiente situación.

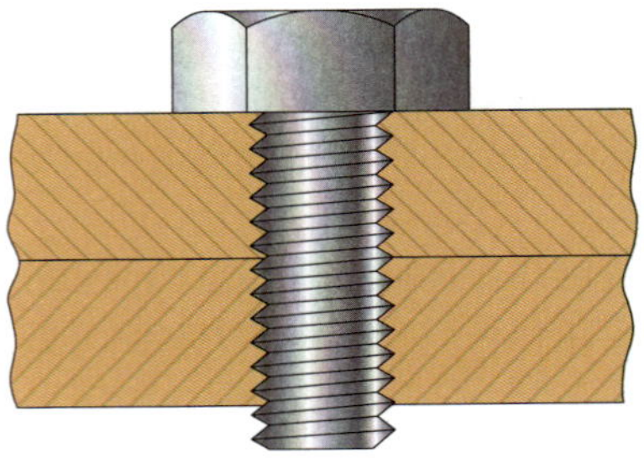

16. Deduce. ¿Qué tornillo entrará más fácil, el A o el B?

A. Los dos iguales, porque son igual de gruesos.

B. El A, porque los filetes tienen menos inclinación.

C. El B, porque los filetes tienen más inclinación.

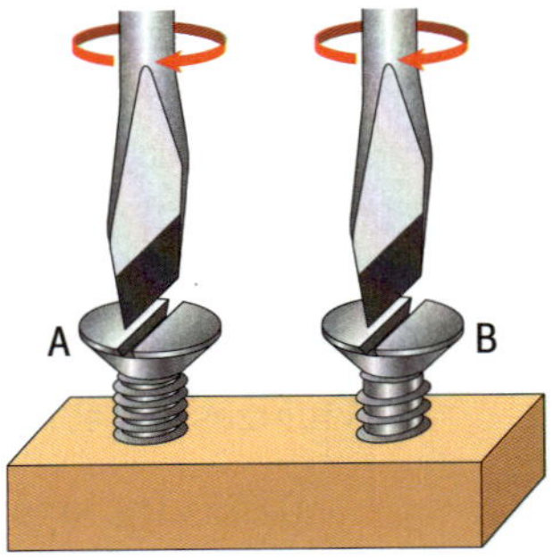

17. Elige entre las siguientes opciones qué harías para subir un piano a un piso desde la calle utilizando una polea simple:

A. Hacemos una fuerza que es la mitad del peso del piano.

B. Hacemos una fuerza que es el doble del peso del piano.

C. Hacemos la misma fuerza que el peso del piano.

D. Si la polea es grande, hacemos menos fuerza que si es más pequeña.

18. Relaciona. ¿En qué se diferencia una rueda dentada o engranaje de una polea? ¿Permiten realizar cambios en el sentido o la dirección de la fuerzas?

Indica al menos dos ejemplos de estructuras o instrumentos cotidianos que utilicen dichas máquinas.

Transmisión y transformación del movimiento

19. Reflexiona. **Cuenta los dientes de cada engranaje e indica el sentido de giro de cada uno de ellos. ¿Cuántas vueltas tiene que dar la rueda 1 para que la 4 dé una vuelta completa?**

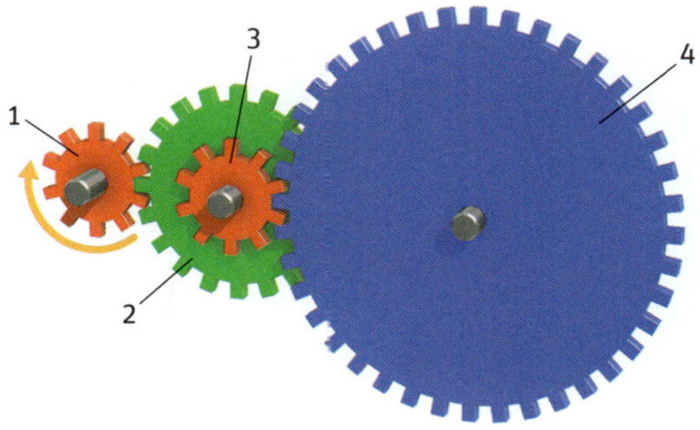

20. Razona. **Si el piñón gira en el sentido indicado, ¿en qué sentido se moverá la cremallera? Realiza un dibujo esquemático en tu cuaderno.**

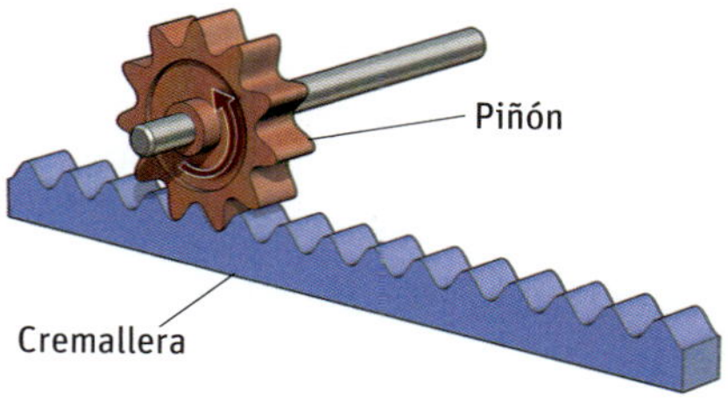

La fuerza de la gravedad

21. Relaciona. **Observa las siguientes medidas tomadas con una báscula.**

Selecciona en cuál de las siguientes situaciones se produce una mayor fuerza gravitatoria.

A. 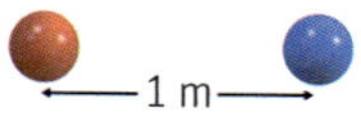

B. 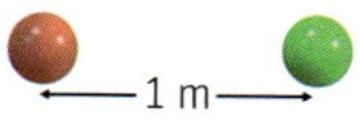

C. 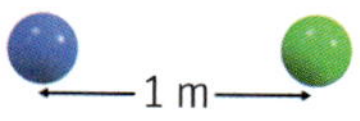

22. Indica **a qué distancia habría que separar dos cuerpos para que la fuerza gravitatoria fuese mayor.**

A. 0,00045 km

B. 45 mm

C. 0,23 m

D. 0,003 dam

23. Razona. **Acercamos una caja fuerte a un piano a una distancia de un metro:**

Después retiramos la caja fuerte y acercamos un yunque a la misma distancia.

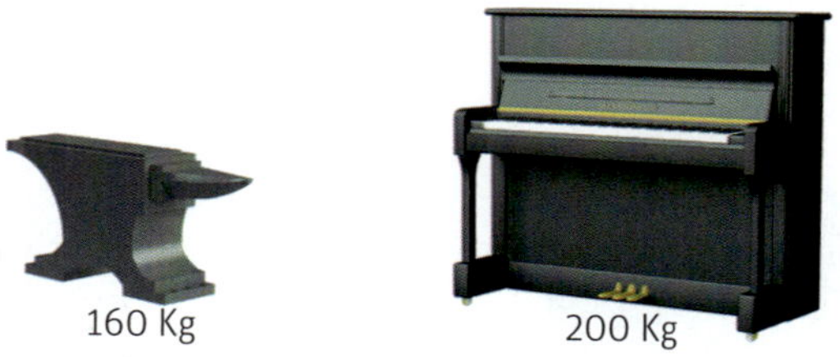

a) ¿En qué caso la fuerza gravitatoria es mayor?

b) ¿Podríamos conseguir que la fuerza entre el yunque y el piano sea igual a la fuerza entre la caja fuerte y el piano, alejando o acercando el yunque?

c) Si existe una fuerza de atracción entre estos objetos, ¿por qué no se mueven hasta quedar pegados?

¿CÓMO LO RESOLVEMOS?

24. Reflexiona. **Entre la Tierra y la Luna existe un punto en el que, si colocáramos un objeto, las fuerzas de atracción que sobre él ejercen ambos astros se equilibrarían. ¿Dónde se situaría ese punto? Justifica tu respuesta en el cuaderno.**

A. Más cerca de la Tierra que de la Luna.

B. Más cerca de la Luna que de la Tierra.

C. Justo en el punto medio entre la Luna y la Tierra.

La respuesta correcta es la B. La Tierra tiene más masa que la Luna. Si colocamos el objeto a mitad de camino entre la Tierra y su satélite, la fuerza que ejerce nuestro planeta será mayor.

Por tanto, debemos alejar el objeto de la Tierra para que disminuya el efecto gravitatorio de nuestro planeta con la distancia y vaya aumentando el de la Luna, al acercarlo a ella, hasta que se compensen.

25. Soy competente

Cuando se lanza una nave para explorar la galaxia, se tiene en cuenta la fuerza gravitatoria que ejercen los distintos planetas para calcular la trayectoria que debe seguir.

Los científicos se ayudan de esta fuerza para ahorrar combustible. Hacen pasar las naves espaciales cerca de los planetas y, de esta manera, consiguen aumentar o disminuir su velocidad o redirigir su camino.

a) Supón que realizas una misión interestelar desde el planeta X hasta el planeta Y, tal y como se muestra en la siguiente figura:

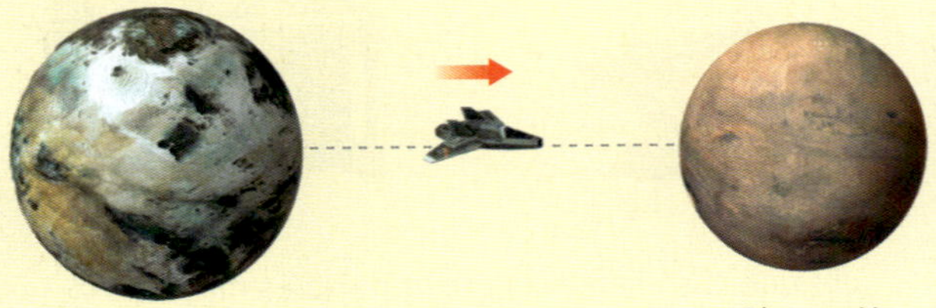

¿Crees que la nave deberá llevar los motores encendidos en todo el recorrido? ¿Se detendrá si los apaga? Razona tus respuestas.

b) Una segunda misión tiene el objetivo de viajar más allá del planeta Y, siguiendo la trayectoria punteada que se indica en esta figura:

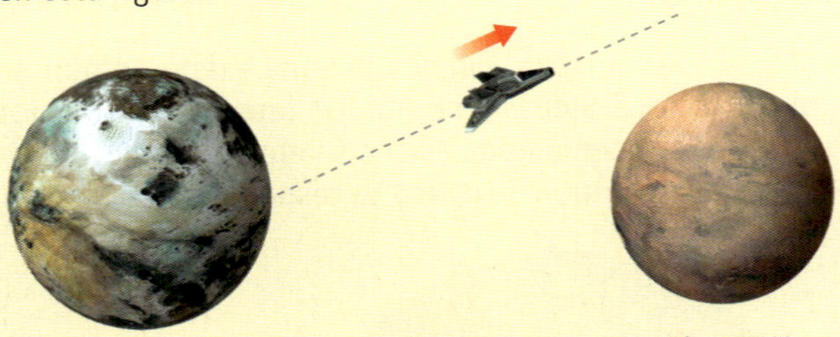

Haz un boceto de cuál sería la trayectoria de la nave si apagase los motores en un momento dado. ¿Seguiría la línea recta discontinua marcada en el dibujo?

26. Razona. **¿Son la masa y el peso lo mismo? ¿Cuál de las dos magnitudes es una fuerza?**

27. Indica. **La fuerza gravitatoria entre dos cuerpos aumenta si...**

A. Reducimos la distancia entre los cuerpos.

B. Reducimos la masa de los cuerpos.

C. Aumentamos la distancia entre los cuerpos.

D. Reducimos la masa solo de uno de los cuerpos.

28. Indica **cuáles de las siguientes circunstancias no influyen en en la fuerza gravitatoria entre dos cuerpos.**

A. La distancia que los separa.

B. El color de los cuerpos.

C. La carga de los cuerpos.

D. La masa de los cuerpos.

El universo y la velocidad de la luz

29. Calcula. **La distancia entre la Tierra y la Luna es de 384 400 km. ¿Cuánto tardaría la luz en llegar de nuestro planeta a dicho satélite?**

30. Calcula. **Usain Bolt es capaz de cubrir una distancia de 100 m en tan solo 9,58 s. ¿Qué distancia recorre la luz en ese tiempo?**

31. Indica **cuáles de las siguientes afirmaciones sobre el sistema solar son ciertas.**

A. Contiene ocho planetas.

B. La órbita de la Tierra es circular.

C. La fuerza gravitatoria es la responsable de que los planetas giren alrededor del Sol.

32. Razona. **¿Cuáles de las siguientes afirmaciones sobre las fuerzas gravitatorias dentro de nuestro sistema solar son falsas? Justifica tu respuesta.**

A. El Sol ejerce una fuerza gravitatoria sobre la Luna.

B. La Luna no ejerce fuerza gravitatoria sobre la Tierra.

C. El movimiento de los cometas alrededor del Sol no está relacionado con la fuerza gravitatoria.

D. La fuerza que ejerce la Tierra sobre la Luna es mayor que la que ejerce la Luna sobre la Tierra.

E. Las mareas en los océanos dependen de la Luna.

33. Indica. **¿Qué le pasaría a la Luna si dejase de girar alrededor de la Tierra y se quedase quieta?**

A. Se quedaría flotando en el espacio.

B. Caería sobre la Tierra de forma acelerada.

34. Reflexiona. **¿Crees que los satélites artificiales que el ser humano pone en órbita también giran alrededor de la Tierra por el efecto de la gravedad? Investiga sobre el tema.**

35. Indica **si la fuerza gravitatoria que el Sol ejerce sobre Marte es mayor o menor que la que ejerce sobre la Tierra. Razona tu respuesta.**

36. Indica **si las siguientes afirmaciones son verdaderas o falsas. Corrige las que sean falsas.**

a) Los satélites naturales, giran alrededor de las estrellas.

b) El fenómeno de las mareas se debe, principalemente, a la atracción de la Luna sobre el agua de nuestro plane.

c) Plutón es un planeta del siste,a solar.

37. Nombra **los planetas del sistema solar por orden de proximidad al Sol.**

38. Identifica **de qué cuerpo celeste se trata en cada caso.**

a) Pequeñas rocas que orbitan alrededor del Sol, principalmente entre Marte y Júpiter.

b) Cuerpos aproximadamente esféricos que pueden estar compuestos por roca y metales o por hielo y gases.

c) Cuerpos con atmósfera muy luminosa que describen órbitas muy extremas.

39. Calcula **los siguientes datos.**

a) ¿A cuántos kilómetros equivalen 10 años luz?

b) ¿A cuántos años luz equivale 1 billón de kilómetros?

c) ¿A cuántas unidades astronómicas equivale un año luz?

40. Calcula. **Para medir distancias en el espacio se utiliza una unidad llamada unidad astronómica (UA). Una UA es la distancia que hay entre el Sol y la Tierra, es decir, 150 000 000 km. Así, por ejemplo, Mercurio está a 0,4 UA; Venus a 0,7 UA y Marte a 1,5 UA del Sol.**

a) Dibuja una línea recta, colcca al Sol en un extremo y sitúa Mercurio, Venus, la Tierra y Marte a escala de unidades astronómicas.

b) Cambia las unidades astrorómicas a unidades del sistema internacional y expresa el resultado utilizando notación científica.

41. Investiga. **Busca información sobre Isaac Newton, Nicolás Copérnico, Galileo Galilei y Claudio Ptolomeo.**

Ordénalos temporalmente en un cronograma y señala la aportación más importante de cada uno de ellos en este tema.

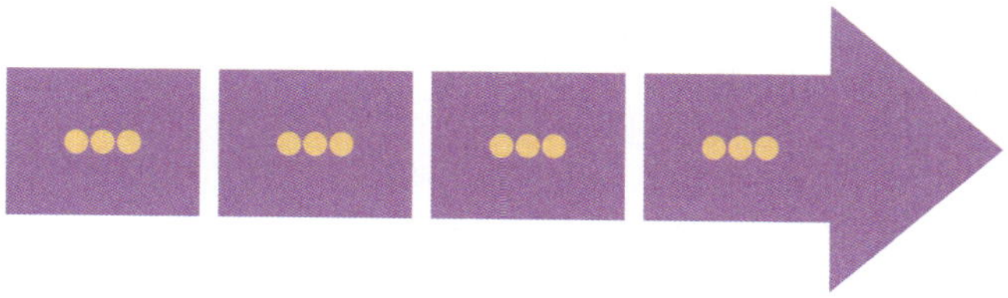

Física y química en tu vida

Lee y comprende el siguiente texto:

Saber física te puede salvar la vida

Esquiar es un placer, pero debemos tener mucho cuidado con los aludes.

Los aludes o avalanchas son desprendimientos bruscos de nieve por las laderas de una montaña. Son debidos a diversas causas, como la existencia de agua infiltrada entre dos capas de nieve que reduce el rozamiento entre dos placas. La fuerza de gravedad hace el resto.

A veces el equilibrio es muy frágil y basta con que pasen algunos esquiadores para que su peso desencadene la tragedia.

No podemos prevenirlos, pero sí seguir algunos consejos. Por ejemplo, evitar zonas donde haya caído mucha nieve con ventisca y las laderas norte con pendientes de entre 30° y 45°. Debes llevar una pequeña pala y una baliza para señalar tu posición.

En el caso de que te alcance el alud, adopta una postura fetal con los brazos encima de la cabeza para crear una burbuja de aire. Al estar sepultado por la nieve puedes estar desorientado; para saber hacia dónde hay que excavar, puedes usar un líquido, orina o saliva, y observar hacia dónde cae. ¡Suerte!

1. **Explica por qué la orina o la saliva pueden ayudarte.**
2. **¿Qué tiene que ver este consejo con la gravedad?**

MEDIR VARIABLES

Midiendo la velocidad desde el aire

La Dirección General de Tráfico ha instalado radares en helicópteros para controlar el tráfico desde el cielo. Para medir velocidades, el radar detecta dónde se encuentra un mismo vehículo cada tres segundos.

Con cada una de las medidas, el sistema calcula tres velocidades medias, una en cada tramo de tres segundos. Al final, hace la media de esas velocidades y, si supera los límites establecidos, tramita la infracción vía telemática.

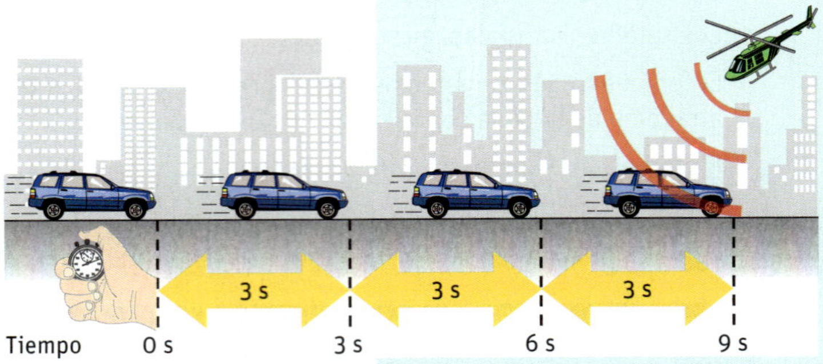

PASO 1 PLANTEAMOS LA INVESTIGACIÓN

- Supongamos que un coche circula por una autovía cuyo límite de velocidad es 120 km/h y es detectado por este tipo de radar.
- Mediante la recogida de datos y los cálculos oportunos queremos comprobar si supera el límite de la velocidad establecido en ese tramo de la carretera.

PASO 2 RECOGEMOS LOS DATOS

Recogemos los datos de tiempo y espacio obtenidos por el radar en cada uno de los tramos:

Tiempo (s)	0	3	6	9
Espacio (m)	0	90	175	264

PASO 3 REALIZAMOS LOS CÁLCULOS

Para saber si el coche ha superado el límite establecido tenemos que calcular la velocidad media de cada tramo y finalmente la velocidad media de todo el tramo.

1.er tramo: $v_m = \dfrac{(90-0)\,\text{m}}{(3-0)\,\text{s}} = 30\,\text{m/s}$

2.º tramo: $v_m = \dfrac{(175-90)\,\text{m}}{(6-3)\,\text{s}} = 28{,}3\,\text{m/s}$

3.er tramo: $v_m = \dfrac{(264-175)\,\text{m}}{(9-6)\,\text{s}} = 29{,}7\,\text{m/s}$

$$v_m = \frac{(30+28{,}3+29{,}7)\,\text{m/s}}{3} = 29{,}3\,\text{m/s}$$

Cambiamos la unidad de la velocidad:

$$29{,}3\,\text{m/s} = \frac{(29{,}3\,\text{m})}{(1\,\text{s})}\cdot\frac{(1\,\text{km})}{(1000\,\text{m})}\cdot\frac{(3600\,\text{s})}{(1\,\text{h})} = 105\,\text{km/h}$$

PASO 4 SACAMOS CONCLUSIONES

El coche no ha superado el límite de 120 km/h, por lo que no será multado.

1. Aunque el margen de error de este tipo de radar es de solo un 1 %, no se tramitan multas hasta superar el 10 % del límite de velocidad. ¿A partir de qué velocidad multarán?

2. Comprueba si un conductor que ha registrado los siguientes datos sobrepasa el límite de 120 km/h en todo el tramo.

Tiempo (s)	0	3	6	9
Espacio (m)	0	120	220	290

Descubre el campo magnético terrestre

La Tierra se comporta como un gran imán. El núcleo de la Tierra (de metal líquido) gira y crea un campo magnético, como si fuese un gigantesco imán, que atrae a la brújula.

Vamos a comprobarlo construyendo una brújula casera. Para ello, necesitarás los siguientes materiales y seguir los pasos que se detallan a continuación.

Materiales necesarios

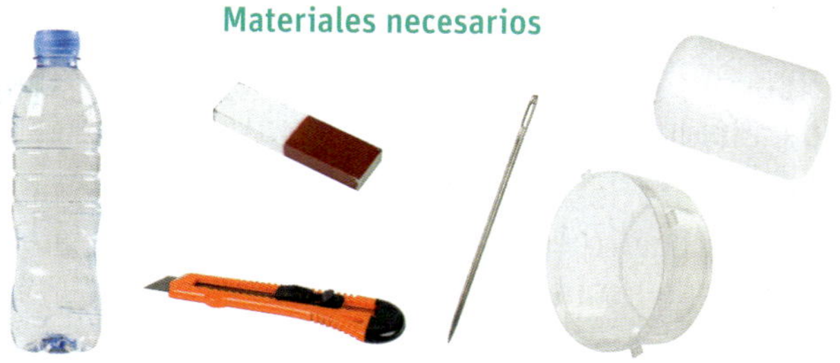

PASO 1 Frota una aguja de acero con un imán, siempre en la misma dirección. Asegúrate de que queda imantada.

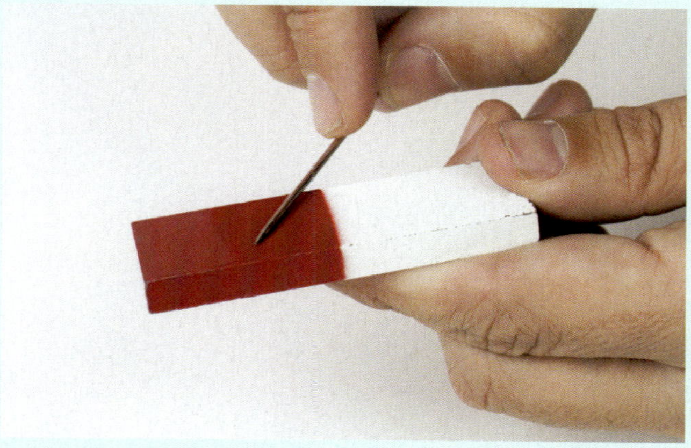

PASO 2 Corta un pequeño trozo de un tapón de corcho. También puedes utilizar una rodaja de poliestireno.

PASO 3 Atraviésalo con la aguja por el diámetro del corcho. Puedes ayudarte empujando la aguja con la mesa o con unos alicates.

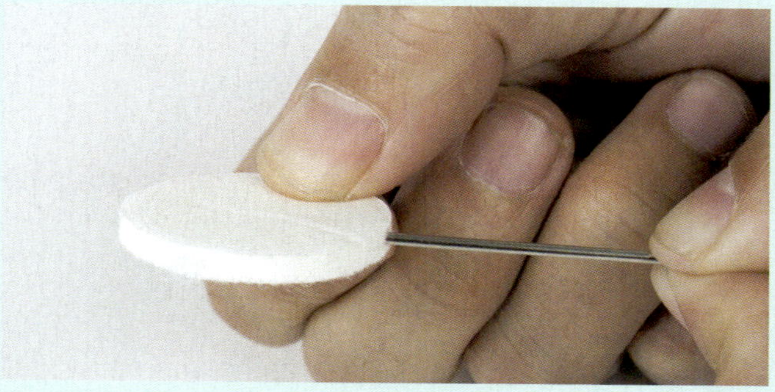

Verifica que la aguja traspasa el tapón y que sobresale por ambos lados.

PASO 4 Deposita el tapón con la aguja imantada en un cuenco lleno de agua y observa cómo se orienta.

PRACTICA Construye tu propia brújula.

1. Coloca el corcho en distintas posiciones y comprueba que siempre termina señalando al mismo lugar. ¿Hacia dónde apuntará la aguja?
2. Con este experimento hemos logrado construir una brújula casera. Dibuja sobre el corcho los puntos cardinales y copia el montaje en tu cuaderno.

Reta a tus padres. Laboratorio en casa

Un polipasto es un conjunto de poleas encadenadas entre sí que amplían la fuerza ejercida, aunque a costa de un mayor recorrido de esta.

Combinando dos poleas fijas y dos móviles como en la imagen, conseguimos ampliar la fuerza cuatro veces más. A cambio, para que el paquete subiese un metro, habría que tirar de la cuerda cuatro metros.

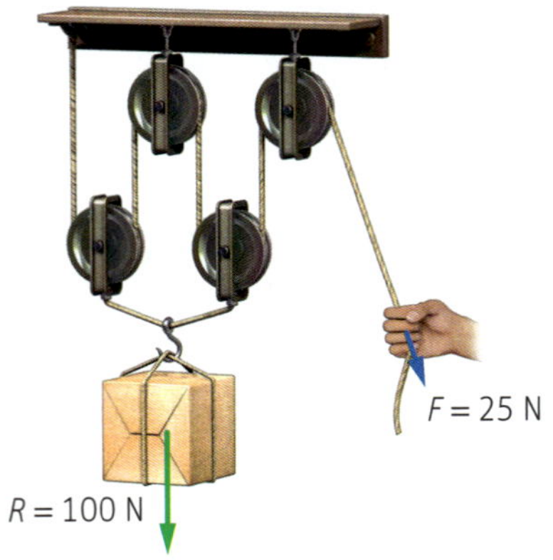

Puedes construir un polipasto casero con dos palos de escoba y una cuerda.

PASO 1 Ata un extremo de la cuerda en uno de los palos.

PASO 2 Encera la cuerda y enróllala alrededor de los dos palos como muestra el dibujo (unas 10 vueltas). Una vez construido el dispositivo mide la distancia entre los dos palos con una regla.

PASO 3 ¡Reta a tus padres! Cada uno de ellos intentará separar los extremos de los palos y tú tienes que tirar de la cuerda para que se junten.

OBSERVA Reta a tus padres.

1. ¿Quién ha ganado? ¿Por qué?
2. Para juntar los palos de escoba unos 10 cm, ¿cuánta cuerda has tenido que desplazar? Mídela y explica el porqué.
3. Investiga sobre otras aplicaciones de los polipastos presentes en máquinas.

La física ayuda a la ecología

Aunque no te lo creas, en España se consumen al año unos 7000 millones de latas de bebida. Algunas son de chapa y otras de aluminio, que es un metal que se obtiene de un mineral, la bauxita. El proceso de obtención del aluminio consume mucha energía; producir una lata equivale al consumo de un televisor durante 4 horas, y por eso es fundamental reciclar las latas.

PASO 1 ANALIZA ESTA MÁQUINA COMPUESTA

Observa el diseño de la siguiente máquina compuesta (torno y tornillo), que pretende ayudar en el reciclado de las latas separando las de chapa de las de aluminio para su posterior reciclado.

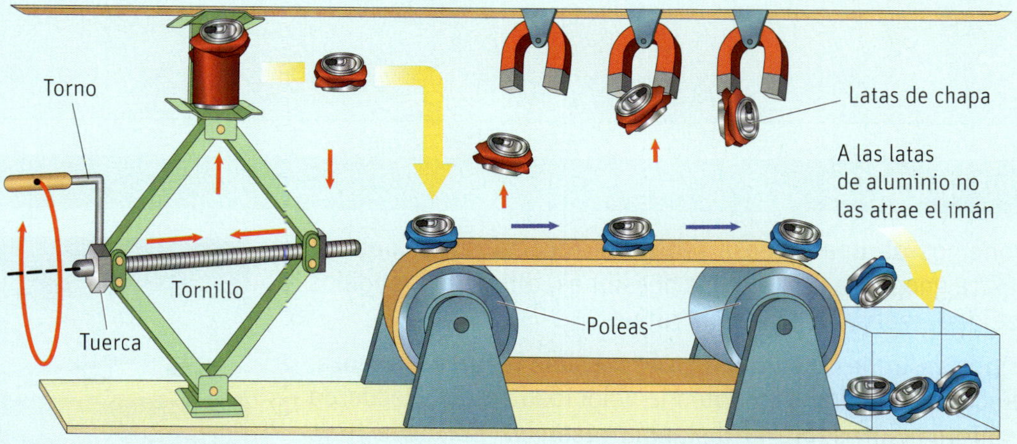

PASO 2 APLASTAMIENTO DE LAS LATAS

Para aplastar las latas y que ocupen poco espacio, usamos un gato elevador de coches. Esta máquina amplifica enormemente nuestra fuerza, y con un simple dedo podemos aplastarlas. ¿A cambio de qué? Como siempre..., a cambio de dar muchas vueltas a la manivela.

PASO 3 SEPARACIÓN DE LAS LATAS

Las latas aplastadas pasan a la cinta transportadora (otra máquina), y los imanes atraen las de chapa, pero no las de aluminio.

Así podemos separarlas y ahorrarnos mucha materia prima y energía.

1. Las latas usadas hay que depositarlas en los contenedores amarillos, junto a los plásticos. ¿Cómo separarías las latas de los plásticos?

2. Las bebidas se pueden envasar en botellas de plástico o de vidrio, en tetrabriks o en latas (de chapa o de aluminio). Busca información sobre las ventajas e inconvenientes de cada tipo de envase.

Tipo de envase	Ventajas	Inconvenientes
Botellas de plástico	●●●	●●●
Botella de vidrio	●●●	●●●
Tetrabriks	●●●	●●●

El tren de la ciencia

Desde que, a principios del siglo XIX, el ingeniero inglés Richard Trevithick adaptara una máquina de vapor para arrastrar vagones, muchos han sido los avances que ha experimentado el ferrocarril, que se ha convertido en uno de los pilares fundamentales del transporte de mercancías y pasajeros.

La locomotora de Trevithick era capaz de desarrollar una velocidad de 8 km/h, muy lejos de los 600 km/h que son capaces de alcanzar algunos de los modernos trenes de levitación magnética.

INVESTIGAMOS LA VELOCIDAD MEDIA

Actualmente, en España disponemos de una extensa red de ferrocarriles que une las principales localidades de nuestra geografía. En algunas ocasiones, diferentes modelos de trenes, algunos de alta velocidad, realizan una misma ruta.

Busca información sobre los tipos de trenes que efectúan el trayecto Madrid-Zaragoza, anota la duración del viaje con cada uno de ellos y obtén la velocidad media. Recuerda que, para ello, debes buscar información sobre la distancia recorrida por cada tren. Anota también el precio del billete. Con los datos obtenidos completa una tabla como esta:

Tipo de tren	Duración del viaje	Velocidad media	Precio del billete
AVE	●●●	●●●	●●●
●●●	●●●	●●●	●●●
●●●	●●●	●●●	●●●

¿Existe alguna relación entre el precio del billete y la velocidad media? Haz una gráfica para relacionar la velocidad media de cada tren con el precio del billete.

SEGURIDAD VIAL

Aunque los ferrocarriles se desplacen por vías destinadas a tal efecto, no sería extraño que descarrilasen si no siguiesen las señales que regulan el tráfico de estos vehículos.

- ¿En qué tramos crees que la velocidad de los trenes se limita más?
- ¿En qué vehículo crees que es más fácil reducir la velocidad, en un coche o en un tren? Explica tu respuesta y busca información en internet que apoye tu hipótesis.
- La velocidad de la circulación por carretera también está limitada. Señala algunos de los peligros que se derivan del incumplimiento de estas señales.

INVESTIGA LA LEVITACIÓN MAGNÉTICA

La repulsión magnética entre electroimanes es la responsable de que algunos trenes sean capaces de levantarse de las vías y se desplacen sin tocarlas.

Se trata de vehículos muy silenciosos donde la ausencia de rozamiento con los raíles permite que se alcancen grandes velocidades.

EXPERIMENTO SOBRE LA LEVITACIÓN MAGNÉTICA

Fija una varilla cilíndrica con plastilina a una base de madera.

Inserta un imán de anillo en la varilla, como en el dibujo.

Introduce otro imán, de forma que se repela con el de la base.

- Describe lo que sucede en este experimento.
- Sustituye el último imán que has introducido por otros de diferentes tamaños y materiales y mide la distancia que hay entre ambos imanes en cada situación.
- ¿Influye la gravedad en este experimento?
- Busca información sobre otros experimentos de levitación magnética y realiza alguno.

INVESTIGA LOS PLANOS INCLINADOS

El Lhasa Express es un tren que rodea el Himalaya y que alcanza cotas de más de 5000 m de altura.

Para la construcción de este tipo de trenes es necesario tener en cuenta la fuerza de la gravedad, ya que, en las bajadas, produce un aumento de la velocidad.

EXPERIMENTO SOBRE LOS PLANOS INCLINADOS

Fabrica un plano inclinado con una tabla y deja caer un coche de juguete desde el punto más alto. Graba el experimento con una videocámara y analiza el movimiento con el programa *Tracker*, tal y como se indica en la unidad 5. Selecciona la gráfica velocidad-tiempo y contesta a las preguntas.

- ¿Se mantiene constante la velocidad?
- ¿Se trata de un movimiento rectilíneo y uniforme? Razona tu respuesta.

7 ¿Qué es la energía?

8 Energía térmica

ANALIZAR DATOS

- Interpreta mapas de riesgo sísmico

CALIBRAR UN APARATO DE MEDIDA

- Construye un termómetro

INTERPRETAR GRÁFICAS

- Investiga sobre la crisis climática

CONTROLAR VARIABLES

- Elige tu tejado
- Mide decibelios, ¡medir es prevenir!

REPRODUCIR EXPERIENCIAS HISTÓRICAS

- De Siracusa a Sevilla

PROYECTO DE INVESTIGACIÓN

- Hogar, dulce hogar

7 ¿QUÉ ES LA ENERGÍA?

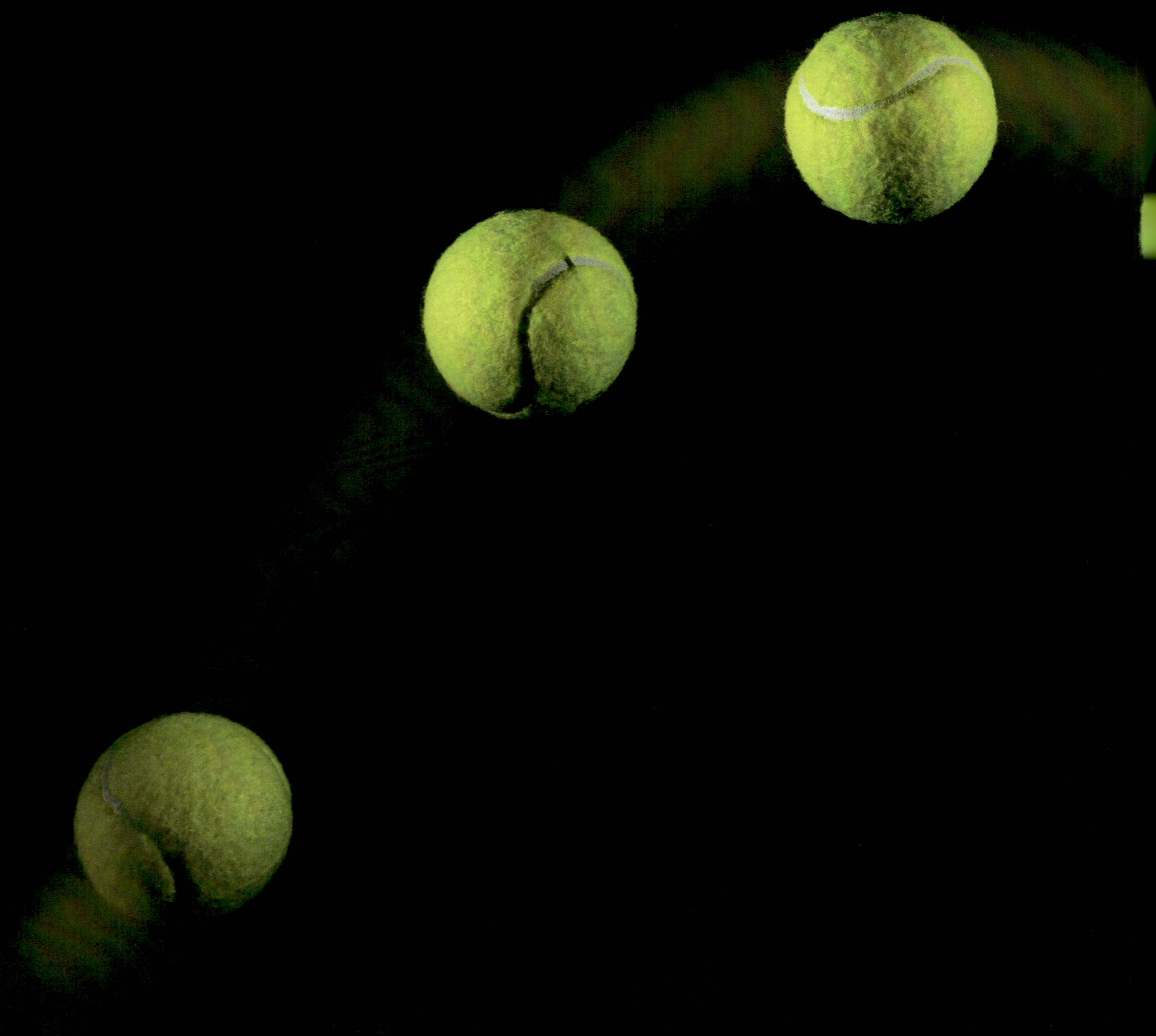

En esta unidad aprenderás...

- Qué es la energía y qué tipos de energía existen.
- Qué sucede con la energía cuando se transforma.
- Qué es la energía mecánica.
- Qué fuentes de energía utilizamos.
- Las fuentes renovables en Andalucía.
- Cuál es el impacto ambiental del uso de la energía.

¿Qué pasa con la energía que se pierde en cada bote de la pelota?

El principio de conservación de la energía sostiene que esta no se crea ni se destruye, sino que se transforma. Sin embargo, en este ejemplo parece que la pelota va perdiendo energía y acaba parándose.

- ¿Qué tipos de energía conoces?
- ¿Es erróneo el principio de conservación o la energía de la pelota se está transformando en energía de otro tipo?

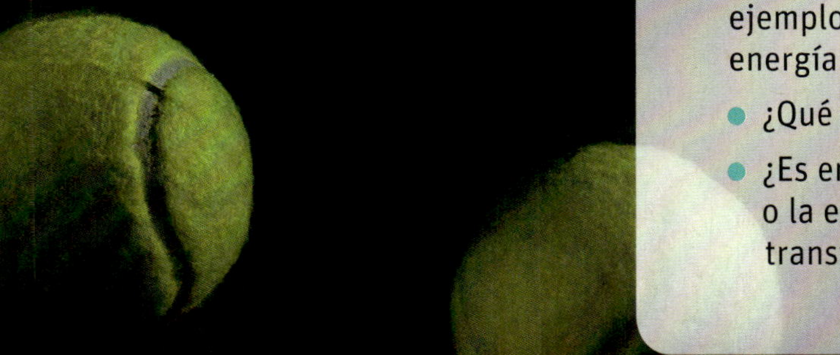

1 Si algo cambia, hay energía…

Echa un vistazo a tu alrededor y observarás que todo está en continuo cambio: la noche y el día; un avión que surca el cielo; el sonido de un timbre; la temperatura del aire; incluso tu cuerpo, que piensa, respira, se mueve, crece... ¿Qué tienen en común todos estos procesos? Es la energía, una propiedad de la materia que provoca cambios de distintos tipos.

Energía mecánica

Es la que posee un cuerpo a causa de su posición o de su velocidad. La hay de dos tipos:

- **Energía potencial**, que puede deberse a la altura a la que se encuentra un cuerpo (potencial gravitatoria) o a la acumulada en un medio elástico, como un muelle o una pértiga (potencial elástica).
- **Energía cinética**, que **se debe a la velocidad** del cuerpo. El paracaidista de la imagen tiene energía de los dos tipos, y su suma es la energía mecánica.

Energía térmica

Es debida a la energía cinética de las partículas (átomos o moléculas) que forman un cuerpo.

Está relacionada con la temperatura de los cuerpos y su masa, y se transfiere de los cuerpos que están a más temperatura a los que están a menos temperatura. A esa forma de transferir energía la llamamos **calor**.

Energía química

Los alimentos, los combustibles fósiles (carbón, gas y petróleo) y muchos compuestos químicos contienen energía química. Es una forma de energía potencial localizada en los enlaces entre los átomos de las sustancias.

Se manifiesta en las reacciones, como, por ejemplo, las combustiones.

Energía luminosa

El sol o los cuerpos que están a mucha temperatura, como un rayo o una bombilla, emiten luz, que se transmite por el vacío, el aire y otros medios transparentes, mediante ondas.

La luz transporta una energía denominada luminosa o radiante. Gracias a ella se produce la fotosíntesis, que proporciona alimentos y el oxígeno necesario para la respiración.

Energía eléctrica

Es la energía potencial de las cargas eléctricas. En la naturaleza se encuentra acumulada en las nubes cargadas de electricidad estática.

En nuestra vida cotidiana está en todas partes: o bien almacenada en las pilas y baterías, o bien como corriente eléctrica, que hace funcionar nuestros electrodomésticos y casi todas las máquinas de la industria.

Energía nuclear

Los núcleos de los átomos concentran una enorme energía que se libera en las reacciones nucleares. Estas pueden ser de dos tipos: de fisión (se rompen los núcleos), como en las centrales nucleares actuales, o de fusión (se juntan los núcleos), como sucede en el sol.

La energía se transforma

La energía puede transformarse de un tipo en otro, y aprovechamos muchos de esos cambios para producir un trabajo. Veamos algunos ejemplos.

La **energía** es una propiedad de la materia que puede producir diferentes cambios en esta. Puede transformarse y posee la capacidad de producir un trabajo.

OBSERVA Transformaciones de la energía eléctrica.

Por eso, la unidad internacional de la energía es la del trabajo, el julio (J). También se usan la caloría (cal) y el kilovatio hora (kWh).

ACTIVIDADES

1. **Analiza** los cambios de energía que tienen lugar en cada uno de estos casos.

2 La energía mecánica

Ya hemos visto que la energía mecánica se compone a su vez de **energía potencial** y **energía cinética**.

Energía potencial (E_p)

La energía potencial puede deberse a la altura a la que se encuentra un cuerpo, **energía potencial gravitatoria**, o a la energía acumulada en un medio elástico, **energía potencial elástica**.

Energía cinética (E_c)

Cuando un cuerpo se mueve, decimos que tiene **energía cinética**. La energía cinética es la capacidad de producir cambios que poseen los cuerpos por el hecho de moverse y depende de su masa y su velocidad.

$$E_P = mgh$$

$$E_C = \frac{1}{2}mv^2$$

$$E_M = E_P + E_C = mgh + \frac{1}{2}mv^2$$

Energía mecánica (E_M)

Si un cuerpo, como el avión de la figura, tiene los dos tipos de energía, la suma de ambas será su energía mecánica.

En este caso, una parte de la energía química del combustible se ha transformado en energía mecánica del avión.

¿CÓMO LO RESOLVEMOS?

2. Razona. **El Airbus 380 es el gigante de los cielos. Tiene una masa de 420 toneladas y vuela a una altura de 10 km con una velocidad crucero de 1087 km/h. ¿Tendrá más energía potencial o más energía cinética? Calcúlalas, así como su energía mecánica.**

Lo primero que debemos hacer es pasar los datos al sistema internacional:

$$420 \text{ toneladas} = 420\,000 \text{ kg};\ 10 \text{ km} = 10\,000 \text{ m}$$

$$1087 \text{ km/h} = 1087 \cdot \frac{(1000 \text{ m})}{(3600 \text{ m})} = 302 \text{ m/s}$$

$$E_P = m\,g\,h = (420\,000 \text{ kg}) \cdot (10 \text{ m/s}^2) \cdot (10\,000 \text{ m}) = 4{,}2 \cdot 10^{10} \text{ J}$$

$$E_C = 1/2\, m\, v^2 = 0{,}5 \cdot (420\,000 \text{ kg}) \cdot (302 \text{ m/s})^2 = 1{,}9 \cdot 10^{10} \text{ J}$$

La energía mecánica será: $E_M = E_P + E_C = 6{,}1 \cdot 10^{10}$ J..

¿Se conserva la energía mecánica?

En el dibujo, la bola en la posición 1 está en reposo, solo tiene E_p. Al soltarla, esta energía potencial se transforma en energía cinética, E_c, que se transmite por las bolas intermedias hasta la última, donde se vuelve a transformar en energía potencial, E_p. Al volver a caer, se repite el proceso en sentido inverso y se crea un curioso efecto "toc-toc-toc".

Si los choques fuesen perfectamente elásticos, se mantendría el movimiento, pero en la práctica observamos que al final se acaba parando.

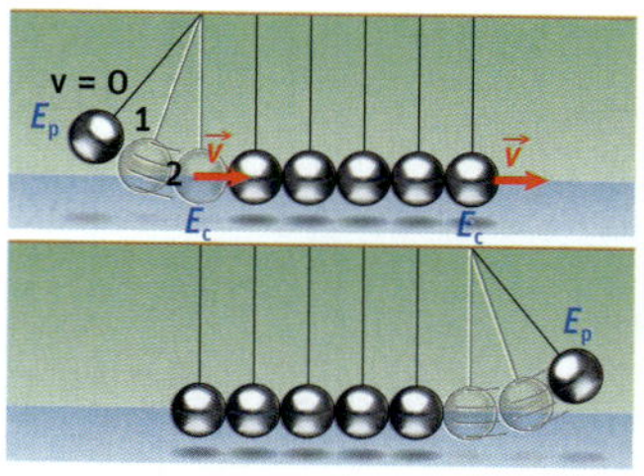

PRACTICA Juega y aprende con el péndulo de Newton.

¿Por qué se detiene?

En los choques de las bolas, se disipa parte de la energía mecánica, que se transfiere al aire, originando el sonido ("toc-toc") y calentándose. Así, poco a poco, el conjunto de bolitas va perdiendo su energía mecánica.

- Si **no hay fuerzas de rozamiento**, la energía mecánica (potencial + cinética) de un cuerpo se **conserva**.
- Si **hay fuerzas de rozamiento**, una parte de la energía se **disipa** en forma de calor.

Interpreta lo que ocurre

Investiga cuánta energía mecánica se pierde en el rebote de una pelota contra el suelo. Prepara el siguiente montaje:

1. Haz marcas con una tiza en la pared de 10 en 10 cm hasta 1 m de altura.
2. Elige tres tipos de pelotas distintas y mide sus masas con una balanza.
3. Deja caer cada una de ellas y marca hasta dónde rebotan (o grábalo con tu móvil). Asegúrate de que siempre utilizas la base de la pelota para hacer las mediciones.

¿Qué ha ocurrido con la energía disipada? ¿En qué se ha transformado?

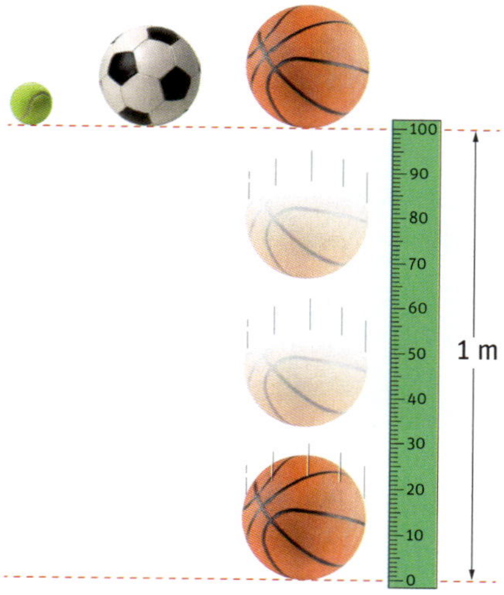

ACTIVIDADES

3. Razona. Indica cómo varían la energía potencial y la cinética de un ciclista en las siguientes situaciones: parado en lo alto de una colina, descendiéndola y ascendiendo por ella.

3 ¿La energía se conserva o se pierde?

En muchas situaciones, parece que la energía desaparece y “se pierde”. Por ejemplo, cuando un vehículo que está en movimiento frena bruscamente, ¿ya no tiene energía? ¿Esta ha desaparecido?

Al frenar un automóvil, la energía cinética que poseía el vehículo se transforma principalmente en calor, y la temperatura del sistema de frenado, de los neumáticos y del asfalto se incrementa; asimismo, la fricción con el aire también genera calor.

La energía se conserva

Como hemos visto en el ejemplo anterior, la energía no se pierde, sino que se transforma. En el lenguaje cotidiano hablamos de “consumir energía” pero lo que hacemos continuamente es, en realidad, transformar unos tipos de energía en otros.

Transformación de energía eléctrica en energía luminosa y térmica.

Transformación de energía química en energía mecánica.

Transformación de energía química en energía térmica.

La **energía** ni se crea ni se destruye, solo se transforma y pasa de unos cuerpos a otros.

¿CÓMO LO RESOLVEMOS?

4. Razona. **Abbás Ibn Firnás, en el año 875, se tiró desde la torre de la Rufasa (Córdoba), a casi 100 metros de altura, hacia un valle con unas alas de madera cubiertas de tela de seda. Aunque se rompió las dos piernas, fue la primera persona que “voló”. Analiza la hazaña utilizando el principio de conservación de la energía.**

Al dejarse caer, la energía potencial de Abbás se fue convirtiendo en cinética, pero debido al rozamiento de las alas con el aire, llegó un momento en que la velocidad de caída no aumentó más, disipándose parte de la energía en energía térmica.

Al aterrizar, la energía cinética se empleó en el trabajo de romper los huesos, en el sonido del impacto y en más energía térmica. Globalmente, la energía se conservó.

Degradación de la energía

A veces la energía térmica es muy útil para cocinar, mover máquinas o calentarnos. Sin embargo, en la mayoría de los casos, esa energía térmica es poco aprovechable.

Por ejemplo, si tocamos el capó de un coche o un ordenador en funcionamiento, notaremos que está caliente, a pesar de que tienen un ventilador interno para refrigerar y no sobrecalentar las piezas: pierden energía en forma de calor.

En las transformaciones energéticas, una parte de la energía se **degrada** al transformarse en energía térmica, que es poco aprovechable.

Interpreta lo que ocurre

John Wilkins, naturalista inglés del siglo XVII, describió el móvil "perpetuo" magnético:

"La bolita A sube por la rampa R_1 atraída por el potente imán B. Al llegar al agujero C, cae por la rampa R_2 y llega nuevamente a D, por lo que vuelve a subir y caer eternamente". ¿Qué opinas sobre este razonamiento?

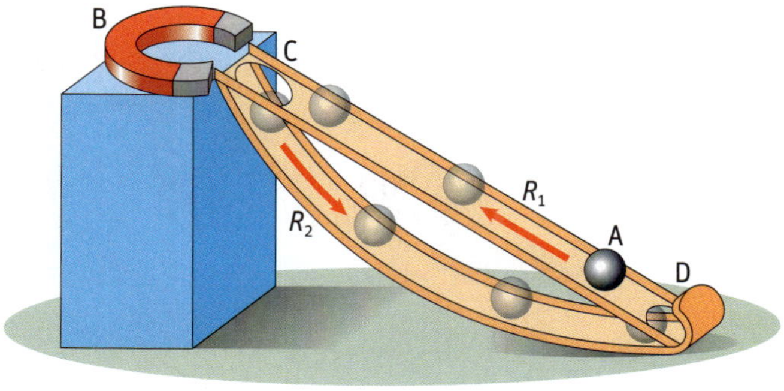

A) Es totalmente lógico porque la energía se conserva.

B) Es imposible porque, al caer por C, el imán frenará la caída de la bola, ya que la sigue atrayendo y no llegará a D. No hay móviles perpetuos.

¿CÓMO LO RESOLVEMOS?

5. Calcula. Para comprobar cuál de los dos motores es más rentable, se ha hecho una prueba con dos coches de igual chasis. De ella se obtienen los resultados de la tabla.

a) Interpreta la columna del rendimiento.

b) Si 1 L de diésel cuesta 1,2 € y 1 kWh, unos 0,16 €, ¿cuánto cuesta recorrer 100 km en cada caso?

	Rendimiento	Consumo
Diesel	40 %	6 litros cada 100 km
Eléctrico	90 %	20 kWh cada 100 km

a) El diésel, de cada 100 J de energía, solo aprovecha 40 J; el resto, 60 J, se disipa en forma de calor.

El eléctrico, sin embargo, solo pierde 10 J de cada 100 J de energía eléctrica.

b) El coste del coche diésel: (6 L) · (1,2 €/L) = 7,2 € cada 100 km.

El coste del eléctrico: (20 kW h) · (0,16) = 3,2 cada 100 km.

Si se recarga por la noche se puede alcanzar un coste aproximado de 1 € cada 100 km.

ACTIVIDADES

6. Razona. En una central hidroeléctrica se producen 10 000 kJ y solo se aprovechan 7000 en energía eléctrica. ¿Cuál es el rendimiento de la central? ¿Qué ha pasado con la energía restante?

4 Las fuentes de energía

PRACTICA Elige la fuente de energía.

Ya hemos visto los distintos tipos y formas de energía y cómo esta se transforma, pero ¿de dónde se obtiene la energía? La extraemos de las fuentes de energía, como el sol, el petróleo, el viento, etc.

En el lenguaje cotidiano se mezclan las formas de la energía con sus fuentes. Un buen ejemplo para aclararlo es la "energía solar". Si queremos ser precisos, deberíamos explicar que esa energía solar es luminosa y que el sol es la fuente de energía que la proporciona.

Las fuentes de energía se pueden clasificar en **renovables** y **no renovables**.

Renovables

El sol

La radiación solar proporciona la energía luminosa que permite la fotosíntesis, origen de la **biomasa**. La energía solar también se usa en paneles solares: térmicos y fotovoltaicos.

El viento

La energía cinética del viento se ha utilizado en barcos veleros para navegar y en molinos para moler el grano. Actualmente se emplea para generar electricidad mediante aerogeneradores.

El agua

Al almacenarse agua en los pantanos, se acumula energía potencial. Esta se transforma en energía cinética que hace girar las turbinas y el alternador para generar energía eléctrica.

Biomasa

Los restos de vegetales contienen energía que se aprovecha para fabricar alcoholes. También, mediante su combustión, se genera calor para calefacción y para producir electricidad.

No renovables

El carbón

Fue el combustible fundamental para las máquinas de vapor. Actualmente se sigue usando, especialmente para generar electricidad. Es muy contaminante.

El petróleo

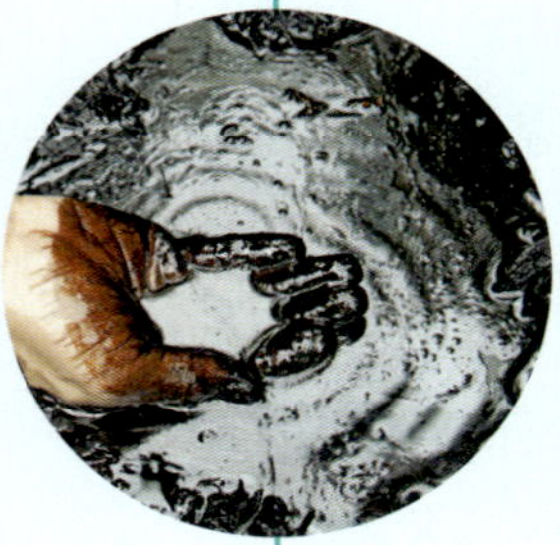

Se usa para fabricar plásticos o fibras sintéticas, como el nailon. De él se obtienen combustibles utilizados en el transporte (gasolina, diésel y queroseno).

El gas

Junto con el carbón y el petróleo, constituye los combustibles fósiles. Es el menos contaminante de los tres y se usa para la calefacción y en centrales eléctricas.

El uranio

Es un mineral del que se extrae mucha energía mediante la rotura de los núcleos de sus átomos (fisión nuclear). Genera residuos radiactivos que pueden durar millones de años.

El sol, origen de casi todas las fuentes de energía

Salvo el uranio y la energía interna de la Tierra, todas las fuentes de energía son solares, directa o indirectamente. Veamos por qué:

OBSERVA Las transformaciones de la energía solar.

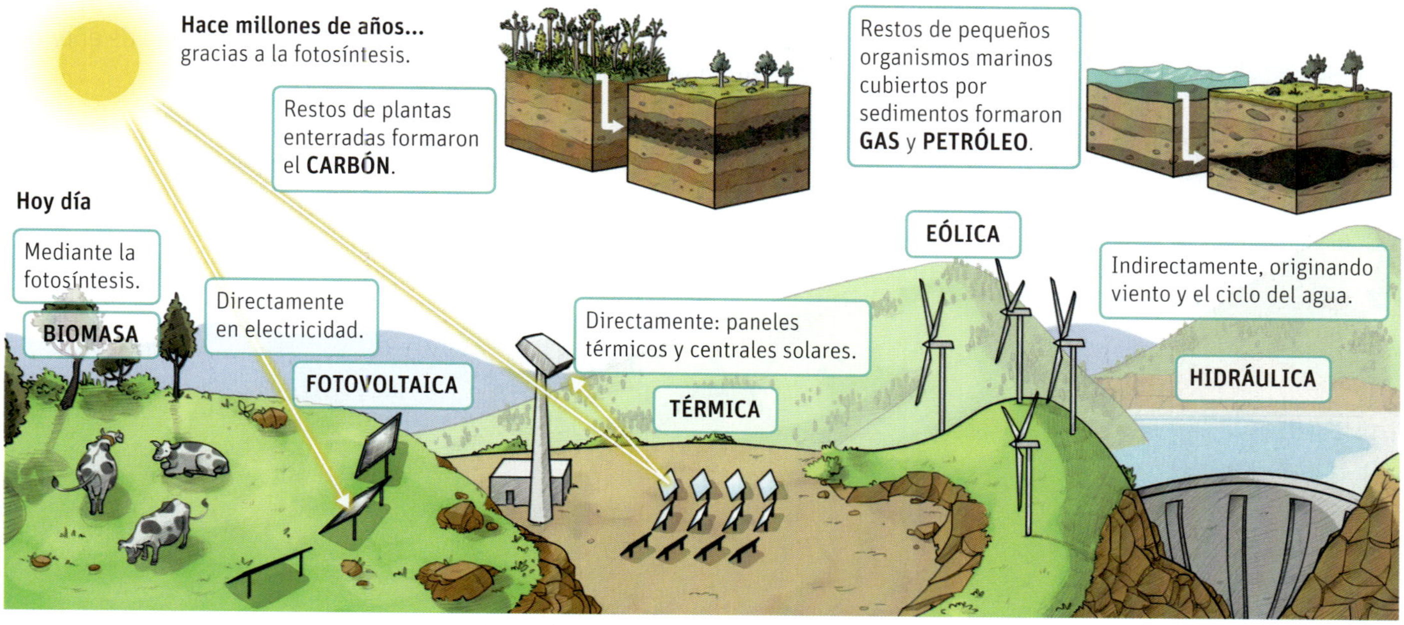

¿Cuáles usamos?

A pesar de tener un gran potencial de energías renovables, en España el mayor uso (cerca del 73 % del total) corresponde a los combustibles fósiles, que tenemos que importar casi en su totalidad.

Además de estas fuentes de energía, se investiga en el aprovechamiento de la energía geotérmica, en la de olas (undimotriz), las corrientes marinas, etc.

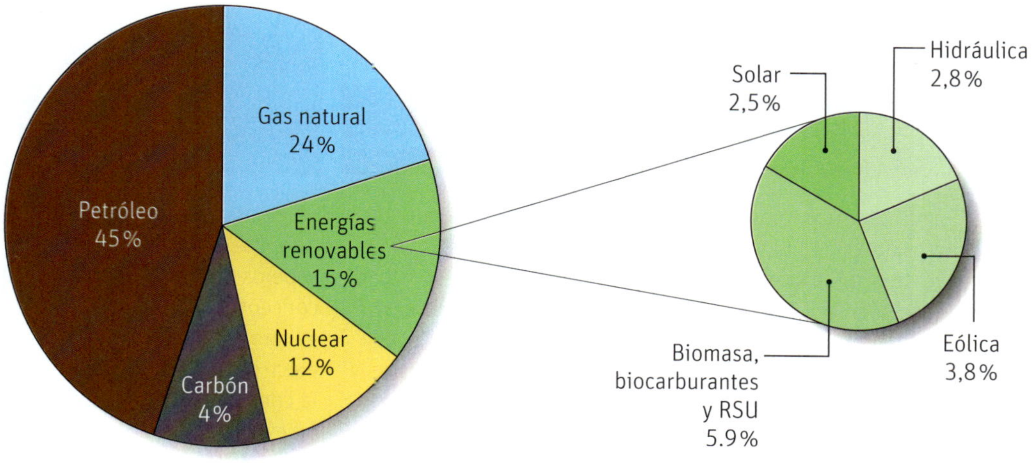

ACTIVIDADES

7. Investiga. Busca en internet si ya es rentable instalar paneles fotovoltaicos en una casa y lograr el autoconsumo.

¿Permite el Gobierno vender la energía sobrante que se genera o no?

8. Investiga. ¿Qué fuente de energía es la más usada en España? ¿Por qué? De las energías renovables, ¿cuál es la que más se utiliza en tu comunidad?

5 Las fuentes renovables en Andalucía

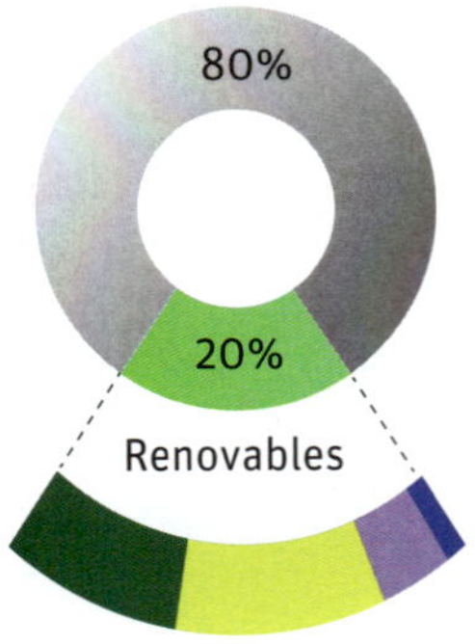

Nuestra comunidad autónoma es la más poblada de España. Unos 8 500 000 de habitantes consumen una gran cantidad de energía.

Como desde 2011 no se explotan las minas de carbón (por ser muy contaminantes), y tampoco hay gas ni petróleo en nuestro territorio, tenemos que importar todas las fuentes de energía no renovables.

Sin embargo, Andalucía tiene un enorme potencial de fuentes renovables de energía, especialmente **el sol**, **el viento** y **la biomasa**.

Solar

Andalucía recibe mucha radiación solar debido a su latitud.

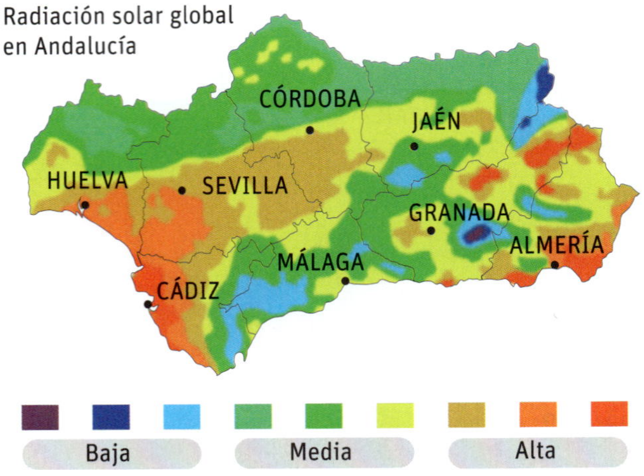

Esta energía solar se utiliza en Andalucía de tres formas distintas.

Solar térmica	Fotovoltaica	Termosolar

El agua circula por los tubos negros del panel. El sol calienta el agua que se almacena en el depósito. Así podemos ahorrar en calefacción y agua caliente en vez de usar la combustión del gas natural.	En estos paneles, la energía del sol se transforma directamente en electricidad, a diferencia de los paneles térmicos. Se puede usar en los tejados de las viviendas y en centrales. Es la que tiene más potencial de crecimiento.	En estas centrales, los rayos de sol se reflejan en los espejos (heliostatos) y se concentran en la torre donde generan vapor que produce electricidad. Andalucía es la comunidad líder de España en este campo.

ACTIVIDADES

9. Indaga. **De acuerdo con el mapa de radiación solar:**

a) ¿Qué provincias tienen mayor potencial para usar energía solar?

b) Tu localidad, ¿qué nivel de radiación solar tiene?

10. Razona. **En Andalucía la agricultura es muy importante. ¿Tiene algo que ver con el hecho de que la energía hidráulica se aproveche tan poco para generar electricidad?**

Biomasa y eólica

Andalucía es líder en España en el uso energético de la biomasa, y España es líder en Europa en el aprovechamiento de la energía del viento para generar electricidad.

Biomasa

La mayor parte de la biomasa tiene usos térmicos. También se utiliza para producir biogás y biocarburantes, y una pequeña parte para generar electricidad en centrales.

El olivar, con casi un 40 %, es el residuo que más se usa. Además, se utilizan residuos forestales, de plantas herbáceas y de viñedos y frutales.

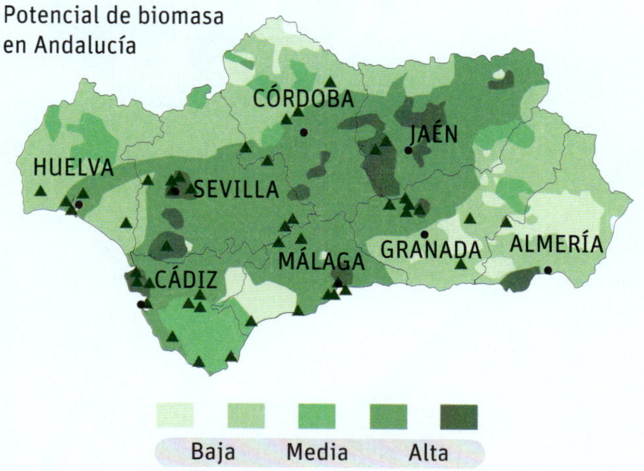

Eólica

En Andalucía, los parques eólicos generan aproximadamente la mitad, es decir, un 50 % de la electricidad que se produce dentro del sector de las renovables.

También se investiga en la búsqueda de zonas para instalar parques eólicos marinos que en España están todavía sin desarrollar.

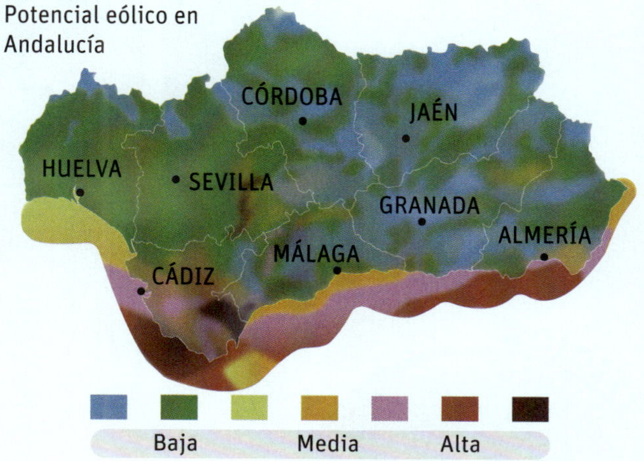

Electricidad renovable

Usamos fuentes de energía para la calefacción, el transporte y generar electricidad.

La **electricidad generada** a partir de fuentes renovables supone ya el 40 % del total y sigue subiendo cada año, especialmente la fotovoltaica.

El futuro es prometedor también en el transporte, ya que cada vez habrá más coches eléctricos, por lo que no será necesario usar la gasolina ni el diésel, que son muy contaminantes.

El potencial de las fuentes renovables en Andalucía es tan grande que acabaremos exportando electricidad a Europa y al norte de África.

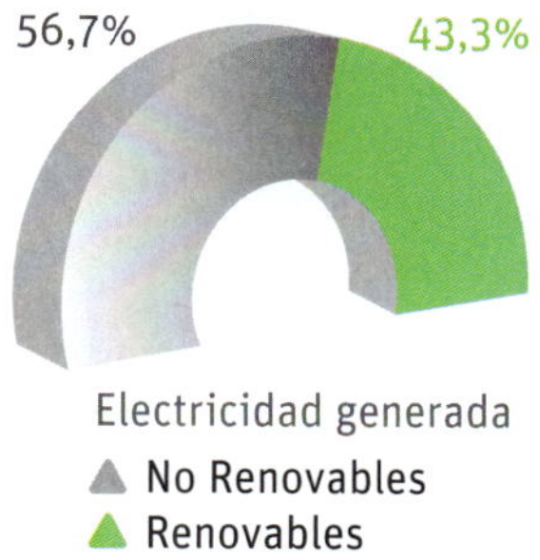

ACTIVIDADES

11. Indaga. De acuerdo con los mapas de biomasa y eólica, ¿qué provincias tienen mayor potencial para usar dichas fuentes de energía?

12. Compara los datos de consumo de energía en España y en Andalucía en 2019:

a) ¿Quién utiliza más porcentaje de renovables?

b) ¿Qué fuente de energía se usa en España y no se usa en Andalucía?

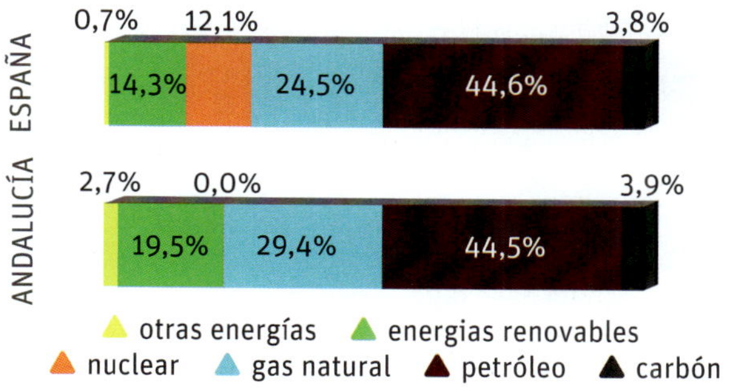

6 La cara y la cruz del uso de la energía

Es evidente que, gracias a las fuentes de energía y su aprovechamiento mediante los inventos tecnológicos, vivimos mucho mejor. Sin embargo, esto también conlleva algunas consecuencias negativas.

TRANSPORTE

Los medios de transporte (coches, autobuses, aviones, etc.) funcionan gracias al consumo de energía. La mayoría utilizan productos derivados del petróleo (gasolina, gasóleo, queroseno).

HOGAR

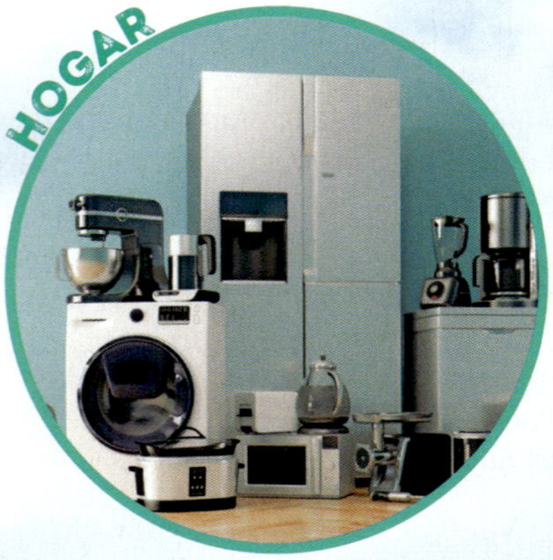

Gracias a la combustión de gas, disponemos de calefacción y agua caliente.

Gracias a la electricidad, la vida es más fácil con el uso de electrodomésticos.

SERVICIOS

Para construir edificios, puertos, carreteras, etc., se necesita mucha energía; también para mantener el funcionamiento de los hospitales, colegios o polideportivos.

LA CARA

Gracias a las fuentes de energía y su aprovechamiento mediante los inventos tecnológicos, vivimos en **mejores condiciones** que en el pasado.

AGRICULTURA

Toda la alimentación depende del sol y de la fotosíntesis, pero también hace falta mucha energía para cultivar el campo (tractores, riego, etc.) y para cuidar los animales.

INDUSTRIA

Para preparar y trasladar los alimentos, y en las fábricas para elaborar todo tipo de objetos, se necesitan grandes cantidades de energía.

Contaminación

COMBUSTIBLES FÓSILES

RESIDUOS NUCLEARES

La utilización de combustibles fósiles contamina el aire con dióxido de carbono y óxidos de azufre y de nitrógeno, responsables del incremento del efecto invernadero y del esmog.

Por otro lado, los residuos radiactivos pueden durar incluso millones de años y son potencialmente nocivos para el medioambiente y las personas.

PANTANOS

Las centrales hidroeléctricas provocan la pérdida de terrenos valiosos por inundación de los valles. Alteran la dinámica natural de los ríos.

LA CRUZ

El uso de las fuentes de energía provoca **impactos ambientales**. Hay países con poco acceso al uso de la energía.

Impactos ambientales

Pobreza energética

PARQUES EÓLICOS

La construcción de parques eólicos genera impacto en el paisaje y en la fauna, especialmente en las aves que pueden ser interceptadas por las hélices.

La energía no es accesible para todo el mundo. Incluso en países como España, con un elevado consumo energético, ha aparecido el término **pobreza energética** referido a hogares donde no se pueden usar la calefacción o la electricidad.

¿CÓMO LO RESOLVEMOS?

13. Calcula. **Un ordenador o un televisor tienen una potencia media de 125 W. Si vemos una película que dura dos horas y el coste del kWh es de 0,16 €, ¿cuánto cuesta ver la película?**

Primero pasamos los vatios a kilovatios: 125 W = 0,125 kW.

El consumo será: potencia × tiempo = (0,125 kW) · (2 h) = 0,250 kWh.

Como el coste es de 0,16 €/kWh, en total será:

(0,16 €/kWh) · (0,250 kWh) = 0,04 €

LO ESENCIAL

¿Qué es la energía?

La **energía** es una propiedad de la materia que puede producir diferentes **cambios** en esta. Puede transformarse y posee la capacidad de producir un trabajo.

Los tipos de energía son **mecánica**, **térmica**, **química**, **luminosa**, **nuclear** y **eléctrica**.

Las fuentes de energía se clasifican en **no renovables** (carbón, gas y petróleo) y **renovables** (sol, agua...) Andalucía tiene un enorme potencial en estas fuentes renovables: **el sol**, **el viento** y **la biomasa**.

La energía mecánica es la suma de la **energía potencial** y la **energía cinética**.

$E_M = E_P + E_C = mgh + 1/2\ mv^2$

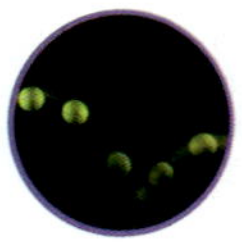

La energía globalmente se conserva, pero en las transformaciones energéticas una parte se **degrada** al transformarse en energía térmica, que es poco aprovechable.

El uso de la energía ha mejorado la **calidad de vida**, pero origina **impactos ambientales**, y su desigual distribución causa la **pobreza energética**.

1. Organiza tus ideas. Copia, completa y amplía el siguiente esquema para construir tu propio mapa mental de la unidad.

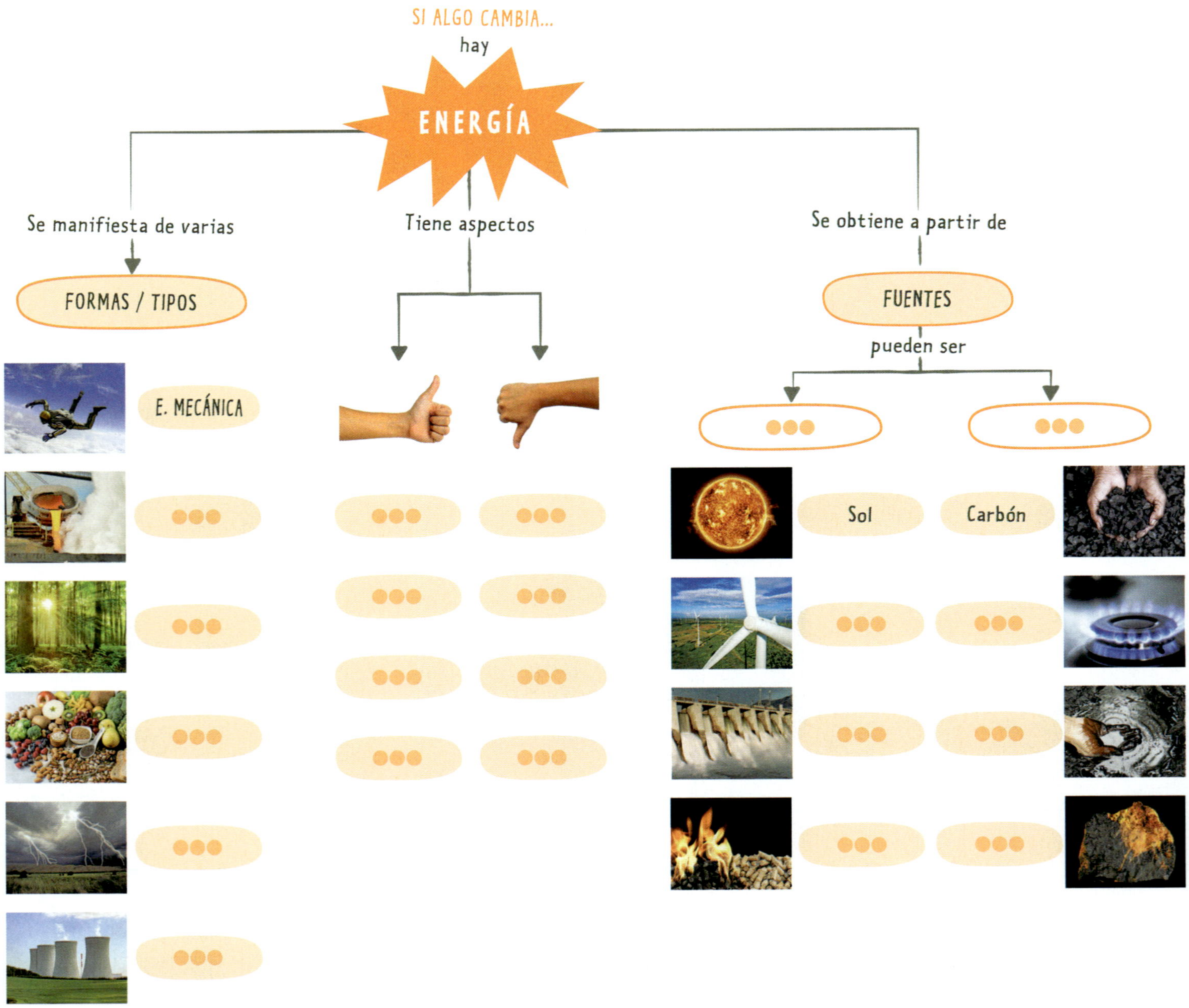

ACTIVIDADES FINALES

Qué es la energía. Transformaciones de energía

1. Define con tus palabras qué es la energía y pon cinco ejemplos de los distintos tipos.

   Explica en cada caso, mediante ejemplos, en qué otro tipo de energía se puede transformar.

2. Identifica. En los siguientes sistemas materiales, señala qué tipo de energía poseen y en qué energía se pueden transformar: batería de móvil, resorte comprimido, relámpago, uranio, vela.

3. Razona. ¿Cuál de las siguientes conversiones de energía se produce en una linterna a pilas?

   A. Eléctrica → mecánica → luminosa
   B. Química → mecánica → luminosa
   C. Química → eléctrica → luminosa
   D. Mecánica → eléctrica → luminosa

4. Analiza los cambios de energía que tienen lugar cuando se mueve un contenedor con una grúa. Elige la respuesta correcta.

   A. Energía mecánica en química
   B. Energía química en mecánica
   C. Energía eléctrica en mecánica
   D. Energía potencial en cinética

5. Razona. En el siguiente sistema material, una tormenta, señala qué tipo de energía posee y en qué energía se puede transformar.

6. Indica en qué consiste la energía nuclear. ¿De dónde procede dicha energía? Explica cómo se consigue transformar dicha energía en energía eléctrica en las centrales nucleares y cuál es el combustible nuclear más utilizado.

7. Analiza. Una de las máquinas más relevantes de la historia es la máquina de vapor, que al convertir la energía química del carbón en térmica y esta, a su vez, en cinética, movía una rueda. Gracias a este invento se liberó de realizar trabajo mecánico a millones de personas y se originó la Revolución Industrial.

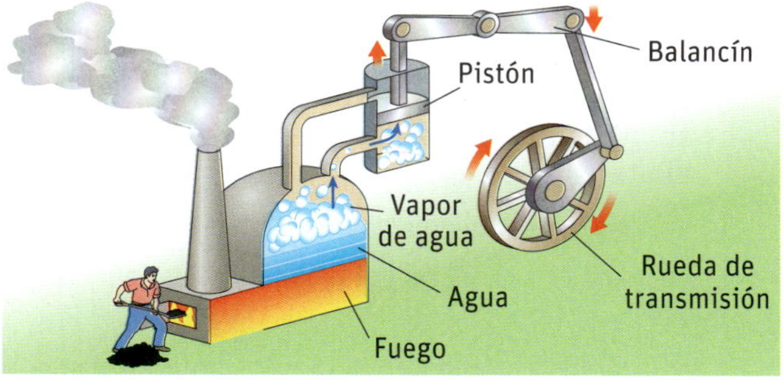

   ¿En qué se convierte la energía química del carbón?

8. Completa. Rellena el esquema en tu cuaderno con las siguientes máquinas e inventos:

   - Molino eólico
   - Led
   - Caldera de gas
   - Panel fotovoltaico
   - Coche

E. ELÉCTRICA	→ ●●● →	E. LUMINOSA
E. CINÉTICA	→ ●●● →	E. ELÉCTRICA
E. QUÍMICA	→ ●●● →	E. TÉRMICA
E. QUÍMICA	→ ●●● →	E. CINÉTICA
E. LUMINOSA	→ ●●● →	E. ELÉCTRICA

9. Investiga. La invención de la lavadora redujo el trabajo en las labores domésticas. ¿Qué transformación energética aprovecha este electrodoméstico?

   Busca otros inventos y elabora un cuadro sobre sus transformaciones energéticas.

La energía mecánica

10. Indica. Si una maceta se encuentra en reposo a cierta altura, ¿tiene energía? ¿De qué tipo?

¿CÓMO LO RESOLVEMOS?

11. Calcula. El Cáliz es una roca muy famosa de La Pedriza (sierra de Guadarrama).

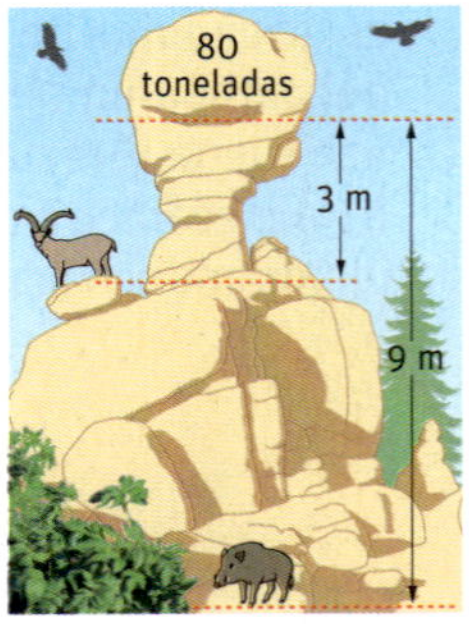

a) Si su masa es de unas 80 toneladas, ¿qué energía potencial posee?

b) Investiga cómo llegó a formarse. ¿Quién "la subió" hasta esa altura?

La energía potencial depende del sistema de referencia.

En relación con la cabra y el jabalí, la roca tiene, respectivamente:

$E_p = (80\,000 \text{ kg}) \cdot (9{,}8 \text{ m/s}^2) \cdot (3 \text{ m}) \simeq 2\,400\,000 \text{ J}$

$E_p = (80\,000 \text{ kg}) \cdot (9{,}8 \text{ m/s}^2) \cdot (9 \text{ m}) \simeq 7\,200\,000 \text{ J}$

¿CÓMO LO RESOLVEMOS?

12. Razona. Los cochecitos de juguete antiguos no tenían pilas, sino un resorte elástico al que había que dar "cuerda". Si la velocidad de salida de un coche de "cuerda" de 100 g de masa es de 2 m/s, ¿qué energía cinética tiene?

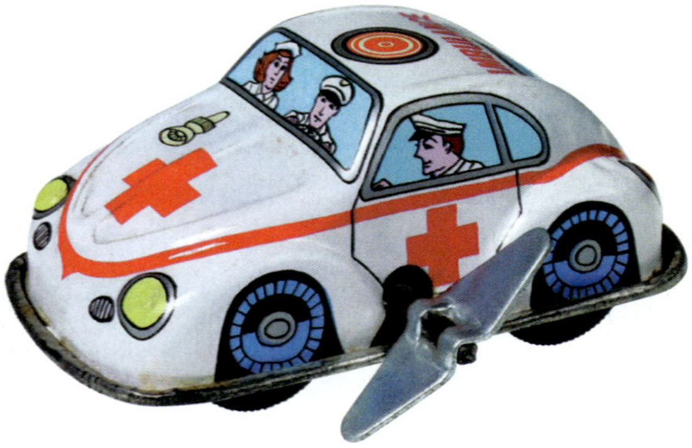

La energía cinética depende de la masa y de la velocidad al cuadrado:

$E_c = 1/2\ mv^2 = 1/2 \cdot (0{,}1 \text{ kg}) \cdot (2 \text{ m/s})^2 = 0{,}2 \text{ J}$

13. Calcula. Un saltador de pértiga de 65 kg alcanza una velocidad de 8 m/s. Si la pértiga permitiese transformar toda la energía cinética en potencial, ¿hasta qué altura podría elevarse?

14. Razona. El piquero de patas azules vive en las Galápagos y se alimenta de peces. En una zambullida, un ejemplar de 1,5 kg alcanza una velocidad de 97 km/h. ¿Qué energía cinética posee en ese instante?

Para amortiguar el choque con el agua, los piqueros tienen alojado en su cabeza una especie de "airbag".

¿Qué otra adaptación observas en la foto que ayuda a reducir el impacto?

15. Calcula. Para cargar el resorte de una escopeta de feria (de aire comprimido) se han necesitado 4 J. Si el balín de 0,5 g sale con una velocidad de 100 m/s:

a) ¿Cuánta energía cinética posee el balín?

b) ¿Por qué no coincide con los 4 J utilizados?

16. Calcula. Una viga de 980 N se eleva con una grúa a una altura de 20 m. Una vez allí se rompe el cable de sujeción. Calcula la energía mecánica, la potencial y la cinética a la altura de 20 m, de 10 m y cuando llega al suelo.

17. Razona. El embalse de Riaño contiene 664 hm^3 de agua (como 664 "piscinas" del tamaño de un campo de futbol). ¿Te imaginas el trabajo para levantarlas desde el océano a los 1000 m de altura a los que se encuentra el embalse?

a) ¿Cuánta energía potencial posee el embalse respecto al nivel del mar?

b) ¿Cuánta energía térmica se usó para evaporar y hacer ascender esa enorme cantidad de litros de agua?

c) ¿Quién hizo el inmenso trabajo de subirla?

18. Analiza. (Adaptada de prueba TIMSS). La imagen muestra agua que cae de un tanque y hace dar vueltas a una turbina.

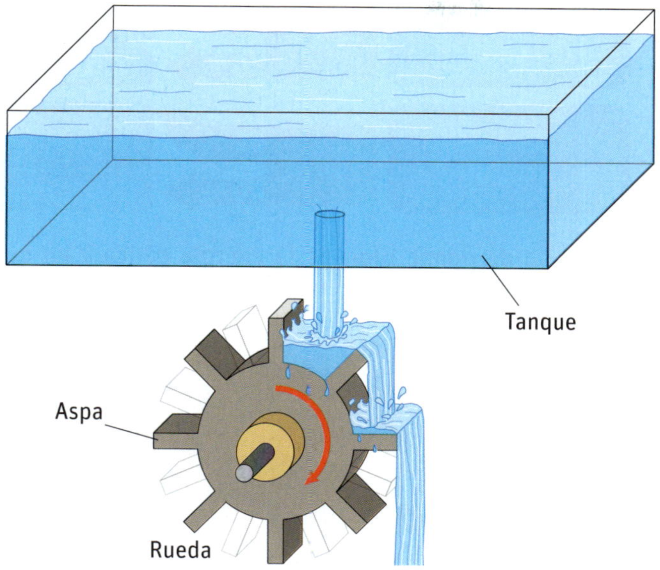

a) ¿Qué tipo de energía tiene el agua cuando está quieta en el depósito?

b) ¿Qué tipo de energía tiene el agua justo antes de golpear las palas de la turbina?

c) Escribe o dibuja un cambio en el sistema para que la turbina gire más rápido:

- Subir o bajar el depósito.
- Aumentar/disminuir el agujero de salida.
- Tipo de material de la turbina: hierro/plástico.
- Paletas planas/cazoletas.

19. Razona. Los *quads* son vehículos todoterreno de cuatro ruedas con tracción total con un aspecto muy similar a las motocicletas.

Aunque parecen sólidos y seguros, son peligrosos. La razón estriba en que usan ruedas muy grandes y un chasis muy elevado para no chocar con el suelo, de modo que su centro de gravedad queda muy alto y pueden volcar con facilidad.

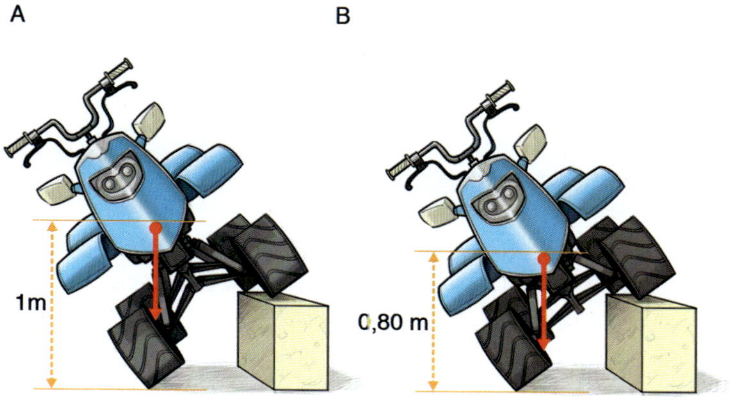

Estos dos *quads* tienen la misma masa, sin embargo, la altura de su eje hace que su centro de gravedad esté a distinta altura. ¿Cuál tiene más energía potencial, el A o el B? ¿Cuál es más seguro? Razona tu respuesta.

Conservación y degradación

20. Calcula. El nuevo transbordador espacial *Dream Chaser* está diseñado para llevar a siete astronautas a la Estación Espacial Internacional. Tiene una masa de 11 000 kg y, al regresar a la Tierra, tiene que pasar de 20 000 km/h a 5000 km/h para no desintegrarse en la atmósfera.

a) Calcula la energía cinética inicial y final.

b) ¿Cuánta energía ha perdido en el frenado?

21. Razona. **En las centrales, parte de la energía se "disipa" y la energía eléctrica generada nunca es igual a la energía de partida. Lo comprobamos con una central eléctrica manual.**

Para ello, un investigador unió un motor de corriente continua a varias bombillas led. Cogió una percha y movió el rotor del motor como muestra la imagen. Los ledes se encendieron. ¿Qué transformaciones de energía han ocurrido? Copia en tu cuaderno el esquema y complétalo.

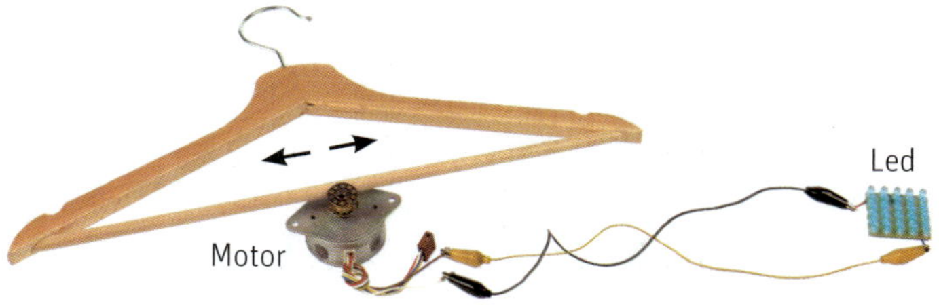

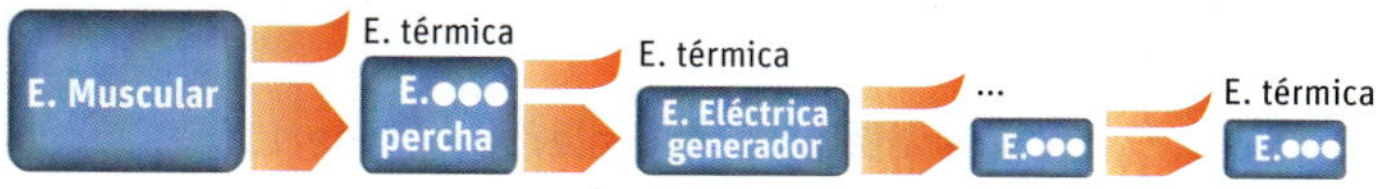

22. Indica. Galileo Galilei dejó caer dos bolas de igual tamaño, una de madera y la otra de metal (más denso), desde la torre de Pisa. Señala qué afirmación es correcta:

a) Antes de soltarlas, las bolas no tenían energía porque estaban paradas.

b) La bola de metal tenía más energía potencial que la de madera.

c) Al llegar abajo con la misma velocidad, las dos tenían la misma energía cinética.

d) La de metal llegaba antes porque tenía más masa y, por tanto, más energía.

23. Soy competente

Una mantarraya de 8 m de envergadura y 1400 kg de masa ejecuta un asombroso salto de 6 m fuera del agua y cae después "de panza", con lo que provoca un enorme ruido que se oye a largas distancias.

a) ¿Qué energía adquiere la mantarraya al alcanzar los 6 m?

b) Calcula la energía que ha necesitado para realizar ese salto. ¿De dónde la obtiene?

c) ¿En qué se transforma esa energía al caer sobre el agua?

d) ¿Por qué crees que hace ese increíble salto? Plantea una hipótesis y después busca en internet para comprobar si has acertado (existen varias hipótesis).

e) ¿Tiene algo que ver la energía solar con el salto de la mantarraya? Rellena los recuadros con los siguientes términos: E. química (biomasa), E. cinética, E. solar, E. potencial. Explica los procesos que han ocurrido en cada paso.

La energía y sus usos

24. Indica. Las centrales hidroeléctricas obtienen la energía eléctrica a partir del agua embalsada. ¿Cómo lo logran?

25. Investiga. La Plataforma Solar de Almería (PSA) es el mayor centro de investigación de energía solar en Europa. Entra en www.e-sm.net/sngfq2eso07_02, busca información de uno de los proyectos que están llevando a cabo y descríbelo.

26. Deduce. En las centrales térmicas se transforma la energía del carbón o el gas en electricidad. ¿Cuál es más rentable?

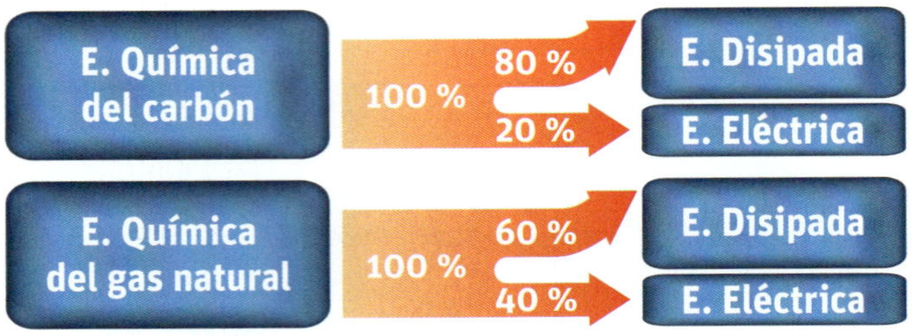

27. Explica de dónde procede la energía eólica y en qué se transforma en los aerogeneradores.

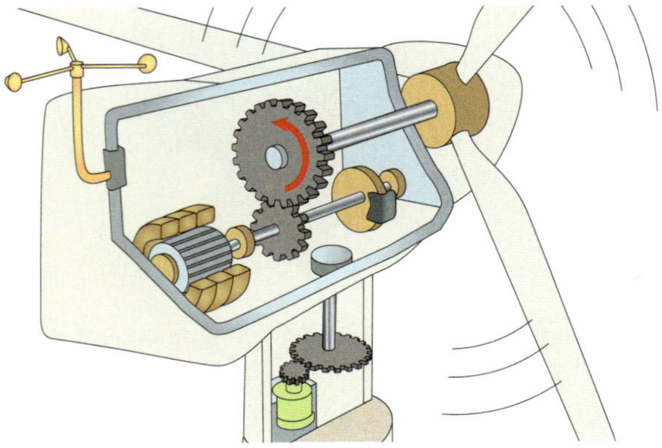

¿CÓMO LO RESOLVEMOS?

28. Calcula cuánto te cuesta al año cargar el móvil.

Los móviles tienen muy poca potencia, unos 5 W. Si para cargarlos necesitamos 2 horas, el consumo diario será:

$(0{,}005 \text{ kW}) \cdot (2 \text{ h}) = 0{,}01 \text{ kWh}$

En un año consumiremos:

$365\ (0{,}01 \text{ kWh}) = 3{,}65 \text{ kWh}$

Si el precio del kWh es de unos 0,20 euros (incluidos impuestos), el total será:

$(3{,}65 \text{ kWh}) \cdot (0{,}20\ €) = 0{,}73\ €$, ¡no llega ni a 1 €!

29. **La protección de las vacas es uno de los ejes del hinduismo, la religión dominante en la India.**

a) ¿Por qué no se las comen si hay graves problemas de desnutrición?

b) Marvin Harris se preguntó el porqué y elaboró una hipótesis: en una economía agraria con baja industrialización, las vacas son más útiles vivas que muertas: proporcionan leche y bueyes, los cuales aportan fuerza motriz y estiércol (principal abono de la India e importante fuente de energía).

Y tú, ¿qué opinas? Busca información y debate con tus compañeros de clase.

30. Deduce. **La gráfica representa la evolución en el consumo mundial de energía.**

a) Busca en ella el año en que naciste, y señala qué fuentes de energía eran las más utilizadas en dicho año.

b) ¿Qué fuentes de energía han aumentado más su porcentaje de consumo?

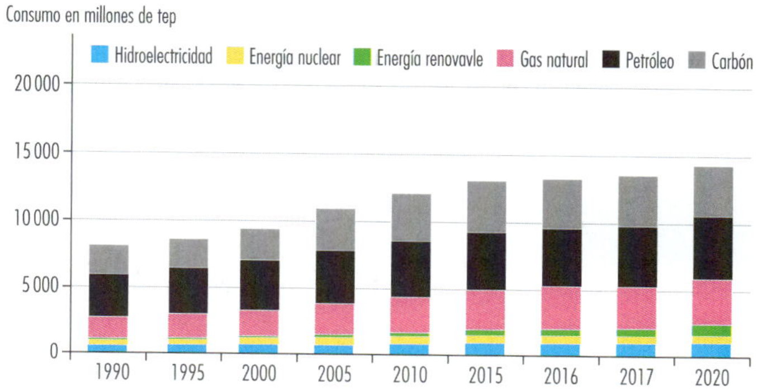

31. Razona. **La gráfica relaciona el IDH (índice de desarrollo humano, calidad de vida) con el consumo energético por habitante y año. Señala qué afirmaciones son correctas:**

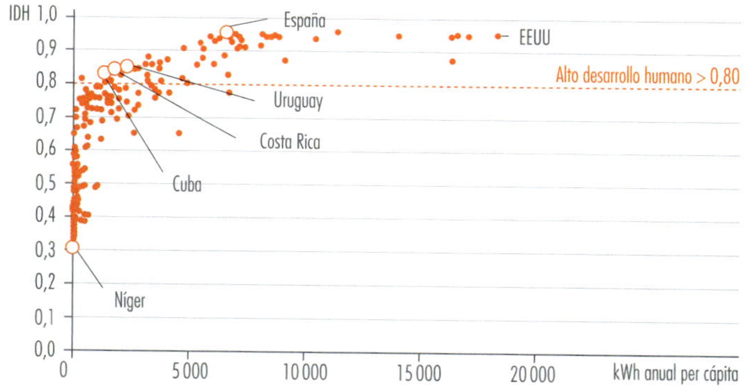

A. Para tener un alto desarrollo humano, hace falta consumir más de 5000 kWh por persona y año.

B. Un español consume aproximadamente lo mismo que seis cubanos.

C. Un habitante de Estados Unidos tiene un IDH mucho mayor que uno de España.

32. Calcula. **Una casa española media consume al año 10 000 kWh, que equivalen a unos 935 litros de petróleo.**

a) ¿Cuántos litros de petróleo se "bebe" cada hogar en un día?

b) Las viviendas individuales duplican el gasto de energía (unos 15 500 kWh) de los pisos (unos 7500 kWh). ¿Por qué crees que hay tanta diferencia?

Física y química en tu vida

Lee y comprende el siguiente texto:

Energía y desastres naturales

Sin el uso de la energía no podrías usar el móvil, ni ir en coche, ni disponer de calefacción; por no tener, ni siquiera tendrías alimentos, pero a veces la energía se desata y es muy peligrosa.

Desastres causados por la energía externa

En las latitudes donde el sol calienta mucho, la evaporación del agua es gigantesca y, al condensarse en altura, a veces genera peligrosos **huracanes**.

En las lluvias torrenciales, el agua no tiene tiempo de infiltrarse y los ríos se desbordan; son las **inundaciones**.

En ambos casos es la, normalmente beneficiosa, energía del sol la que los provoca.

Desastres causados por la energía interna

Desde el origen de la Tierra, esta mantiene un corazón caliente, a 6000 °C en su núcleo. Su enorme energía interna mueve lentamente las placas tectónicas que acumulan energía potencial elástica en las rocas. Cuando se fracturan, la energía se libera y se propaga en forma de ondas sísmicas que provocan **terremotos y tsunamis**.

A veces, las rocas fundidas (magma) suben a la superficie causando explosiones que liberan gases y cenizas o forman ríos de lava. Son los peligrosos **volcanes**.

1. **De todos estos desastres naturales, ¿cuál crees que causa más víctimas?**

2. **¿Se pueden predecir estos fenómenos extremos? ¿Qué se puede hacer para prevenirlos?**

8 ENERGÍA TÉRMICA

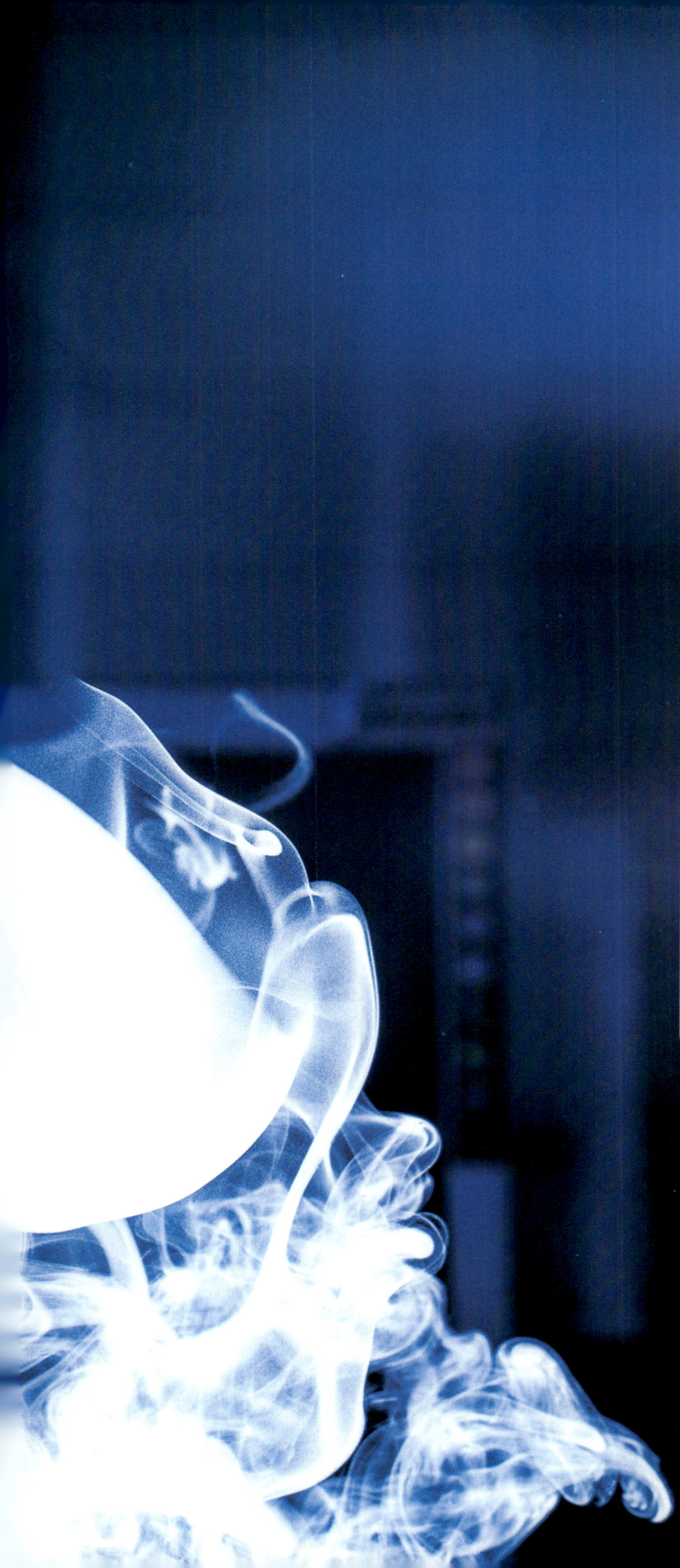

En esta unidad aprenderás...

- Qué es la temperatura y qué es el calor.
- Cómo se transmite la energía térmica.
- Qué efectos produce el calor sobre las sustancias.

¿Existe el frío?

Este nitrógeno líquido está a –196 °C, pero aunque te parezca increíble, desde el punto de vista de la física no deberíamos decir que está frío, sino que su temperatura es muy baja. ¡El frío no existe! Se trata de una sensación corporal creada por una pérdida rápida de energía térmica.

- ¿Por qué se usan guantes para manipularlo?
- El nitrógeno líquido se usa mucho en la nueva cocina. ¿Por qué?
- El helio líquido está a –269 °C. ¿Puede cederle energía térmica el nitrógeno líquido al helio líquido si los pones en contacto?

1 La temperatura

Me voy al campo y he metido en una bolsa isotérmica dos latas de refresco, una a temperatura ambiente y otra fría. ¿Qué ocurrirá?

Cuando se ponen en contacto dos cuerpos con diferentes temperaturas, se produce un intercambio de energía entre ellos que finaliza cuando sus temperaturas se igualan, es decir, cuando se produce el **equilibrio térmico**.

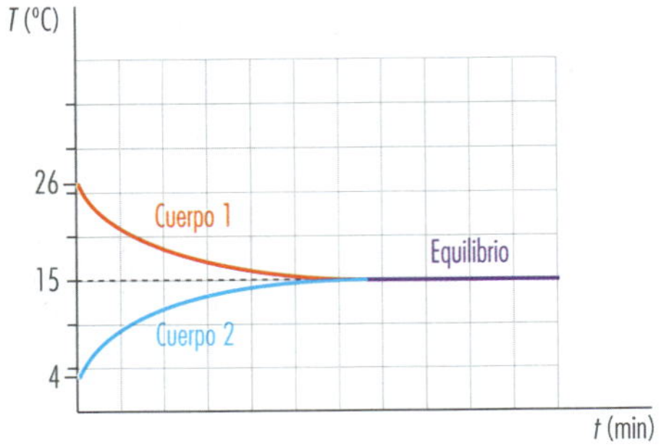

La temperatura según la teoría cinético-molecular

La teoría cinético-molecular establece que los cuerpos están formados por partículas en constante movimiento. Este movimiento se denomina **movimiento térmico**.

La **temperatura** de un cuerpo es la medida del grado de movimiento térmico de sus partículas. Cuanto más rápido se mueven, más temperatura tiene el cuerpo.

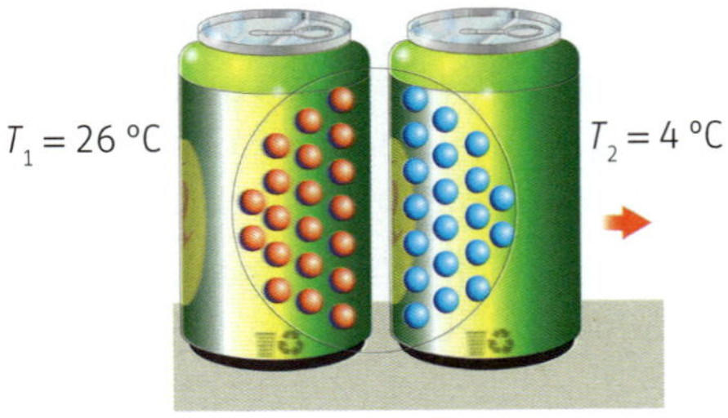

Al poner en contacto las latas, los choques de las partículas de ambas producen un intercambio de energía.

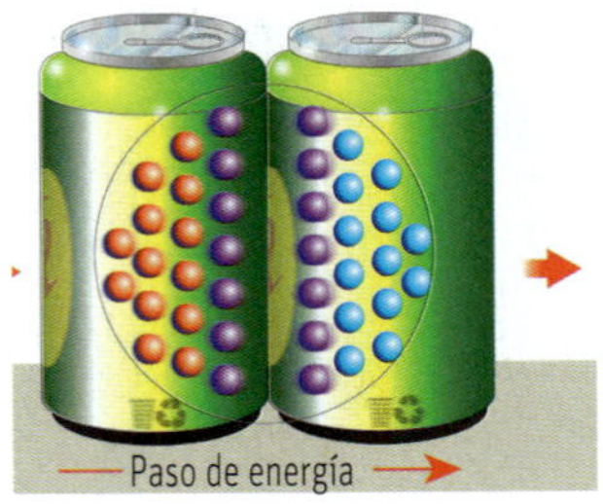

Las partículas rojas transmiten parte de su vibración a las azules. La lata caliente transfiere energía a la lata fría.

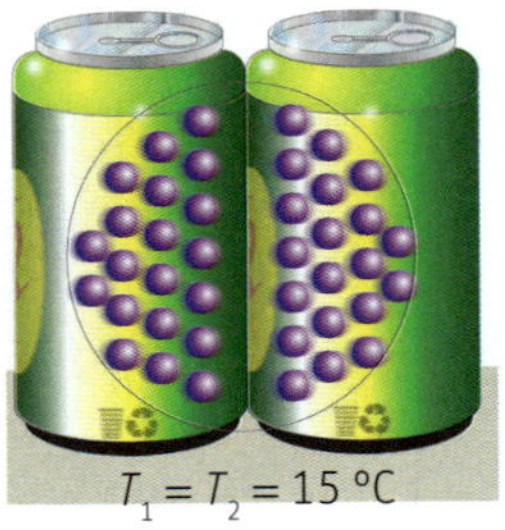

La transferencia finaliza cuando todas las partículas vibran igual. Las latas alcanzan la misma temperatura.

La energía cinética asociada al movimiento térmico se denomina energía térmica. Por eso, la **temperatura es proporcional** a la **energía cinética media** de las partículas.

Así, un clavo y una espada que están en un mismo horno tienen igual temperatura: la espada, al ser mayor, tiene más partículas vibrando, pero la energía cinética media de sus partículas y de las del clavo es la misma.

La **temperatura** es una **magnitud intensiva**, no depende de la masa del cuerpo.

ACTIVIDADES

1. Decide. En una taza se mezclan café caliente y leche fría. ¿Cómo es la temperatura de la mezcla respecto a las temperaturas iniciales del café y de la leche? ¿Qué transferencias energéticas ocurren en estas sustancias?

2. Explica, a partir de la teoría cinética, por qué una pequeña masa de agua (como la contenida en un vaso) puede tener una temperatura más alta que una gran masa de agua (como la contenida en una piscina).

3. Experimenta. Entra en www.e-sm.net/sngfq2eso09_01, mezcla distintos volúmenes de agua y obtén el equilibrio térmico.

La medida de la temperatura

Para medir la temperatura de un cuerpo o de un lugar, empleamos un aparato llamado **termómetro**. Los termómetros están graduados según la escala Celsius o la escala Kelvin.

Escalas de temperatura

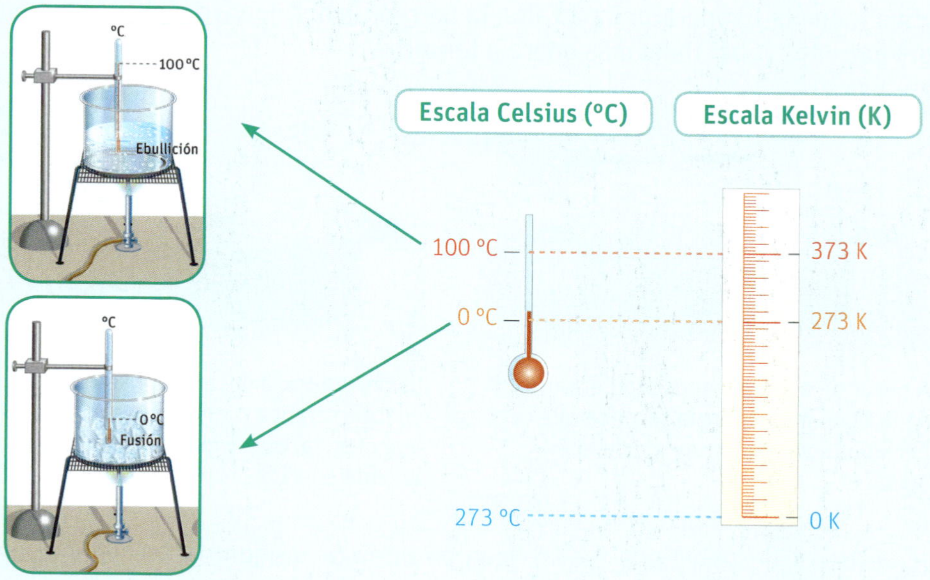

El grado Celsius (°C) es la unidad más usada.

- A la temperatura de fusión del hielo le corresponde el 0 °C.
- A la temperatura de ebullición del agua le corresponden los 100 °C.
- Cada una de las cien partes iguales en que se divide este intervalo es un grado.

El kelvin (K) es la unidad de temperatura en el SI.

- El cero absoluto de temperatura (0 K) es –273 °C.
- La relación entre el grado Celsius y el grado Kelvin es:

$$T\,(\text{K}) = T\,(°\text{C}) + 273$$

ACTIVIDADES

4. Completa la tabla.

Grados Celsius (°C)	Grados Kelvin (K)
25	●●●
40	●●●
●●●	100
●●●	273

5. Calcula. **Para atraer a las hembras, los grillos machos mueven sus alas para emitir ese característico cri-cri. Al aumentar la temperatura ambiente, estos insectos aceleran las reacciones químicas de su cuerpo y activan los músculos que mueven las alas. Observa la gráfica y responde:**

a) Una tarde en que no te dejan dormir la siesta, cuentas 200 "cri" en un minuto. ¿Qué temperatura hace?

b) Por las noches se duerme mal a partir de 20 °C. ¿Cuántos cantos se oirán en un segundo?

2 ¿Qué es el calor?

Desde el punto de vista de la física es incorrecto decir que un abrigo "da calor" o que el termo "mantiene el calor" de la leche.

El calor no es la temperatura de un cuerpo ni tampoco un fluido que pase de un cuerpo caliente a otro frío. El **calor** es una **forma de transferir energía térmica** entre dos cuerpos que están a distinta temperatura, como ocurría en el ejemplo de las latas de bebida.

Observa la transferencia de energía en las siguientes situaciones.

- ¿Cuál tiene la temperatura más alta, la herradura al rojo vivo o el agua caliente del barreño? ¿Cuál tiene más energía térmica?

A pesar de estar a menos temperatura, el agua tiene **más energía térmica** que la herradura, ya que posee mucha más masa.

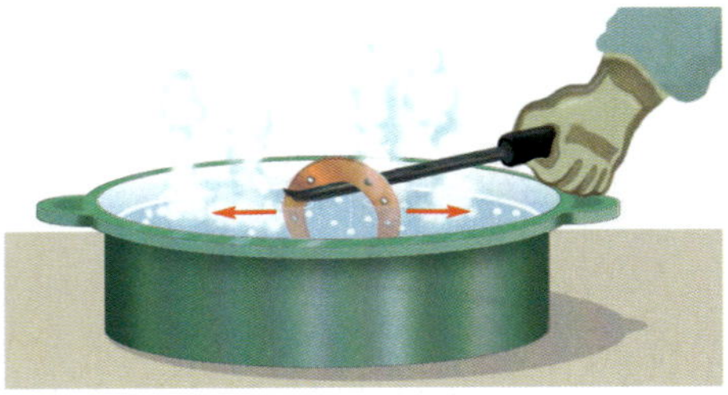

La herradura, a pesar de poseer menos energía térmica, tiene más temperatura que el agua, por lo que, si las juntamos, **le cede** energía.

- ¿Qué barra de pan tiene mayor temperatura? Si las junto, ¿le cede energía térmica la barra grande a la pequeña?

Al hacerse en el mismo horno y durante el mismo tiempo, las dos barras de pan tienen **idéntica temperatura**.

La barra grande (más masa) posee más energía térmica, pero **no se la cede** a la pequeña porque ambas se encuentran a la misma temperatura.

INVESTIGA ¿Quién "da calor" a quién?

- ¿Puede ceder energía térmica un cubito de hielo? Para comprobarlo, une dos cubitos de hielo a distinta temperatura. ¿Qué ocurre?

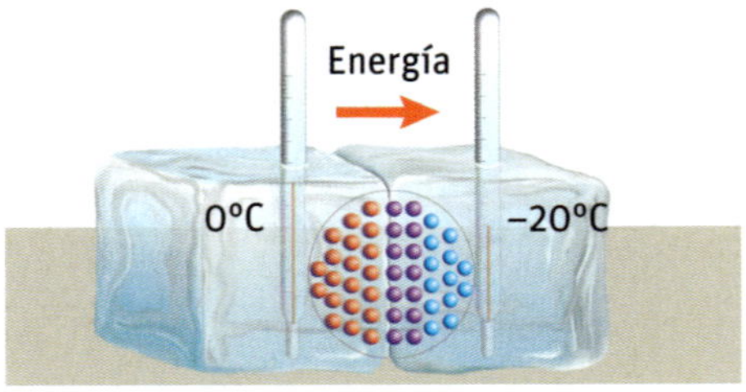

Las partículas del hielo a 0 °C **vibran más rápido** que las que están a –20 °C.

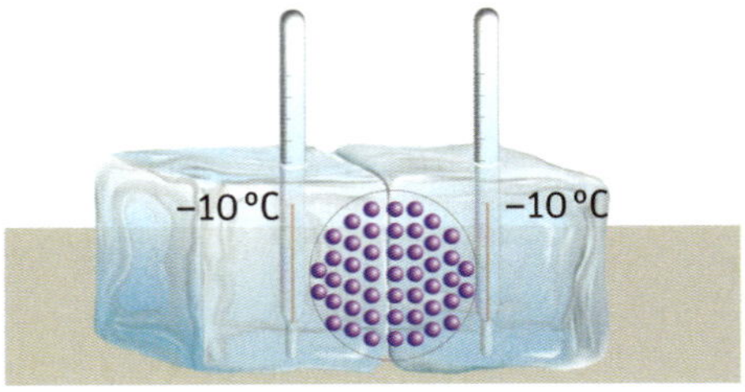

El hielo a 0 °C **ha cedido** energía al otro hasta igualar sus temperaturas a –10 °C.

El **calor** no es una forma de energía, sino una **forma de transferir energía** entre dos cuerpos que se encuentran a diferente temperatura.

Unidades de calor

Una unidad muy utilizada para medir el calor es la **caloría (cal)**, que es la cantidad de energía necesaria para que 1 g de agua (1 mL) suba su temperatura 1 °C. Como es una cantidad muy pequeña, se usa también la **kilocaloría (kcal)**, que son 1000 calorías:

1 kcal = 1000 cal

A finales del siglo XVIII, el científico estadounidense **Benjamin Thompson**, observó que, al taladrar el metal para hacer un cañón, se generaba una gran cantidad de calor.

El alemán **Julius von Mayer** entendió el calor como una forma de transferir energía, y el inglés **James Prescott Joule** midió con precisión la equivalencia entre el trabajo mecánico realizado y el calor generado por el rozamiento. Hoy día, se expresa así:

1 J = 0, 24 cal

En honor a él, la unidad del sistema internacional de la energía es el **julio (J)**.

La unidad del sistema internacional para el calor es el **julio (J)**. También se usan la **caloría (cal)** y la **kilocaloría (kcal)**.

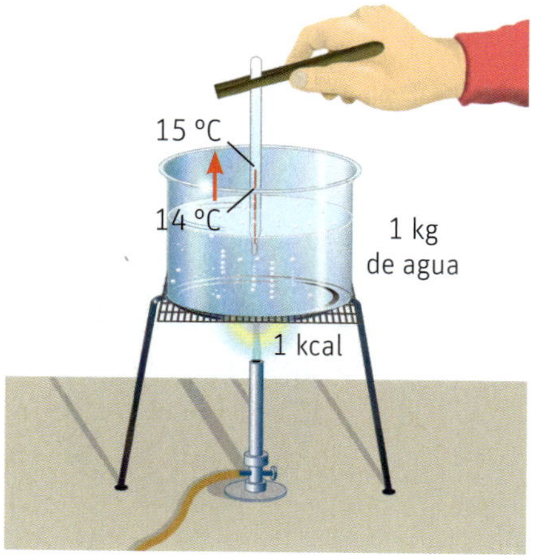

Para que 1 kg de agua (1 L) suba 1 °C su temperatura, hay que suministrarle 1 kcal.

¿CÓMO LO RESOLVEMOS?

6. Analiza **estas frases y exprésalas correctamente desde el punto de vista de la física.**

a) **Cierra la ventana, que se escapa el gato.**

b) **¡Hace un frío que pela!**

c) **¡Esta bufanda me da calorcito!**

d) **El hielo enfría la bebida.**

Expresamos las frases correctamente desde el punto de vista físico:

a) Cierra la ventana, que se pierde energía.

b) Hace una temperatura muy baja.

c) Esta bufanda me aísla y reduce la pérdida de mi energía térmica.

d) La bebida baja su temperatura porque cede energía al hielo.

ACTIVIDADES

7. Calcula. **Una caldera de calefacción sube la temperatura de 50 L de agua desde 15 °C hasta 60 °C. ¿Cómo logra calentar el agua? ¿Cuántas kilocalorías le ha aportado? Exprésalo en julios.**

8. Razona. **¿Por qué, en los climas de bajas temperaturas, las personas suelen comer más cantidad de alimento (y con más grasa)?**

9. Deduce. **Observa la etiqueta de esta tableta de chocolate.**

CHOCOLATE PURO CON ALMENDRAS Sin azúcares añadidos (150 g)		
Valores nutricionales	Por 100 g	Por onza
Valor energético	509 kcal	55 kcal

a) ¿Qué entiendes por "valor energético" de un alimento?

b) ¿Cuántas calorías tienen tres onzas? ¿Cuántos julios?

c) Investiga: ¿cuál tiene más energía, el cacao o las almendras?

3 Convección, conducción y radiación

Ya hemos visto que el calor es una forma de transferir energía térmica. Esta transferencia puede hacerse de tres maneras: **convección**, **conducción** y **radiación**.

Convección

La propagación de energía tiene lugar mediante **un movimiento de materia** que circula de las regiones calientes a las frías. Este transporte de materia solamente es posible en líquidos y en gases. Estos movimientos se llaman **corrientes convectivas**.

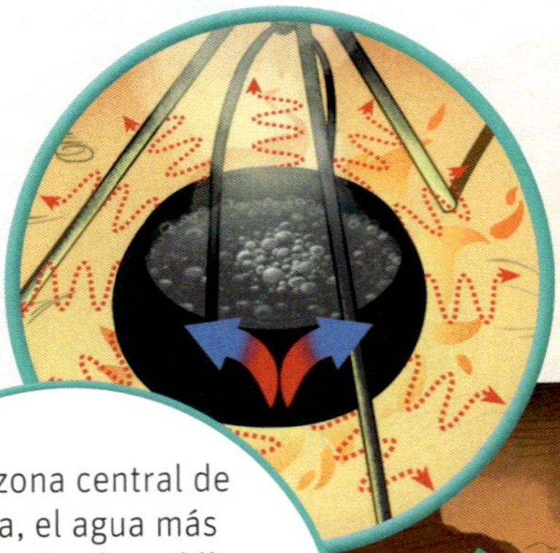

En la zona central de la olla, el agua más caliente asciende y al llegar arriba, desciende por los laterales, que están a menos temperatura. También hay corrientes convectivas en el aire que está encima de la olla.

¿La olla es un buen conductor térmico?

Conducción

La transmisión de energía se produce al **chocar las partículas** del cuerpo a mayor temperatura (que vibran más rápido) con las partículas del cuerpo a menor temperatura.

Los materiales se pueden clasificar en:

- **Buenos conductores térmicos.** Permiten que la energía se propague fácilmente por ellos. Por ejemplo, los metales.
- **Malos conductores térmicos o aislantes.** En ellos, la energía se transmite con dificultad. Por ejemplo, la madera, la lana, el plástico o el vidrio.

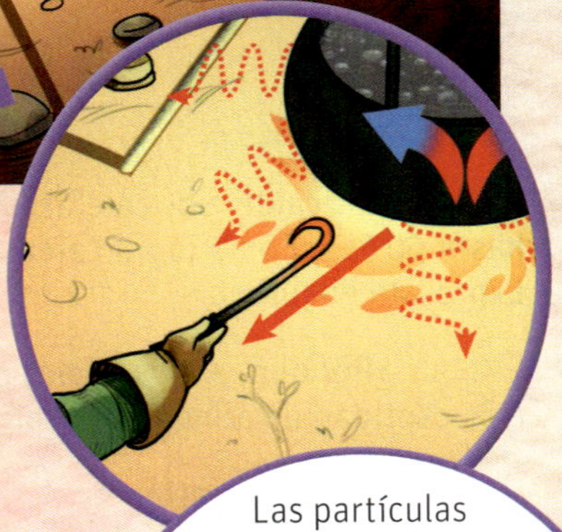

Las partículas de la llama chocan con sus vecinas del atizador y les transmiten parte de su energía. Dentro de la barra, la transmisión de vibración es rápida; sin embargo, al llegar al guante, se hace más lenta.

Radiación

La transmisión de energía tiene lugar mediante ondas como la luz, a 300 000 km/s, desde el cuerpo que está a más temperatura al que está a menos. No necesita un medio para propagarse.

Por eso, la radiación del sol llega a la Tierra a través del vacío. Esta radiación puede ser ultravioleta, visible (la luz) o infrarroja; y, al ser absorbida por la superficie terrestre, esta incrementa su temperatura.

Observa una aplicación de este fenómeno.

La radiación se emite en todas las direcciones, y por eso podemos calentarnos las manos con solo acercarlas al fuego desde un lateral.

La manta isotérmica

Esta manta isotérmica, inventada por la NASA, está elaborada con papel de aluminio; es dorada por un lado y plateada por el otro. Al reflejar bien la luz, informa de nuestra posición a los equipos de rescate. Además, es muy útil en situaciones de **hipotermia** o de **altas temperaturas**:

Para entrar en calor

La parte plateada se coloca hacia el interior y refleja la radiación que emite nuestro cuerpo. Así evita que nuestra temperatura baje.

Conviene taparse la cabeza, porque es la zona del cuerpo que radia más energía.

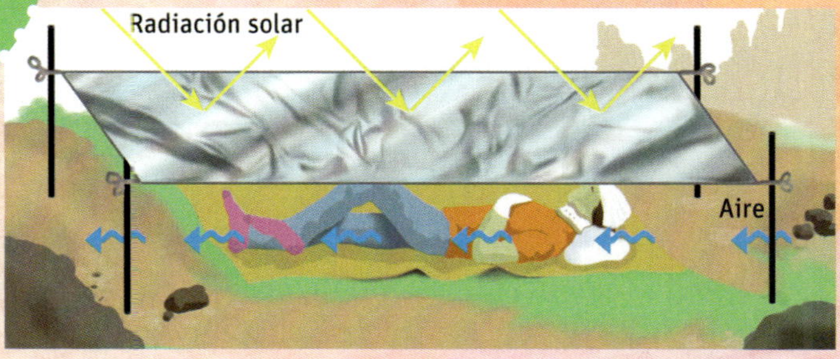

Para protegernos de una insolación

Al colocar la parte plateada hacia el exterior, conseguimos que refleje la radiación solar. Haremos un toldo para dejar un espacio entre la manta y nuestro cuerpo. Así, el aire correrá y nos refrescará.

ACTIVIDADES

10. Completa en tu cuaderno, las frases con las distintas formas de transmisión de la energía térmica que se producen en un termo como el de la figura.

El tapón evita las pérdidas por ●●●.

El espejo interior refleja la ●●●, lo que impide que salga al exterior.

El vacío y la cubierta de plástico evitan la ●●●.

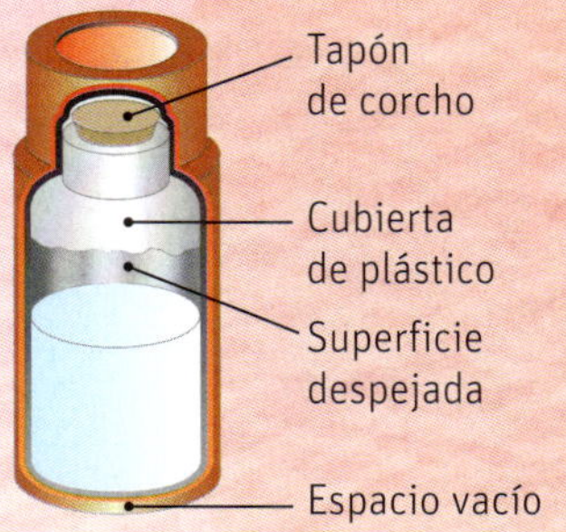

4 Efectos del calor I: variación de temperatura y dilatación

La energía transferida mediante calor produce cambios en los cuerpos: **variación de temperatura** (que provoca **dilatación**) o **cambios de estado**.

Variación de la temperatura

La radiación solar comunica energía tanto al agua del mar como a la arena de la playa, pero las temperaturas alcanzadas no son las mismas en ambos casos.

Para averiguar el motivo vamos a realizar una experiencia en la que un hornillo hará la función del sol. Se calienta la misma masa de agua y arena durante el mismo tiempo, se toman las temperaturas cada minuto y representamos estos datos en la siguiente gráfica.

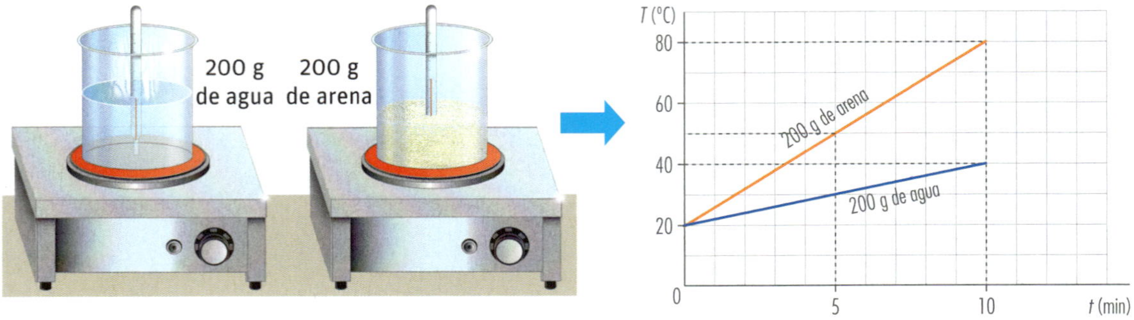

También te habrás fijado en que el agua de las pequeñas piscinas infantiles se encuentra a más temperatura que el agua de las grandes piscinas de adultos. ¿Por qué sucede esto, si les da el mismo sol?

Podemos comprobarlo con una experiencia similar a la anterior, calentando diferentes cantidades de agua y midiendo la temperatura cada minuto.

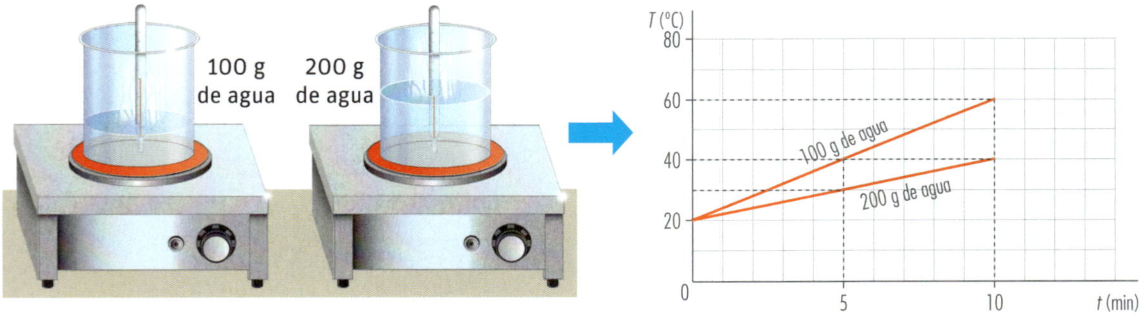

El **aumento de temperatura** depende de la cantidad de calor absorbido en el proceso y de la **cantidad** y el **tipo de sustancia**.

ACTIVIDADES

11. Interpreta las gráficas de los experimentos anteriores. ¿Qué conclusiones sacas?

12. Razona. ¿Qué crees que se enfría antes, el agua o la arena? ¿Por qué en las costas casi nunca hay heladas ni suele nevar?

13. Esboza la gráfica de calentar 300 g de agua. ¿A los 10 minutos alcanzará mayor o menor temperatura que las masas de agua que hemos calentado en el último experimento?

La dilatación

Debido al incremento de temperatura, los cuerpos (sólidos, líquidos o gases) aumentan su volumen, es decir, **se dilatan**.

Interpreta lo que ocurre

1. En la tapa de un bote hacemos una ranura por la que entre exactamente una moneda.
2. Mantenemos la moneda al fuego durante unos minutos.
3. Al intentar meter la moneda caliente por la ranura, no cabe. ¿Qué ha ocurrido?

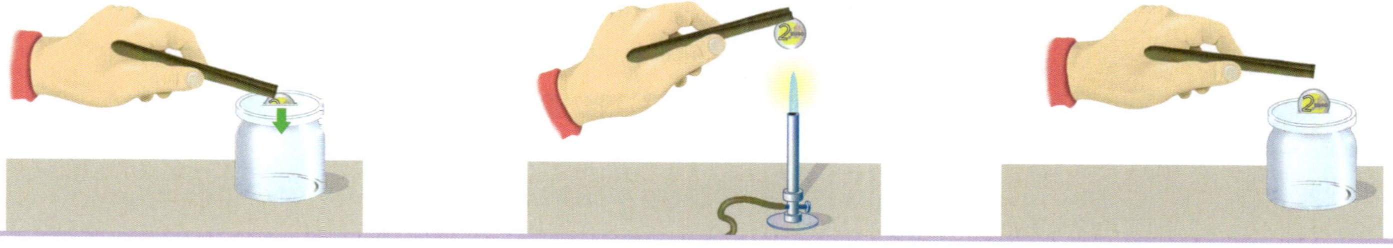

COMPRENDE La moneda que se dilata.

A escala atómica o molecular, la dilatación se produce porque, al calentar el cuerpo, sus partículas vibran con mayor amplitud y la distancia media entre ellas se incrementa.

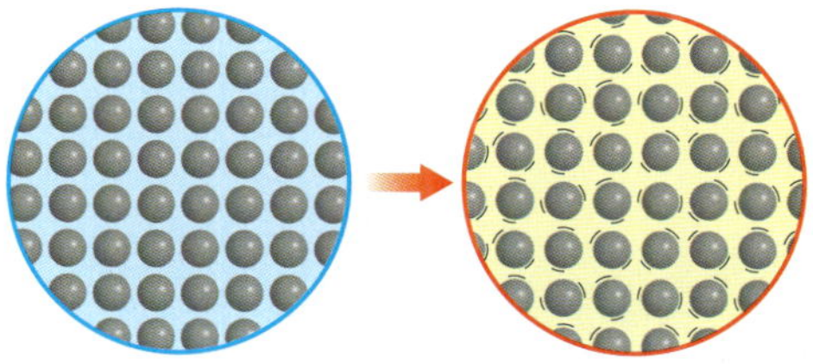

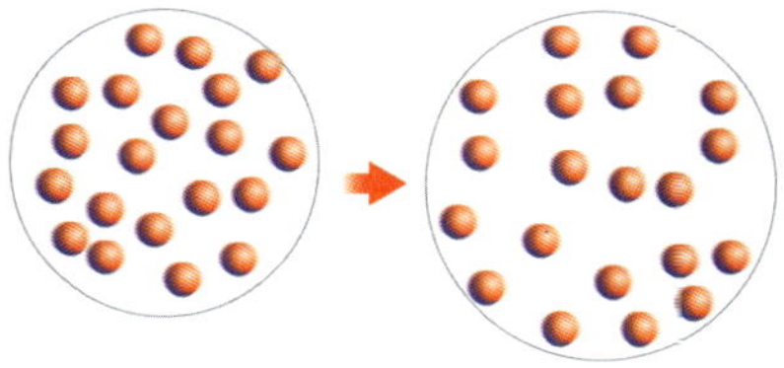

Los gases se dilatan mucho más que los líquidos y que los sólidos debido a que sus partículas se mueven libremente.

ACTIVIDADES

14. Argumenta. **Al calentar el aire de un matraz, el globo se hincha. Inés duda: no sabe si el globo se infla porque las partículas del aire se han dilatado o porque se mueven más rápido y ocupan un espacio mayor.**

a) ¿Qué hipótesis es correcta, la A o la B?

b) ¿Qué argumentos le darías a Inés para decidirse?

15. Calcula. **La Torre Eiffel mide 324 m de altura. En invierno, el hierro de su estructura puede llegar a alcanzar los –10 °C, y en verano 40 °C. ¿Es cierto que "crece" en verano?**

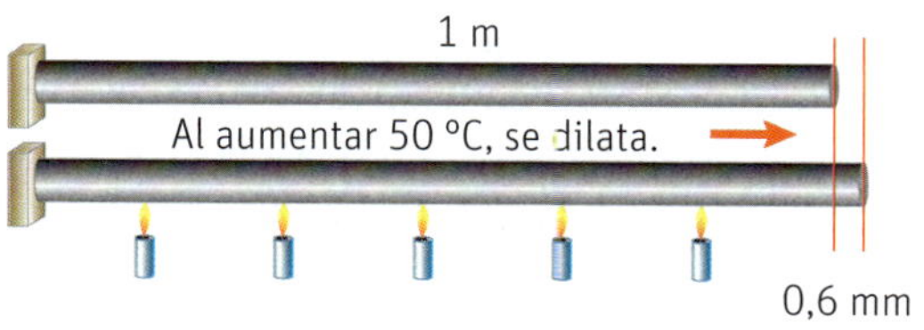

Para averiguarlo, calentamos una varilla de hierro de 1 m. Al incrementar su temperatura en 50 °C, observamos que se ha dilatado 0,6 mm. Basándote en el experimento, ¿cuánto crece la Torre Eiffel en verano?

5 Efectos del calor II: cambios de estado

¡Estos cambios de estado van a acabar conmigo!

La energía en los cambios de estado

Al llegar a determinadas temperaturas, la energía térmica provoca otro efecto: los cambios de estado, que ya hemos estudiado en la unidad 2.

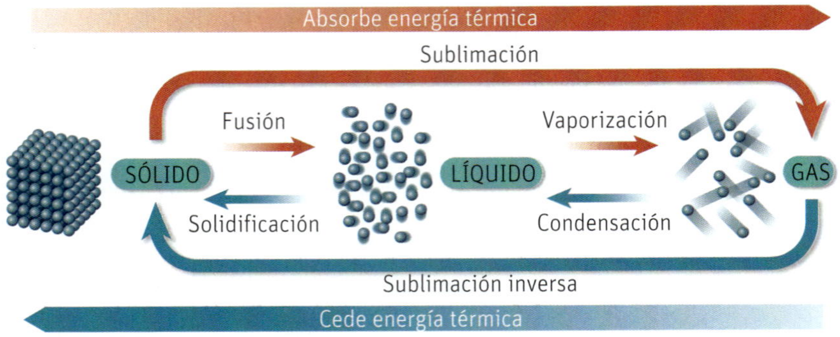

Cambios de estado y fenómenos atmosféricos

La energía del sol, absorbida por el agua de los océanos, ríos y lagos, pone en marcha un ciclo gigantesco donde se manifiestan multitud de cambios de estado.

1. Evaporación. Las moléculas de agua de la superficie aumentan su temperatura y se mueven cada vez más rápido hasta que saltan al aire. El vapor de agua asciende.

2. Condensación. Al ascender, el aire se enfría, las moléculas de agua se mueven más lentamente y se juntan, pasan al estado líquido y forman nubes. Cuando se condensan, devuelven al aire la misma cantidad de calor que absorbieron para evaporarse.

3. Solidificación. Si la temperatura sigue bajando, el agua líquida pasa a estado sólido. Las nubes de altura media están formadas por microscópicas gotitas de agua y cristalitos de hielo.

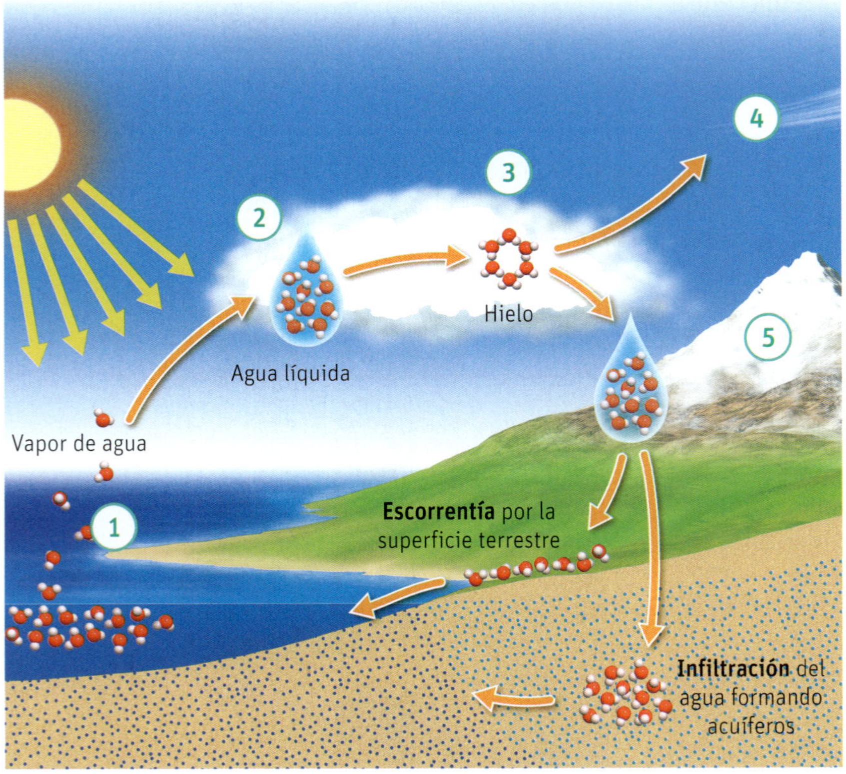

4. Sublimación. En las capas altas de la atmósfera, a una temperatura muy baja, el vapor de agua puede pasar a cristalitos de hielo directamente. Son los cirros.

5. Fusión. Los cristales de hielo, al caer, se funden creando microgotas que, al unirse con otras, forman gotitas de agua; es la lluvia. También puede haber precipitaciones de nieve o de granizo.

ACTIVIDADES

16. Identifica. Copia en tu cuaderno los siguientes términos y únelos con flechas. ¿Qué cambios de estado se producen en los siguientes fenómenos?

	• Condensación
Rocío •	• Solidificación
Escarcha •	• Sublimación

6 Efecto invernadero y calentamiento global

Si no tuviese atmósfera, la Tierra sería un mundo helado. La temperatura media de la atmósfera es de unos 15 °C, gracias al **efecto invernadero** de algunos gases presentes en la atmósfera. Pero, ¿qué es el efecto invernadero?

1. La **atmósfera recibe energía** luminosa: radiación infrarroja, luz visible y radiación ultravioleta. Una parte de la radiación se refleja; el resto es absorbido por la superficie de la Tierra, que se calienta.

2. La **superficie terrestre** caliente **devuelve** parte de la **energía** absorbida hacia el espacio exterior en forma de **radiación infrarroja** (popularmente llamada "calor").

3. El **vapor de agua,** el **CO_2** y las **nubes absorben** parte de los **infrarrojos** reemitidos por la superficie terrestre, lo que retrasa su devolución al espacio. Así, la atmósfera mantiene una temperatura media de 15 °C.
Si no hubiese vapor de agua, CO_2 ni nubes, toda la radiación infrarroja escaparía al espacio directamente y la temperatura bajaría mucho.

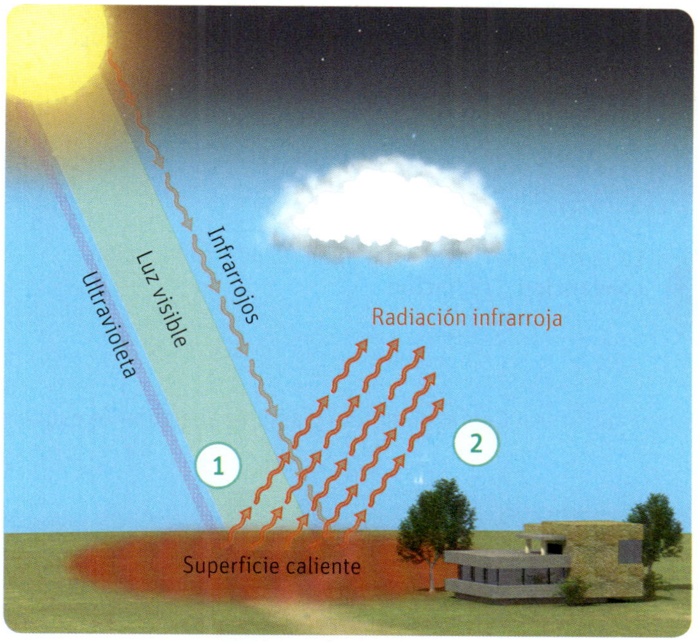

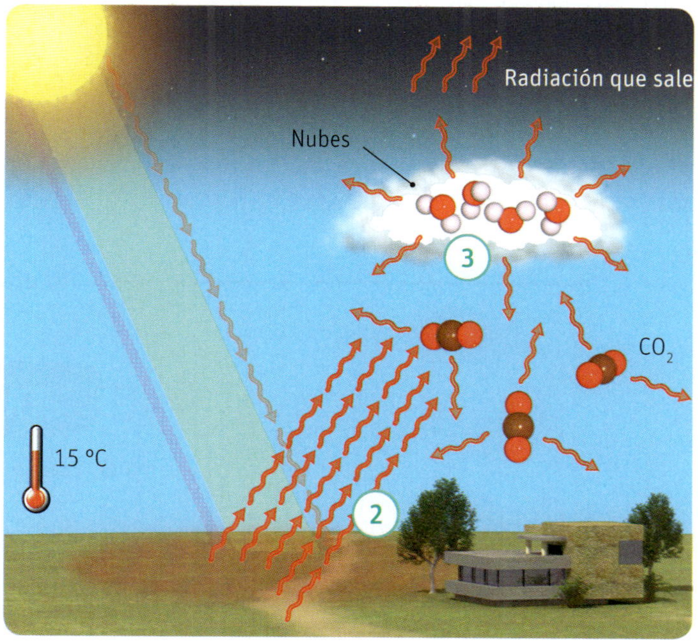

El calentamiento global

El efecto invernadero es positivo para la Tierra. Sin embargo, el aumento de emisiones de CO_2 en la atmósfera incrementa este efecto y, como consecuencia, la temperatura está subiendo en todo el mundo. ¡Es el **calentamiento global**! Y es un grave problema porque genera un **cambio climático**.

Cuando vas en coche, enciendes la calefacción o el ordenador..., estás añadiendo CO_2 a la atmósfera que se suma al que emiten los incendios, los volcanes, las fábricas... Por otra parte, al deforestar, se impide que las plantas absorban CO_2. Además, el aumento de la población (somos más de 7700 millones de personas consumiendo y deforestando) agrava el problema. ¿Qué podemos hacer?

ACTIVIDADES

17. Investiga. ¿Cuáles son los gases de efecto invernadero? ¿Cuáles son las causas del incremento de esos gases? ¿Hay fenómenos naturales que contribuyan a este efecto?

Energía térmica

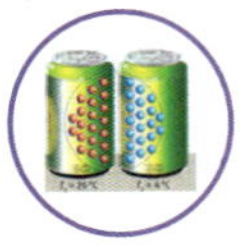

La **temperatura** de un cuerpo es la medida del grado de movimiento térmico de sus partículas.

El **calor** es una **forma de transferir energía** entre dos cuerpos que se encuentran a diferente temperatura.

La unidad del calor en el sistema internacional es el **julio (J)**.

La **caloría (cal)** y la **kilocaloría (kcal)** también se usan habitualmente.

La energía térmica se transfiere por **conducción**, **convención** o **radiación**.

La energía transferida mediante calor produce cambios en los cuerpos: **variación de la temperatura** (que provoca **dilataciones**) o **cambios de estado**.

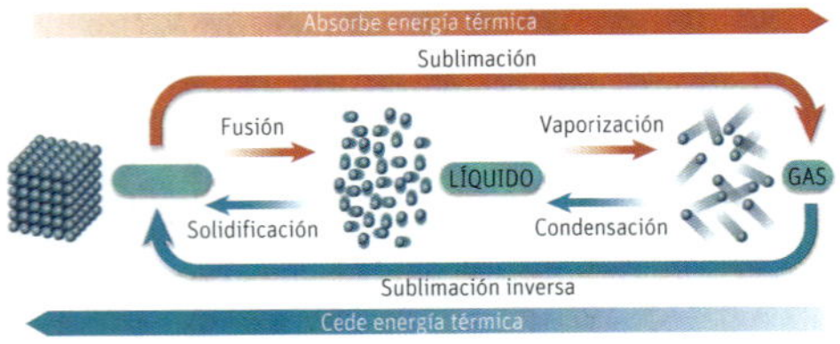

La **energía del sol** activa el ciclo del agua creando diversos fenómenos atmosféricos, donde se producen múltiples **cambios de estado**.

1. Organiza tus ideas. Copia, completa y amplía el siguiente esquema para construir tu propio mapa metal de la unidad.

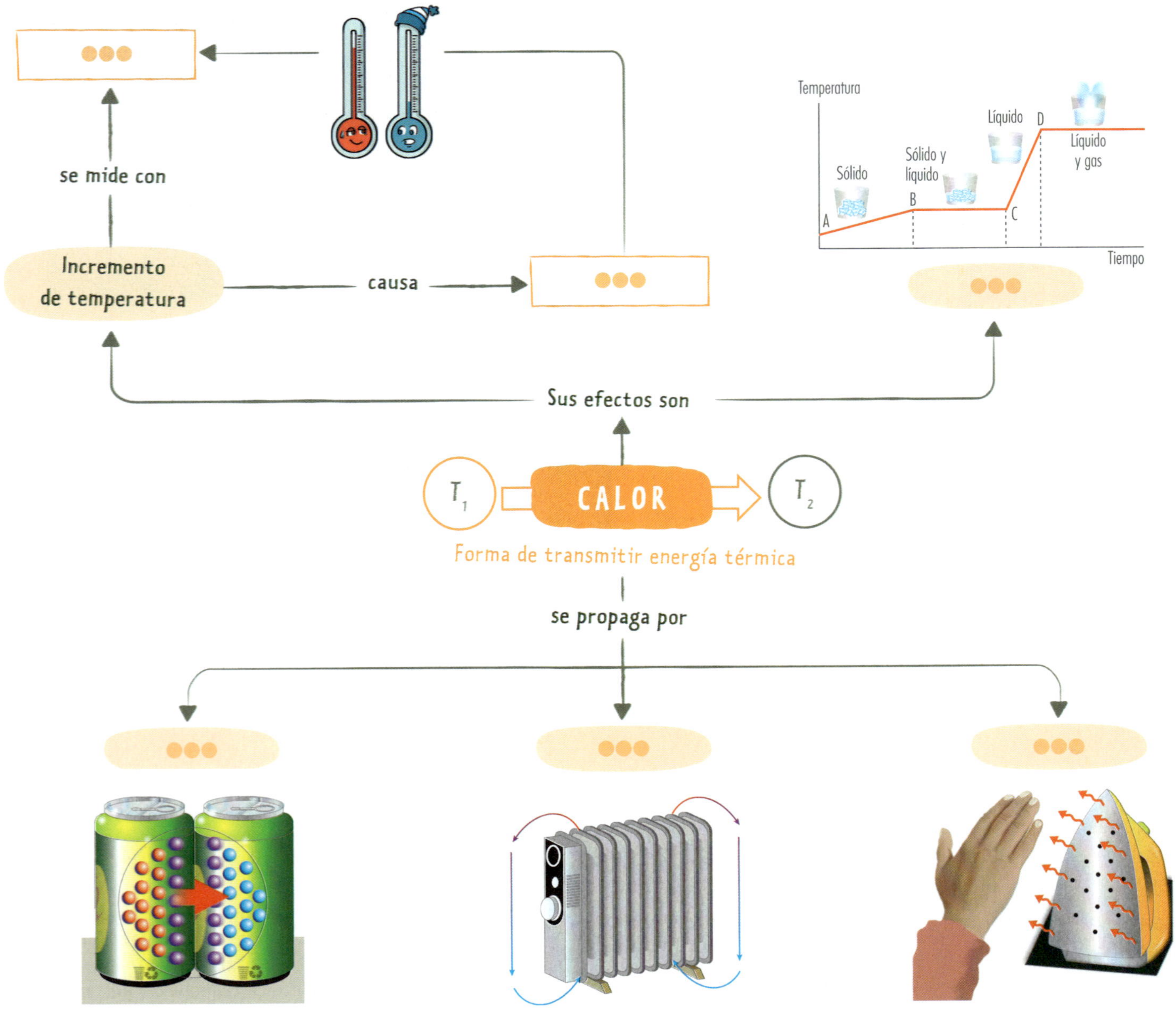

VALORA LO APRENDIDO Autoevaluación y resumen.

La temperatura y el calor

1. Decide. **Señala si son verdaderas o falsas estas afirmaciones.**

a) Cuando junto dos cuerpos a distintas temperaturas, uno cede calor y el otro cede frío.

b) El frío no existe.

c) La temperatura más baja es de −273 °C.

d) Los metales conducen bien la energía térmica.

2. Identifica. **Esta gráfica muestra la mezcla de dos líquidos a distinta temperatura.**

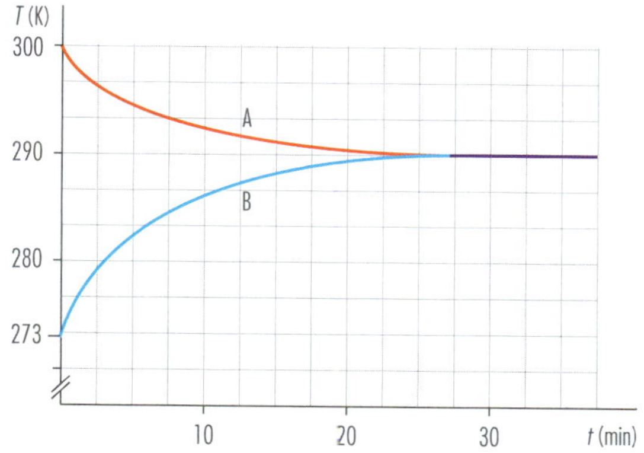

a) Expresa sus temperaturas iniciales en grados Celsius.

b) ¿Cuál ha sido la temperatura de equilibrio? ¿En cuánto tiempo se ha alcanzado?

3. Compara. **Para alcanzar 50 °C, ¿a qué cantidad de agua, inicialmente a 20 °C, hay que suministrar más energía térmica?**

- A 1 L de agua.
- A 500 g de agua.

4. Explica **lo que ha sucedido. Se han calentado estas tres muestras durante 5 minutos.**

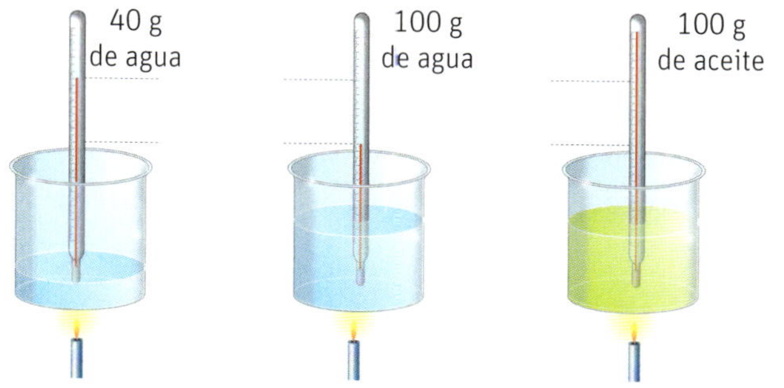

5. Decide. **Preparamos un baño para un bebé mezclando 10 L de agua a 18 °C con otros 10 L a 42 °C de temperatura.**

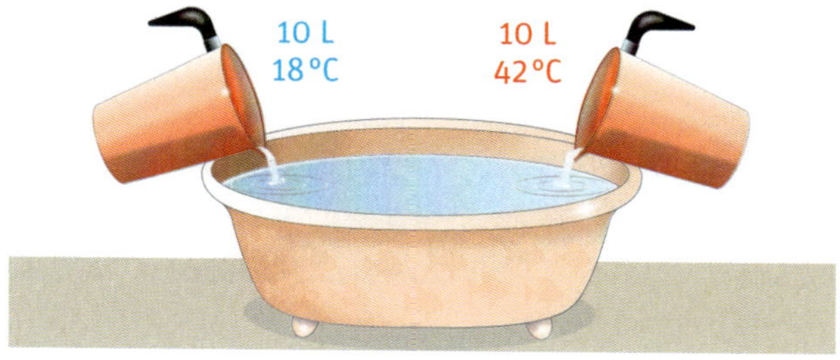

a) Si el bebé tiene una temperatura de 37 °C, ¿tendrá frío cuando entre en contacto con el agua?

b) El bebé, ¿cederá o absorberá energía térmica?

6. Justifica. **Luis ha recopilado estas frases. Señala cuáles son correctas y cuáles incorrectas desde el punto de vista de la física. Redacta las incorrectas de manera apropiada:**

- Esta bufanda me da mucho calor.
- El metal es más frío que la madera.
- Un clavo al rojo tiene mucho calor.
- El ventilador refresca el aire de la habitación.
- Un helado se funde porque su temperatura está subiendo.
- El hielo le da frío al refresco.
- En verano, el agua de la piscina está más templada por la noche que por el día.

7. Soy competente

En el laboratorio disponemos de dos fuentes de calor: un mechero Bunsen y un calentador eléctrico.

Paula investiga cuál de las dos fuentes calienta más rápido el agua. Para ello, coloca 200 mL de agua en dos vasos de precipitado iguales y mide la temperatura inicial del agua y a lo largo de 10 minutos en cada uno de ellos.

Obtiene la siguiente gráfica.

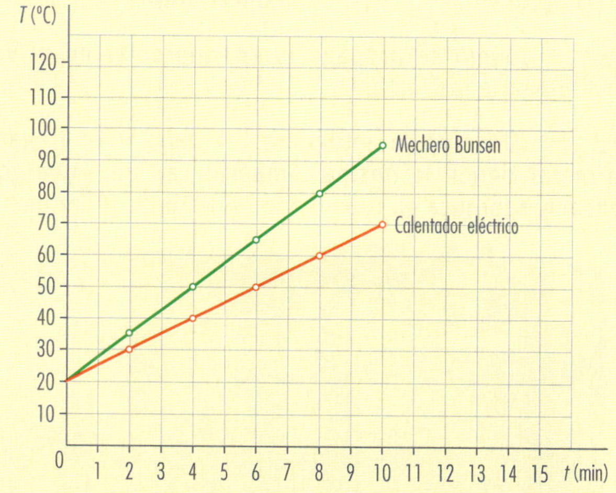

a) Señala una variable que controla Paula en su investigación.

b) ¿Qué temperatura inicial tenía el agua? ¿Cada cuánto tiempo ha medido Paula las temperaturas?

c) ¿Qué fuente de calor calienta más rápidamente el agua?

d) Si se siguen calentando a ese ritmo, ¿qué le ocurrirá al agua al cabo de 12 minutos?

A. La del mechero Bunsen se encontrará a 110 °C y la del calentador eléctrico, a 80 °C.

B. La del mechero Bunsen estará hirviendo a 100 °C y la del calentador eléctrico se hallará a 80 °C.

C. La del mechero Bunsen alcanzará los 95 °C y la del calentador eléctrico, a 70 °C.

D. El agua se encontrará hirviendo en los dos recipientes.

8. Calcula. **Si para evaporar 1 g de agua a 30 °C hacen falta 580 cal, ¿cuánto calor desprendemos al evaporar 1 L de sudor? Exprésalo en kilocalorías y en julios.**

Convección, conducción y radiación

9. Decide. ¿Por qué los astronautas llevan un traje plateado?

A. Por una estética moderna, tipo *Star Wars*.

B. Porque son más ligeros que un abrigo de otro tipo.

C. Porque reflejan las radiaciones solares.

D. Porque son impermeables e impiden que el aire salga del interior.

10. Identifica. **Un estudiante pega cuatro chinchetas con cera a una barra de cobre. Al aplicar una llama en un extremo, las chinchetas se van desprendiendo.**

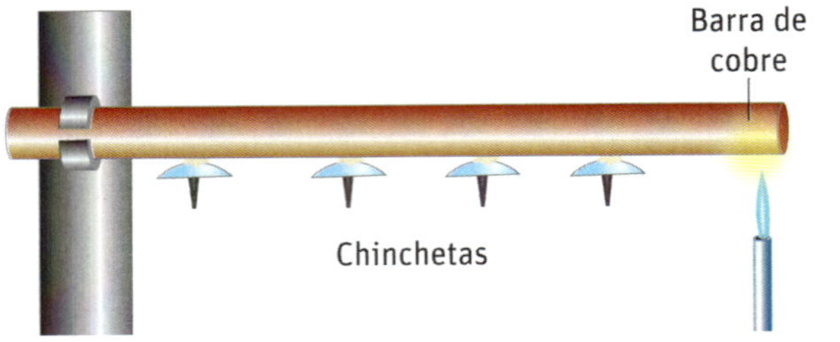

¿Mediante qué proceso se ha transmitido el calor hasta las chinchetas?

A. Expansión

B. Radiación

C. Conducción

D. Convección

11. Explica. **¿Cómo se propaga la energía solar en el vacío hasta llegar a la Tierra?**

12. Justifica. **Observa la fotografía: el paño y el fregadero de metal tienen la misma temperatura; sin embargo, la sensación térmica en cada mano es distinta. ¿Por qué?**

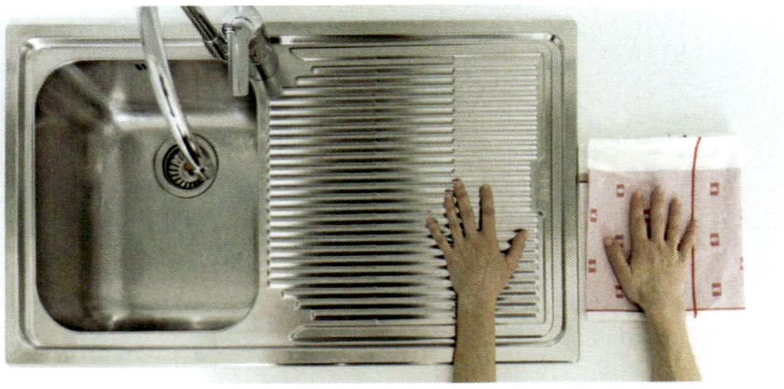

13. Explica. **Observa el dibujo.**

Cuando calentamos un recipiente metálico lleno de agua sobre una cocina vitrocerámica, se producen los tres modos de transferencia de calor. Identifica cada uno y explícalo.

14. Experimenta.

1. Coge de la nevera dos cubitos de hielo iguales.
2. Coloca cada uno en un plato: uno, al aire, y el otro, envuelto en una bufanda. ¿Qué cubito de hielo se fundirá antes?

   A. El que está abrigado por la bufanda.

   B. El que está al aire.

   C. Los dos tardarán el mismo tiempo.

   Elabora una hipótesis para explicar este fenómeno.
3. Al cabo de 15 minutos quita la bufanda y compruébalo.

15. Justifica. **En verano, al sobrevolar Italia según la trayectoria del dibujo, es habitual que haya turbulencias. Al llegar al Adriático, desaparecen. El piloto dice que es debido a las "térmicas". ¿A qué se refiere el piloto con las "térmicas"?**

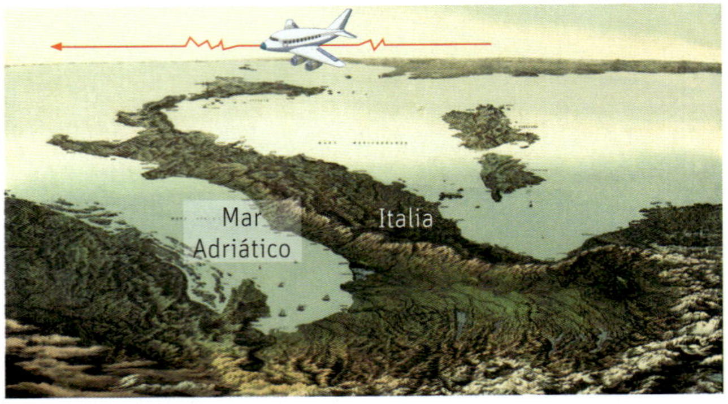

Dibuja las corrientes convectivas sobre la península italiana y justifica ese fenómeno. Pista: Durante el día, ¿qué se calienta más, la superficie terrestre o el mar?

16. Razona. **¿Por qué los pájaros ahuecan sus plumas cuando se van a dormir?**

A. Porque, al aumentar de volumen, asustan a los posibles depredadores.

B. Porque crean una capa de aire que aísla térmicamente su cuerpo.

C. Porque así mantienen mejor el equilibrio sobre una pata para descansar.

D. Para esconder la cabeza debajo del ala y no asustarse.

Efectos del calor

17. Analiza **los efectos de las dilataciones del paisaje y contesta en tu cuaderno.**

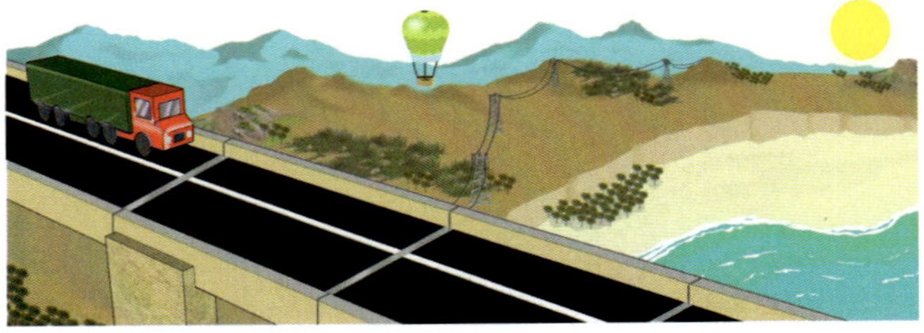

a) ¿Está roto el puente?

b) ¿Qué le pasa al tendido de los cables eléctricos?

c) ¿Sube el nivel del mar por dilatación?

d) ¿Qué le pasa al aire del globo?

18. Aplica. Crea una fuente solar.

1. Coge una botella grande de agua y haz un agujero en el tapón e introduce una pipeta fina.
2. Echa un poco de agua en la botella, tapa la pipeta y pon la botella al sol.

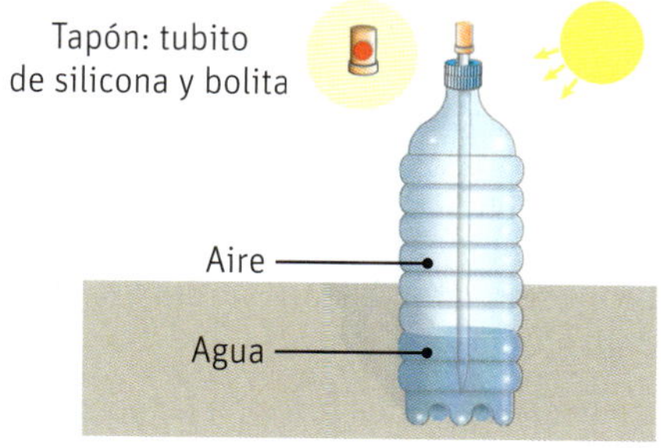

3. A los 15 minutos retira el tapón de la pipeta y... ¿qué ocurre? ¿Qué le ha pasado al aire del interior de la botella?

OBSERVA La fuente solar de Heron

19. Explica. Metemos hielo en un vaso de precipitados y lo calentamos. Observa lo que sucede al cabo de unos minutos de mantenerlo sobre la fuente de calor:

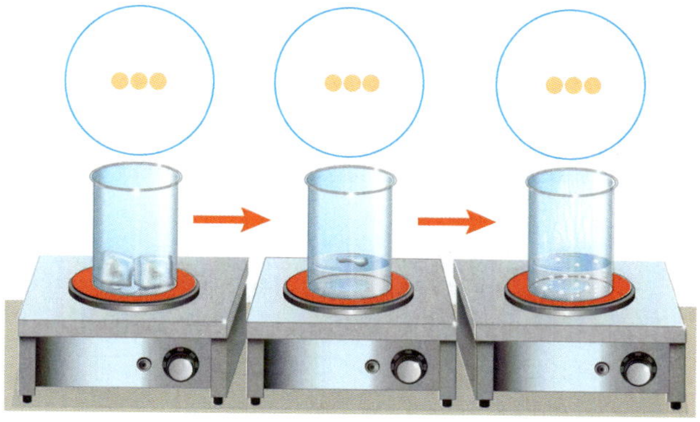

a) ¿Qué cambios de estado se producen?

b) ¿A qué temperatura ocurre cada uno de ellos?

c) Copia la ilustración en tu cuaderno y dibuja en cada círculo la situación de las partículas en los respectivos estados.

20. Soy competente

Cuando corremos largas distancias, la temperatura corporal aumenta y sudamos. Si no bebemos lo suficiente para reponer el agua que se pierde a través del sudor, podemos deshidratarnos. La pérdida de agua de más de un 2 % de la masa corporal se considera estado de **deshidratación**. Si la temperatura corporal aumenta hasta los 40 °C o más, podemos sufrir un **golpe de calor**.

En varias carreras de una hora de duración hemos medido los siguientes datos para un corredor de 74 kg.

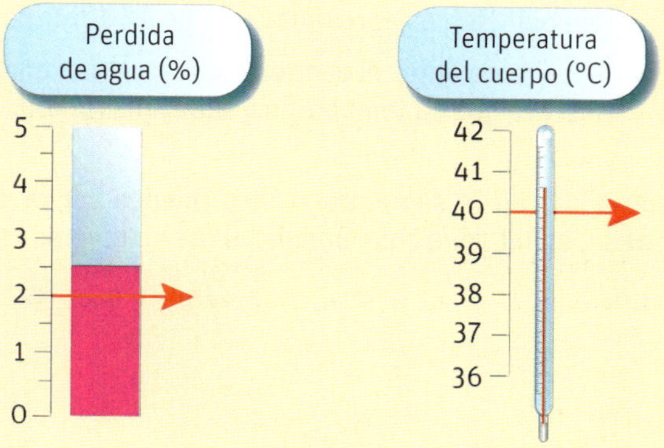

	Temperatura del aire (°C)	Humedad del aire (%)	¿Bebe agua?	Volumen de sudor (L)	Pérdida de agua (%)	Temperatura corporal
Carrera 1	35	60	Sí	1,8	0,0	40,5
Carrera 2	35	60	No	1,8	2,5	40,5
Carrera 3	30	60	Sí	1,4	0,0	39,6
Carrera 4	30	60	No	1,4	1,9	39,6

a) Un deportista corre durante una hora en un día caluroso (35 °C) y húmedo (60 % de humedad del aire). ¿Cómo influye en los riesgos de padecer deshidratación y golpe de calor el hecho de que beba agua durante la carrera?

A. Se reduciría el riesgo de golpe de calor, pero no el de deshidratación.
B. Se reduciría el riesgo de deshidratación, pero no el de golpe de calor.
C. Se reducirían ambos riesgos: el de deshidratación y el de golpe de calor.
D. Beber agua no reduciría ninguno de los riesgos.

b) Imagina que eres el alcalde de tu localidad: ¿permitirías una carrera si la temperatura del aire es de 35 °C? ¿Y si el día se nubla y la temperatura baja a 30 °C? Justifica tus respuestas.

c) Si el día es seco (un 20 % de humedad del aire), ¿se suda más o se suda menos? ¿Hay más riesgo de golpe de calor o menos?

d) Algunos animales carecen de glándulas sudoríparas. Investiga: ¿cómo refrigeran su organismo?

21. Relaciona. Busca en internet cómo se forman las brisas marinas y relaciónalo con el experimento del agua y la arena de la página 178.

¿CÓMO LO RESOLVEMOS?

22. Interpreta. Se calientan 100 g de aceite de oliva y 100 g de agua en dos hornillos iguales. Se mide la temperatura cada 2 minutos y se obtiene la siguiente gráfica:

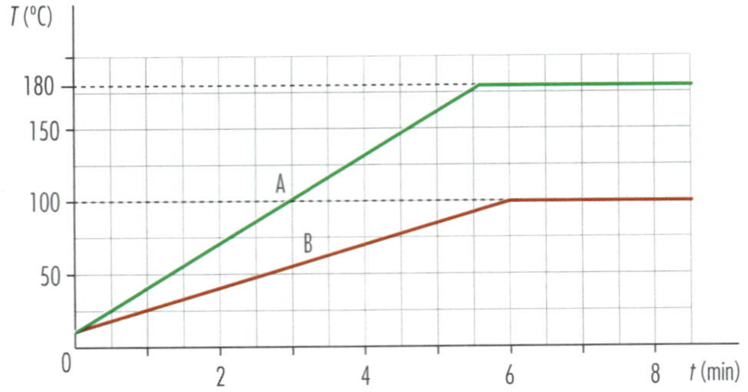

a) ¿Cuál de las dos curvas corresponde al agua?

b) ¿Cuál se calienta antes, el agua o el aceite de oliva?

a) La gráfica del agua es la B porque su punto de ebullición es de 100 °C. La curva del aceite de oliva es la A y su punto de ebullición es aproximadamente 180 °C.

b) Se calienta antes el aceite de oliva, ya que en la gráfica se observa que su temperatura sube más rápido.

23. Analiza. En la siguiente gráfica puedes ver la cantidad de agua, en mL, que consumimos al día en diversas situaciones.

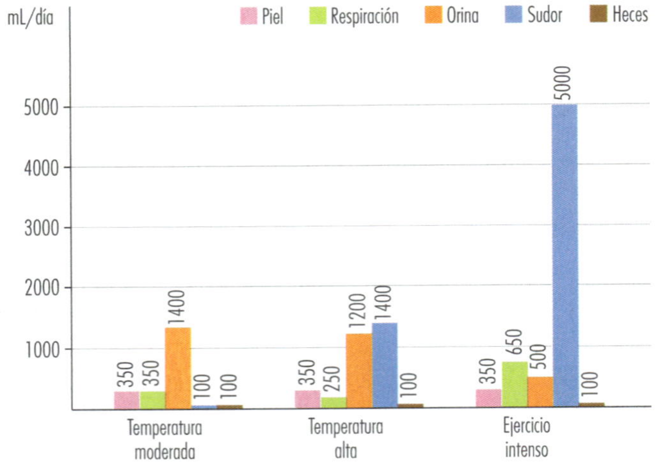

a) ¿Cuántos litros de agua tienes que beber al día en cada una de las situaciones de la gráfica?

b) ¿Por qué se orina menos haciendo un ejercicio intenso?

24. Dibuja una gráfica de calentamiento de una sustancia X cuyo punto de fusión es de –10 °C y su punto de ebullición es de 90 °C. La temperatura inicial es de –20 °C y la final, de 110 °C. Indica el estado de agregación en cada tramo.

25. Justifica. ¿Por qué echan sal en las carreteras cuando va a nevar? Pista: La nieve no es tan peligrosa como las placas de hielo que se generan si la temperatura baja mucho.

A. Para que las ruedas agarren mejor y no patinen.

B. Porque, con la sal, baja el punto de congelación.

26. Explica. Para que se evapore una gota de sudor de la superficie de tu piel, se requieren unas 30 calorías.

a) ¿De dónde se obtiene esa cantidad de calor?

b) ¿Qué ventajas tiene sudar?

c) Sabiendo que 1 mL contiene 20 gotas, ¿cuántas calorías se liberan al excretar medio litro de sudor?

27. Soy competente

La máquina de vapor y el motor de explosión, usado en los coches, autobuses, etc. basan su funcionamiento en la energía térmica.

a) Ordena en tu cuaderno las fases de la locomotora de vapor.

La biela y el cigüeñal transforman el movimiento rectilíneo en circular.

El carbón arde y calienta la caldera.

El vapor a alta presión empuja el émbolo.

El agua hierve y se transforma en vapor, que puede alcanzar unos 1000 °C.

b) Completa el diagrama de Venn con las características comunes y no comunes de ambas máquinas. Observa en www.e-sm.net/sngfq2eso09_02 el funcionamiento del motor de explosión.

28. Investiga. Hoy en día, se están sustituyendo los clásicos "plumas" por prendas de abrigo compuestas por capas. Busca información sobre las ventajas y los inconvenientes de estas prendas.

29. Calcula. La energía térmica es fundamental en nuestros hogares, tener calefacción o agua caliente, por ejemplo. A continuación, se muestra la energía media anual consumida en nuestros hogares, en kWh. Representa los datos en un diagrama de barras. Si cada kWh cuesta 0,16 euros, ¿cuál es el gasto anual?

Calefacción	5172	Cocina	737
Electrodomésticos	1924	Iluminación	410
Agua caliente	1877	Aire acondicionado	170

30. Investiga. Para rebajar el coste de la factura, podríamos instalar el sistema de calefacción y agua caliente sanitaria de la siguiente figura.

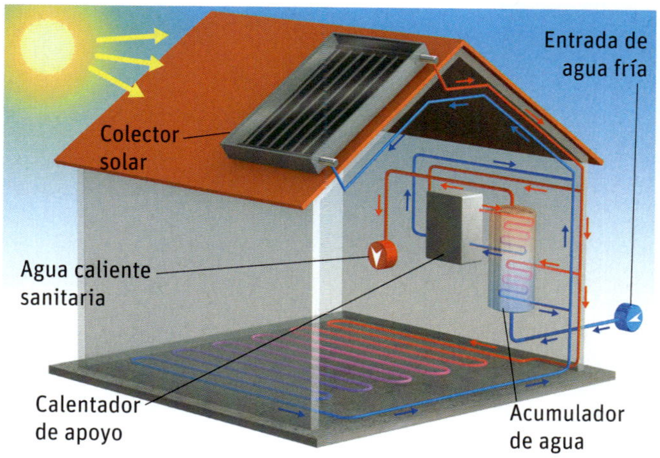

Explica las ventajas que tiene esta instalación. ¿Por qué los tubos de la calefacción están en el suelo?

31. Completa en tu cuaderno. El calentamiento global es un hecho. Rellena las posibles causas y los efectos que produce.

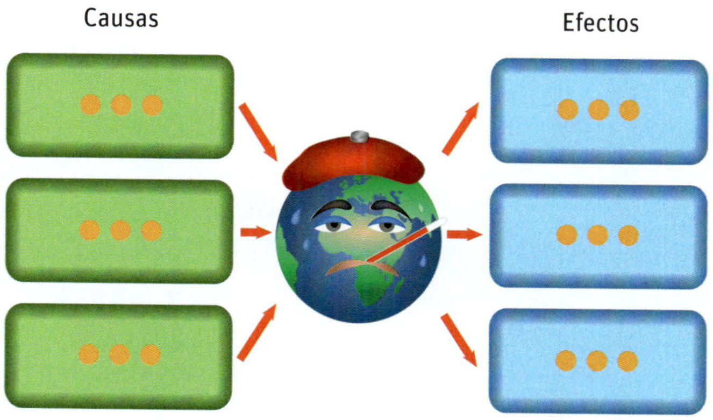

Física y química en tu vida

Lee y comprende el siguiente texto:

¿Por qué un par de grados pueden cambiar tu vida?

Ya sabemos que para obtener la mayor parte de la energía eléctrica que consumimos, se queman millones de toneladas de combustibles fósiles que generan dióxido de carbono CO_2. Este gas contribuye al efecto invernadero que en los últimos cien años ha provocado que la temperatura del planeta suba 1,1 °C.

Te dirás: "Pues que bien, un poco más de calorcito". Sin embargo, esa pequeña subida de la temperatura está provocando olas de calor, más sequías, incendios,inundaciones... y la subida del nivel del mar.

Debido a ello. a las continuas pérdidas de cosechas, ganado e infraestructuras y a las guerras para obtener recursos naturales, 40 millones de personas se ven obligadas a abandonar su entorno; son los refugiados climáticos.

Es triste constatar que el 10 % más rico del planeta somos los responsables del 50 % de todas las emisiones de CO_2, a causa de lo mucho que consumimos. Sin embargo, las consecuencias las pagan, en mayor medida, los países más pobres, que consumen mucho menos.

El problema es que la temperatura seguirá subiendo. Incluso si todos los países tomaran las medidas que se están proponiendo actualmente, llegaremos como mínimo a 2 o 3 °C más, con lo que todos estos problemas se agravarán enormemente. ¡Es la emergencia climática!

¿Qué podemos y debemos hacer? La clave está en consumir menos para usar menos energía, y lograr así que esta se redistribuya de modo más justo en todo el planeta. Y, por supuesto, exigir a nuestros gobiernos que impulsen mucho más las energías renovables.

1. Greta Thunberg es una joven activista ambiental sueca impulsora del movimiento *Fridays for future*. Busca información sobre sus acciones y debatid en clase sobre las medidas propuestas por este movimiento.

9 LUZ Y SONIDO

En esta unidad aprenderás...

- Cómo se perciben las ondas sonoras y luminosas.
- Las características principales de la luz y el sonido.
- Los espectros de la luz y el sonido.
- Qué fenómenos sonoros y luminosos se producen a nuestro alrededor.
- Cuáles son las consecuencias de las contaminaciones acústica y lumínica.

¿Por qué nos gustan tanto los fuegos artificiales?

Según los expertos, se debe a que disfrutamos con la belleza del espectáculo y a la vez con la sensación de un miedo controlado: algo que estalla en la noche pero que sabemos que no nos va a hacer daño. Nos estimula el sonido del lanzamiento del cohete, que anticipa los fogonazos de colores y los posteriores crujidos y explosiones.

- ¿Qué tienen en común la luz y el sonido?
- ¿Por qué oímos la explosión unos segundos después de ver luces?
- ¿Quién inventó la pólvora? ¿Qué otras sustancias le añaden para lograr esos colores tan vivos?

1 El sonido

La energía liberada al impactar una piedra en el agua en reposo hace oscilar las partículas del agua. Esta oscilación se propaga a las partículas vecinas y se forman **ondas** que avanzan con una velocidad constante. El barquito también oscila, sube y baja, pero la onda pasa y el barquito permanece en el mismo sitio.

Una **onda** es una perturbación que se propaga transportando energía sin transportar materia. Las ondas presentan unas **características comunes.**

Período (*T*): Es el tiempo que tarda una partícula en hacer una oscilación completa o en trasladarse de cresta a cresta.

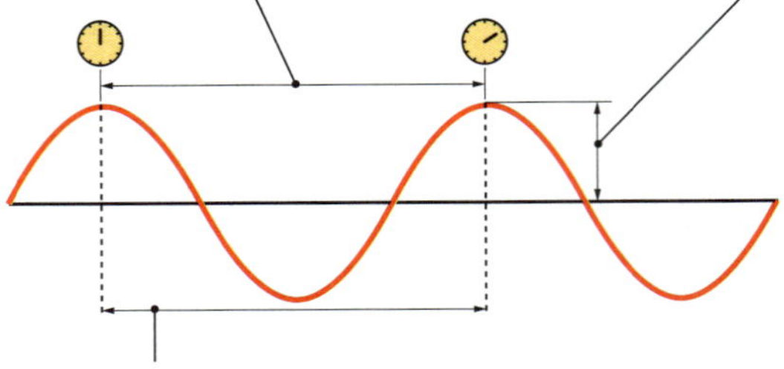

Longitud de onda (λ): Es la distancia entre cresta y cresta.

Amplitud (*A*): Es la máxima distancia que separa la partícula desde su posición de equilibrio. En el caso de la ola, la altura que alcanza.

Frecuencia (*f*): Es el número de oscilaciones que da la partícula en un segundo. Se mide en hercios (Hz).

Velocidad de propagación (*v*): Es el cociente entre la longitud de onda y el período. $v = \dfrac{\lambda}{T}$

¿CÓMO LO RESOLVEMOS?

1. Calcula. **Las olas generadas en un estanque tardan 4,5 s en llegar a la orilla situada a 13,5 m. Un barquito en el agua realiza una oscilación completa en 0,25 s.**

a) **Calcula la velocidad de propagación de la onda.**

b) **¿Cuál es la longitud de onda de las olas generadas?**

a) $v = \dfrac{\text{Espacio recorrido}}{\text{Tiempo empleado}} = \dfrac{(13{,}5\ \text{m})}{(4{,}5\ \text{s})} = 3\ \text{m/s}$

b) El período del movimiento ondulatorio es $T = 0{,}25$ s, entonces $v = \dfrac{\lambda}{T} \Rightarrow \lambda = vT$
$\Rightarrow \lambda = (3{,}0\ \text{m/s})\ (0{,}25\ \text{s}) = 0{,}75\ \text{m}$.

El sonido es una onda

Interpreta lo que ocurre

Al golpear un diapasón, sus extremos vibran y emiten sonido. Mediante la vibración, el diapasón comunica energía al agua, pero esa energía no se queda en el punto de contacto. ¿Qué la transporta?

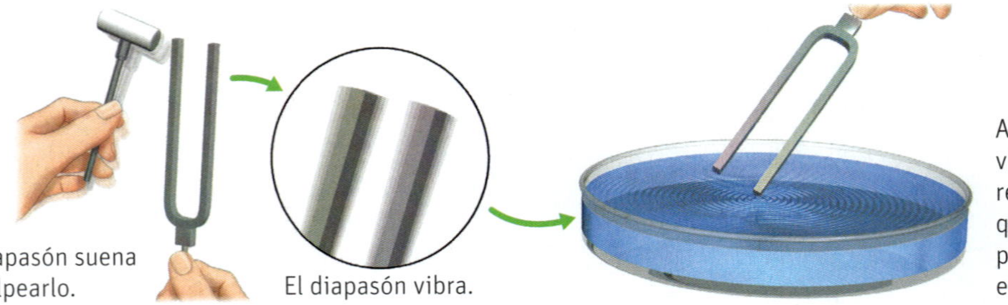

El diapasón suena al golpearlo.

El diapasón vibra.

Al introducir el diapasón vibrando en la superficie en reposo del agua, comprobarás que por la superficie del agua se propagan ondas que comienzan en el punto de contacto.

El **sonido** se produce cuando un objeto vibra. Estas vibraciones se pueden propagar mediante ondas por el aire o por otros medios materiales.

Características de las ondas sonoras

Cuando el sonido se propaga por el aire o por otro medio material, las partículas alcanzadas por las ondas realizan un movimiento de vaivén en la misma dirección de propagación de las ondas.

En el caso del aire, el avance de las ondas sonoras crea zonas con más presión y zonas con menos presión.

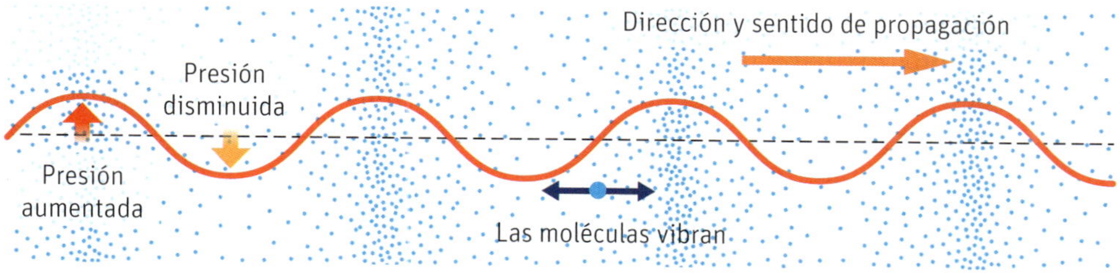

El oído distingue entre sonidos **agudos** y **graves**, y también entre sonidos **intensos** y **débiles**. Usando un osciloscopio, podemos visualizar gráficamente cómo los sonidos se transforman en señales eléctricas.

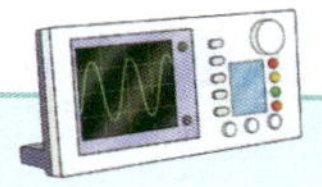

Frecuencia

Muchas vibraciones por segundo.
Alta frecuencia: sonido agudo

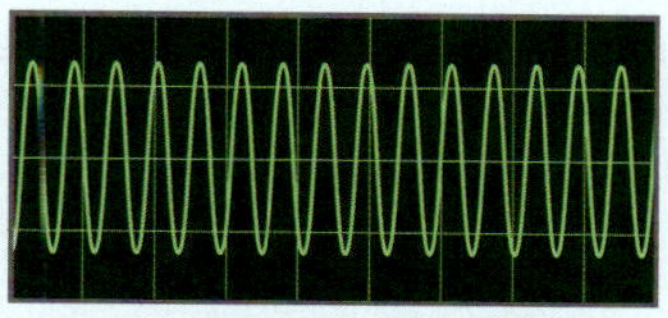

Pocas vibraciones por segundo
Baja frecuencia: sonido grave

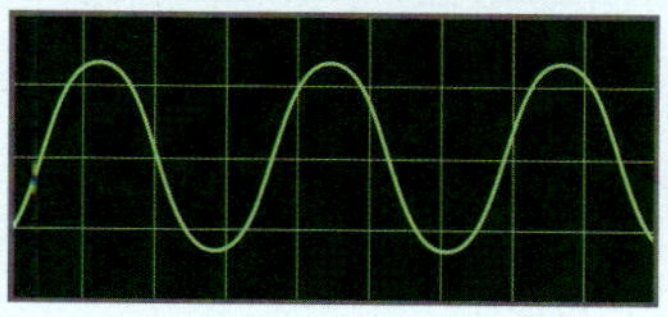

Los sonidos agudos están producidos por ondas muy juntas, de frecuencia alta. Sin embargo, los graves los producen ondas más separadas, de frecuencias bajas.

Intensidad

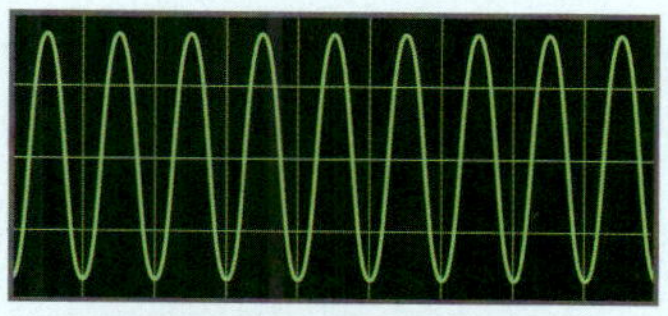

Amplitud grande: sonido intenso

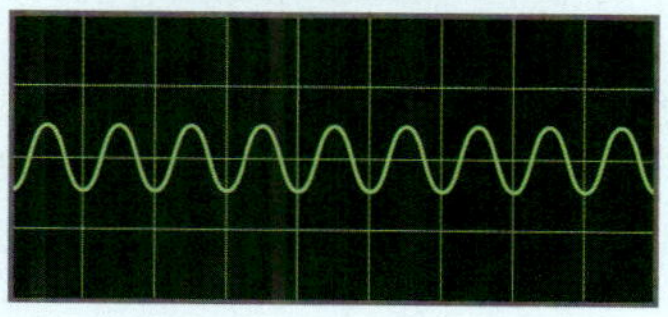

Amplitud pequeña: sonido débil

También se observa que los sonidos fuertes (volumen alto) están producidos por ondas de amplitudes grandes, y los sonidos débiles (volumen bajo), por ondas de amplitudes pequeñas.

ACTIVIDADES

2. Calcula. Imagina que estás observando los fuegos artificiales de un pueblo que se encuentra a 2 km y pones en marcha un cronómetro al ver el estallido de uno de los cohetes. En el momento que oyes la explosión paras el cronómetro y observas que han transcurrido unos 6 s. ¿Cuál es la velocidad del sonido?

3. Asocia a cada gráfico el sonido que le corresponde:

   a) Intenso y grave
   b) Débil y grave
   c) Intenso y agudo
   d) Débil y agudo

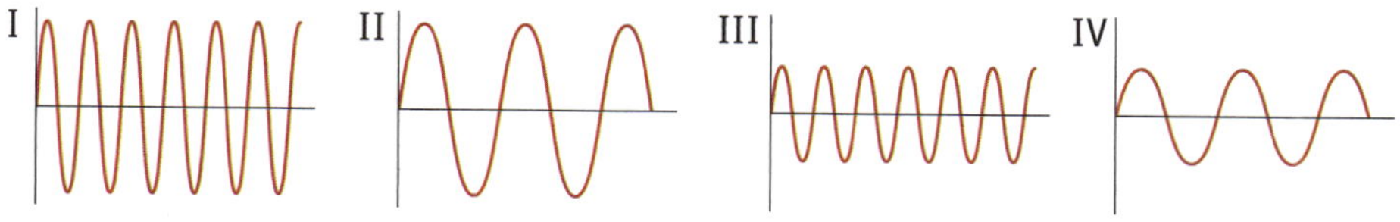

¿Cuál correspondería a un chillido muy intenso? ¿Y a un sonido de un bombo lejano?

OBSERVA La velocidad del sonido

2 Fenómenos sonoros

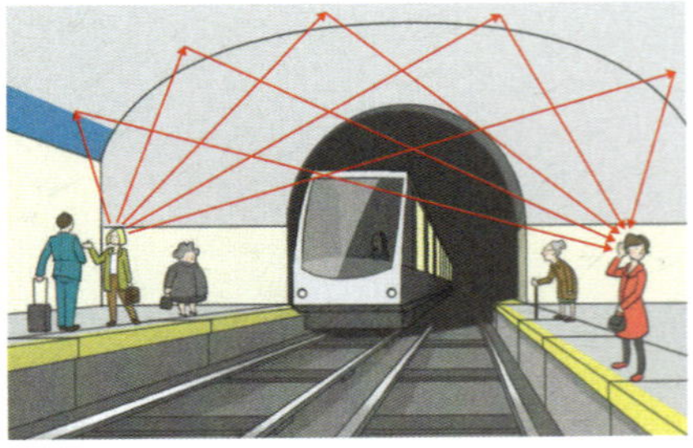

¿Sabes que en algunas estaciones de metro se pueden escuchar las conversaciones del andén opuesto? Es debido a que las ondas del sonido chocan con las paredes (que forman una superficie elíptica) y se reflejan concentrándose en un punto.

La **reflexión del sonido** es el cambio de dirección que experimentan las ondas sonoras cuando chocan con una superficie adecuada.

El oído humano distingue dos sonidos como distintos cuando estos se reciben con una diferencia de tiempo de, al menos, 0,1 s. Como las ondas sonoras viajan por el aire a unos 340 m/s, en 0,1 s recorren 34 m.

Eco	Reverberación
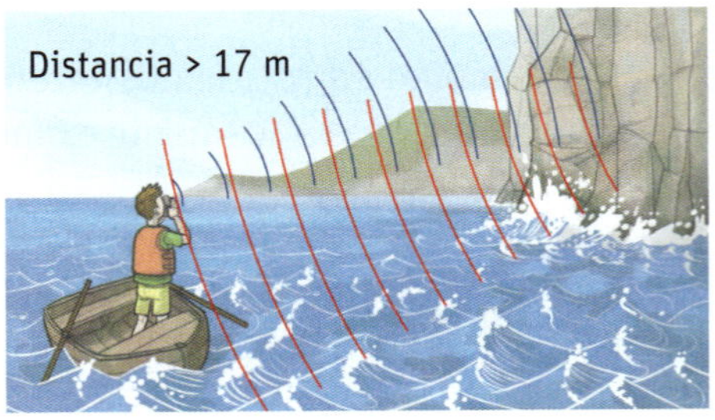	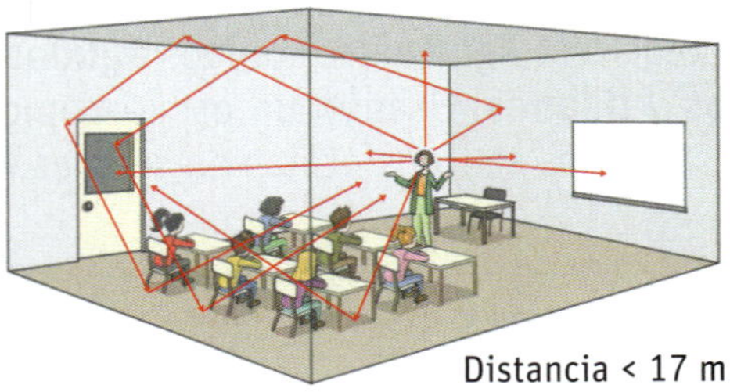
Si el sonido se refleja en un objeto a más de 17 m del emisor, las ondas recorren en su ida y vuelta más de 34 m y el sonido reflejado vuelve al emisor cuando han transcurrido más de 0,1 s.	Si la distancia del emisor al obstáculo es menor de 17 m, el sonido reflejado vuelve antes de 0,1 s y se confunde con el sonido emitido, produciendo reverberación.

Interpreta lo que ocurre

Luis llena un globo con dióxido de carbono y se lo coloca cerca del oído. Le acercan el móvil a bajo volumen. Después, Luis cambia el globo con dióxido de carbono por uno lleno de helio.

¿En qué situación oirá mejor el móvil? ¿Por qué?

Las ondas sonoras también cambian de dirección cuando pasan de un medio a otro por el que viajan a distinta velocidad. Por ejemplo, el sonido viaja en el dióxido de carbono más deprisa que por el aire, y en el helio, más despacio. En ambos casos, cambia de dirección.

La **refracción del sonido** es el cambio de dirección de las ondas sonoras cuando pasan de un medio material a otro por el que viajan a distinta velocidad.

Ultrasonidos e infrasonidos

Clara llama a su perro con un silbato que parece que no funciona porque no se oye nada. Sin embargo, el perro responde rápidamente. Los perros y otros animales captan sonidos que el ser humano no percibe. ¿Cuáles son?

El oído humano puede percibir sonidos cuya frecuencia esté comprendida entre unos 20 Hz y unos 20 000 Hz. Los sonidos de frecuencia superior a 20 000 Hz se denominan ultrasonidos, y los de frecuencia inferior a 20 Hz se denominan infrasonidos.

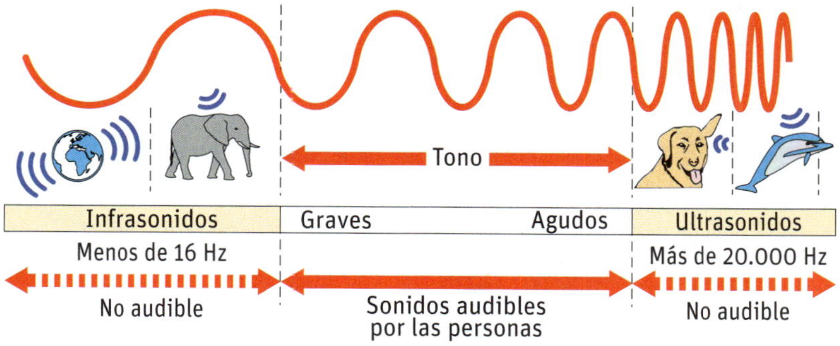

Ecolocalización

Por ejemplo, los murciélagos pueden emitir sonidos de 120 000 Hz que son reflejados por los insectos que constituyen su alimento.

También los delfines emiten sonidos cuyo eco reflejado por los peces les permite la localización de estos.

Ecografía

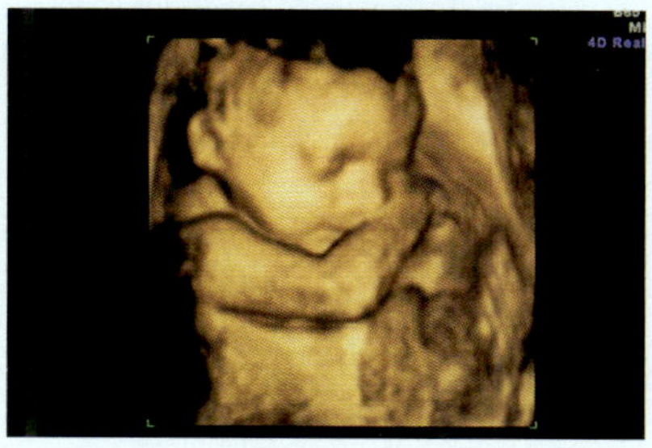

Los ultrasonidos se utilizan en ginecología y en otras especialidades médicas. Un aparato emite ultrasonidos y recibe el eco de estos, siendo capaz de formar una imagen de los tejidos u órganos donde se reflejan.

ACTIVIDADES

4. Investiga. En algunos países europeos están prohibidos los dispositivos denominados “mosquitos” que producen sonidos de frecuencia superior a 15 000 Hz, usados para dispersar a jóvenes que están haciendo ruido. ¿Por qué no afectan a las personas mayores? Investígalo.

5. Deduce. En la primera viñeta, Juana no puede oír el sonido del reloj. Sin embargo, en la segunda sí. ¿Por qué?

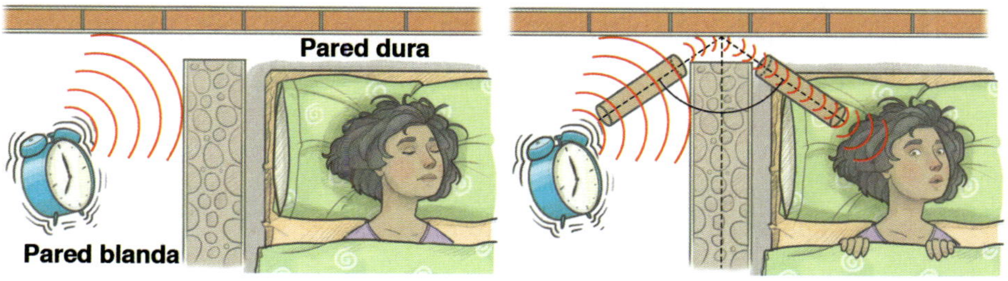

¿Qué propiedad del sonido ha utilizado? ¿Qué importancia tiene que una de las paredes sea dura y la otra blanda?

3 La luz

La **luz** es un fenómeno producido por las fuentes luminosas. Cualquier objeto visible es una fuente luminosa cuya luz llega a nuestros ojos.

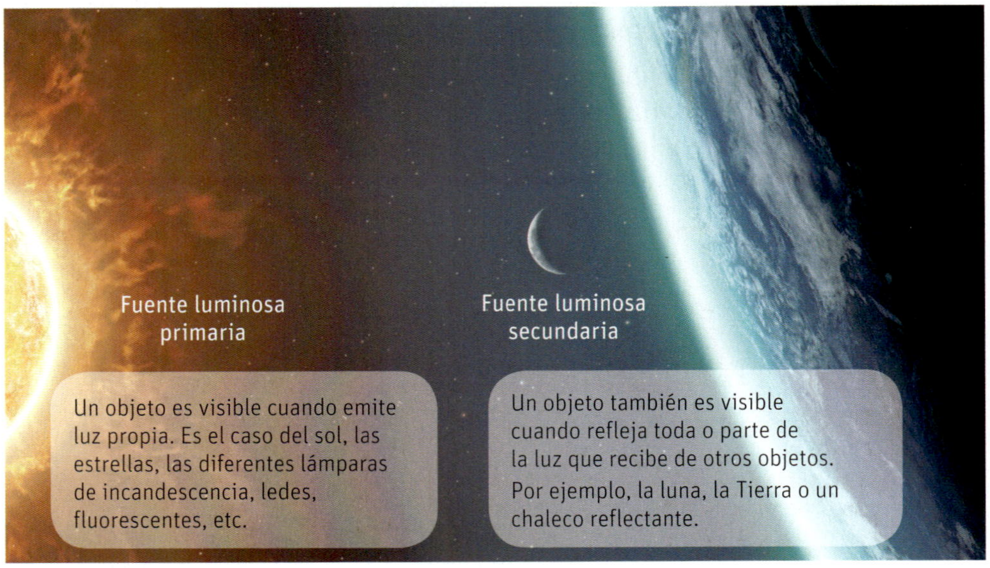

Interpreta lo que ocurre

Ilumina una pelota pequeña con una lámpara y coloca una pantalla detrás.

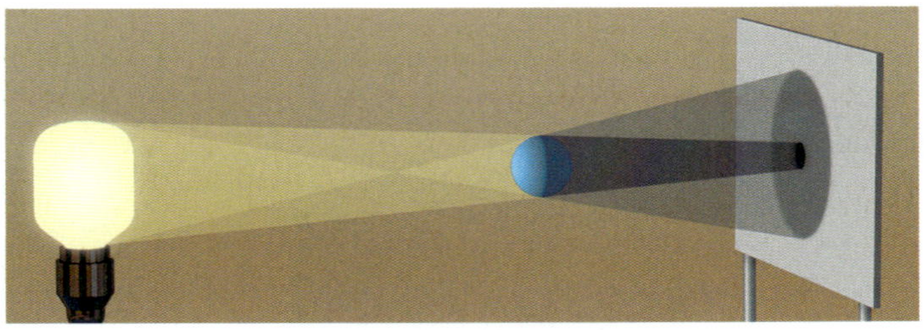

Sobre la pantalla se observa una zona de sombra de bordes nítidos, donde no llega ningún rayo de luz, y alrededor se observa una zona denominada penumbra donde solo llegan algunos rayos de luz. El resto de la pantalla permanece iluminado. ¿Cómo se propagan los rayos de luz?

Una forma de describir la propagación de la luz es suponer unos **rayos luminosos** que van desde la fuente hasta nuestros ojos y que representamos con líneas rectas.

Hasta finales del siglo XVII no fue posible determinar la velocidad de la luz. Actualmente, se acepta un valor de unos 300 000 km/s en el vacío, aunque viaja a una velocidad menor por el agua, el vidrio y otros medios translúcidos.

ACTIVIDADES

6. Calcula. Se denomina año luz a la distancia que recorre la luz en el vacío durante un año. ¿Cuál es su valor en kilómetros?

7. Calcula. La luz viaja desde el sol hasta nosotros por el vacío. Determina el tiempo que tarda en llegar a la Tierra sabiendo que la distancia media que nos separa es de 150 millones de kilómetros.

¿Qué es la luz?

Diversas experiencias muestran que la **luz es una onda**. Su naturaleza es diferente de la del sonido: por ejemplo, se puede propagar por el vacío (observa que llega desde el sol o desde las estrellas hasta la Tierra). Es similar a las ondas de radio y televisión, las microondas o los rayos ultravioleta.

Características de las ondas luminosas

Las características de una onda luminosa son, como en cualquier onda, su frecuencia, su longitud de onda y su amplitud.

- El **color** de la luz está determinado por la **frecuencia** de las ondas luminosas. Cuanto mayor es la frecuencia de la luz, más peligrosa es la radiación. El ojo humano solo distingue la luz comprendida entre el color rojo y el violeta. La luz con frecuencia superior a 10^{15} Hz se denomina **ultravioleta** y con frecuencia inferior a 10^{15} Hz se denomina **infrarroja**.

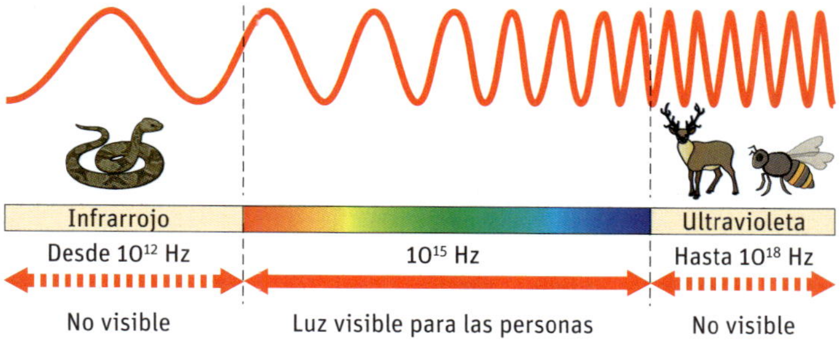

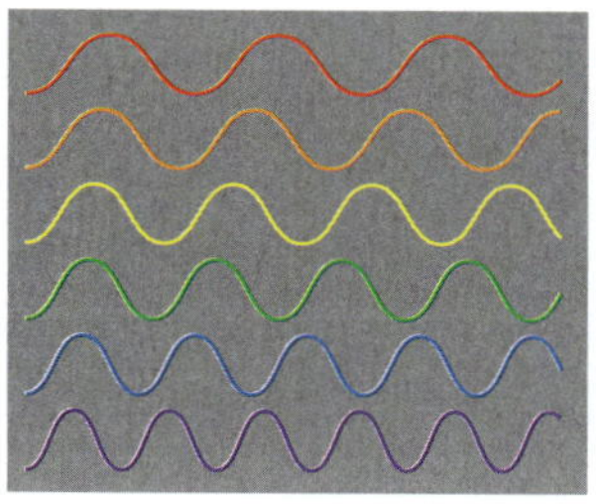

Colores y frecuencias de la luz visible

- La **intensidad** de la luz está determinada por la **amplitud** de las ondas luminosas.

El color de los cuerpos

Los colores aditivos primarios son el rojo, el verde y el azul. Cualquier otro color, incluso el blanco, se obtiene con la mezcla adecuada de estos colores.

Las **fuentes luminosas primarias** presentan el color de la luz que emiten. La luz blanca está formada por la mezcla de los siete colores del arcoíris.

Los **cuerpos iluminados** con **luz blanca** solo muestran el color de la luz que reflejan. Si reflejan todos los colores, se ven blancos, y si los absorben, negros.

ACTIVIDADES

8. Indica **qué color presentarían:**

a) Un cuerpo negro iluminado con luz verde.

b) Un cuerpo verde iluminado con luz roja.

c) Un cuerpo blanco iluminado con luz azul.

4 Reflexión y refracción de la luz

Las ondas luminosas **se reflejan** y **refractan** de forma parecida a las ondas sonoras.

Reflexión de la luz

La luz láser es muy peligrosa para la vista. Su uso es exclusivo por parte del profesor.

Interpreta lo que ocurre

1. Coloca un espejo en el fondo de un vaso, llénalo con agua y añade unas gotas de leche para que el agua se vuelva un poco turbia.
2. El profesor dirige con un puntero láser un rayo de luz (incidente) hacia el espejo con cierta inclinación respecto a la superficie del agua.

¿Qué ocurre? ¿Cómo son los ángulos de incidencia (i) y de reflexión (r)?

Los rayos luminosos se reflejan de forma que el rayo incidente y el reflejado están en un mismo plano. Además, el ángulo de incidencia es igual al de reflexión.

INVESTIGA Investiga sobre la reflexión y la refracción de la luz.

La **reflexión** es el cambio de dirección de la luz cuando esta choca con una superficie. La luz reflejada se propaga por el mismo medio material a la misma velocidad que la luz incidente.

Si la superficie está perfectamente pulimentada, entonces la reflexión es **especular** y la imagen obtenida es nítida. Es el caso de un espejo plateado.

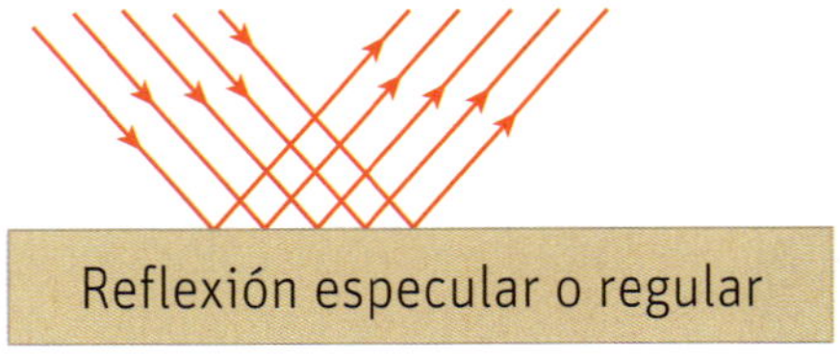

Sin embargo, si la superficie no está perfectamente pulimentada, la forma de la imagen solo se adivina. La reflexión es **difusa** porque los rayos que inciden paralelos se reflejan en distintas direcciones.

ACTIVIDADES

9. Interpreta. ¿Qué fenómeno se produce cuando ves tu imagen reflejada en la superficie en calma de un lago? ¿Y cuando la superficie del lago está rizada?

Refracción de la luz

Las ondas luminosas cambian de dirección cuando pasan de un medio material a otro.

Interpreta lo que ocurre

1. Llena de agua la mitad de una botella y añade unas gotas de leche. Enciende una barra de incienso e introdúcela en la botella para generar humo encima del agua.
2. El profesor dirige el puntero láser de modo que la luz pase del aire al agua.

¿Qué observas? ¿El rayo verde sigue en línea recta o se desvía?

La **refracción** es el cambio de dirección de la luz cuando pasa de un medio material a otro por el que viaja con distinta velocidad.

Cuando la luz pasa de un medio material a otro por el que viaja más deprisa (por ejemplo, desde el agua al aire), a partir de un determinado ángulo de incidencia no hay refracción, solo reflexión. El fenómeno se denomina **reflexión total**.

Las lentes son objetos transparentes que tienen la forma adecuada para que la luz se refracte de la forma deseada. Pueden ser **convergentes** o **divergentes**.

Lentes convergentes	Lentes divergentes
Lente convergente (dioptrías positivas) 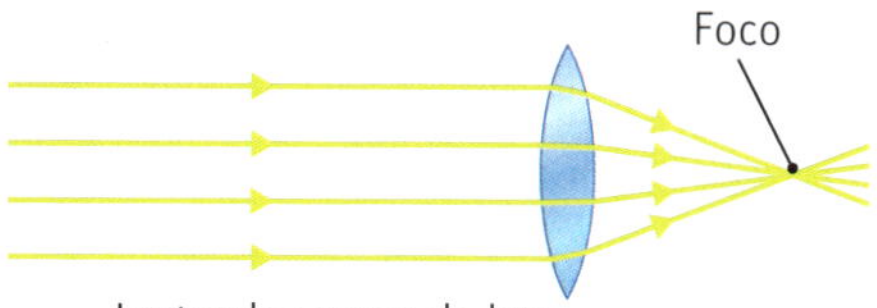 Juntan los rayos de luz en un punto denominado foco.	Lente divergente (dioptrías negativas) 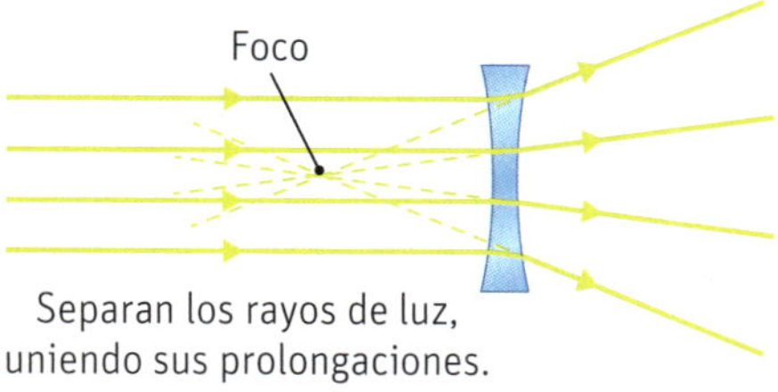 Separan los rayos de luz, uniendo sus prolongaciones.

Miopía

La miopía es un defecto de refracción del ojo. Los rayos de luz paralelos convergen en un punto situado delante de la retina, en lugar de converger en la misma retina. Para corregirlo se utilizan lentes divergentes.

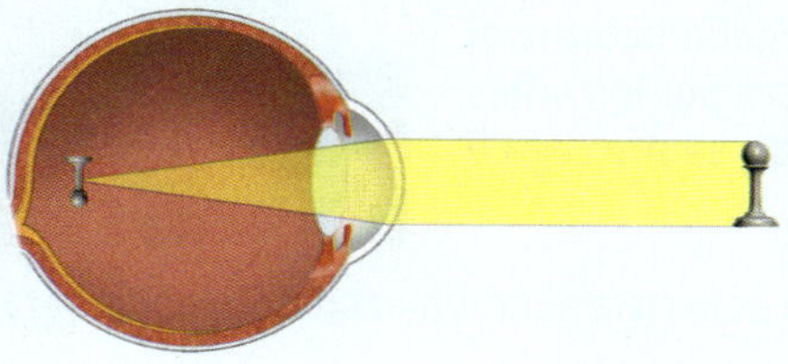

Hipermetropía

La hipermetropía también es un defecto de refracción del ojo. Los rayos de luz paralelos convergen en un punto situado detrás de la retina. Para corregirlo se utilizan lentes convergentes.

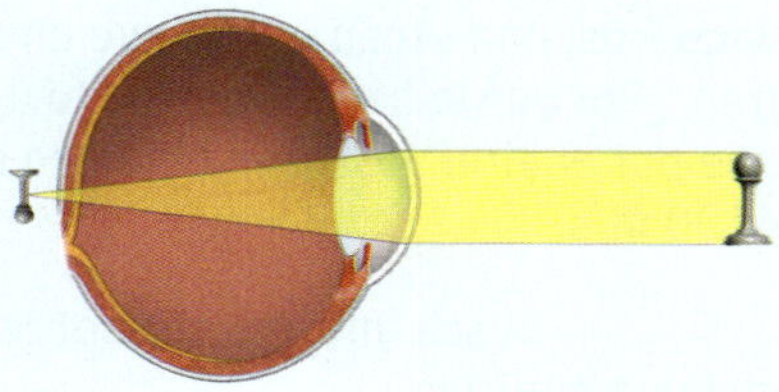

OBSERVA Juega con la luz.

ACTIVIDADES

10. Explica qué tipo de lente usarías para encender el fuego. ¿Por qué?
11. Investiga cómo se corrige la miopía.

5 Cómo captamos las ondas sonoras y luminosas

Las ondas sonoras del gong llegan hasta el tímpano y lo hacen vibrar. Esta vibración se transmite mediante tres huesecillos, martillo, yunque y estribo, hasta el caracol, auténtico órgano de la audición, donde están las células nerviosas que traducen dicha vibración en impulsos eléctricos, los cuales son transportados por el nervio auditivo hasta una zona del cerebro.

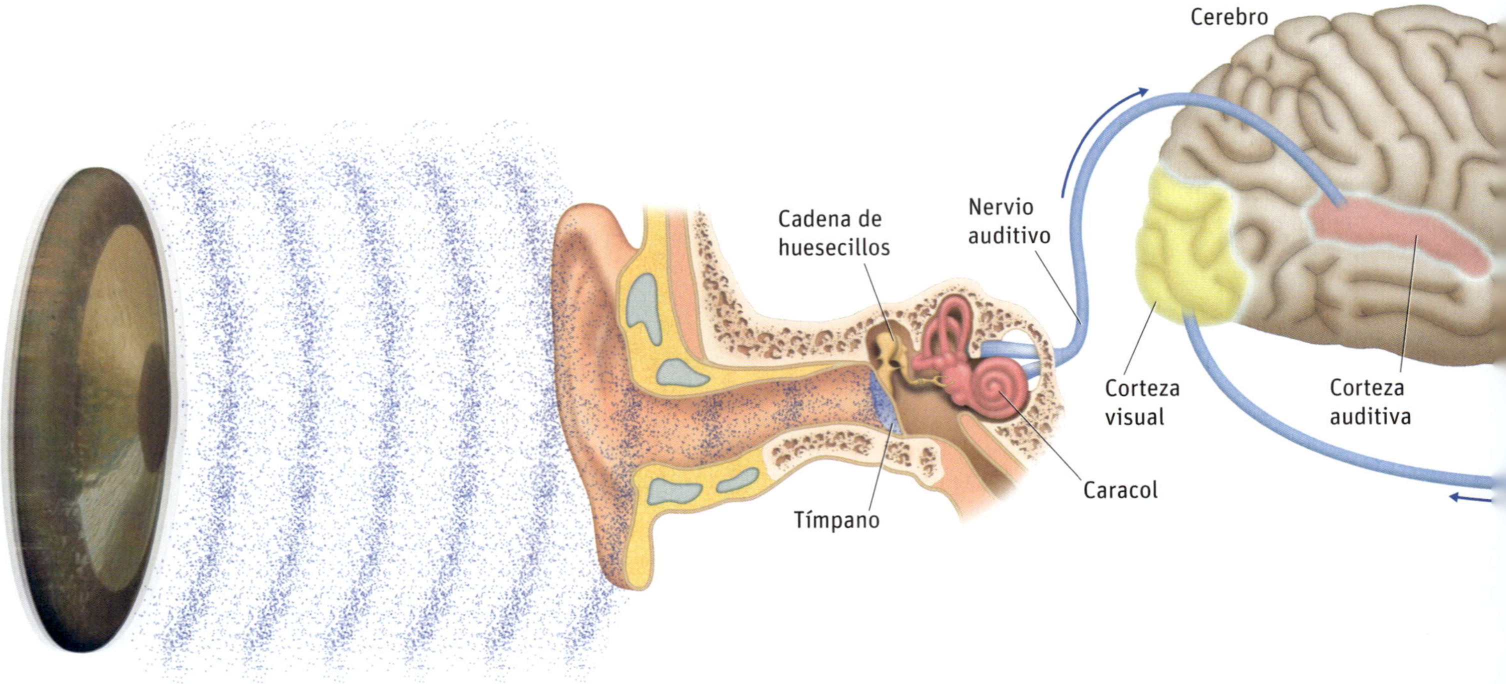

Interpreta lo que ocurre

Modelo de tímpano. En una caja de cartón dejamos un lateral abierto, y en la parte superior cortamos un círculo y colocamos sobre él un trozo de papel de aluminio. Añadimos unos granitos de sal encima del papel. Acerca una guitarra al hueco de la caja y toca una cuerda. ¿Qué le ocurre a la sal? En este modelo, ¿qué sería la oreja? ¿Y el tímpano?

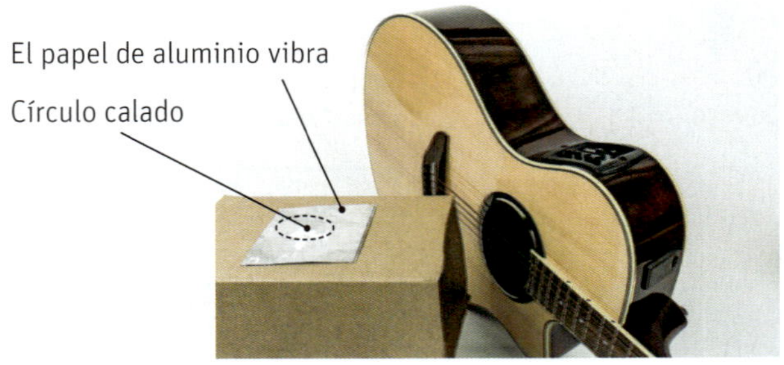

ACTIVIDADES

12. Razona. Seguro que has visto en las películas de indios y vaqueros, una escena en la que un siux pegaba la oreja al tren. ¿Por qué lo hacía? ¿El sonido llega antes por los raíles que por el aire? Pista: en el hierro el sonido se propaga a 6100 m/s.

13. Investiga. Busca información sobre lo que ocurriría si en un accidente se dañara el sistema auditivo.

La luz verde reflejada por el árbol penetra en el ojo por la pupila. El cristalino, que es una lente convergente, la concentra en la retina, donde hay células especializadas que la transforman en impulsos eléctricos que, a través del nervio óptico, llegan a otra zona específica del cerebro.

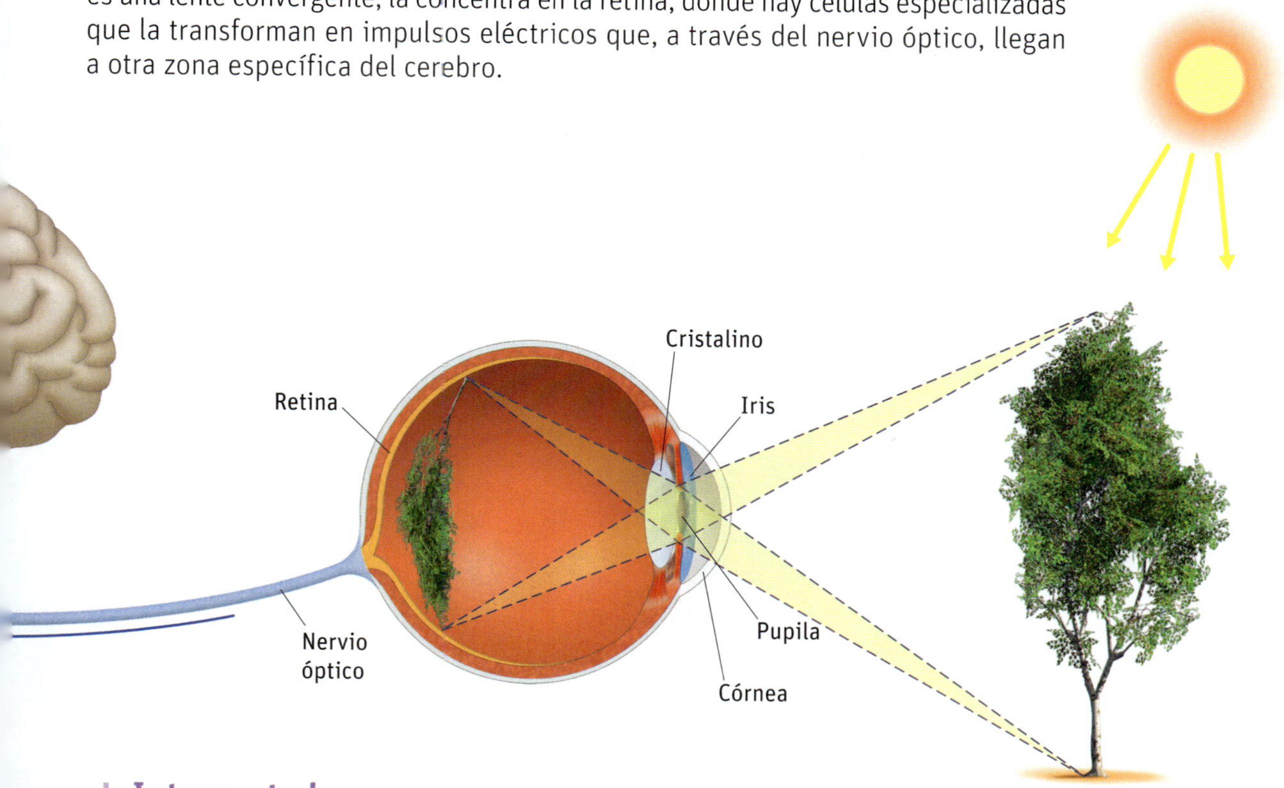

Interpreta lo que ocurre

La cámara oscura. Construye una cámara oscura siguiendo estos pasos.

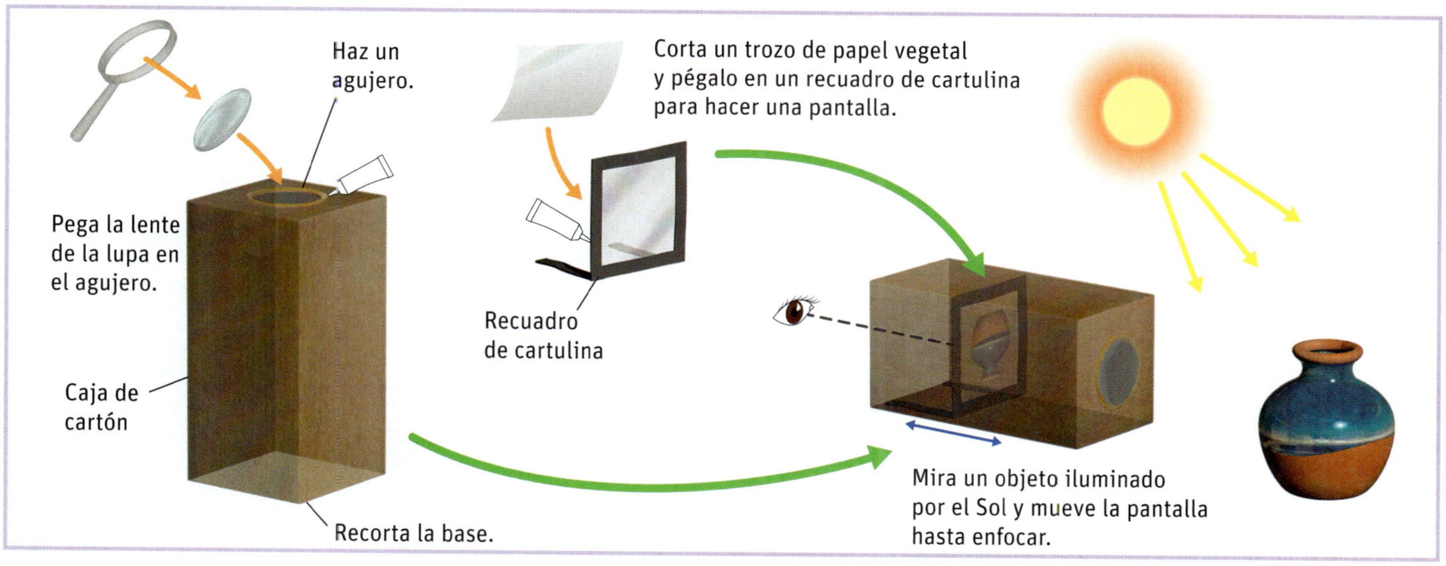

Acerca y aleja una pantalla de papel vegetal hasta que se observe nítida la imagen del exterior. ¿Cómo se ve la imagen?

ACTIVIDADES

14. Compara la cámara oscura con el ojo relacionando las filas:

- Pupila
- Cristalino
- Retina
- Lupa
- Agujero
- Papel vegetal

15. Busca información sobre lo que ocurriría si se dañara la corteza visual.

OBSERVA En este vídeo te mostramos cómo hacer una cámara oscura.

6 Las contaminaciones acústica y lumínica

Cuando las ondas sonoras transportan tanta energía que llegan a ser nocivas para la salud o producen sonidos no deseados o desagradables (ruido), se origina la **contaminación acústica**.

CONTAMINACIÓN ACÚSTICA

El tráfico es una de las principales fuentes de ruido y afecta a la salud de las personas.

La unidad para medir la intensidad sonora es el **decibelio** (**dB**) y el aparato utilizado es el **sonómetro**.

Tabla de decibelios aproximados	
Respiración	10
Hojas de árboles moviéndose	20
Biblioteca	40
Conversación	60
Tráfico de la ciudad	80
Motocicleta a escape libre	100
Concierto de *rock*	120

MEDIDAS para reducirlo

- Reducir las fuentes de ruido.
- Respetar las normas.
- Aislar bien los hogares.
- Colocar barreras y protecciones acústicas.

ACTIVIDADES

16. Indica algún ejemplo de cómo puede afectar la contaminación acústica a la vida normal de las personas. Utiliza un sonómetro para medir los decibelios que hay en el patio de recreo de tu centro escolar con alumnos y sin alumnos (si no dispones de él, utiliza una *app* de tu móvil que simule un sonómetro).

El alumbrado nocturno produce la emisión de una gran cantidad de energía luminosa. Muchas de estas luminarias son innecesarias o emiten luz hacia arriba. Es la **contaminación lumínica**.

CONTAMINACIÓN LUMÍNICA

El aire, especialmente si está contaminado, difunde los rayos de luz, originándose una luminosidad de fondo, que afecta negativamente a las costumbres de algunos seres vivos.

Una consecuencia de la contaminación lumínica es la necesidad de llevar los telescopios a zonas muy apartadas y muy elevadas como el Observatorio de Calar Alto (Almería), el más grande de Europa.

El derroche de luz es observable desde el espacio y muestra la desigualdad entre los países ricos y pobres.

ACTIVIDADES

17. Razona **si es necesaria la luz radiada hacia arriba en estos casos:**

a) Pistas de aeropuertos.

b) Iluminación de calles y plazas.

c) Iluminación de una mesa de estudio.

LO ESENCIAL

Luz y sonido

Una **onda** es una perturbación que se propaga transportando energía sin transportar materia.

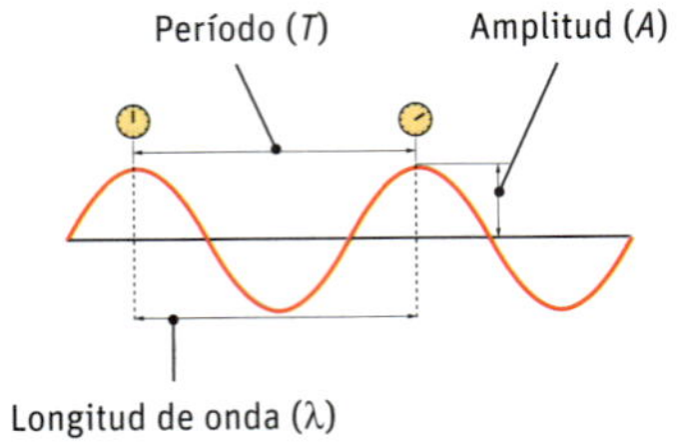

El **sonido** se produce cuando un objeto vibra. Estas vibraciones se pueden propagar mediante ondas por el aire o por otros medios materiales como el agua, la tierra, los metales, etc. El sonido se refleja y se refracta.

La **luz** es una **onda** producida por las fuentes luminosas que se propaga a 300 000 km/s. La luz experimenta reflexión y refracción.

La **contaminación acústica** se origina cuando las ondas sonoras transportan tanta energía que producen un nivel de ruido que es nocivo para la salud.

La **contaminación lumínica** es cualquier efecto adverso producido por la luz artificial.

1. Organiza tus ideas. **Copia, completa y amplía el siguiente esquema para construir tu propio mapa mental de la unidad.**

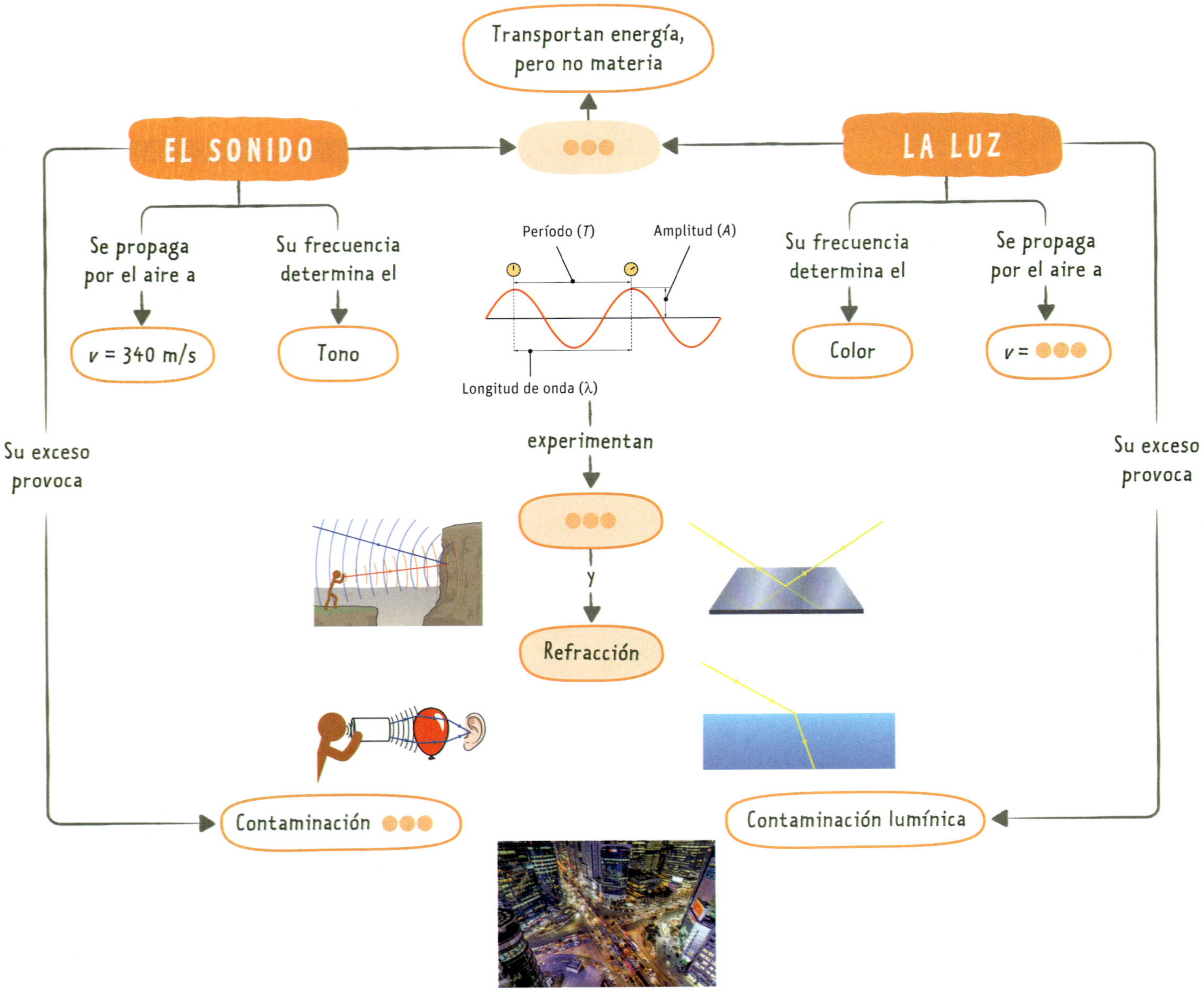

VALORA LO APRENDIDO Autoevaluación y resumen.

ACTIVIDADES FINALES

El sonido

1. Elige. Una onda es una perturbación que se propaga transportando:

A. Energía y materia

B. Solo energía, no materia

C. Solo materia, no energía

D. Energía o materia, dependiendo del tipo de onda

2. Calcula. A los 3 s de ver un rayo, se oye el trueno.

¿A qué distancia se encuentra aproximadamente la tormenta?

A. 1 km

B. 340 m

C. 2 km

D. El trueno se oye a la vez que se ve el rayo.

3. Elige. Un trueno cercano es un sonido con:

A. Amplitud grande y frecuencia alta

B. Amplitud grande y frecuencia pequeña

C. Amplitud pequeña y frecuencia alta

D. Amplitud pequeña y frecuencia baja

4. Dibuja la forma de una onda sonora producida por una flauta, recogida por un micrófono y visualizada en un osciloscopio cuando:

a) El instrumento suena con una frecuencia fija.

b) El instrumento suena con la misma frecuencia y menos volumen.

5. Representa. En la ópera, la soprano es una cantante femenina que emite sonidos de tonos muy agudos, mientras que el barítono o el bajo son cantantes masculinos que emiten sonidos de tonos graves. Dibuja la onda sonora que producen la soprano y el barítono.

6. Indica qué cualidades del sonido apreciará una persona que reciba una onda sonora producida por:

- Un violín interpretando una música suave.
- El bajo eléctrico de un conjunto de *rock*.

7. Soy competente

En 1656, dos discípulos de Galileo midieron la velocidad del sonido de una forma muy sencilla. Un amigo disparó un cañón con pólvora a 3500 m de distancia.

El fogonazo se ve instantáneamente porque la velocidad de la luz es muy alta, pero el sonido tarda más en llegar. Midieron el tiempo que tardó en llegar: unos 10 s.

a) ¿Por qué hicieron el experimento de noche?

b) ¿Qué velocidad del sonido calcularon? ¿En cuánto se equivocaron?

c) La velocidad del sonido en el aire depende de la temperatura según esta expresión: $v = 331 + 0{,}6\ T$ m/s, donde T es la temperatura del aire en °C. Supón que esa noche había 15 °C, ¿cuál sería entonces la velocidad del sonido?

d) Compara el dato experimental de los discípulos de Galileo del apartado 2 con el teórico del apartado 3. ¿En cuánto se equivocaron?

La luz

8. Calcula la distancia desde el Sol a la Tierra utilizando la velocidad de la luz y el tiempo que tarda en el trayecto que muestra la figura.

Próxima Centauri es la estrella más cercana (después del Sol). Si pudiéramos viajar a la velocidad de la luz, ¿cuánto tardaríamos en llegar hasta ella?

9. Identifica. La luz es la campeona de la velocidad, pero ¿por cuál de los siguientes medios viaja más rápido? ¿Cuál es el valor máximo de su velocidad?

A. Aire
B. Vacío
C. Vidrio
D. Agua

10. Calcula. Sirio es la estrella más brillante del cielo. Pertenece a la constelación de *Canis Maior* y se encuentra a 8,6 años luz de la Tierra.

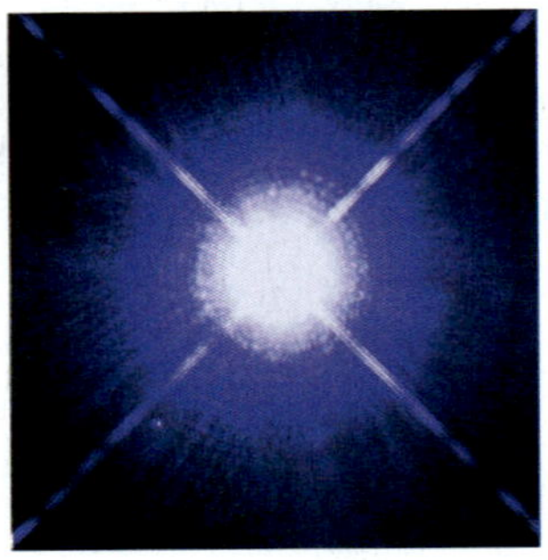

a) ¿A qué distancia, en kilómetros, se encuentra Sirio de la Tierra?
b) ¿Está cerca o lejos de la Tierra? Busca información y ten en cuenta que en ciencia "todo es relativo".

11. Razona. ¿Cuál es la principal razón por la que vemos la Luna?

A. La Luna refleja la luz de la Tierra.
B. La Luna refleja la luz del Sol.
C. La Luna produce su propia luz.
D. La Luna es más grande que las estrellas.

12. Completa. Los submarinos llevan un periscopio para ver sin ser observados. Completa en tu cuaderno el dibujo con la trayectoria del rayo de luz.

13. Indica de qué color se verán los siguientes objetos:

a) Un objeto verde iluminado con luz blanca.
b) Una fuente luminosa primaria que emite luz amarilla.
c) Un objeto azul iluminado con luz roja.

14. Completa. ¿A qué se debe el color de los objetos? Copia en tu cuaderno estos dos dibujos y complétalos. En el primero, dibuja el color del jarrón, y en el segundo, los rayos que llegan del gato al ojo.

15. Experimenta. Sitúate delante de un espejo plano. Observa que tu imagen aparece derecha, de tu mismo tamaño.

Coge ahora una cuchara plateada y sitúala delante de ti por la parte cóncava.

a) ¿Tu imagen aparece derecha o invertida?
b) Si acercas o alejas la cuchara, ¿qué ocurre?
c) Sitúa la cuchara por la parte convexa, ¿cómo ves tu imagen?

16. Elige. Un pimiento es verde porque:

A. Emite luz verde.
B. Sus átomos (moléculas) son verdes.
C. Absorbe la luz verde del espectro.
D. Absorbe todos los colores de la luz salvo el verde, que lo refleja.

Fenómenos sonoros y luminosos

17. Calcula. **Una persona grita delante de una pared rocosa y 4 s después escucha el eco producido por la reflexión del sonido en la pared. Si la velocidad del sonido en el aire es de 340 m/s, calcula la distancia de la persona a la pared rocosa.**

18. Razona. **Ana programa un móvil con su canción favorita y lo mete en una campana de vacío. La imagen se ve y el sonido suena algo apagado por la campana.**

Al accionar la bomba extractora de aire, ¿qué ocurre con la imagen y el sonido? Razona la respuesta.

19. Indica **en los siguientes instrumentos el dispositivo óptico y si se produce en ellos reflexión o refracción.**

a) Una lupa.

b) Un espejo para ver el tráfico en un cruce.

c) Una cámara fotográfica.

d) Unas gafas.

20. Señala **si son verdaderas o falsas las siguientes afirmaciones:**

a) La luz y el sonido son fenómenos ondulatorios.

b) El sonido es una onda que se propaga a 340 m/s.

c) El oído humano está adaptado a captar sonidos entre 20 Hz y 20 000 Hz.

d) La luz se propaga en el vacío a 300 km/s.

e) La luz experimenta reflexión y refracción, pero el sonido solo experimenta reflexión.

f) La intensidad de la luz está determinada por la amplitud de las ondas luminosas y el color de la luz está determinado por la frecuencia.

21. Investiga. **En el mapa se observa el fondo marino de la costa andaluza. Se ha podido dibujar gracias a un aparato llamado sonar.**

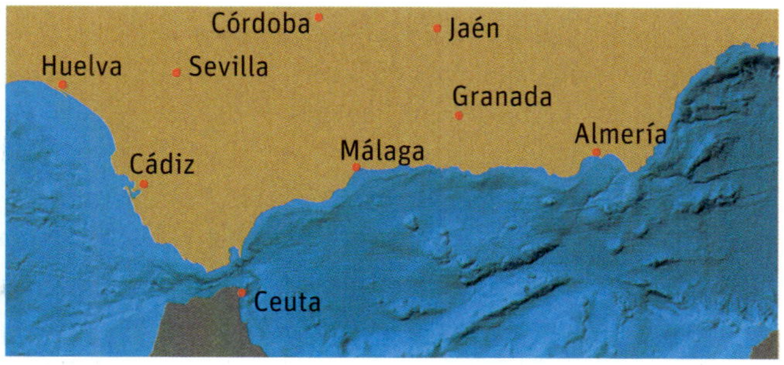

a) Investiga y explica cómo funciona.

b) ¿En qué propiedad del sonido se basa?

22. Soy competente

Los astronautas que viajaron en el *Apolo 11*, en su primer viaje a la Luna, dejaron unos espejos apuntando hacia la Tierra. Desde un radiotelescopio enviamos un pulso láser, y parte de la onda vuelve reflejada y llega a la Tierra 2,56 s después.

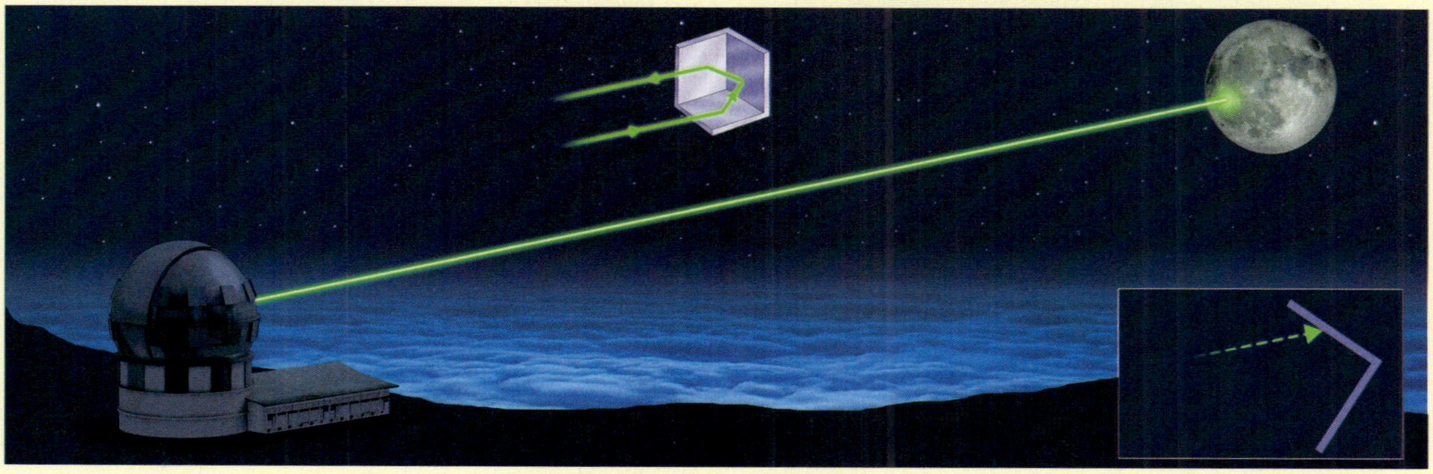

El espejo que dejaron consta de 100 espejitos colocados con sus caras perpendiculares. De esta forma, la luz al llegar rebota como si fuesen las paredes de un frontón.

a) ¿Qué distancia, en total, ha recorrido la luz láser?

b) ¿Qué distancia separa a la Luna de la Tierra?

c) Copia el dibujo en tu cuaderno y completa la trayectoria del rayo láser usando las leyes de la reflexión.

23. Razona. A Leonardo da Vinci se le ocurrió inventar un aparato para escuchar barcos que se encontraban muy lejos. Consistía en un tubo largo con una membrana que se metía en el agua mientras que colocaba el otro extremo en el oído. Siglos después, su invento se utilizó en este experimento llevado a cabo en el lago de Ginebra.

a) ¿Qué crees que se quiere lograr con este experimento?

b) Con su oído derecho, el investigador escuchó el sonido que le llegaba a través del aire, y con el izquierdo, gracias a la trompetilla, el que llegaba por el agua. ¿Cuál crees que oyó primero?

c) Si la longitud del lago es de 5,7 km y tardó en escucharlo unos 4 s con la trompetilla, calcula la velocidad de propagación del sonido en el agua.

¿CÓMO LO RESOLVEMOS?

24. Calcula. En 2014, científicos de la Universidad de Huelva registraron un impacto de un gran meteorito de 450 kg sobre la Luna a unos 60 000 km/h.

Si la distancia entre la Tierra y la Luna es de 384 400 km, calcula:

a) El tiempo que tardó la imagen del destello producido en llegar a Huelva.

b) ¿Escucharon los científicos el ruido del impacto?

a) La imagen del destello tardó

$$t_{luz} = \frac{(384\,000 \text{ km})}{(300\,000 \text{ km/s})} = 1{,}28 \text{ s}$$

b) El sonido no se propaga en el vacío, por lo que no pudieron escuchar el impacto.

25. Investiga y señala si son V o F las siguientes afirmaciones.

a) La serpiente de cascabel detecta los rayos infrarrojos.

b) El delfín se comunica con infrasonidos.

c) La capa de ozono nos protege de todos los rayos ultravioleta.

26. Rellena la tabla en tu cuaderno con animales capaces de:

Emitir ultrasonidos	●●●
Detectar rayos infrarrojos	●●●
Detectar rayos ultravioleta	●●●
Detectar infrasonidos	●●●

27. Copia los dibujos en tu cuaderno y completa la trayectoria de los rayos. ¿Qué lente se parece al cristalino que tenemos en los ojos?

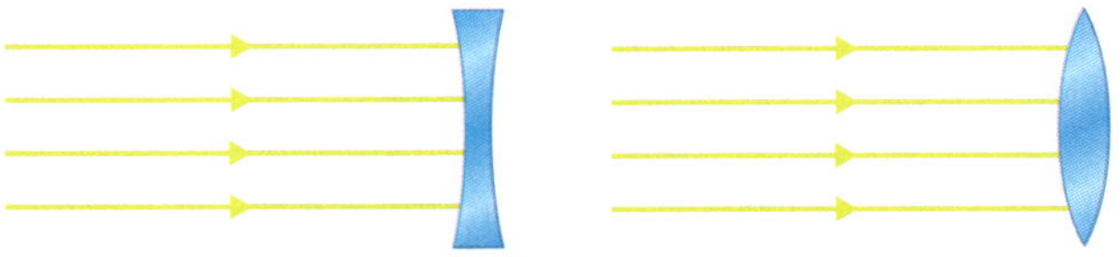

28. Aplica. Haz un teléfono "casero". Coge dos vasos de plástico y únelos con una cuerda que quede bien sujeta al fondo de cada vaso. Con ayuda de un compañero, separad los vasos lo suficiente para que la cuerda quede tensa. Habla en uno de los vasos a modo de micrófono y pide a tu compañero que sitúe el otro vaso en su oído. Después intercambiad los papeles. ¿Por qué se escucha mejor el sonido por este "teléfono" que por el aire?

29. Soy competente

Descarga la *app Frequency Sound Generator* e instálala en tu móvil. Esta aplicación permite generar hasta tres sonidos individuales o simultáneos, variar su frecuencia y comprobar cómo varían sus tonos.

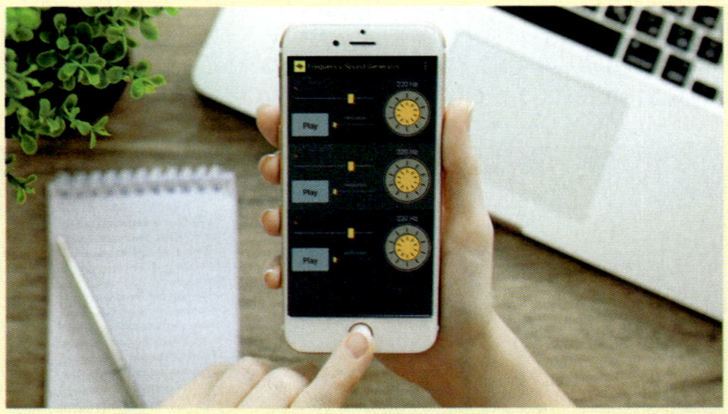

a) Pulsa "play" en el primer sonido y modifica su volumen manteniendo su frecuencia a 440 Hz de la frecuencia de la nota musical La natural. Escucha un sonido intenso y otro débil. Puedes medir su nivel de intensidad sonora con otro móvil que tenga instalada la *app* Sonómetro.

b) Manteniendo fijo el volumen, aumenta la frecuencia del sonido poco a poco. ¿Se escucha con el mismo volumen en todas las frecuencias? ¿A qué frecuencia dejas de oír el sonido? Comprueba cuándo deja de oír el profesor.

c) Pulsa "play" en los dos primeros sonidos, pon ambos al mismo volumen y a 440 Hz de frecuencia. A continuación, pon uno de ellos a 447 Hz e indica lo que oyes. Varía ligeramente la frecuencia del segundo y describe el resultado.

Contaminación acústica y luminosa

30. Elige. **La contaminación acústica afecta:**

A. A los pulmones, a los oídos y al sueño.

B. Al sistema nervioso, a los oídos y al sueño.

C. A la composición de la atmósfera y a la salud.

D. A los pulmones, al oído y a la calidad del aire.

¿CÓMO LO RESOLVEMOS?

31. Calcula. **El Observatorio de Roque de los Muchachos está en la isla de La Palma (Canarias) a 2396 m de altura. En la imagen se puede ver el mar de nubes y el observatorio.**

Indica la razón por la que crees que se ubicaron los telescopios en dicho lugar.

A. Porque está más cerca del ecuador.

B. Porque hay menos contaminación lumínica.

C. Al estar en una montaña, se halla más cerca de las estrellas.

D. Por tener cielos más despejados.

La A y la D. La diferencia de distancias a las estrellas es irrelevante, pero al estar a más altura, la luz de las estrellas atraviesa menos kilómetros de atmósfera.

Además, el mar de nubes suele estar entre 1000 y 2000 m de altura y hay muchos días con cielos despejados. El mar de nubes sirve también para reducir la contaminación lumínica de las poblaciones próximas.

32. Razona. **¿Estas farolas producen contaminación lumínica? Justifica tu respuesta.**

33. Identifica **diversos elementos o conductas que ocasionen contaminación acústica o lumínica en tu entorno y propón alguna medida para reducirlas.**

Física y química en tu vida

Lee y comprende el siguiente texto:

Luces que no vemos

A ambos lados del espectro de luz visible encontramos los **rayos infrarrojos** (IR) y los **rayos ultravioletas** (UV). Aunque no los veamos, sus aplicaciones en la vida cotidiana son cada vez más numerosas:

Rayos infrarrojos

Un uso muy común de los **infrarrojos** es en el mando a distancia. Aunque tus ojos no ven la luz que emite, puedes visualizarla con la cámara de tu móvil: aprieta el botón del mando y acércalo a la cámara del móvil y la observarás.

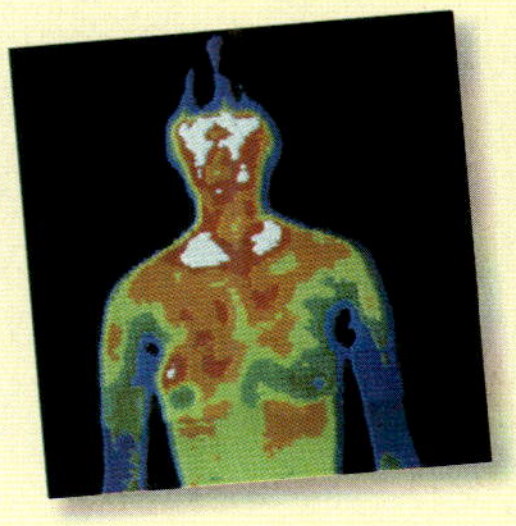

También podemos visualizar el calor emitido por los cuerpos (radiación infrarroja) con cámaras termográficas, que nos indican la temperatura de las distintas partes del cuerpo.

Luz ultravioleta

Aunque tampoco se ve la luz UV, la policía científica la usa porque al iluminar con ella ciertos materiales como los billetes, restos de sangre, orina, etc. crea la fluorescencia y facilitan su detección.

La luz ultravioleta también se usa para esterilizar alimentos y material sanitario, ya que elimina todo tipo de microorganismos como hongos, bacterias y virus, como el temible SARS-CoV-2.

También es muy importante porque gracias a los UV nos ponemos morenos y la piel sintetiza la vitamina D, pero el tomarlo en exceso está creando cada vez más melanomas entre los jóvenes. Y tú, ¿abusas del sol?

1. **¿Por qué sería útil llevar en verano una pulsera como esta?**

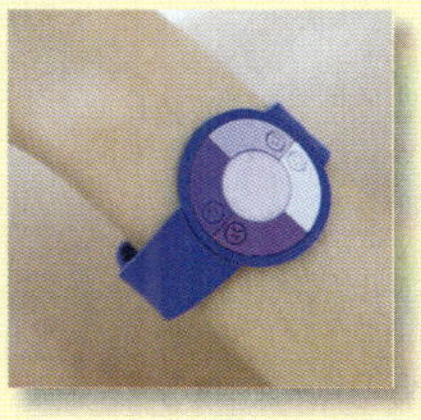

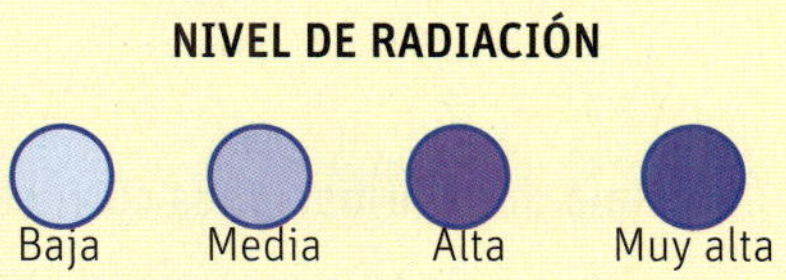

2. **Al igual que hay luces que no vemos, también hay sonidos que no oímos. Busca información acerca de la utilidad de los infrasonidos y los ultrasonidos.**

ANALIZAR DATOS

Interpreta mapas de riesgo sísmico

Los terremotos liberan la enorme energía acumulada en el subsuelo en forma de energía cinética. ¿Podemos prevenir sus efectos? Sí, si se dispone de un mapa de riesgo. Diseña tu mapa.

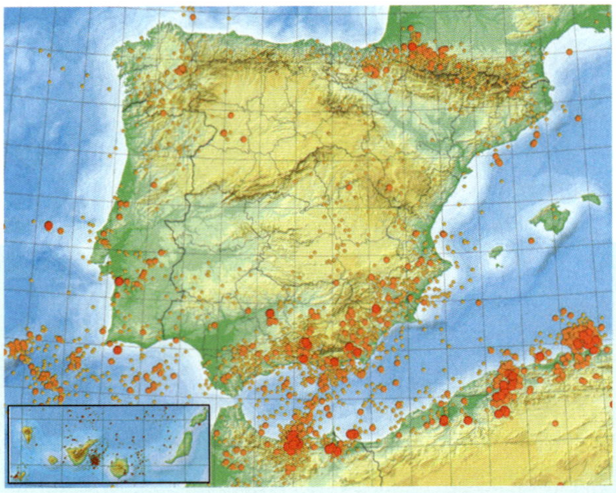

PASO 1 ANALIZA LA PELIGROSIDAD

Observa en el mapa los registros históricos de los terremotos y su intensidad (los círculos rojos más grandes implican mayor intensidad). Si esta es mayor, el seísmo posee más capacidad destructiva.

¿En qué zonas existe una mayor peligrosidad?

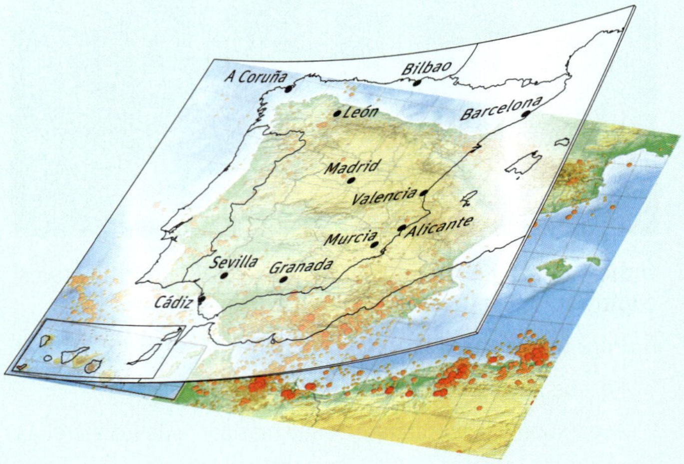

PASO 2 ¿QUÉ ES LA VULNERABILIDAD?

Con la distancia, la energía del seísmo queda repartida en un espacio mayor, y los daños materiales y las pérdidas de vidas disminuyen. Por tanto, si los núcleos urbanos están lejos del foco del terremoto, la vulnerabilidad global se reduce. También influye la calidad de las construcciones que pueden verse afectadas.

PASO 3 TU MAPA DE RIESGO SÍSMICO

Teniendo en cuenta los dos criterios de peligrosidad y vulnerabilidad, se hacen los mapas de riesgo, que nos permiten prevenir las pérdidas potenciales (vidas, edificios, etc.).

En un acetato con la silueta de España, marca las ciudades más importantes y superponlo al de focos sísmicos. Señala también la población donde habitas.

El riesgo *R* lo podríamos representar como:

Riesgo = Peligrosidad × Vulnerabilidad

Copia este mapa en tu cuaderno y **coloréalo** con los criterios marcados en la leyenda.

Un terremoto en el fondo marino, aun lejos de la costa, al generar un tsunami, puede tener unos efectos destructivos muy grandes. Añade una línea roja en la zona de costa que tenga un mayor riesgo de verse afectada por un tsunami.

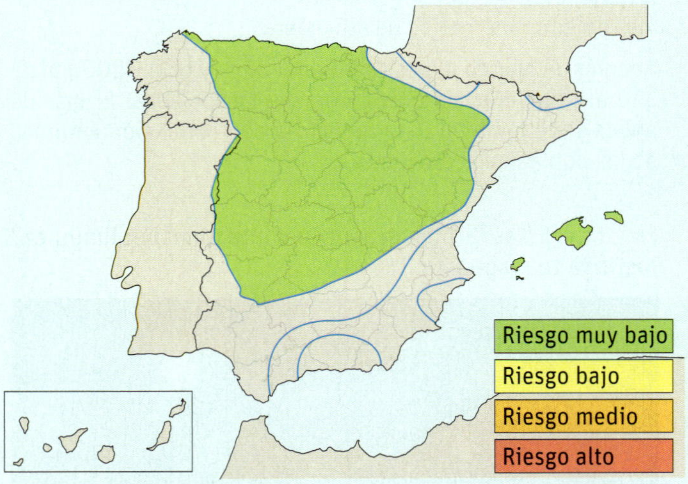

1. Señala dos afirmaciones correctas:
   a) Granada tiene riesgo alto de terremotos.
   b) Bilbao tiene riesgo alto de terremotos.
   c) Vigo tiene riesgo alto de tsunami.
   d) Cádiz tiene riesgo alto de tsunami.

2. Un terremoto de magnitud 7,3 en la escala de Richter provocó en 2010, en Haití, 316 000 muertos. En Japón, en 2011, un terremoto mucho mayor, de magnitud 9, acompañado además de un tsunami, causó 33 600 defunciones.

   ¿A qué crees que puede deberse esta gran diferencia en el número de víctimas?

Elige tu tejado

Los tejados de las casas reciben durante el día la radiación solar, y eso puede constituir una ventaja o un inconveniente, según las condiciones de la zona que habitemos. Si el clima es frío, conviene absorber esa radiación; y si es muy cálido, justo lo contrario.

Vamos a ayudar al arquitecto a tomar decisiones para construir casas de bajo consumo, y así, además, reduciremos las emisiones de CO_2 a la atmósfera.

PASO 1 Queremos mantener la temperatura interior de 21 °C en una zona cálida de 30 °C.

Temperatura exterior (°C)	Tipo de tejado	Consumo de aire acondicionado (kWh)
30	Blanco (cal)	1970
30	Teja roja	3050
30	Pizarra negra	3650

PASO 2 Queremos mantener la temperatura interior de 21 °C en una zona fría de 10 °C.

Temperatura exterior (°C)	Tipo de tejado	Consumo de calefacción (kWh)
10	Blanco (cal)	2870
10	Teja roja	2510
10	Pizarra negra	2310

1. ¿Qué tipo de tejado pondrías en cada situación?
2. ¿Qué le ocurre a la radiación solar al llegar a los tejados?
3. ¿Dónde se absorbe más radiación solar?
   A. En el tejado blanco.
   B. En el tejado rojo.
   C. En el tejado negro.
4. Señala la afirmación correcta:
   A. A 30 °C en el exterior, una casa con tejado blanco consume más energía que una casa con tejado de pizarra.
   B. A 10 °C en el exterior, una casa con tejas rojas necesita más calefacción que una casa con tejado de pizarra.
   C. El mejor tejado es siempre el de pizarra.
5. Observa las temperaturas medias anuales de España. Indica el tipo de tejado que aconsejarías utilizar en:

León	Sevilla	Tu pueblo o ciudad
●●●	●●●	●●●

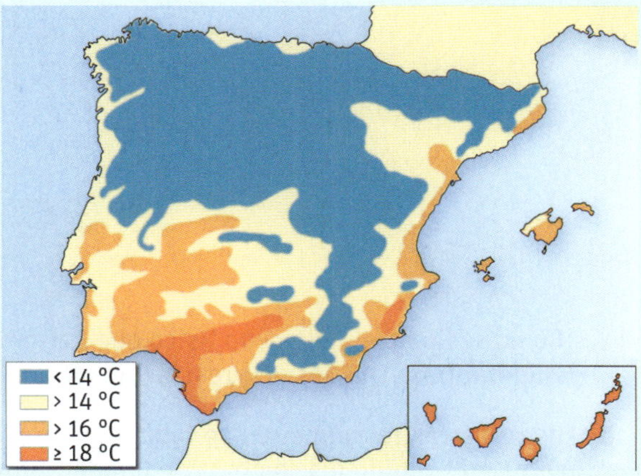

CALIBRAR UN APARATO DE MEDIDA

Construye un termómetro

Notamos que una persona tiene fiebre solo con tocarle la frente. Sin embargo, con el tacto solo intuimos el valor de la temperatura. Además, esta forma de medir depende del observador, por lo que es imprecisa y a veces engañosa.

Para tener una medida fiable de la temperatura utilizamos el termómetro. Vamos a construir un termómetro casero.

PASO 1 Con un líquido previamente coloreado llena un matraz de Erlenmeyer.

Atraviesa un tapón de corcho con una pipeta fina y colócalo en la boca del matraz.

PASO 2 Echa un par de gotas de aceite en la pipeta y coloca una cartulina detrás para ir calibrando el termómetro.

Ya tenemos el termómetro preparado. Ahora solo nos falta calibrarlo.

PASO 3 Introduce el matraz en un recipiente con cubitos de hielo y agua. Espera que baje la columna y, cuando se quede fija, marca en la cartulina 0 °C.

PASO 4 Sumerge el matraz en un envase con agua hirviendo. Marca la altura a la que llega la gota de aceite.

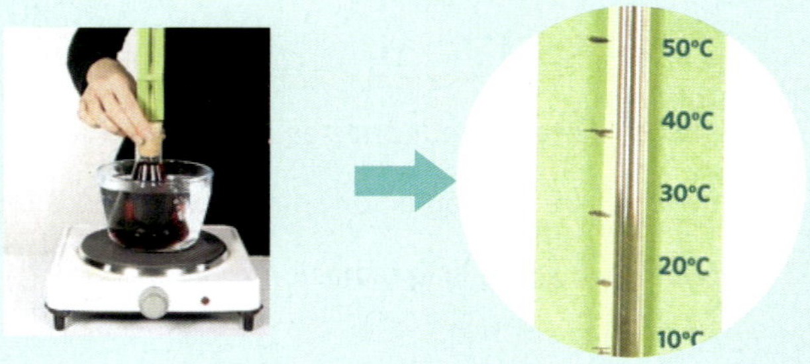

Finalmente, divide la distancia entre las dos marcas en 10 partes iguales.

PRACTICA Construye un termómetro casero.

1. ¿Cómo se llama el fenómeno físico que permite aumentar de volumen el líquido al aumentar la temperatura? ¿Qué les ocurre a las partículas?

2. Los primeros termómetros se fabricaron con alcohol o mercurio. ¿Cuál de los dos crees que marca más rápido los cambios de temperatura? Razona tu respuesta.

INTERPRETAR GRÁFICAS

Investiga sobre la crisis climática

En solo 160 años, la temperatura media de la atmósfera ha subido 1 °C. Aunque te pueda parecer muy poco, si este aumento continúa, tendrá graves consecuencias ambientales, sociales y económicas.

La mayoría de los científicos creen que este fenómeno de **calentamiento global** es debido al incremento de CO_2 en la atmósfera provocado por las combustiones, pero... **¿es la humanidad la única responsable?**

Sequías

Deshielo de los polos

PASO 1 OBSERVA ESTAS GRÁFICAS

En las gráficas se observa que existe una relación entre la cantidad de CO_2 de la atmósfera y su temperatura, y que actualmente hay un "pico" tremendo de CO_2.

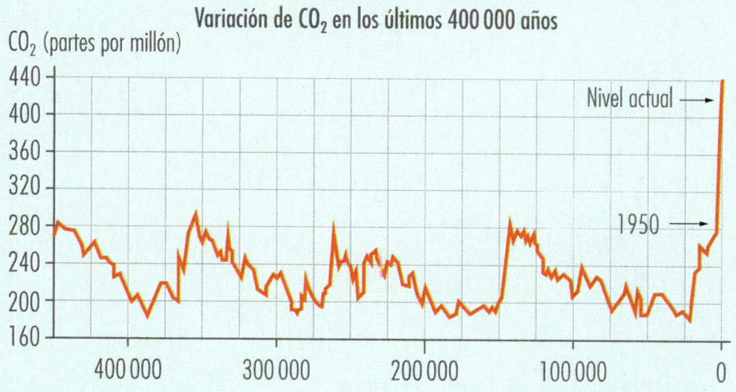

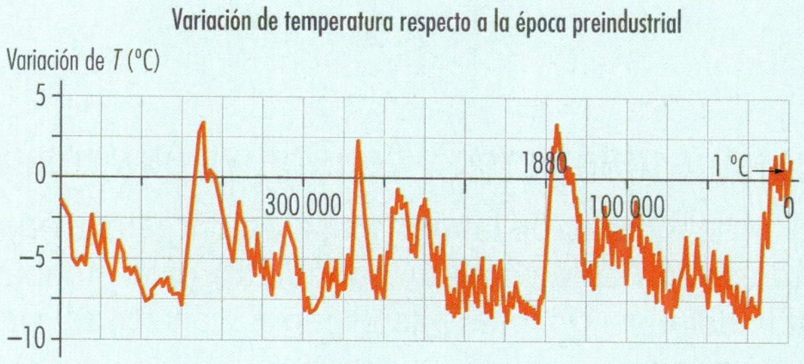

En el pasado también hubo cotas altas de CO_2, pero no fueron generadas por actividades humanas.

PASO 2 EXPERIMENTA

Calienta un vaso con gaseosa. Comprobarás que libera más burbujas de CO_2 que la gaseosa a temperatura ambiente. En la naturaleza, gran parte del CO_2 se encuentra disuelto en los océanos. El calentamiento global puede liberar una parte a la atmósfera, como ocurre en este experimento.

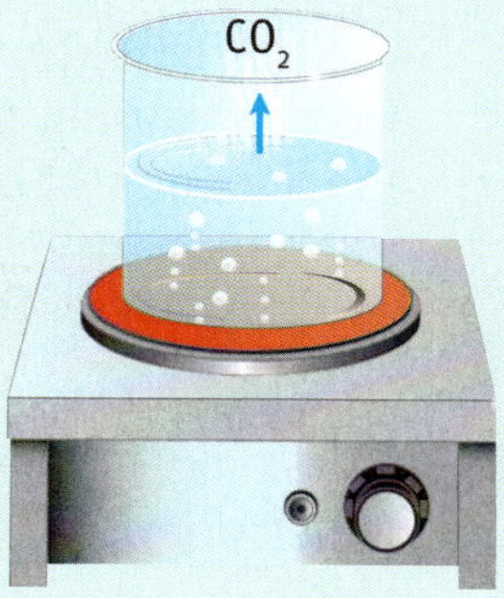

PASO 3 ESTUDIA LA GRÁFICA

El aumento de temperatura también podría deberse a la actividad solar. Hasta 1940 hay un cierto paralelismo entre la actividad solar y la temperatura, pero, a partir de entonces esta relación deja de existir.

La actividad solar está bajando y la temperatura sigue subiendo (en paralelo al CO_2).

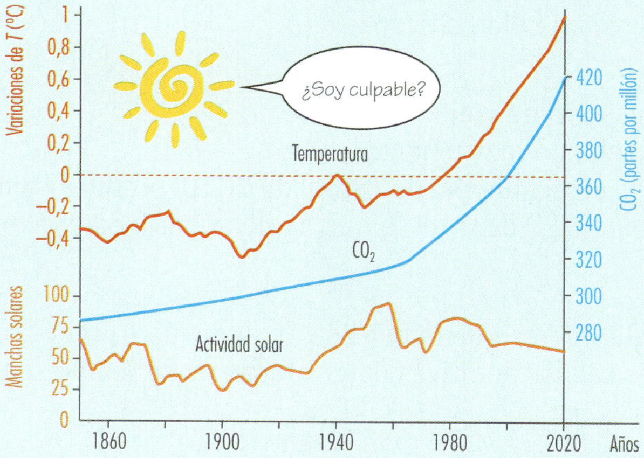

1. Buscad más información sobre este tema. ¿Cuáles son los gases de efecto invernadero? ¿Cuáles son las causas del incremento de esos gases? ¿Hay fenómenos naturales que contribuyan a este efecto? ¿Qué es el IPCC?, etc.

   Para organizar el debate, tu equipo debe ordenar la información y distinguir entre datos y opiniones. Y no lo olvides: ¡durante el debate, mantén una actitud racional y crítica, y respeta las opiniones de los demás!

Mide decibelios, ¡medir es prevenir!

La Organización Mundial de la Salud (OMS) ha alertado de que más de mil millones de jóvenes de todo el mundo están en riesgo de sufrir pérdidas de audición a causa, fundamentalmente, del exceso de ruido debido a los auriculares, el volumen de la música en las discotecas, etc.

Los efectos negativos comienzan si se está expuesto a más de 85 dB durante, al menos, 8 horas, o a 100 dB durante, al menos, 15 minutos. Vamos a medir la sensación sonora que producen los auriculares de un móvil al volumen máximo.

PASO 1 HAZTE CON UN SONÓMETRO Y CONSTRUYE UNA "OREJA"

Consigue un sonómetro de laboratorio o descárgate la *app* Sonómetro para el móvil. La *app* no es tan fiable como un sonómetro profesional, pero puede dar una idea aproximada del nivel de intensidad sonora y avisar del riesgo.

Fabrica con cartulina un tubito que hará las funciones del canal auditivo. Debe medir unos 3 cm, de tal forma que la distancia entre el auricular y el sonómetro (o el micrófono del móvil receptor) sea de unos 2 cm.

PASO 2 PREPARA EL MONTAJE

Conecta un extremo del tubito al auricular y acerca el otro al sonómetro (o al móvil con la *app* Sonómetro) que hace de oído.

PASO 3 MIDE EL NIVEL DE RUIDO

Pon una canción en el móvil y sube el volumen al máximo. ¿Cuántos decibelios marca el sonómetro? Prueba con otros auriculares y móviles.

Mide el ruido de un secador de pelo, etc. Como anécdota, la vuvuzela, un instrumento musical que se popularizó en el Mundial de Fútbol de 2010, produce hasta 127 dB, superior al umbral de dolor (120 dB), por lo que nadie debería estar expuesto a su sonido.

El problema de la exposición al ruido es que la pérdida de audición es muy gradual y los jóvenes no la perciben, pero las células auditivas deterioradas no se remplazan.

1. Con toda la información obtenida, haz un informe y expón las medidas que propondrías sobre el uso de auriculares.

2. El Ayuntamiento de Madrid hizo una campaña contra la contaminación acústica con una imagen similar a la de la derecha. Interpreta su significado.

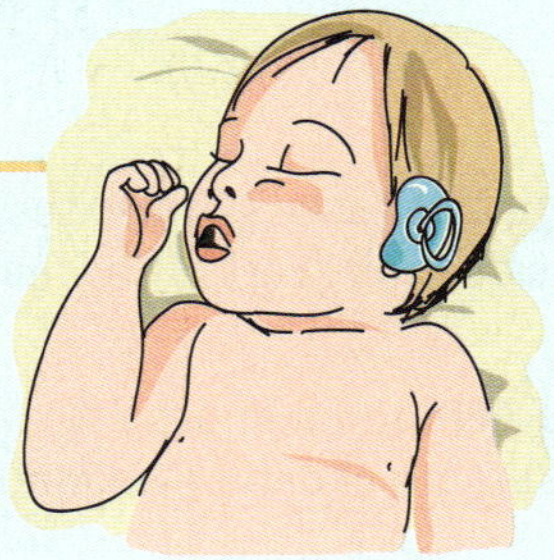

De Siracusa a Sevilla

Según la leyenda, en el año 213 a. C., en la defensa de la ciudad de Siracusa (Sicilia), el gran físico Arquímedes logró quemar las naves romanas usando espejos... y la luz del sol. ¿Sería posible hacerlo actualmente? Vamos a intentar imitarlo; solo necesitamos espejos de baño, escuadras, tornillos y una base de madera.

PASO 1 MONTANDO LOS ESPEJOS

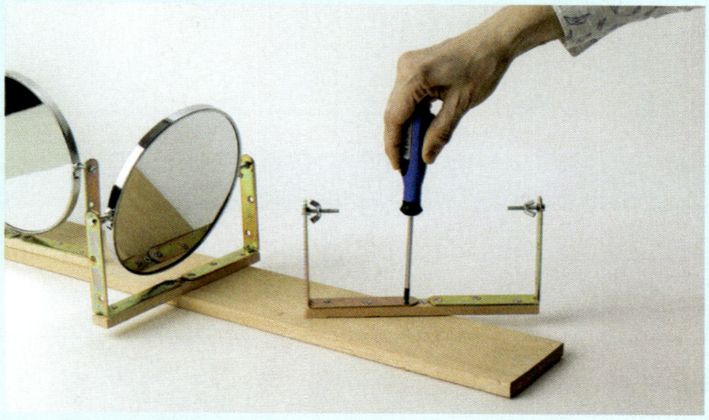

Atornilla las escuadras al listoncillo de madera y coloca dos tuercas largas. Después, ancla el espejo.

PASO 2 CONCENTRANDO LA LUZ

Mueve los espejos de forma que concentren los rayos del sol sobre las velas del barco.

a) ¿Qué ha ocurrido?

b) ¿En qué propiedad de la luz se basa este experimento?

- La reflexión
- La refracción

c) Las velas tenían unas bandas negras. ¿Ha influido ese detalle en el resultado?

OBSERVA El vídeo muestra el fenómeno.

1. **La idea de Arquímedes se utiliza hoy día en las centrales termosolares como la PS10 (provincia de Sevilla). En vez de quemar barcos, se calienta agua y con el vapor generado se mueven grandes turbinas que generan electricidad.**

a) Dibuja un esquema del montaje y complétalo con rayos reflejados como en el procedimiento anterior.

b) ¿Por qué se llaman heliostatos a los espejos?

c) ¿Qué ocurre en la caldera?

d) Busca información sobre las centrales termosolares y rellena esta tabla en tu cuaderno:

Ventajas	Inconvenientes
●●●	●●●

Hogar, dulce hogar

Nuestras casas son lugares muy agradables, pero, para mantener el bienestar en ellas, se necesita un gran consumo energético; consumo que genera dos impactos:

- En nuestros bolsillos, por la factura de la luz y el gas (unos 1000 euros al año).
- En el medioambiente, ya que la explotación de los recursos causa impactos como, por ejemplo, la contaminación.

Os proponemos fabricar casas con bajo consumo energético, utilizando una caja de cartón.

Vivienda sostenible y eficiente energéticamente, en Escocia.

INVESTIGAMOS LA CALEFACCIÓN

El principal gasto energético en el hogar es la calefacción (un 50 % aproximadamente). Podemos ahorrar mediante el uso de energía solar, pero tomando algunas medidas:

Forra una caja con cartulina negra y otra con cartulina blanca. Coloca sobre ellas los termómetros y ponlas al sol. Espera 15 minutos.

¿Qué caja ha subido más su temperatura? ¿Qué color es mejor para climas cálidos? ¿Y para climas fríos?

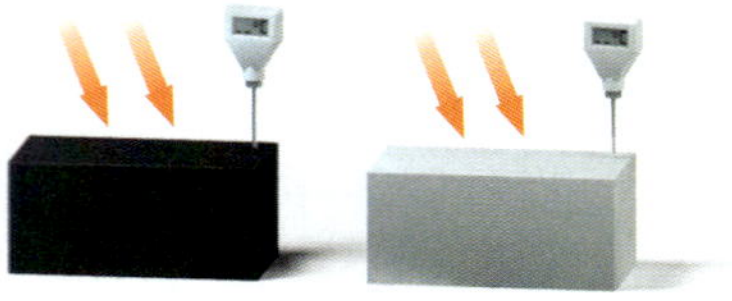

Forra el interior de una caja con cartón corrugado y la otra con plástico de burbujas. Mide las temperaturas del interior y mete las cajas en la nevera durante 1 hora. Al cabo de ese tiempo, sácalas y vuelve a medir la temperatura.

¿Qué forro ha sido más eficaz como aislante?

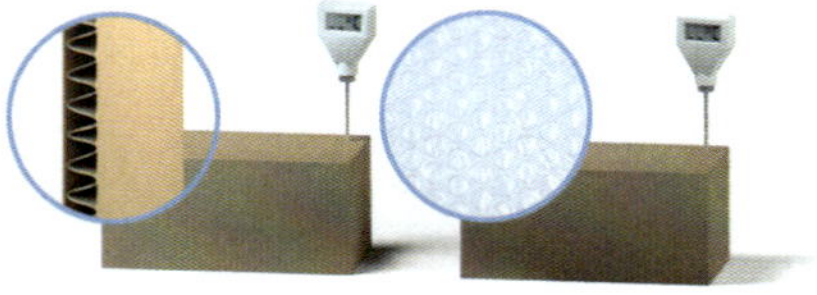

Recorta un par de huecos en una de las cajas y cúbrelos con plástico transparente. Deja las cajas al sol durante 15 minutos y mide las temperaturas del interior.

¿Qué caja se calienta más? ¿Cómo se llama el efecto que tiene lugar en la caja A?

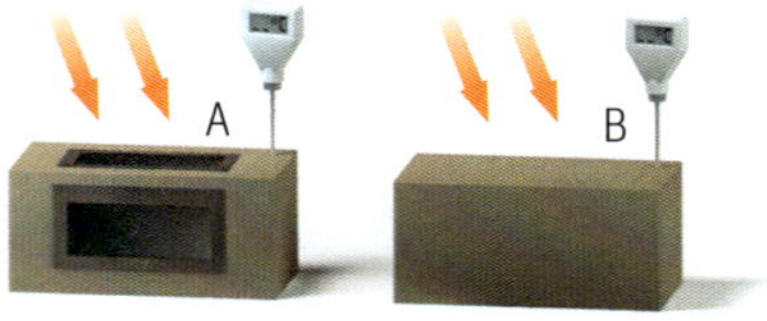

INVESTIGAMOS LA ELECTRICIDAD

Conecta la célula fotoeléctrica a un zumbador piezoeléctrico (o a un polímetro) y oriéntala hacia el sol. Juega con la orientación.

¿Influye la inclinación de la célula en la intensidad del sonido que se genera? Tapa parte de la superficie con una cartulina negra. ¿Influye el área donde incide el sol?

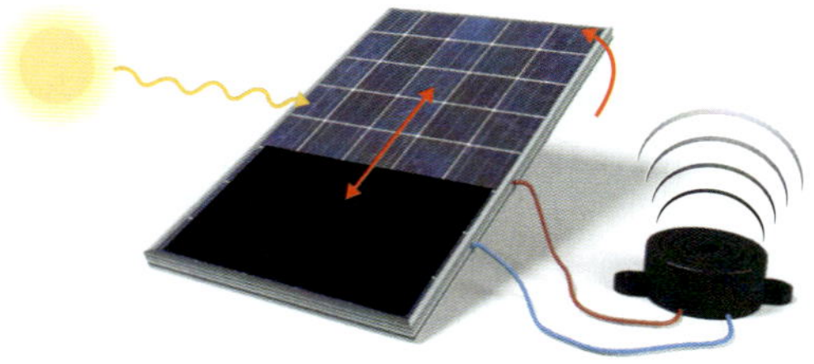

APLÍCALO A TU ENTORNO

Relaciona las siguientes imágenes con alguno/s de los experimentos anteriores. Explica las ventajas que suponen para el ahorro energético.

CONSTRUYE TU PROTOTIPO DE CASA SOLAR

Con lo que has aprendido, diseña tu "casa solar". ¡No pongas límites a tu creatividad!

A modo de ejemplo, te mostramos una casa que construyó Sara García-Monge, alumna de 2.º de la ESO:

Con cubierta vegetal, que refresca en verano y nos aísla bien en invierno, captura CO_2, relaja, etc.

Con paneles fotovoltaicos, que nos dan electricidad limpia y renovable.

Toldo con doble función: dar sombra y aportar electricidad con sus células fotovoltaicas.

Los paneles giratorios reflejan la luz solar o impiden que llegue, según lo que necesitemos.

Las paredes de cartón, con aire, que aísla muy bien.

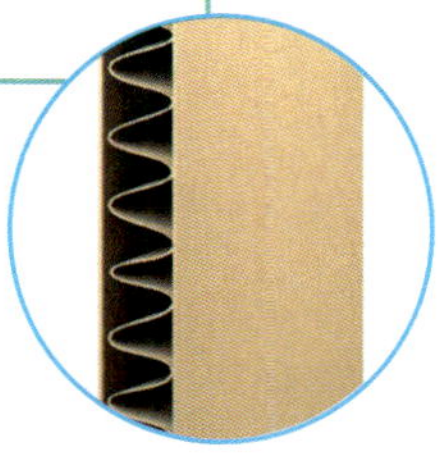

La fachada, "acristalada" (plásticos) para favorecer el efecto invernadero.

En la base, tres ruedas locas, que permiten girar la casa siguiendo al sol en invierno. En verano, si hace mucho calor, la giramos 180° para que no le dé el sol en la entrada.

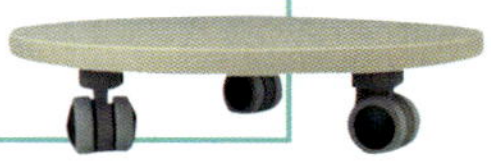

- ¿Qué mejoras se te ocurren?

Locos por la Ciencia

ROBERT BOYLE... y su ley de los gases

Robert Boyle nació en el castillo de Lismore (Irlanda) en1627. Su padre era un aristócrata inglés, así que tuvo una educación esmerada.

Se pasó toda su juventud viajando: a los 8 años se trasladó a la escuela de Eton (Inglaterra). Le gustaba investigar y sabía latín, griego y francés.

*Me gustan los idiomas y la ciencia.

A los 13 años se fue con un tutor a Francia e Italia, donde conoció las ideas del gran Galileo Galilei (que murió en esos años) y decidió dedicarse a la ciencia.

De vuelta a Inglaterra, estudió en la Universidad de Oxford. A los 30 años mejoró la bomba de vacío y demostró la necesidad del aire para transmitir el sonido.

También demostró experimentalmente que, en el vacío, los cuerpos pesados y ligeros caían a la vez.

Con sus experimentos comprobó que el aire se puede comprimir y que es elástico. Para explicarlo, planteó que el aire estaba hecho de pequeñas partículas separadas y en movimiento.

Su mayor aportación fue la ley que lleva su nombre, la ley de Boyle: en un gas, la presión y la temperatura son inversamente proporcionales (a temperatura constante).

Boyle fue el primer químico moderno: definió un elemento como una sustancia que se puede combinar con otras para formar compuestos y que no puede descomponerse en otras más simples.

Junto a otros científicos fundó el "Invisible College" para intercambiar sus ideas y conocer lo que se investigaba en toda Europa. Más tarde, el "Invisible College" se transformó en la famosa Royal Society de Londres.

ACTIVIDADES

1. Elige. ¿Cómo explicaría Boyle que el sonido no se propaga en el vacío?

2. Opina. ¿Por qué al dejar de apretar el émbolo de una jeringuilla, este retrocede?

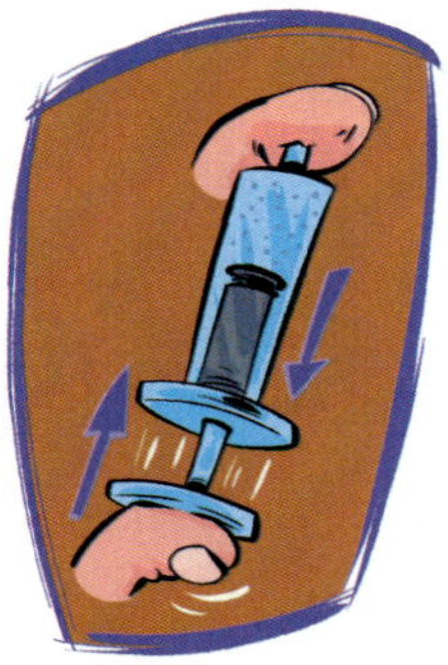

3. Opina. ¿Cómo se llama actualmente la hipótesis de Boyle de que la materia estaba compuesta de corpúsculos en movimiento?

4. Busca información. Al comprimir una jeringuilla, obtenemos los siguientes datos:

p (atm)	V (cm^3)	p · V
1	60	●●●
2	30	●●●
3	20	●●●

a) Copia la tabla en tu cuaderno y comprueba que se cumple la ley de Boyle.

b) Representa los datos en una gráfica.

HIPATIA... y la ciencia en Alejandría

Hipatia nació en el siglo IV en Alejandría, una ciudad de Egipto que se encontraba bajo el Imperio romano. Esta ciudad albergaba una de las 7 maravillas del mundo, el faro de Alejandría.

Su padre, el astrónomo Teón, fue director de la Biblioteca de Alejandría. Aunque en esa época ya estaba en decadencia, la Biblioteca llegó a ser uno de los centros de conocimiento más prestigiosos de la Antigüedad.

Le gustaba mucho estudiar, especialmente las matemáticas, y llegó a ser una gran astrónoma. De hecho, junto a su padre, mejoró el astrolabio y las observaciones del cielo.

Tuvo la fortuna de pertenecer a un grupo de filósofos (pitagóricos) que apoyaban la igualdad de género. Gracias a ello, Hipatia fue una gran profesora y tuvo mucho éxito entre sus alumnos.

La mayoría de los filósofos y científicos de esa época pensaban que la Tierra era el centro del universo, pero Hipatia conocía las antiguas ideas de Aristarco de Samos y defendió su teoría heliocéntrica (el sol en el centro del universo) durante toda su vida.

ACTIVIDADES

1. **Investiga.** Localiza en un mapa dónde se encuentra Alejandría. ¿Qué pasó con su famoso faro? ¿Existe todavía?

2. **Elige.** ¿Quién fue la primera persona en plantear la teoría heliocéntrica?

   A. Hipatia

   B. Aristarco de Samos

   C. Copérnico

3. **Reflexiona.** ¿Quién tiene más densidad, el agua del mar o el agua dulce? ¿Por qué?

4. **Explica.** ¿Para qué servía el destilador que desarrolló Hipatia?

5. **Busca información.** Utiliza internet para averiguar cuáles fueron las causas de la muerte de Hipatia.

NEWTON... y la gravedad

En 1642, el mismo año en que murió el gran Galileo, vino al mundo Isaac Newton. Fue un parto prematuro y casi se muere en la primera semana de vida.

Tenía una rapidez mental prodigiosa, pero tan mal genio que se llevaba muy mal con sus compañeros de clase. Le gustaba fabricar cometas y maquetas.

En la universidad, sus notas fueron mediocres porque se dedicaba a aprender por su cuenta. En 1665, la peste negra asoló las ciudades inglesas y Newton se refugió en el campo, donde tuvo grandes ideas.

Su idea más genial fue plantear que entre dos masas cualesquiera existe una fuerza de atracción: la **fuerza de la gravedad**.

En el campo de la óptica fue todo un fuera de serie: utilizando un prisma descompuso la luz, que consideraba formada por partículas.

En 1671 diseñó un telescopio revolucionario, con espejos en vez de lentes. Hoy día, el telescopio Hubble, que orbita en torno a la Tierra, utiliza ese sistema y nos envía magníficas fotografías del universo.

En 1687, Newton publica uno de los libros más importantes de la historia de la ciencia: ***Philosophiæ naturalis principia mathematica***, que incluye las tres leyes de la dinámica y la ley de gravitación universal.

Descubrió que la fuerza de la gravedad era lo que curvaba la trayectoria de la luna. Para explicarlo, hizo este dibujo:

Aunque Newton era una persona arrogante, supo agradecer la contribución de científicos anteriores a él, como Copérnico, Galileo y Kepler.

En 1705, la reina Ana I le nombró ***sir***. Más tarde, Newton se dedicó a la política y, a pesar de ser tan buen matemático, perdió mucho dinero en la bolsa.

ACTIVIDADES

1. Si la Tierra y la manzana se atraen con la misma fuerza, ¿por qué la manzana baja hacia la Tierra y no es la Tierra la que sube hacia la manzana?

2. El Hubble orbita alrededor de la Tierra debido a:

A. Unos pequeños motores que curvan su trayectoria.

B. La fuerza de atracción entre la Tierra y el telescopio.

C. Los rayos del sol que inciden en sus paneles.

JOULE... y la transformación de la energía

La Asociación Británica para el Avance de la Ciencia, en reconocimiento a su labor, dio el nombre de Joule a la unidad internacional utilizada para medir la energía: el julio (J).

Imitando a Joule

Antiguamente no existían mecheros ni cerillas. Entonces, ¿cómo se conseguía el fuego?

Observa la imagen. Estos hombres prehistóricos están intentando hacer fuego con un palito. El palito no produce ningún efecto si no lo mueven; en cambio, si lo mueven rápidamente sobre otra madera, la energía cinética del movimiento se convierte en energía térmica. Gracias a esa energía, la temperatura sube y las pajitas acaban ardiendo.

Miles de años más tarde, hacia 1840, los científicos consiguieron aprovechar la energía térmica. Su logro más importante fue la máquina de vapor.

Esta máquina aprovecha la energía química del carbón y la transforma en energía térmica para calentar agua, que se convierte en vapor. El vapor de agua mueve una pieza, llamada pistón, que a su vez mueve una rueda. Es decir, la energía térmica se transforma en energía cinética o del movimiento.

La máquina de vapor se utilizó en trenes y en fábricas. Su éxito supuso el comienzo de la era industrial: una verdadera revolución en la forma de desplazarse y de trabajar.

ACTIVIDADES

1. Frótate las manos muy fuerte, lo más rápidamente que puedas, durante un minuto. ¿Notas algo? Explica lo que ha ocurrido.

2. Cuando hacemos ejercicio, ¿qué energía consumimos? ¿De dónde procede? Explica en qué tipos de energía se transforma.

3. ¿Cómo se aprovecha la energía química del carbón en una máquina de vapor?

4. Joule también descubrió que si conectaba cables a una pila, estos se calentaban.
   a) ¿Qué energía tiene una pila? ¿En qué tipos de energía se puede transformar?
   b) Nombra aparatos que funcionan con pilas y di qué hacen. Fíjate en el ejemplo: un reloj convierte la energía de la pila en movimiento de las agujas.

Soluciones de las actividades

UNIDAD 1

8. **a)** $1,43 \cdot 10^8$ m **b)** $1,2 \cdot 10^2$ L **c)** $3 \cdot 10^{-4}$ g **d)** $2 \cdot 10^{-4}$ g

Actividades finales

9. **B.** 0,05 m

11. **a)** 100 daA **b)** 2 A **c)** 0,000 03 kA **d)** 40 mA

13. **a)** $1,224 \cdot 10^4$ s **b)** $3,7 \cdot 10^{-4}$ m **c)** $4,25 \cdot 10^4$ g **d)** $1,2 \cdot 10^{-5}$ g

14. **a)** 50 004 m

16. **e)** 3,45 *líberes* **f)** 1 326 180 *kilolíberes*

UNIDAD 2

2. 155,25 g

3. **a)** 6 g

7. 8 cm^3

9. **a)** 0,45 kg **b)** 120 L **c)** 10 000 L **d)** 2300 g **e)** 20 000 cm^3 **f)** 34 000 cm^3

11. 270 cm^3

12. 8,6 g/cm^3

36. 10 atm

Actividades finales

3. $d_{líquido} = 0,82$ g/mL

7. **a)** 7,13 g/cm^3, 4,51 g/cm^3 y 2,70 g/cm^3 respectivamente.

8.

Sustancia o material	Masa	Volumen que ocupa	Densidad
Hierro	150 g	20,8 cm^3	**7,2 g/cm^3**
Agua con azúcar	200 g	**160 cm^3**	1,25 g/cm^3
Gas hidrógeno	**0,11 g**	1500 cm^3	0,071 g/dm^3

11. **a)** 1177,5 cm^3 **b)** 22 725,75 g **c)** 11,36 L

12. 5 921 273 331 kg

25. **c)** 6 min

28. **b)** 40 °C

UNIDAD 3

11. 9,09 %

Actividades finales

11. 10 g/L los dos

13. 250 g/L

16. **C.** 12 g

17. 0,2 g

18. $V = 0,250$ L; $m = 15$ g

20. **b)** 16 g Vit. C; 8 g de colorantes

FIN DE BLOQUE

Difusión del amoniaco

1. $t = 250$ s; $v = 0,18$ cm/s

Determinación de la densidad

3. $m = 21,2$ g

UNIDAD 5

6. **a)** 11 h 8 min y 5 s **b)** 1 h 31 min y 12 s

9. 5,2 m/s

10. Guepardo: 31,7 m/s; halcón peregrino: 100 m/s

13. $a_m = 0,5$ m/s^2

14. $a_m = 2,44$ m/s^2

16.

Tiempo (s)	Espacio (m)
0	**0**
2	**15**
4	**10**
6	**15**
8	**15**

Actividades finales

4. **a)** 26 km **b)** 254 km **d)** 289 km

7. **a)** 2 h y 3 min **b)** 320 min **c)** 86 400 s

9. 21 min

11. En 100 m: 10,19 m/s; en 200 m: 10,11 m/s

14. **B.** 15 m/s

15. 4,17 m/s

16. **a)** 15,74 m/s

17. 2,8 s

19. Jack Zuback: 90 m/s

20. 150 m del delfín

21. **b)** 540 m **c)** Carla: 5 m/s; Sara: 4 km/h

22. 150 000 000 km

23. 50 km/h

24. 0,59 m/s

25. **a)** Primer tramo: 30 m/s; segundo tramo: 28,3 m/s; tercer tramo: 29,7; Total: 29,3 m/s

27. **d)** $a_m = 0,53$ m/s^2

28. **a)** 3 m/s

29. **a)** 120 m **b)** 50 s **c)** 40 m **d)** 100 s

31. **a)** 8,75 km/h

34. **a)** Primera tanda: 6 min; segunda tanda: 14 min
b) 2 min

35. **d)** a_m = 1,5 m/s²

36. **a)** 1,5 km **b)** 1,3 km

Física y química en tu vida

1. 6,8 m

2. 1,5 s

UNIDAD 6

5. F = 20 N

7. **a)** 1500 N

10. La relación es 5.

20. t = 20 s

21. t = 0,003 s

22. 2960 millones de años

Actividades finales

11. 100 N

14. 2000 J en los tres casos

19. 8 vueltas

22. **D.** 0,003 dam

29. t = 1,28 s

30. e =2 874 000 km

39. **a)** 95 billones de km **b)** 0,106 años luz **c)** 63 066,67 UA

40. $d_{\text{Sol-Mercurio}}$ = 60 000 000 km = 60 000 000 000 m = $6 \cdot 10^{10}$ m

$d_{\text{Sol-Venus}}$ = 105 000 000 km = 105 000 000 000 m = $1{,}05 \cdot 10^{11}$ m

$d_{\text{Sol-Tierra}}$ = 150 000 000 km = 150 000 000 000 m = $1{,}5 \cdot 10^{11}$ m

$d_{\text{Sol-Marte}}$ = 225 000 000 km = 225 000 000 000 m = $2{,}25 \cdot 10^{11}$ m

FIN DE BLOQUE

Midiendo la velocidad desde el aire

1. A partir de 132 km/h

2. La media de las velocidades medias en cada tramo es 32,2 m/s, inferior a la velocidad máxima permitida de 120 km/h, es decir, 33,3 m/s.

Reta a tus padres. Laboratorio en casa

2. 200 cm (2 m)

UNIDAD 7

6. **a)** 70 % de rendimiento

Actividades finales

13. 3,26 m

14. 544 J

15. E_c = 2,5 J

16. A 20 m de altura: E_p = 19 600 J; E_c = 0 J

A 10 m de altura: E_m = 19 600 J; E_p = 9800 J; E_c = 9800 J

A 0 m de altura: E_m = E_c = 19 600 J

17. **a)** $E_p = 6{,}5 \cdot 10^{15}$ J **b)** $E_{\text{térmica}} = 6{,}5 \cdot 10^{15}$ J

20. **a)** $E_{c\ \text{inicial}} = 169 \cdot 10^{19}$ J; $E_{\text{cfinal}} = 10 \cdot 10^{19}$ J

b) $E_{\text{perdida}} = 159 \cdot 10^{19}$ J

23. **b)** E_p = 82 300 J

32. **a)** 2,56 L/día

UNIDAD 8

4.

Grados Celsius (°C)	Grados Kelvin (°K)
25	298
40	313
−173	100
0	273

5. **a)** 30 °C

b) más de 120 *cri*/min

7. 2250 kcal = 9 375 000 J

9. **b)** 165 kcal = 687 500 J

15. 19,4 cm

Actividades finales

2. **a)** $T_{\text{inicial A}}$ = 27 °C; $T_{\text{inicial B}}$ = 0 °C

b) $T_{\text{equilibrio}}$ = 17 °C

3. **A.** 1 L de agua

7. **b)** 20 °C. Cada 2 minutos

8. 2 416 667 J

23. **a)** T_{moderada}: 2300 mL; T_{alta}: 3300 mL; ejercicio intenso: 6600 mL

26. **c)** 300 000 cal = 300 kcal

29. 1647 € al año

UNIDAD 9

2. 333,33 m/s

6. $9{,}46 \cdot 10^{12}$ km

7. v = 300 000 km/s; t = 500 s

Actividades finales

2. **A.** 1 km

7. **b)** 350 m/s; en 10 m/s

c) 340 m/s

d) En 10 m/s

8. 149 700 000 km; 4,22 años

10. **a)** $8{,}14 \cdot 10^{13}$ km

17. 680 m

22. **b)** 384 000 km

23. **c)** 1425 m/s

El libro **Física y Química 2.º ESO** forma parte del Proyecto Editorial de Educación Secundaria de SM. En su realización ha participado el siguiente equipo:

Autoría
José G. L. de Guereñu, Ángel González, Josep Corominas, Josefa Guitart, Nicolás Romo

Edición
Ana Casado, Mª José Martínez, Sergio Mora, Ángel J. Rubio
I-més. Servicios editoriales

Revisión didáctica
José G. L. de Guereñu

Corrección
Alejandro Feijóo

Ilustración
David González; Pablo Jurado; Ramón Colera Cañas; Shutterstock; Ricardo de Arce Borda; Archivo SM; José Manuel Pedrosa Pérez; David González García; Luis Mosquera Arancibia; Daniel Alonso Rivero; Luján Fernández; Nicolás Fernández Prímola; Félix Moreno Arrastio; Diego Conte Peralta; Santiago Alberto Moralejo; Thinkstock; Juan Manuel Montiel Rodríguez; Pedro Bascón Jiménez; 123RF; Myriam Alicia García Marquet; Suri; iStock; Kaffa; Juan Francisco Cobos Hernández; Diego Burdío Román; Fran Collado

Fotografía
Sergio Cuesta; Javier Calbet, Juan Baraja, María Pía Hidalgo / Archivo SM; Hidalgo-Lopesino, WIKIPEDIA, Juan Baraja, Pablo Martínez-Pardo González, Peter Rey, Nature Chemistry, Francisco Javier Jaime Sánchez, Montse Fontich, Almudena Esteban; STOCKTREK / Photodisc; Efe / Album / Album; G Tres Online; Ingimage; Thinkstock; Dreamstime; Brand x Pictures; CORDON PRESS; Dotta; Ablestock; 123RF; Shutterstock; iStock; Getty Images; ESY agefotostock; Age Fotostock;Stockbyte; ARCHIVO SM

Iconografía
Sergio Cuesta

Diseño de cubierta e interiores
Estudio SM

Maquetación
Estudio SM, I-més. Servicios editoriales

Responsable de desarrollo
Mireia Casaus

Gerencia de Desarrollo
Yolanda Hernández

Gerencia de Arte
Mario Dequel

Gerencia de Producto
Charo Zazo

Gerencia de Producción
Antonio de Pedro

Dirección editorial
Jorge Lite

Este libro está impreso en papel procedente de bosques gestionados de manera sostenible.

Todas las actividades contenidas en este libro han de ser realizadas en un cuaderno aparte, nunca en el propio libro. Los espacios incluidos son meramente indicativos y su finalidad es puramente didáctica.

Uso del lenguaje inclusivo de género

En SM utilizamos el masculino genérico, según las directrices académicas establecidas, para evitar textos excesivamente artificiosos y difíciles de entender. Con el fin de agilizar la lectura, utilizamos nombres de género común, y recurrimos a la duplicidad masculino/femenino cuando pueda producirse ambigüedad en el mensaje. En cualquier caso, equilibramos el uso de ambos géneros y evitamos estereotipos.

Gestión de las direcciones electrónicas

ISBN: 978-84-139-2059-7
Impreso en la UE / *Printed in EU*